Die unternehmerische Entscheidungsfreiheit im Rahmen der betriebsbedingten Kündigung

Zivilrechtliche Schriften

Beiträge zum Wirtschafts-, Bank- und Arbeitsrecht

Herausgegeben von Peter Kreutz und Dieter Reuter

Band 43

PETER LANG
Frankfurt am Main · Berlin · Bern · Bruxelles · New York · Oxford · Wien

Christa Wettzel

Die unternehmerische Entscheidungsfreiheit im Rahmen der betriebsbedingten Kündigung

PETER LANG
Europäischer Verlag der Wissenschaften

Bibliografische Information Der Deutschen Bibliothek
Die Deutsche Bibliothek verzeichnet diese Publikation in der Deutschen Nationalbibliografie; detaillierte bibliografische Daten sind im Internet über <http://dnb.ddb.de> abrufbar.

Zugl.: Kiel, Univ., Diss., 2005

D 8
ISSN 0941-147X
ISBN 3-631-55287-4

www.peterlang.de

Vorwort

Die vorliegende Arbeit wurde im Wintersemester 2005/2006 von der Rechtswissenschaftlichen Fakultät der Christian-Albrechts-Universität zu Kiel als Dissertation angenommen. Rechtsprechung und Literatur wurden bis zum Abschluss der Arbeit Anfang 2005 berücksichtigt.

Herrn Prof. Dr. Dieter Reuter danke ich für die Anregungen zum Thema, für die Betreuung der Arbeit und für die Erstellung des Erstgutachtens. Herrn Prof. Dr. Peter Bengelsdorf danke ich für die Erstellung der Zweitgutachtens.
Zugleich bedanke ich mich bei Herrn Prof. Dr. Dieter Reuter und Herrn Prof. Dr. Peter Kreutz für die Aufnahme in ihre Schriftenreihe.

Danken möchte ich auch meinen Eltern, die durch ihr Verständnis und ihre Unterstützung diese Arbeit überhaupt erst ermöglicht haben. Ein besonderer Dank gebührt auch meinem Freund Benjamin, der stets für mich da war und durch seine Hilfe wesentlich zum Gelingen dieser Arbeit beigetragen hat.

Kiel, im Februar 2006

Christa Wettzel

Inhaltsverzeichnis

4. Kapitel

5. Kapitel

Einleitung

A) Brennpunkt Kündigungsschutzrecht

Das Kündigungsschutzrecht der Arbeitsverhältnisse stellt eines der zentralen Gebiete des Arbeitsvertragsrechts dar. Dies beweist allein ein Blick auf die Rechtsprechung der Arbeitsgerichte. Die überwiegende Zahl der Entscheidungen des BAG und der Instanzgerichte befassen sich mit Kündigungsstreitigkeiten[1]. Zutreffend hat *Schwerdtner* das Kündigungsschutzrecht auch als „Nervenzentrum" des Arbeitsvertragsrechts bezeichnet[2].
Im Blickfeld des Kündigungsschutzrechts stehen dabei insbesondere Kündigungsfälle aufgrund dringender betrieblicher Erfordernisse. Während vor rund 20 Jahren noch Kündigungen aus personen- oder verhaltensbedingten Gründen überwogen und nur rund ein Drittel aller Kündigungen aus betriebsbedingten Gründen erklärt wurden[3], umfassen betriebsbedingte Kündigungen heute etwa zwei Drittel aller Kündigungsschutzprozesse[4]. Das Verhältnis der Kündigungsgründe hat sich zugunsten der betriebsbedingten Kündigung verschoben.

Das Kündigungsschutzrecht – und damit auch das Recht der betriebsbedingten Kündigung – stellt nicht nur einen Teil der Sozialordnung dar, es ist auch ein wichtiger Bestandteil der Wirtschaftsordnung und des Wirtschaftsrechts[5]. Die

---

[1] 2003 lag die Gesamtzahl der erledigten Klagen bei 635.772, davon waren 327.957 Kündigungsklagen - so die offizielle Arbeitsgerichtsstatistik, vgl. unter http://www.arbeitsgerichtsverband.de/Statistik%20ArbGe.htm.

[2] *Schwerdtner*, Vorwort zu Martin Coen, Das Recht auf Arbeit, S. VII; MüKo-*Schwerdtner*, § 622 Anh. Rdnr. 1 (3. Auflage).

[3] Vgl. *Falke/Höland/Rhode/Zimmermann*, Kündigungspraxis und Kündigungsschutz in der Bundesrepublik Deutschland, Forschungsbericht Nr. 47 der Reihe „Arbeitsrecht", hrsg. vom Bundesminister für Arbeit und Sozialordnung, 2 Bde., 1981; Zusammenfassung der Ergebnisse in RdA 1981, 300 ff.

[4] Vgl. *Pfarr/Bothfeld/Kaiser/Kimmich/Peuker/Ullmann*, REGAM-Studie, BB 2004, S. 106 (108): Der Beitrag greift auf empirische Daten zurück, die im Frühjahr 2003 vom WSI (Wirtschafts- und Sozialwissenschaftlichen Institut der Hans-Böckler-Stiftung) im Rahmen eines längerfristig angelegten Projekts zu Fragen einer Deregulierung des Arbeitsmarktes erhoben wurden; vgl. auch *Jahn*, Zur ökonomischen Theorie des Kündigungsschutzgesetzes, 2002, S. 37, sie konstatiert in ihrer Untersuchung, dass die betriebsbedingte Kündigung in den Jahren 1992-1996 mehr als zwei Drittel aller Kündigungen ausgemacht hat (im Jahr 1996: 69 %).

[5] Das Recht der betriebsbedingten Kündigung wird sogar als Dreh- und Angelpunkt unserer Wirtschaftsordnung, soweit diese vom Arbeitsrecht geprägt wird, bezeichnet, vgl. *Quecke*, NZA 1999, 1247. *Rüthers*, NJW 2002, 1601 ff., kritisiert in diesem Zusammenhang, dass die wirtschaftspolitischen Steuerungseffekte des Arbeitsrechts von seinen Normsetzern gern übersehen, unterschätzt oder auch schön geredet werden.

Entwicklungen dieser Bereiche sind eng miteinander verzahnt. Auf der einen Seite bildet das Kündigungsschutzrecht eine Rahmenordnung für die Produktionsbedingungen der Wirtschaft, auf der anderen Seite bestimmt die wirtschaftliche Lage die Kündigungssituation selbst. So ist auch das Recht der betriebsbedingten Kündigung stark von der Entwicklung der Wirtschaftslage abhängig. In Zeiten wirtschaftlicher Rezession hat der Abbau von Arbeitsplätzen Hochkonjunktur. Entsprechend der anhaltend schlechten wirtschaftlichen Entwicklung ist auch in der BRD der Ausspruch betriebsbedingter Kündigungen gestiegen[6].

Die schlechte Wirtschaftslage spiegelt sich insbesondere in dem aktuell schwachen Wirtschaftswachstum wider. Das Wirtschaftswachstum im früheren Bundesgebiet (sowie seit 1991 in Gesamtdeutschland) hat sich seit 1970 kontinuierlich abgeschwächt. Betrug die durchschnittliche jährliche Veränderung von 1970 – 1980 noch 2,8 %, so lag sie von 1980 – 1991 bei 2,6 % und von 1991 – 2001 bei lediglich 1,5 %[7]. Im Jahr 2002 sank die Wachstumsrate weiter und lag nur noch bei 0,1 %, während im Jahr 2003 sogar ein Rückgang der Wirtschaftsleistung von 0,1 % zu verzeichnen war[8]. Im Jahr 2004 stieg das Wirtschaftswachstum zwar im Vergleich zum Vorjahr um 1,6 %[9], von einer Entspannung der Wirtschaftslage kann aber dennoch noch nicht gesprochen werden.

Neben der Entwicklung der wirtschaftlichen Lage verdeutlicht auch ein Blick auf die momentanen Arbeitslosenzahlen die aktuell schwierige arbeitsmarktpolitische Situation in Deutschland. Während zu Beginn der 60er Jahre noch beinahe eine Vollbeschäftigung erreicht wurde, sind seitdem die Arbeitslosenzahlen kontinuierlich gestiegen. So liegt seit 1974 die jahresdurchschnittliche Zahl der Arbeitslosen erheblich über der Zahl der offenen Stellen. Ab 1975 gab es im Jahresdurchschnitt bereits mehr als 1 Mio. Arbeitslose. 10 Jahre später (Anfang 1985) lag die Zahl der Arbeitslosen bereits bei 2,6 Mio. Einen vorläufigen Höhepunkt dieser Entwicklung stellt das Jahr 1997 dar, in dem offiziell ein Jahresdurchschnitt von 4,384 Mio. Arbeitslosen zu verzeichnen war, das entspricht einer Quote von ca. 11 %[10]. Im Jahr 2004 beliefen sich die offi-

---

[6] vgl. *Pfarr/Bothfeld/Kaiser/Kimmich/Peuker/Ullmann*, REGAM-Studie, BB 2004, 106 (108 f.); s.a. *Bielenski/Hartmann/Pfarr/Seifert*, AuR 2003, 81 (86).
[7] Vgl. Statistisches Bundesamt, Pressemitteilung vom 18. Juli 2002, www.destatis.de/presse.
[8] Vgl. Statistisches Bundesamt, www.destatis.de/basis. Mit der negativen Wachstumsrate im Jahr 2003 gehörte Deutschland im weltweiten und europäischen Vergleich zu den Ländern mit der schwächsten wirtschaftlichen Entwicklung - vgl. Statistisches Bundesamt, Pressemitteilung vom 15. Januar 2004, www.destatis.de/presse.
[9] Vgl. Statistisches Bundesamt unter www.destatis.de.
[10] Vgl. zu diesen Daten: Statistisches Bundesamt, Datenreport 2002 unter www.destatis.de.

ziellen Zahlen auf durchschnittlich 4,381 Millionen Arbeitslose, das entspricht einer bundesweiten Quote von 10,5 %[11].

Im Hinblick auf das schlechte Wirtschaftswachstum und die angespannte Lage auf dem Arbeitsmarkt ist es sicherlich nicht überzogen festzustellen, dass heutzutage kaum ein Arbeitgeber oder Arbeitnehmer davor geschützt ist, sich mit den Problemen des Kündigungs(schutz)rechts und insbesondere mit den Problemen der betriebsbedingten Kündigung auseinandersetzen zu müssen.

B) Problemstellung – betriebsbedingte Kündigung und unternehmerische Entscheidungsfreiheit

Die betriebsbedingte Kündigung ist nach § 1 Abs. 2 Satz 1 KSchG sozial ungerechtfertigt, wenn sie nicht durch dringende betriebliche Erfordernisse, die einer Weiterbeschäftigung des Arbeitnehmers in diesem Betrieb entgegenstehen, bedingt ist.
Die Interpretation dieser Vorschrift hat seit je her sowohl die Rechtsprechung als auch die Literatur beschäftigt. Ein zentraler Streitpunkt ist dabei nach wie vor die Frage nach dem Umfang bzw. der Grenze unternehmerischer Entscheidungsfreiheit. Dabei geht es um die Problematik, ob bzw. inwieweit unternehmerische Entscheidungen, die einer betriebsbedingten Kündigung zugrunde liegen, von den Arbeitsgerichten einer gerichtlichen Kontrolle unterzogen werden dürfen oder von einer solchen freizuhalten sind.
Dieses Problem einer jeden befriedigenden Lösung zuzuführen, ist nicht einfach. Auf der einen Seite steht das Bedürfnis des Unternehmers, möglichst frei über sein Unternehmen disponieren zu können, auf der anderen Seite ist das Bedürfnis des Arbeitnehmers nach einem möglichst weitreichenden Schutz sei-nes Arbeitsverhältnisses zu berücksichtigen. Egal wie man sich entscheidet, die andere Seite wird immer Kritik üben, da sie sich in ihren Interessen zu sehr zurückgedrängt fühlt. So hat *Reuter* schon 1979 festgestellt, dass jede Stellungnahme sicher sein darf, gescholten zu werden, „von den einen, weil sie zu wenig Gespür für die Lage des von der Kündigung bedrohten Arbeitnehmers, von der anderen, weil sie zu wenig Sinn für die Funktionsbedürfnisse von Unternehmen und Betrieb entwickelt“[12].

Das BAG hat den Interessenkonflikt zwischen Arbeitgebern und Arbeitnehmern in ständiger Rechtsprechung dahingehend zu lösen versucht, dass die Arbeitsgerichte zwar überprüfen dürfen, ob eine unternehmerische Entscheidung getroffen wurde und ob es infolge ihrer Umsetzung zu einem Wegfall des Be-

[11] Vgl. unter www.arbeitsagentur.de.
[12] Vgl. *Reuter*, in: FS 25 Jahre Bundesarbeitsgericht, S. 405.

schäftigungsbedürfnisses für den oder die gekündigten Arbeitnehmer gekommen ist. Die unternehmerische Entscheidung selbst soll demgegenüber grundsätzlich von einer gerichtlichen Kontrolle freigehalten werden. Sie ist nicht auf ihre Zweckmäßigkeit oder Notwendigkeit, sondern nur auf offensichtliche Unsachlichkeit, Unvernunft oder Willkür zu untersuchen[13].
Obwohl dieser Grundsatz unternehmerischer Entscheidungsfreiheit heute an sich allgemein anerkannt ist, herrscht dennoch weiterhin Streit über den Umfang bzw. über die Reichweite der unternehmerischen Freiheit[14]. Aufgrund ihrer immerwährenden Aktualität wird die Frage nach der Reichweite der unternehmerischen Entscheidungsfreiheit auch als „Gretchenfrage des Kündigungsschutzes" bezeichnet[15].

Neben der grundsätzlich zustimmenden Haltung des Schrifttums in Bezug auf die Rechtsprechung des BAG zur Unternehmerfreiheit, gibt es auch Stimmen, die sich gegen die bisherigen Rechtsprechungsgrundsätze des BAG aussprechen. So wird u.a. für eine strengere Kontrolle unternehmerischer Entscheidungen plädiert[16].
Zu diesen Vertretern zählt aktuell u.a. *Kühling*. Er ist der Auffassung, dass ein Rückzug der Gerichte auf eine „freie" Unternehmerentscheidung im KSchG nicht angelegt sei und auch verfassungsrechtlichen Anforderungen nicht standhalte. Er schlägt deshalb vor, die restriktive gerichtliche Überprüfbarkeit betriebsbedingter Kündigungen zugunsten eines Maßstabes aufzugeben, wonach die Legitimität betriebswirtschaftlicher Ziele sowie die Geeignetheit und die

---

[13] St. Rspr. des BAG, vgl. z.B. Urteile des BAG vom 07.12.1978, AP Nr. 6 zu § 1 KSchG 1969 Betriebsbedingte Kündigung; vom 24.10.1979, AP Nr. 8 zu § 1 KSchG 1969 Betriebsbedingte Kündigung; vom 30.04.1987, AP Nr. 42 zu § 1 KSchG 1969 Betriebsbedingte Kündigung; vom 29.03.1990, AP Nr. 50 zu § 1 KSchG 1969 Betriebsbedingte Kündigung; vom 17.06.1999, AP Nr. 101, 102 und 103 zu § 1 KSchG 1969 Betriebsbedingte Kündigung; vom 25.04.2002, AP Nr. 121 zu § 1 KSchG 1969 Betriebsbedingte Kündigung; vom 22.05.2003, AP Nr. 128 zu § 1 KSchG 1969 Betriebsbedingte Kündigung.
[14] Vgl. aktuell etwa *Schrader/Schubert*, NZA-RR 2004, 393 ff.; *Reuter*, RdA 2004, 161 ff.; *Kühling*, AuR 2003, 92 ff.; *Stein*, AuR 2003, 99 ff.; *Hromadka*, ZfA 2002, 383 ff.; *Franzen*, NZA 2001, 805 ff.; vgl. ansonsten auch *U. Preis*, NZA 1995, 241 ff.; *B. Preis*, NZA 1997, 625 ff.; *Ascheid*, DB 1987, 1144 ff.; *Colneric*, Arbeitsrechtlicher Gesprächskreis der Otto Brenner Stiftung, 1998, S. 11 ff.; *Löwisch*, Arbeitsrechtlicher Gesprächskreis der Otto Brenner Stiftung, 1998, S. 45 ff.; *Stahlhacke*, DB 1994, 1361 ff.
[15] *B. Preis*, NZA 1997, 625 (626).
[16] Vgl. *Kühling*, AuR 2003, 92 ff.; *Stein*, AuR 2003, 99 ff.; *ders.*, BB 2000, 457 ff.; vgl. auch *Kittner*, NZA 1997, 968 (974 f.), der insbesondere aus der Rechtsentwicklung außerhalb des Kündigungsschutzrechts (Gesellschaftsrecht, Wettbewerbsrecht, Arbeitsschutzrecht, Sozialrecht) eine Tendenz ableiten will, die Sphäre der rechtlich nicht überprüfbaren unternehmerischen Entscheidung mit strengeren Maßstäben zu durchforsten; für strengere Kontrollmaßstäbe auch *Bontrup/Dammann*, AuA 1999, 399 (402); *Pauly*, ZTR 1997, 113 (115); *Boeddinghaus*, AuR 2001, 8 ff.

Erforderlichkeit arbeitsverringernder Maßnahmen in Bezug auf diese Ziele zu überprüfen und einer Interessenabwägung zu unterwerfen seien[17]. Nur so könne dem Bestandsschutzinteresse der Arbeitnehmer ausreichend Rechnung getragen werden[18].

Auch *Stein* ist der Auffassung, dass ein Rückzug auf die Position, Unternehmerentscheidungen nur auf Unvernunft, Unsachlichkeit und Willkür zu überprüfen, Arbeitnehmerrechte marginalisiere[19]. Zudem sei die Theorie der nur eingeschränkt überprüfbaren Unternehmerentscheidung verfassungsrechtlich nicht nur nicht zwingend vorgegeben, sondern im Gegenteil verfassungsrechtlich problematisch. Sie vernachlässige in erheblichem Maße die Bestandsschutzinteressen der Arbeitnehmer[20].

Gänzlich anders sieht dies z.B. *Hromadka*. Er ist der Ansicht, dass die unternehmerische Entscheidungsfreiheit nicht mehr als ein dogmatisches Lippenbekenntnis darstelle. Hinter der grundsätzlichen Anerkennung der Unternehmerfreiheit komme es zu massiven Beschneidungen, so dass schwerlich noch von Freiheit gesprochen werden könne[21]. Die Ursache dafür liege insbesondere in einer zu starken Ausprägung des Kündigungsschutzrechts. Dieses habe sich vor allem zu einem Einstellungshindernis entwickelt. Der Unternehmer würde nur noch unbefristete Einstellungen vornehmen, wenn er sich einigermaßen sicher sein könne, dass sich diese „nur schwer reversible Investition" auch lohne[22]. Mit dieser Einschätzung steht *Hromadka* nicht allein da[23]. So ist u.a. auch *Reuter* der

---

[17] *Kühling*, AuR 2003, 92 (97 f.). Dieser Prüfungsmaßstab ist von *Kühling* speziell für betriebsbedingte Kündigungen bei Betriebsstilllegungen entwickelt worden.

[18] *Kühling*, AuR 2003, 92 (95 ff.).

[19] *Stein*, BB 2000, 457 (458).

[20] *Stein*, BB 2000, 457 (463).

[21] *Hromadka*, ZfA 2002, 383 ff.; *ders.*, AuA 2002, 261 ff.; *ders.*, Arbeitsrechtlicher Gesprächskreis der Otto Brenner Stiftung, 2003, S. 11 ff.

[22] *Hromadka*, ZfA 2002, 383; *ders.*, AuA 2002, 261 ff.; *ders.*, Arbeitsrechtlicher Gesprächskreis der Otto Brenner Stiftung, 2003, S. 11 ff. Aufgrund dieser Entwicklung schlägt *Hromadka* eine Novellierung des KSchG vor und gibt zugleich einen konkreten Lösungsvorschlag zur Hand, vgl. *Hromadka*, ZfA 2002, 383 (397 ff.); *ders.*, AuA 2002, 261 (264 ff.); *ders.*, Arbeitsrechtlicher Gesprächskreis der Otto Brenner Stiftung, 2003, S. 11 (19 ff.).

[23] Vgl. zum Einfluss des Kündigungsrechts auf das Einstellungsverhalten der Arbeitgeber etwa *Bauer*, NZA 2002, 529 (530); *Rüthers*, NJW 2002, 1601 (1604); *Kraft*, ZfA 1994, 463 (466); *Schwerdtner*, ZfA 1977, 47 (77); ausführlich hierzu auch *Jahn*, Zur ökonomischen Theorie des Kündigungsschutzgesetzes, 2002; vgl. auch MünchArbR-*Berkowsky*, § 131 Rdnr. 37, nach dem nicht zu leugnen sei, dass der Kündigungsschutz ein Abwehrbollwerk gegen die Arbeitsuchenden darstelle. Ähnlich auch *Heinze*, ZfA 1983, 409 (543), der einen hohen Kündigungsschutzstandard als „Feudalismus zugunsten der Arbeitsplatzinhaber zum Nachteil der Arbeitsplatzbewerber" bezeichnet; vgl. aber auch *Pfarr/Bothfeld/Kaiser/Kimmich/Peuker/Ullmann*, REGAM-Studie, BB 2003, 2286 ff., die in ihrer Studie zur Frage, ob der Kündigungsschutz eine prohibitive Wirkung auf das Einstellungsverhalten der kleinen

Auffassung, dass der allgemeine Zusammenhang zwischen arbeitsrechtlichem Bestandsschutz und Einstellungsbereitschaft der Arbeitgeber beachtet werden müsse. Seiner Ansicht nach erzeuge derjenige, der mit Hilfe des Kündigungsschutzes den Wegfall von Arbeitsplätzen unterbinde, Bumerangeffekte im Hinblick auf die Bereitschaft und Fähigkeit der Unternehmen zu Neueinstellungen. Die Unternehmen würden gezwungen zu bedenken, dass sie die neu eingestellten Arbeitnehmer nicht oder nur mit erheblichem Aufwand entlassen können, wenn deren Einsatzbedarf zukünftig wieder entfällt[24]. Diese Feststellung stehe nach *Reuter* außer Frage, streiten könne man lediglich darüber, in welchem Umfang dadurch Beschäftigungschancen vereitelt würden[25].
Reuter tritt in diesem Zusammenhang auch für eine Deregulierung des Kündigungsschutzrechts ein, die der ausgeprägten Rechtsfortbildung in diesem Bereich Einhalt gewähren und dem Unternehmer zu mehr Freiheit im Hinblick auf die Beendigungsmöglichkeiten von Arbeitsverhältnissen verhelfen solle[26].

Die soeben dargestellten Auffassungen zeigen, wie unterschiedlich die Sichtweisen im Konflikt um die Frage nach der Reichweite unternehmerischer Entscheidungsfreiheit ausfallen können. So hat *Herschel* schon 1964 in seiner

---

Betriebe hat, zu dem Ergebnis gelangen, dass von den arbeitsrechtlichen Schwellenwerten keine wesentlichen negativen Beschäftigungswirkungen ausgehen würden und dass andere Faktoren wie die Auftragslage, die Kapazitätsauslastung, die Geschäftserwartung etc. von weitaus größerer Bedeutung für das Einstellungsverhalten aller klein- und mittelständischen Unternehmen seien. Vgl. auch *Höland*, Arbeitsrechtlicher Gesprächskreis der Otto Brenner Stiftung, 2003, S. 29 ff., der auf eine 1999 von der OECD im 2. Kapitel des „Employment Outlook 1999" veröffentlichte vergleichende Untersuchung „Employment Protection and Labour Market Performance" hinweist. Diese Untersuchung widmet sich in der Hauptsache der Frage, ob die übermäßig strikte arbeitsrechtliche Schutzgesetzgebung einen wesentlichen Beitrag zur anhaltend hohen Arbeitslosigkeit in zahlreichen OECD-Ländern seit den frühen 80er Jahren geleistet hat. Die Studie komme – so *Höland* – zu dem Ergebnis, dass die Arbeitsschutzgesetzgebung nur einen schwachen oder keinen Einfluss auf die Arbeitslosigkeit habe, jedoch die demographische Zusammensetzung der Arbeitslosigkeit verändere. So sei gut nachweisbar, dass eine stärkere Regulierung mit einer schwächeren Dynamik der Ein- und Ausgänge in bzw. aus Arbeitslosigkeit und mit längerer Verbleibdauer in Arbeitslosigkeit verbunden sei.

[24] *Reuter*, in: FS 25 Jahre Bundesarbeitsgericht, S. 405 (419); *ders.*, RdA 2004, 161 (164); *ders.*, in: FS für Wiedemann, S. 449 (463).

[25] *Reuter*, RdA 2004, 161 (164); vgl. zu dieser Einschätzung auch Sachverständigenrat, Jahresgutachten 2002, S. 264, Nr. 470; s.a. *Rüthers*, NJW 2002, 1601 (1604); zweifelnd u.a. *U. Preis*, RdA 2003, 65 (66 f.).

[26] *Reuter*, in: FS für Wiedemann, S. 449 (457 ff.); vgl. zu diesem Problem auch *Kraft*, ZfA 1994, 463 ff., der im Ergebnis auch eher eine Pflicht zur Rechtsrückbildung als eine Pflicht zur Rechtsfortbildung im Bereich der Regulierung des Arbeitsrechts sieht; s.a. *Hanau*, Deregulierung des Arbeitsrechts, 1997, nach dem nicht länger übersehen und verschwiegen werden dürfe, dass das Arbeitsrecht das Gegenteil dessen bewirken könne, was es zum Schutz der Arbeitnehmer bedeuten solle.

Anmerkung zum Urteil des BAG vom 25.06.1964[27] zutreffend festgestellt, dass die Existenz und der Umfang des richterlichen Prüfungsrechts bei betriebsbedingten Kündigungen zu den schwierigsten Problemen des Kündigungsschutzes gehören[28]. Diese Einschätzung ist insbesondere im Hinblick auf die derzeit schlechte Wirtschafts- und Arbeitsmarktlage in Deutschland aktueller denn je.

Aktualität erhält die Frage nach der Reichweite der unternehmerischen Freiheit zudem durch die neue Erscheinung des sogenannten „shareholder value". Dieser Begriff steht im Zusammenhang mit dem Problem, dass heutzutage betriebsbedingte Kündigungen immer häufiger ausschließlich zum Zwecke der Gewinnmaximierung ausgesprochen werden. Lange Zeit galten betriebsbedingte Kündigungen nur als Mittel zur Krisenbewältigung bei verlustreichen Unternehmen[29]. Dieser sozialpolitische Konsens existiere nach den Worten von *Preis*[30] unter der Maxime des „shareholder value" nicht mehr.
Auch Altbundespräsident *Roman Herzog* hat kritisch festgestellt, dass Entlassungen früher als Beweis für wirtschaftlichen Misserfolg von Unternehmern und ihren Managern angesehen worden seien. Heute seien sie aber zumindest für die Aktienmärkte zum Erfolgsausweis geworden. „Nicht Sozialpflichtigkeit, sondern schlichte Gewinnmaximierung und Kapitalvermehrung gelten nunmehr als bester Weg"[31].

Eine Belebung hat die Frage nach der Reichweite unternehmerischer Entscheidungsfreiheit auch durch den ersten der beiden Beschlüsse des BVerfG zur Kleinbetriebsklausel des § 23 KSchG erfahren[32]. Dieser Beschluss hat die verfassungsrechtliche Anbindung des Kündigungsschutzgesetzes verstärkt ins Blickfeld gerückt. In ihm hat das BVerfG erklärt, dass einerseits zwar die unternehmerische Freiheit verfassungsrechtlichen Schutz genieße, andererseits müsse aber auch der Arbeitnehmer einen verfassungsrechtlichen Anspruch auf einen Mindestschutz haben, der sich in einer entsprechenden Schutzpflicht des Staates niederschlage[33]. Ein Konflikt zwischen beiden Positionen scheint vor-

---

[27] Urteil des BAG vom 25.06.1964, AP Nr. 14 zu § 1 KSchG Betriebsbedingte Kündigung.
[28] *Herschel*, Anm. zum Urteil des BAG vom 25.06.1964, AP Nr. 14 zu § 1 KSchG Betriebsbedingte Kündigung.
[29] So entstand auch die Bezeichnung „Krisenreaktionsinstrument", vgl. *Quecke*, NZA 1999, 1247 (1248).
[30] *U. Preis*, NZA 1997, 1073 (1079).
[31] *Roman Herzog*, zitiert in "Die Zeit" vom 07.03.1997, S. 25; vgl. auch *U. Preis*, NZA 1997, 1073 (1079).
[32] BVerfGE 97, 169 = AP Nr. 17 zu § 23 KSchG 1969.
[33] Bereits in den Entscheidungen des BVerfG zum nachvertraglichen Wettbewerbsverbot des Handelsvertreters (BVerfGE 81, 242) und zur Abwicklung von Arbeitsverhältnissen nach dem Einigungsvertrag (BVerfGE 84, 133 = EzA Art. 13 Einigungsvertrag Nr. 1, sog. Warte-

programmiert. Denn was auf der einen Seite die Unternehmerfreiheit des Arbeitgebers einschränkt, gewährt auf der anderen Seite erhöhten Bestandsschutz für den Arbeitnehmer und vice versa.

Fraglich ist jedoch, ob der Kleinbetriebsbeschluss des BVerfG hinsichtlich der Schutzpflicht des Staates zur Wahrung eines Mindestbestandsschutzes der Arbeitnehmer als richtiger Weg zur Lösung des Interessenkonflikts zwischen Unternehmer und Arbeitnehmer anzusehen ist. Ihm ist vor allem vorzuwerfen, dass er zu einseitig die Interessen der bereits in Arbeit stehenden Arbeitnehmer berücksichtigt. Die Interessen der Arbeitsuchenden werden gänzlich ausgeblendet. Das Kündigungsschutzgesetz ist im Allgemeinen nicht nur durch den Konflikt zwischen dem Unternehmer und dem beschäftigen Arbeitnehmer bestimmt, sondern steht auch im Spannungsverhältnis zu den Bewerbern um einen Arbeitsplatz. Deren Interessen, einen Arbeitsplatz zu bekommen, stehen insbesondere konträr zu den Interessen der beschäftigten Arbeitnehmer, den Fortbestand ihres Arbeitsplatzes zu sichern. Dieser dreiseitige Konflikt zwischen Unternehmern, beschäftigten Arbeitnehmern und Arbeitsuchenden ist auch vom BVerfG in seiner Entscheidung vom 13.01.1982 (sogenannter WDR-Beschluss[34]) gesehen worden und darf im Zusammenhang mit der hier zu diskutierenden Frage nach der Reichweite unternehmerischer Entscheidungsfreiheit nicht aus den Augen verloren werden.

Zu untersuchen sind auch die drei Entscheidungen des BAG vom 17.06.1999[35]. In diesen drei Urteilen hat der Zweite Senat seine Rechtsprechung zur unternehmerischen Entscheidungsfreiheit zum Teil neu justiert. Allen drei Urteilen lag die Frage zugrunde, ob der bloße Entschluss des Arbeitgebers, künftig mit weniger Personal zu arbeiten, als unternehmerische Entscheidung anzuerkennen ist.
Das BAG hat diese Frage bejaht. Doch habe der Arbeitgeber eine derartige Unternehmerentscheidung hinsichtlich ihrer organisatorischen Durchführbarkeit und hinsichtlich des Begriffs „Dauer“ zu verdeutlichen, damit das Gericht prüfen könne, ob sie nicht offensichtlich unsachlich, unvernünftig oder willkürlich erfolgt sei[36]. Weiter führte das Gericht aus, je näher die eigentliche Organisa-

---

schleifenentscheidung) hat das BVerfG eine aus Art. 12 Abs. 1 GG folgende Schutzpflicht zur Ausdeutung des Privatrechts herangezogen. Durch den ersten Kleinbetriebsbeschluss (BVerfGE 97, 169) hat das BVerfG diese grundrechtliche Schutzpflicht erstmals für die Interpretation des allgemeinen Kündigungsschutzes dienstbar gemacht.

[34] Urteil des BVerfG vom 13.01.1982, BVerfGE 59, 231 = NJW 1982, 1447 ff.

[35] BAGE 99, 1095 = AP Nr. 102 zu § 1 KSchG 1969 Betriebsbedingte Kündigung; BAGE 99, 1098 = AP Nr. 101 zu § 1 KSchG 1969 Betriebsbedingte Kündigung; BAGE 99, 1157 = AP Nr. 103 zu § 1 KSchG 1969 Betriebsbedingte Kündigung.

[36] Vgl. insbesondere BAGE 99, 1095 = AP Nr. 102 zu § 1 KSchG 1969 Betriebsbedingte Kündigung.

tionsentscheidung an den Kündigungsentschluss rücke, um so mehr müsse der Arbeitgeber durch Tatsachenvortrag verdeutlichen, dass ein Beschäftigungsbedürfnis für den Arbeitnehmer entfallen sei.
Im Ergebnis erkennt das BAG den Entschluss des Arbeitgebers, zukünftig auf Dauer mit weniger Personal zu arbeiten, als freie Unternehmerentscheidung an, erhöht aber zugleich die Anforderungen an die Darlegungs- und Beweislast. Insoweit weicht das BAG von seiner bisherigen Rechtsprechung ab, in der es bislang davon ausgegangen war, dass für eine beschlossene und tatsächlich durchgeführte Unternehmerentscheidung die Vermutung spreche, dass sie aus sachlichen Gründen erfolgt, Rechtsmissbrauch also die Ausnahme sei[37].
Die Entscheidungen des BAG vom 17.06.1999 haben die Diskussion um die unternehmerische Entscheidungsfreiheit neu entfacht, mit entsprechend konträren Auffassungen[38]. Auffallend ist dabei, dass die drei Urteile zum einen als eine Stärkung der Position der Arbeitgeber[39], andererseits aber auch als eine Gewichtsverschiebung zugunsten der Arbeitnehmerseite[40] bis hin zu der Befürchtung eines beginnenden Abschieds von der sogenannten freien Unternehmerentscheidung konstatiert werden[41].

Aktuellen Anlass, die Frage nach der Reichweite der unternehmerischen Entscheidung erneut zu überprüfen, gibt auch das Urteil des BAG vom 26.09.2002[42]. Diese Entscheidung ist im Schrifttum als die wichtigste kündigungsrechtliche Entscheidung der letzten Jahre bezeichnet worden[43].

---

[37] Urteile des BAG vom 24.10.1979, AP Nr. 8 zu § 1 KSchG 1969 Betriebsbedingte Kündigung; vom 30.04.1987, AP Nr. 42 zu § 1 KSchG 1969 Betriebsbedingte Kündigung.

[38] Vgl. nur *Bitter*, DB 2000, 1760 ff.; *Feudner*, NZA 2000, 1136 ff.; *Franzen*, NZA 2001, 805 ff.; *B. Preis*, DB 2000, 1122 ff.; *Quecke*, DB 2000, 2429 ff.; *ders*., NZA 1999, 1247 ff.; *Rommé/Pauker*, NZA-RR 2000, 281 ff.; *Schrader*, NZA 2000, 401 ff.; *Stein*, BB 2000, 457 ff.; *Zepter*, DB 2000, 474 ff.

[39] *Zepter*, DB 2000, 474 (475 f.); *Quecke*, NZA 1999, 1247 ff.; *Diller* in: Preis/Willemsen, Umstrukturierungen von Betrieb und Unternehmen, S. 157.

[40] *Rieble*, Anm. zu Urteilen des BAG vom 17.06.1999, EzA § 1 KSchG Betriebsbedingte Kündigung Nr. 102; *Schrader*, NZA 2000, 401 (404 f.); *Tschöpe*, BB 2000, 2630 (2636); *Franzen*, NZA 2001, 805 (809); in diese Richtung wohl auch *Singer/v. Finckenstein*, SAE 2000, 282 ff.

[41] *Feudner*, DB 1999, 2566 (2567 f.); *ders*., DB 2000, 476 (479); *Rieble*, Anm. zu Urteilen des BAG vom 17.06.1999, EzA § 1 KSchG Betriebsbedingte Kündigung Nr. 102.

[42] Urteil des BAG vom 26.09.2002, AP Nr. 124 zu § 1 KSchG 1969 Betriebsbedingte Kündigung.

[43] *Annuß*, NZA 2003, 783; so auch *Thüsing/Stelljes*, Anm. zum Urteil des BAG vom 26.09.2002, EzA § 1 KSchG Betriebsbedingte Kündigung Nr. 124; a.A. *Bengelsdorf*, Anm. zum Urteil des BAG vom 26.09.2002, AP Nr. 124 zu § 1 KSchG 1969 Betriebsbedingte Kündigung; *Adomeit*, SAE 2003, 237, nach dem dieses Urteil dafür zu sehr von einem eigenartigen Sachverhalt geprägt sei.

Das BAG hat in dieser Entscheidung erstmals seit Beginn der Rechtsprechung hinsichtlich der Überprüfbarkeit unternehmerischer Entscheidungen auf offensichtliche Unsachlichkeit, Unvernunft oder Willkür[44] eine Kündigung an eben diesen Kriterien scheitern lassen. Das Urteil ist in der Literatur mit gemischten Gefühlen aufgenommen worden. Zwar wird das Ergebnis der Unwirksamkeit der Kündigungen größtenteils befürwortet, doch wird gleichzeitig Kritik an dem Lösungsweg des BAG geübt[45].

Neben der Frage der Missbräuchlichkeit der zu beurteilenden Unternehmerentscheidung enthält die Entscheidung vom 26.09.2002 eine weitere wesentliche Neuerung. Das BAG greift in ihr erstmals auf den vom BVerfG postulierten Mindestbestandsschutz der Arbeitnehmer zurück. So führt das BAG aus: „Die Berufsfreiheit des Art. 12 Abs. 1 GG schützt nicht nur die unternehmerische Freiheit, sondern gewährt auch einen Mindestbestandschutz für den Arbeitnehmer. Zwar ist mit der durch Art. 12 Abs. 1 GG geschützten Berufswahlfreiheit kein unmittelbarer Schutz gegen den Verlust des Arbeitsplatzes aufgrund privater Dispositionen verbunden. Insofern obliegt dem Staat aber eine aus dem Grundrecht des Art. 12 Abs. 1 GG folgende Schutzpflicht, der sowohl der Gesetzgeber als auch die Gerichte Rechnung tragen müssen".
Diese Sichtweise stellt zwar eine konsequente Fortführung der Entscheidung des BVerfG zur Kleinbetriebsklausel dar. Ihr haften jedoch genau dieselben Zweifel an. Auch die Entscheidung des BAG ist darauf zu überprüfen, ob sie nicht durch den einseitigen Schutz der in Arbeit stehenden Arbeitnehmer die Interessen der arbeitssuchenden Außenseiter in unzulässiger Weise zurückdrängt.

Welche Bedeutung dieses Urteil des BAG für die weitere Entwicklung der Rechtsprechung zur freien Unternehmerentscheidung im Einzelnen haben wird, scheint nicht ganz eindeutig. Doch weist die Entscheidung vom 26.09.2002 wohl darauf hin, dass das BAG zukünftig für eine stärkere Kontrolle unternehmerischer Entscheidungen eintreten wird. Die freie Unternehmerentscheidung scheint nicht mehr so frei zu sein[46].

---

[44] Beginn der Missbrauchsrechtsprechung des BAG mit dem Urteil vom 18.11.1960, AP Nr. 28 zu Art. 44 Truppenvertrag.

[45] *Annuß*, NZA 2003, 783 ff.; *Reuter*, RdA 2004, 161 ff.; *Thüsing/Stelljes*, Anm. zum Urteil des BAG vom 26.09.2002, EzA § 1 KSchG Betriebsbedingte Kündigung Nr. 124; *Bengelsdorf*, Anm. zum Urteil des BAG vom 26.09.2002, AP Nr. 124 zu § 1 KSchG 1969 Betriebsbedingte Kündigung; a.A. *Adomeit*, SAE 2003, 237 ff., der sich insgesamt gegen die Rechtsunwirksamkeit der Kündigung ausspricht; vgl. auch *Schrader/Schubert*, NZA-RR 2004, 393 ff., die in der Entscheidung vom 26.09.2002 eine unzulässige Inhaltskontrolle erblicken.

[46] So auch *Thüsing/Stelljes* in ihrer Anm. zum Urteil des BAG vom 26.09.2002, EzA § 1 KSchG Betriebsbedingte Kündigung Nr. 124.

Negativ anzulasten ist dieser Entscheidung in jedem Fall, dass sie die im Kündigungsschutzprozess ohnehin bestehende Rechtsunsicherheit nicht gemildert, sondern vielmehr verstärkt hat. Schon seit einiger Zeit wird kritisiert, dass der Ausgang eines Kündigungsschutzprozesses „unkalkulierbar"[47] sei, „Lotteriecharakter"[48] besitze bzw. das Rechtssystem „irrational"[49] sei.
Diese Entwicklung hat das BAG geschürt, indem es nicht an die Begründungsansätze der ähnlich gelagerten früheren Crewing-Entscheidung[50] angeknüpft, sondern hier den Weg über das Rechtsinstitut des Rechtsmissbrauchs und den grundrechtlichen Mindestbestandsschutz der Arbeitnehmer gewählt und damit nicht zur Kontinuität bzw. Vorhersehbarkeit seiner Rechtsprechung beigetragen hat[51].

Die obigen Ausführungen zeigen, dass in jedem Fall Anlass besteht, die Frage nach der Reichweite unternehmerischer Entscheidungsfreiheit genauer zu untersuchen.

C) Allgemeine Bedeutung der gerichtlichen Kontrolle unternehmerischer Entscheidungen

Zuvor soll jedoch die allgemeine Bedeutung der gerichtlichen Kontrolle unternehmerischer Entscheidungen näher dargestellt werden.
Zunächst ist festzustellen, dass durch unternehmerische Entscheidungen, insbesondere durch missbräuchliche Unternehmerentscheidungen, Rechtspositionen der Arbeitnehmer erheblich verkürzt werden. Andererseits muss aber auch berücksichtigt werden, dass es Sache des Unternehmers ist, *sein* Unternehmen zu führen. Muss es deshalb nicht dem Arbeitgeber überlassen bleiben, wie er sein Unternehmen organisiert und strukturiert? Schließlich trägt er auch das wirtschaftliche bzw. finanzielle Risiko, das mit der Führung eines Unternehmens verbunden ist.
Zur Erläuterung der geschilderten Konfliktsituation soll ein Beispielfall helfen: Ein Arbeitgeber will sich von einem leitenden Mitarbeiter trennen, da er mit

---

[47] FAZ vom 13.11.2002: „Gesetzliche Abfindung statt unkalkulierbarer Prozesse"; *Schiefer*, NZA 2002, 770 (777); vgl. auch *Hanau*, ZRP 2003, 108.
[48] MüKo-*Schwerdtner*, § 622 Anh. Rdnr. 3 f. (3. Auflage); *Rüthers*, NJW 2002, 1601; ähnlich *Bauer*, NZA 2002, 529; *ders.*, NZA 2002, 1001; *Hromadka*, NZA 2002, 783.
[49] *Schiefer*, NZA 2002, 770.
[50] Urteil des BAG vom 26.09.1996, AP Nr. 80 zu § 1 KSchG 1969 Betriebsbedingte Kündigung.
[51] Ähnlich *Annuß*, NZA 2003, 783 (784 f.); *Thüsing/Stelljes*, Anm. zum Urteil des BAG vom 26.09.2002, EzA § 1 KSchG Betriebsbedingte Kündigung Nr. 124; *Reuter*, RdA 2004, 161; *Bengelsdorf*, Anm. zum Urteil des BAG vom 26.09.2002, AP Nr. 124 zu § 1 KSchG 1969 Betriebsbedingte Kündigung.

dessen Leistung nicht zufrieden ist; gleichgültig, ob zu Recht oder zu Unrecht. Für eine verhaltensbedingte Kündigung bedürfte es zunächst nach herrschender Auffassung grundsätzlich einer einschlägigen Abmahnung[52]. Aus dieser Abmahnung muss zweifelsfrei hervorgehen, was dem Arbeitnehmer vorgeworfen wird, wie er sich zukünftig zu verhalten hat und welche Sanktionen ihn andernfalls erwarten. Der Arbeitgeber muss den Arbeitnehmer deutlich und ernsthaft ermahnen, ihn auffordern, ein genau bezeichnetes Fehlverhalten zu ändern bzw. aufzugeben und ihm klarmachen, dass bei wiederholten Vertragsverstößen Inhalt und Bestand seines Arbeitsverhältnisses gefährdet sind[53]. Diese Voraussetzungen werden häufig nicht eingehalten, so dass es oft an einer wirksamen Abmahnung fehlt. Zudem hat der Arbeitgeber das Problem, dass er eine Pflichtverletzung seitens des leitenden Angestellten darlegen muss. Der Arbeitgeber wird hier deshalb i.d.R. eine innerbetriebliche Umstrukturierung einer verhaltensbedingten Kündigung vorziehen. Am Ende der innerbetrieblichen Maßnahme wird ein Wegfall des Beschäftigungsbedürfnisses des leitenden Angestellten stehen. Da bei leitenden Angestellten häufig mangels Vergleichbarkeit eine Sozialauswahl auf derselben hierarchischen Ebene ausscheidet, sind die Aussichten für den leitenden Angestellten in einem Kündigungsschutzverfahren nicht günstig. Das zeigt, dass die Unternehmerfreiheit den Arbeitgeber in eine begünstigte Position gegenüber dem Arbeitnehmer stellen kann.
Auf der anderen Seite ist aber auch zu berücksichtigen, dass es bei dem Problem der gerichtlichen Kontrolle unternehmerischer Entscheidungen um mehr geht als nur den konkreten Kündigungsstreit. Entscheidet das Gericht gegen die Kündigung des Arbeitgebers und bestimmt es damit zugleich die Fortsetzung des Arbeitsverhältnisses gegen den Willen des Arbeitgebers, so hat diese Entscheidung wirtschaftliche Folgen, die über den bloßen Streit hinsichtlich der Auflösung des Arbeitsverhältnisses hinausgehen. So können etwa Unternehmerentscheidungen an der Unkündbarkeit von Arbeitsverhältnissen scheitern bzw. nicht in dem Umfang wie geplant umgesetzt werden. Auch die Möglichkeit einer Abfindung kann den Unternehmer unter Umständen nicht davor bewahren, dass er sein Ziel aufgrund der Verteuerung der Kündigung eventuell nicht oder nicht ganz erreichen kann. Darüber hinaus kann allein die Möglichkeit einer gerichtlichen Überprüfung unternehmerischer Entscheidungen die unternehmerische Initiative hemmen. Für den kündigenden Arbeitgeber wird eine Situation der Rechtsunsicherheit geschaffen, da die betriebsbedingte Kündigung aufgrund des ungewissen Ausgangs eines möglichen Prozesses ein unkalkulierbares Risiko wird. Damit ist die mögliche Gerichtskontrolle in der Lage, das unternehmerische Verhalten zu beeinflussen. Dadurch setzt sie zugleich auch

[52] *Brox/Rüthers/Henssler*, Arbeitsrecht, Rdnr. 507; *Löwisch*, Arbeitsrecht, Rdnr. 1337.

[53] Vgl. Urteil des BAG vom 18.01.1990, AP Nr. 3 zu § 1 KSchG 1969 Verhaltensbedingte Kündigung; *Brox/Rüthers/Henssler*, Arbeitsrecht, Rdnr. 507; *Dütz*, Arbeitsrecht, Rdnr. 213; *Löwisch*, Arbeitsrecht, Rdnr. 1337.

Rahmenbedingungen für die Wirtschaft. Insoweit ist die Überprüfung unternehmerischer Entscheidungen gesamtwirtschaftlich von Bedeutung.
Für die freie Marktwirtschaft ist es charakteristisch, dass der Unternehmer selbst über sein Unternehmen bestimmen kann. Er ist lediglich den Bedingungen am Markt ausgesetzt. Am Markt bestehen kann aber nur derjenige Unternehmer, dem es gelingt, seine Entscheidungen und sein Werkzeug zu ihrer Umsetzung den ständigen Wandlungen des Marktes anzupassen. Was richtig und erforderlich ist, muss demzufolge grundsätzlich dem Unternehmer vorbehalten sein zu entscheiden. Auch kann er seine wirtschaftlichen Prioritäten selbst bestimmen. Was in seinem unternehmerischen Interesse liegt und welche Maßnahmen zur Verwirklichung desselben erforderlich sind, ist Sache des Unternehmers. Wenn der Staat aber Entscheidungsprozesse des Unternehmers beeinflusst, verliert er die ihm grundsätzlich gewährte Autonomie. Schon allein die Möglichkeit einer gerichtlichen Kontrolle unternehmerischer Entscheidungen beeinflusst zwangsläufig das Verhalten desselben.

Diese allgemeine Problemdarstellung soll helfen aufzuzeigen, welche Bedeutung der gerichtlichen Kontrolle in Bezug auf das unternehmerische Verhalten, aber auch auf den Schutz der Arbeitnehmer zukommen kann.

D) Gang der Arbeit

Ziel der Arbeit ist es, einen Beitrag zu der Frage zu leisten, ob und inwieweit unternehmerische Entscheidungen von einer gerichtlichen Kontrolle freizuhalten bzw. einer solchen zu unterziehen sind. Es gilt festzustellen, wie viel Bestandsschutz dem Arbeitnehmer hinsichtlich seines Arbeitsverhältnis zukommen kann und muss und wie viel Freiraum demgegenüber dem Arbeitgeber bei der Gestaltung seines Unternehmens zu gewähren ist. Bei der Lösung dieses Konflikts sollen darüber hinaus auch die Rechte der Arbeitsuchenden verstärkt ins Blickfeld gerückt werden.

Der Untersuchung soll zunächst ein Rückblick auf die geschichtliche Entwicklung des Kündigungsschutzrechts in Deutschland – insbesondere des betriebsbezogenen Bestandschutzes – vorangestellt werden. Dies soll das Verständnis für den heutigen Diskussionsstand um die Reichweite bzw. den Umfang unternehmerischer Entscheidungsfreiheit erleichtern. Zudem wird aufgezeigt, dass bereits schon sehr früh über die gerichtliche Überprüfbarkeit unternehmerischer Entscheidungen gestritten worden ist.

Diesem geschichtlichen Rückblick schließt sich ein Überblick über die bisherigen grundlegenden Entscheidungen des BAG zur unternehmerischen Entscheidungsfreiheit an. Dieser Teil zeigt in groben Zügen die Entwicklung auf, die die Rechtsprechung des BAG hinsichtlich des Problems der unternehmerischen Freiheit genommen hat. Aufgrund der Vielzahl der zu dieser Problematik ergangenen Urteile kann jedoch nur ein Überblick über die wesentlichen Entscheidungen des BAG gegeben werden.

Die darauffolgende Untersuchung hinsichtlich des Umfangs bzw. der Reichweite unternehmerischer Entscheidungsfreiheit erfordert dann im Wesentlichen zwei Prüfungsabschnitte.
Zunächst soll die unternehmerische Entscheidungsfreiheit ausreichend begründet werden. Es muss untersucht werden, warum den Arbeitsgerichten die Kompetenz abgesprochen werden soll, unternehmerische Entscheidungen zu überprüfen.

Dann soll auf die Eingriffsmöglichkeiten und Einschränkungen der unternehmerischen Entscheidungsfreiheit eingegangen werden. Dies ist insofern von Bedeutung, als die Frage, ob und inwieweit die unternehmerische Entscheidung tatsächlich zu berücksichtigen ist, nur auf der Grundlage einer Auseinandersetzung der Prüfungsmöglichkeiten beantwortet werden kann. Hierbei soll vor allem die Rechtsprechung des BAG zur Missbrauchskontrolle[54] der betriebsbedingten Kündigung analysiert werden, auch und insbesondere unter Bezugnahme auf das Urteil des BAG vom 26.09.2002. Bedeutung erlangt in diesem Zusammenhang auch die Bezugnahme des BAG auf den vom BVerfG postulierten Mindestbestandsschutz der Arbeitnehmer als Schranke unternehmerischer Freiheit. Dieser Anspruch soll näher untersucht werden.

Danach soll auf weitere Begrenzungsmöglichkeiten unternehmerischer Entscheidungen eingegangen werden. Hierzu zählen sowohl die Interessenabwägung als auch das Ultima-ratio-Prinzip. Zudem sollen auch die Prüfungsmaßstäbe der Literatur wie die Dringlichkeits- und die Sachlichkeitsprüfung näher erörtert werden.
Zuletzt soll auch auf die Probleme eingegangen werden, die sich bei der Umsetzung unternehmerischer Entscheidungen ergeben können. Hierzu gehört u.a. eine Auseinandersetzung mit dem Erfordernis des Wegfalls der Beschäftigungsmöglichkeit des gekündigten Arbeitnehmers, wobei insbesondere auf die Verteilung der Darlegungs- und Beweislast zwischen Arbeitnehmer und Arbeitgeber

[54] Im Folgenden soll von Missbrauchskontrolle gesprochen werden, so auch KR-*Etzel*, § 1 KSchG Rdnr. 522; *Löwisch*, Arbeitsrecht, Rdnr. 1353; *Ascheid*, Kündigungsschutzrecht, Rdnr. 289 ff.; *Tenczer*, Freie Unternehmerentscheidung, S. 29 ff.; *Gilberg*, NZA 2003, S. 817 (818); anders etwa: *Brox/Rüthers/Henssler*, Arbeitsrecht, Rdnr. 520; *Thum*, Betriebsbedingte Kündigung, S. 155 ff., die von Willkürprüfung (bzw. Willkürkontrolle - vgl. *Schaub/Koch/ Linck*, Arbeitsrechts-Handbuch, § 131 Rdnr. 31 f.) sprechen.

einzugehen sein wird. Darüber hinaus soll auch eine Weiterbeschäftigungspflicht des Arbeitgebers näher untersucht werden.

1. Kapitel

Geschichtlicher Rückblick auf die Entwicklung des Kündigungsschutzes in Deutschland

Heutzutage ist eine betriebsbedingte Kündigung nach § 1 Abs. 2 Satz 1 KSchG dann gerechtfertigt, wenn sie durch dringende betriebliche Erfordernisse, die einer Weiterbeschäftigung des Arbeitnehmers in diesem Betrieb entgegenstehen, bedingt ist. Das KSchG verlangt also zur Rechtfertigung einer betriebsbedingten Kündigung einen bestimmten Kündigungsgrund. Der geschichtliche Rückblick auf die Entwicklung des Kündigungsschutzes zeigt, dass das Erfordernis eines Kündigungsgrundes jedoch nicht immer selbstverständlich war.

Zugleich wird durch den geschichtlichen Rückblick aufgezeigt, dass schon vor Errichtung des BAG im Jahr 1954 über die Frage der Überprüfbarkeit unternehmerischer Entscheidungen im Rahmen einer betriebsbedingten Kündigung gestritten worden ist. Es handelt sich bei dieser Problematik folglich nicht um eine Erscheinung neuerer Zeit, sondern beschäftigt die Rechtsprechung und Literatur schon seit langem.

A) Kündigungsrecht vor 1914

In der Zeit vor 1914 wurde das Arbeitsrecht von den Ideen des wirtschaftlichen Liberalismus beherrscht[55]. Dies hatte zur Folge, dass ganz allgemein der Grundsatz der Kündigungsfreiheit galt[56]. So konnten die Parteien frei darüber entscheiden, wann und unter welchen Voraussetzungen eine einseitige Aufhebung des Arbeitsverhältnisses durch Kündigung zulässig sein sollte. Nur einige wenige zwingende Vorschriften konnten die Kündigungsfreiheit einschränken[57]. Doch waren diese Kündigungsbeschränkungen lediglich rein

[55] MüKo-*Hergenröder*, Einl. KSchG Rdnr. 1; *v. Hoyningen-Huene/Linck*, Einl. KSchG Rdnr. 1; *Backmeister/Trittin/Mayer*, § 1 KSchG Rdnr. 1; *Wüllenweber*, Entwicklung des Kündigungsschutzrechts, S. 25; Schüler, AuR 1954, 54 (55).

[56] *V. Hoyningen-Huene/Linck*, Einl. KSchG Rdnr. 1; *Wüllenweber*, Entwicklung des Kündigungsschutzrechts, S. 25; *Ribbert*, Gerichtliche Nachprüfung, S. 13; *Nehm*, Kündbare Rechtsverhältnisse, S. 41 f.; *Döse-Digenopoulos*, Arbeitsgerichte, S. 75.

[57] So galt für gewerbliche und kaufmännische Angestellte eine zwingende Mindestkündigungsfrist von einem Monat zum Schluss des Kalendermonats (§§ 67 HGB, 133aa GewO). Zudem bestand der Grundsatz, dass eine vereinbarte Kündigungsvereinbarung für beide Teile, also für Arbeitgeber und Arbeitnehmer, gleich lang sein musste (§ 122 Satz 2 und 3 GewO).

formale Schranken des Kündigungsrechts[58]. Solche formalen Schranken können zwar einen gewissen materiellen und sozialen Schutzzweck erfüllen, jedoch können sie die Beendigung eines Arbeitsverhältnisses nicht dauerhaft verhindern, da sie keinen Begründungszwang für die Ausübung von Kündigungen vorsehen[59].
Im Übrigen waren die gesetzlichen Kündigungsvorschriften nicht geeignet, einen Kündigungsschutz zu gewähren, da sie dispositives Recht darstellten[60].

Ansätze eines materiellen Kündigungsschutzes fanden sich erstmalig in der Novelle zum Allgemeinen Preußischen Berggesetz vom 28. Juni 1909[61]. Danach konnte einem Sicherheitsmann von seinem Arbeitgeber vor Ablauf seiner Wahlperiode nur aufgrund abschließend aufgeführter Gründe gekündigt werden[62]. Damit war erstmals für einen kleinen Personenkreis die Zulässigkeit einer Kündigung an bestimmte rechtliche Gründe gebunden[63].
Auch wenn diese Kündigungsbeschränkung keine Ausdehnung auf andere Arbeitnehmergruppen erfahren hat[64] und damit keine allgemeine Geltung erlangte, so zeigte der Gesetzgeber dennoch, dass er einen Eingriff in die Kündigungsfreiheit des Arbeitgebers für möglich hielt.

B) Betriebsrätegesetz vom 04. Februar 1920

Der Durchbruch zu einem allgemeinen materiellen Kündigungsschutz gelang erst nach dem ersten Weltkrieg mit dem Betriebsrätegesetz vom 04. Februar 1920[65]. Beinahe zeitgleich wurden auch in der Demobilmachungsverordnung vom 12. Februar 1920[66] und der Stilllegungsverordnung vom 08. November 1920[67] materielle Kündigungsschutzregelungen begründet. Insbesondere Teile

[58] *Wüllenweber*, Entwicklung des Kündigungsschutzrechts, S. 35; *Hueck*, BlStSozArbR 1949, 118 (119).
[59] *U. Preis*, Prinzipien des Kündigungsrechts, S. 13; *Herschel*, DB 1973, 80.
[60] *Döse-Digenopoulos*, Arbeitsgerichte, S. 76; *Wüllenweber*, Entwicklung des Kündigungsschutzrechts, S. 25 ff.; *v. Hoyningen-Huene/Linck*, Einl. KSchG Rdnr.1.
[61] PrGS 1909, S. 677.
[62] *Ribbert*, Gerichtliche Nachprüfung, S. 15; zum Katalog der Kündigungsgründe vgl. auch *Wüllenweber*, Entwicklung des Kündigungsschutzrechts, S. 36 Fn. 1.
[63] *Wüllenweber*, Entwicklung des Kündigungsschutzrechts, S. 36; *Göller*, Entwicklung des Kündigungsschutzrechts, S. 33; *Ribbert*, Gerichtliche Nachprüfung, S. 15; vgl. zum Allgemeinen Preußischen Berggesetz: *Klostermann/Thielmann*, Allgemeines Berggesetz für die Preußischen Staaten, 1911.
[64] Vgl. *Wüllenweber*, Entwicklung des Kündigungsschutzrechts, S. 36.
[65] RGBl., S. 147.
[66] RGBl., S. 218.
[67] RGBl., S. 1901.

dieser Verordnungen können durchaus als Wegbereiter heutiger bedeutsamer Regelungen im Kündigungsschutz angesehen werden[68]. So zeigen sich in den Normen der Verordnungen z.B. Ansätze, die auf eine Sozialauswahl im Kündigungsschutzrecht hindeuten[69]. Der Beginn eines Individualschutzes von Arbeitsverhältnissen scheint damit begründet, auch wenn die Zielsetzung zunächst eine andere war[70].
Das Vorhaben, die Regelungen der Verordnungen dauerhaft in die Gesetzgebung zu übernehmen, sind jedoch an der schlechten wirtschaftlichen Lage in Deutschland im Herbst 1923 gescheitert. Die wirtschaftliche Lage erzwang die Befreiung der Unternehmen von allen die Produktion hemmenden Lasten[71]. So wurden die Verordnungen größtenteils wieder außer Kraft gesetzt[72].

Bestehen blieb allerdings das Betriebsrätegesetz vom 04. Februar 1920, dessen § 84 für den Schutz der Arbeitnehmer von zentraler Bedeutung war. Dieser eröffnete dem Arbeitnehmer Einspruchsrechte gegen die Beendigung seines Arbeitsverhältnisses. Ein Einspruchsrecht gegen betriebsbedingte Kündigungen war in § 84 Nr. 4 BRG enthalten. Danach konnte der Arbeitnehmer Einspruch erheben, „wenn die Kündigung sich als eine unbillige, nicht durch das Verhalten des Arbeitnehmers oder durch die Verhältnisse des Betriebs bedingte Härte darstellte“.
Allerdings war der Schutz des Arbeitnehmers vom Tätigwerden des Betriebsrats abhängig. Denn nur, wenn der Betriebsrat den Einspruch des Arbeitnehmers gegen seine Kündigung nach dem Versuch einer gütlichen Einigung billigte, konnte der Weg zum Arbeitsgericht bestritten werden[73]. Dies lag an der eigentlichen Konzeption des BRG. Diese war auf die Mitbestimmung der Arbeitneh-

---

68 *U. Preis*, Prinzipien des Kündigungsrechts, 1987, S. 14.

69 Vgl. *U. Preis*, Prinzipien des Kündigungsrechts, S. 14, der z.B. auf § 13 S. 2 Demobilmachungsverordnung verweist, der vorschrieb, dass das Lebens- und Dienstalter sowie der Familienstand des Arbeitnehmers derart zu berücksichtigen sind, dass die älteren Eingearbeiteten und diejenigen mit unterhaltsbedürftigen Angehörigen möglichst in ihrer Arbeitsstelle zu belassen sind.

70 Vgl. *v. Hoyningen-Huene/Linck*, Einl. KSchG Rdnr. 13 f.; *Wüllenweber*, Entwicklung des Kündigungsschutzrechts, S. 56; *Herschel*, DB 1973, 80 (83); *ders.*, BABl. 1951, 484. Die Verordnungen verfolgten nach der Rückkehr der Kriegsteilnehmer primär volkswirtschaftliche und arbeitsmarktpolitische Interessen; sie bewirkten nur als Reflex einen Individualschutz der Arbeitnehmer.

71 *U. Preis*, Prinzipien des Kündigungsrechts, S. 14; *v. Hoyningen-Huene/Linck*, Einl. KSchG Rdnr. 14.

72 Die Novellierung der Stilllegungsverordnung vom 15.10.1923, RGBl. S. 983, enthielt nur noch einen den §§ 17 ff. KSchG vergleichbaren Schutz vor Massenentlassungen aus arbeitsmarktpolitischen Motiven, vgl. *U. Preis*, Prinzipien des Kündigungsrechts, S. 14; *v. Hoyningen-Huene/Linck*, Einl. KSchG Rdnr. 14.

73 Vgl. §§ 85, 86 BRG.

mer im Betrieb ausgerichtet[74]. Das BRG hatte den allgemeinen Kündigungsschutz als Annex der ihrerseits auf Begrenzung der Arbeitgeberherrschaft zielenden Betriebsverfassung gestaltet. Dem Gesetz lag somit kein individualrechtlicher, sondern ein kollektivrechtlicher Ansatzpunkt zugrunde.
Aber selbst wenn der Weg zum Arbeitsgericht eröffnet war, brachte das BRG dem Arbeitnehmer keinen gesicherten Schutz. Dem Arbeitgeber wurde auch bei einem begründeten Einspruch des Arbeitnehmers nach § 87 Abs. 2 BRG die Möglichkeit gegeben, zwischen der Weiterbeschäftigung des Arbeitnehmers oder einer Entschädigungszahlung an diesen zu wählen. Der Arbeitgeber konnte also stets das Ausscheiden des Arbeitnehmers erzwingen, wenn er ein entsprechendes finanzielles Opfer erbrachte. Insoweit wirkte der alte Gedanke der Kündigungsfreiheit noch nach[75].
Darüber hinaus herrschte in der Rechtsprechung Orientierungslosigkeit hinsichtlich der Ausfüllung des Begriffs der „unbilligen Härte". Dies führte dazu, dass Kündigungsschutzgedanken, die in früheren Einzelbestimmungen enthaltenen waren, weiter angewendet wurden. Beispielsweise hat der in der aufgehobenen Demobilmachungsverordnung geregelte Grundsatz der Sozialauswahl weiter eine wichtige Rolle gespielt[76].
Zudem erfolgte die Ausfüllung des Begriffs der „unbilligen Härte" durch die Gerichte anhand einer Interessenabwägung. Dabei wurden die Interessen des Arbeitgebers an einer Kündigung und die Interessen des Arbeitnehmers an der Erhaltung seines Arbeitsplatzes gegenübergestellt und gegeneinander abgewogen[77]. Diese Art der Rechtsprechung führte jedoch nicht zu einer Systematisierung der Interpretation des § 84 Nr. 4 BRG. Vielmehr verblieb es bei einer Reihe von Einzelscheidungen, die auf die jeweils zugrunde liegenden Fälle zugeschnitten waren[78].

---

[74] *Wüllenweber*, Entwicklung des Kündigungsschutzrechts, S. 83; *Göller*, Entwicklung des Kündigungsschutzrechts, S. 57.

[75] *V. Hoyningen-Huene/Linck*, Einl. KSchG Rdnr. 21; *Ribbert*, Gerichtliche Nachprüfung, S. 18; vgl. auch *Herschel* in *Wüllenweber*, Entwicklung des Kündigungsrechts, S. 106 (Fn.1). Dort nennt *Herschel* die Entschädigungszahlung eine „Loskaufsumme", die ihrem Hauptzweck nach nicht notwendige Entlassungen für den Arbeitgeber verteuere und ihrem Nebenzweck nach den Arbeitnehmer bereichern solle.

[76] Vgl. erstmals ausdrücklich bei LAG Dresden vom 22.9.1927, ARS Bd. 1, S. 279 ff. Auch wenn später nicht mehr ausdrücklich auf die Demobilmachungsverordnung Bezug genommen wurde, so spielten die in ihr enthaltenen Kriterien bei § 84 BRG weiter eine dominierende Rolle; vgl. auch *Wüllenweber*, Entwicklung des Kündigungsschutzrechts, S. 67 f.; *Potthoff/Jadesohn/Meissinger*, Rechtsprechung des Arbeitsrechts, S. 263 Nr. 1383 m.w.N.

[77] Vgl. nur LAG Würzburg vom 20.06.1929, ARS Bd. 7, S. 37; LAG Duisburg vom 18.07.1929, ARS Bd. 7, S. 59; LAG Berlin vom 08.07.1931, ARS Bd. 17, S. 20; s.a. *Mansfeld*, BRG, § 84 Anm. B4d.; *Gürteler*, Betriebsrätegesetz, § 84 Rdnr. 18; *Wüllenweber*, Entwicklung des Kündigungsschutzrechts, S. 67 f.

[78] *U. Preis*, Prinzipien des Kündigungsrechts, S. 18 und 20.

Es gab aber in der Rechtsprechung zum BRG auch einige Urteile, die für die heutige Rechtsdiskussion noch interessant sind. Denn schon damals war die Frage umstritten, inwieweit betriebsbedingte Kündigungen und insbesondere die ihnen zugrunde liegenden Unternehmerentscheidungen durch das Arbeitsgericht überprüft werden dürfen.
Ein Teil der Rechtsprechung[79] ging von der Bindung der Gerichte an die Unternehmerentscheidung aus und lehnte eine gerichtliche Nachprüfung ab. Sie beschränkten sich auf die Feststellung, ob der Unternehmer geeignete Maßnahmen zur Abwendung von Entlassungen erwogen habe und sahen eine weitergehende Nachprüfung als einen unzulässigen Eingriff in das „Direktionsrecht" des Unternehmers an[80].
Andere Gerichte hingegen bejahten die Möglichkeit, unternehmerische Entscheidungen zu überprüfen[81]. Dabei wurde insbesondere die Nachprüfung für zulässig erachtet, ob der Unternehmer durch die Einführung von Kurzarbeit Entlassungen hätte vermeiden können[82]. Begründet wurde dies zum Teil mit dem Erfordernis der Eindämmung der Arbeitslosigkeit[83].
Das RAG hat zur Streitfrage der Überprüfung unternehmerischer Entscheidungen selbst nicht direkt Stellung nehmen können, da die Revision im Kündigungsschutzverfahren ausgeschlossen war[84]. Es hat sich allerdings in anderem Zusammenhang einige Male zu dieser Frage geäußert, ohne jedoch eine klare Richtung vorzugeben.
In Bezug auf ein Zustimmungsverfahren nach § 97 BRG führte das RAG in einem Urteil vom 27.02.1932[85] aus, es übersteige die Möglichkeit der Arbeitsgerichte, organisatorische Maßnahmen des Arbeitsgebers zu überprüfen. Die Erörterung des Arbeitsgerichts müsse sich darauf beschränken, ob der Arbeitgeber die Einführung von Kurzarbeit ernstlich erwogen habe. Die mit sachlichen Gründen versehene Entschließung des Arbeitgebers unterliege als Maßnahme der Unternehmensleitung nicht der Nachprüfung durch die Arbeitsgerichte in einem Verfahren nach § 97 BRG. In einer anderen Entscheidung erklärte das

[79] LAG Limburg vom 25.08.1927, ArbRPrax 1931, Sp. 268; LAG Stuttgart vom 14.03.1933, ARS Bd. 19, S. 96; weitere Nachweise bei *Ribbert*, Gerichtliche Nachprüfung, S. 63, Fn. 4.
[80] LAG Limburg vom 25.08.1927, ArbRPrax 1931, Sp. 268; LAG Stuttgart vom 14.03.1933, ARS Bd. 19, S. 96.
[81] LAG Frankfurt a.M. vom 11.02.1932, ARS Bd. 14, S. 17 (19); LAG Augsburg vom 17.02.1933, ARS Bd. 18, S. 55; umfassende Darstellung u.a. bei *Döse-Digenopoulos*, Arbeitsgerichte, S. 82 ff.
[82] Vgl. u.a. LAG Frankfurt a.M. vom 11.02.1932, ARS Bd. 14, S. 17.
[83] LAG Frankfurt a.M. vom 11.02.1932, ARS Bd. 14, S. 17. Infolge der Weltwirtschaftskrise stieg die Arbeitslosenzahl seit 1929 kontinuierlich an, bis sie im Feb. 1932 mit 6,13 Millionen ihren Höhepunkt erreicht hatte - im Jahre 1922 lag die Zahl noch bei 213.000 Arbeitslosen; vgl. dazu *Döse-Digenopoulos*, Arbeitsgerichte, S. 81.
[84] Vgl. §§ 86, 87 BRG.
[85] Beschluss vom 27.02.1932, ARS Bd. 14, S. 546.

RAG[86] hingegen, dass es notwendig sei, auf die Verhältnisse des Betriebs einzugehen, insbesondere auf die Frage, ob die Entbehrlichkeit des Gekündigten nicht etwa nur bei unangemessener Ausnutzung der übrigen Arbeitnehmer gegeben sei. In einem dritten Beschluss vertrat das RAG[87] wiederum die Ansicht, dass über die Zweckmäßigkeit der Beibehaltung von Leistungszulagen für einzelne Arbeitnehmer bei gleichzeitiger Entlassung anderer aus Ersparnisgründen nur der für das Betriebsergebnis verantwortliche Arbeitgeber zu entscheiden habe. Dies zeigt, dass auch die Rechtsprechung des RAG nicht zu einer einheitlichen Linie verhelfen konnte.

Diese Uneinheitlichkeit in der Rechtsprechung des RAG spiegelte sich auch in den Ansichten der arbeitsrechtlichen Literatur wider. Der überwiegende Teil vertrat die Auffassung, dass die Arbeitsgerichte nicht an die Entscheidung des Unternehmers gebunden, sondern zu einer Würdigung der Verhältnisse des Betriebs in wirtschaftlicher, technischer und organisatorischer Hinsicht verpflichtet seien[88]. Wie eine Überprüfung unternehmerischer Entscheidungen genau auszusehen habe, insbesondere mit welcher Intensität sie vorgenommen werden solle, wurde allerdings sehr unterschiedlich beurteilt. Die Auffassungen reichten von der Forderung nach einer umfassenden Überprüfung betriebsgestaltender Unternehmerentscheidungen, nach der betriebsbedingte Entlassungen erst dann gerechtfertigt sein sollten, wenn sie zur Verhinderung des Zusammenbruchs des Unternehmen dienten[89], bis hin zu der Erwägung, Entlassungen schon dann für gerechtfertigt zu erklären, wenn diese „zum finanziellen Gedeihen des Unternehmens" erforderlich seien[90].

Daneben gab es in der Literatur auch Stimmen, die sich eindeutig gegen eine gerichtliche Überprüfung unternehmerischer Entscheidungen ausgesprochen haben[91].
So führte etwa *Mansfeld* schon 1931 aus, dass die Gerichte nicht befugt seien, die vom Arbeitgeber getroffenen wirtschaftlichen Maßnahmen auf ihre wirtschaftliche Notwendigkeit und Zweckmäßigkeit hin zu überprüfen[92]. Die Kon-

---

[86] Beschluss vom 22.04.1932, ARS Bd. 15, S. 372.
[87] Beschluss vom 04.02.1933, ARS Bd. 17, S. 273.
[88] *Bendix*, ArbRPrax 1930, 33 ff.; *Dorn*, Unbillige Härte, S. 70; *Flatow/Kahn-Freund*, BRG, § 84 S. 456; *Herschel*, NZAR 1931, Sp. 545 ff.; *Jadesohn*, NZAR 1931, Sp. 343 ff.; umfassende Darstellung bei *Döse-Digenopoulos*, Arbeitsgerichte, S. 83 ff., die ausführlich die verschiedenen Nuancen dieser Ansicht herausgearbeitet hat.
[89] *Bendix*, ArbRPrax 1930, 33 (34); vgl. auch *Jacoby*, ArbRPrax 1932, 167 ff.
[90] *Jadesohn*, NZAR 1931, Sp. 343, 347.
[91] *Nikisch*, Der Arbeitgeber 1931, 61 (62); *Mansfeld*, NZAR 1931, Sp. 415 (431).
[92] *Mansfeld*, NZAR 1931, Sp. 415 (431).

trolle dürfe erst bei willkürlichem bzw. schikanösem Verhalten des Unternehmers einsetzen[93].

C) Zeit des Nationalsozialismus

Der Streit hinsichtlich der Überprüfung unternehmerischer Entscheidungen entfiel jedoch vorübergehend mit dem Beginn des Nationalsozialismus. 1934 wurde das BRG durch das Gesetz zur Ordnung der nationalen Arbeit (AOG) vom 20.01.1934[94] ersetzt. Die maßgebliche Norm für betriebsbedingte Kündigungen war fortan der § 56 AOG. Mit dieser Vorschrift entfielen drei der bisher vier Einspruchsgründe des § 84 BRG. Der Arbeitnehmer konnte nur noch dann auf Widerruf der Kündigung klagen, wenn diese „unbillig hart und nicht durch die Verhältnisse des Betriebs bedingt" war. Im Gegensatz zu § 84 Nr. 4 BRG mussten nun zwei Voraussetzungen für einen begründeten Widerruf vorliegen: Die mangelnde Betriebsbedingtheit der Kündigung und die unbillige Härte für den Arbeitnehmer. Bei Verneinung der unbilligen Härte war die Klage auch dann abzuweisen, wenn die Betriebsverhältnisse ein Ausscheiden des Gekündigten nicht erforderlich machten[95].

Zudem wurde unter der Geltung des § 56 AOG nunmehr übereinstimmend sowohl in der Rechtsprechung[96] als auch Literatur[97] vertreten, dass eine Nachprüfung unternehmerischer Entscheidungen zu unterbleiben habe. Begründet wurde dies vornehmlich mit dem „Führerprinzip" des Nationalsozialismus[98]. Ein Nachprüfungsrecht wurde den Gerichten nur ausnahmsweise gestattet. So etwa beim Missbrauch der „Führerstellung", bei offensichtlichen Fehlmaßnahmen des Unternehmers[99] und hinsichtlich der Frage, ob die vom Unternehmer für den Betrieb erhofften Vorteile einer Maßnahme nicht die für die betroffenen Arbeitnehmer entstehenden Nachteile überwogen[100]. Dabei ist jedoch zu berück-

---

[93] *Mansfeld*, NZAR 1931, Sp. 415 (430).

[94] RGBl. I, S. 45.

[95] *Mansfeld/Pohl*, AOG, § 56 Anm. 2e.

[96] Vgl. u.a. das Urteil des AG Bremen vom 08.06.1934, ARS 21, 73 (78); Urteil des LAG Schneidemühlen vom 16.08.1934, ARS 24, 3 (6); Urteil des LAG Darmstadt vom 26.04.1935, ARS 23, 153 (158); Urteil des LAG Gleiwitz vom 16.04.1940, ARS 39, 80 ff.

[97] *Hueck/Nipperdey/Dietz*, AOG, § 56 Rdnr. 10; *Mansfeld/Pohl*, AOG, § 56 Anm. 2e.

[98] Vgl. Urteil des AG Bremen vom 08.06.1934, ARS 21, 73 (78); Urteil des LAG Schneidemühlen vom 16.08.1934, ARS 24, 3 (6); *Hueck/Nipperdey/Dietz*, AOG, § 56 Rdnr. 10; *Mansfeld/Pohl*, AOG, § 56 Anm. 2e; *Franke*, JW 1936, 1186.

[99] *Mansfeld/Pohl*, § 56 Anm. 2e.

[100] *Hueck/Nipperdey/Dietz*, AOG, § 56 Rdnr. 10.

sichtigen, dass sich die Gewichtung und die Berücksichtigung der Interessen im Sinne der nationalsozialistischen Ideologie verschoben[101].

D) Kündigungsrecht nach dem Zweiten Weltkrieg

Nach dem Ende des zweiten Weltkrieges wurde das AOG von den Militärregierungen durch das Kontrollratsgesetz Nr. 40 vom 30.11.1946[102] mit Wirkung zum 01.01.1947 außer Kraft gesetzt. Damit entfielen auch wesentliche Teile des darin gewährten Kündigungsschutzes. Diese gesetzliche Regelungslücke wurde im Folgenden durch die einzelnen Länder der verschiedenen Besatzungszonen auf ganz unterschiedliche Weise geschlossen.
So entstanden in den Ländern der amerikanischen und französischen Besatzungszone zwischen 1947 und 1949 zahlreiche Länderkündigungsschutzgesetze oder Betriebsrätegesetze, die auch Kündigungsschutzbestimmungen enthielten[103]. Problematisch war jedoch, dass diese Gesetze jeweils nur auf Landesebene galten und sich somit regionale Unterschiede im Kündigungsschutzrecht entwickelten[104].
In den Ländern der britischen Besatzungszone wurden hingegen keine speziellen Kündigungsschutzgesetze erlassen. Hier halfen sich die meisten Gerichte bei der inhaltlichen Kontrolle von Kündigungen mit den allgemeinen Grundsätzen des Privatrechts, insbesondere mit den Generalklauseln der §§ 138, 242 BGB[105]. Über die Prüfungsvoraussetzungen im Einzelnen bestand jedoch mancherlei Streit, so dass diese Entwicklung eine Rechtsunsicherheit zur Folge hatte[106].
Die Rechtsunsicherheit auf der einen und die Rechtszersplitterung auf der anderen Seite ließen den Wunsch nach einer einheitlichen Regelung immer stärker werden.

---

101 *U. Preis*, Prinzipien des Kündigungsrechts, S. 15 und S. 18; *Rüthers*, Unbegrenzte Auslegung, S. 238 ff., 247 ff.
102 AmtsBl. Kontrollrat 1947, S. 229.
103 So z.B. Bayern, KSchG vom 01.08.1947 oder Württemberg-Baden, KSchG vom 18.08.1948; umfassende Darstellung der verschiedenen Gesetze bei *Göller*, Entwicklung des Kündigungsschutzrechts, S. 85 f.
104 *V. Hoyningen-Huene/Linck*, Einl. KSchG Rdnr. 27.
105 *Göller*, Entwicklung des Kündigungsschutzrechts, S. 90; *Pöting*, Nachprüfung der Betriebsbedingtheit, S. 11 m.w.N.
106 *V. Hoyningen-Huene/Linck*, Einl. KSchG Rdnr. 27; *Göller*, Entwicklung des Kündigungsschutzrechts, S. 90.

E) Entstehung des KSchG von 1951

Im Zuge des Verlangens nach einer einheitlichen gesetzlichen Regelung wurde zunächst am 20.07.1949 vom Wirtschaftsrat des Vereinigten Wirtschaftsgebietes[107] ein gemeinsames Kündigungsschutzgesetz beschlossen. Dieses Gesetz konnte jedoch nicht in Kraft treten, da ihm die Militärregierungen die Genehmigung versagten. Sie wollten die Regelung dieser Materie dem Bundesgesetzgeber überlassen[108].
Schon vor Erlass dieses Gesetzes hatte es jedoch bereits Verhandlungen zwischen den Gewerkschaften und den Arbeitgebervereinigungen gegeben. Gemeinsam wollten sie einen Gesetzentwurf erarbeiten. Diese Arbeit wurde nun fortgesetzt und führte zu einer Einigung im sogenannten Hattenheimer Entwurf vom 13.01.1950[109], der die Mehrzahl der Bestimmungen des Gesetzes vom Wirtschaftsrat übernahm. Der Hattenheimer Entwurf bildete kurze Zeit später die Grundlage für einen vom Bundesarbeitsministerium ausgearbeiteten Regierungsentwurf eines Bundeskündigungsschutzgesetzes. Dieser Vorschlag wurde am 27.03.1951 dem Bundestag vorgelegt[110]. Der Bundestag konnte sich nach drei strittigen Lesungen schließlich auf eine endgültige Gesetzesfassung einigen[111]. Diese Fassung wurde am 10.08.1951 ausgefertigt und am 13.08.1951 veröffentlicht[112]. Sie ist am 14.08.1951 in Kraft getreten und stellt im Wesentlichen auch heute noch den Kern des aktuellen KSchG dar.

Inhaltlich ist das KSchG von 1951 im Vergleich zum BRG und dem AOG für den Arbeitnehmer eine Verbesserung. Das BRG und das AOG waren noch vom Grundsatz der Kündigungsfreiheit ausgegangen, d.h. dem Arbeitnehmer wurde gegen die grundsätzlich zulässige Kündigung nur ausnahmsweise ein Einspruchsrecht gewährt, nämlich dann, wenn diese eine unbillige Härte darstellte. Dagegen schränkt das KSchG von 1951 die Zulässigkeit der Kündigung generell ein. Zwar ist auch nach dem KSchG von 1951 eine Kündigung nur dann unwirksam, wenn eine Sozialwidrigkeit festgestellt werden kann. Letzteres ist aber immer dann der Fall, wenn die Kündigung nicht durch einen besonderen Grund in der Person oder in dem Verhalten des Arbeitnehmers oder durch dringende betriebliche Erfordernisse bedingt ist. So kann der Arbeitgeber nur beim Vorliegen eines besonderen von ihm zu beweisenden Grundes wirksam kündigen. Liegt hingegen ein solcher Grund nicht vor, setzt der Schutz des Gesetzes ein, ohne dass noch für eine Abwägung Raum ist, ob der Verlust des Arbeitsplatzes

---

[107] Vereinigung der amerikanischen und britischen Besatzungszone.
[108] Vgl. *Göller*, Entwicklung des Kündigungsschutzrechts, S. 92.
[109] Abgedruckt in RdA 1951, S. 63 ff.
[110] BT-Drucks. Nr. 2090 des Deutschen Bundestages, 1. Wahlperiode 1949.
[111] Vgl. *v. Hoyningen-Huene/Linck*, Einl. KSchG Rdnr. 31.
[112] BGBl. I, S. 499.

aus sonstigen, außerhalb des Arbeitsverhältnisses liegenden Gründen den Arbeitnehmer mehr oder weniger hart trifft[113].

F) Entwicklung des KSchG von 1951 bis zum heutigen KSchG

Das KSchG von 1951 hat in der Folgezeit einige Änderungen erfahren, wobei allerdings der Kern des Gesetzes unberührt geblieben und noch in der heutigen Fassung enthalten ist.
Modifikationen hat es u.a. durch das erste Arbeitsrechtsbereinigungsgesetz vom 14.08.1969[114] gegeben[115]. Dieses Gesetz enthielt in Art. 7 Nr. 13 die Ermächtigung, den Wortlaut des KSchG in redaktionell bereinigter Fassung unter neuem Datum und in neuer Paragraphenfolge bekannt zu machen, was zur Neufassung des KSchG vom 25.08.1969[116] führte[117]. Die Fassung vom 25.08.1969 hat im Wesentlichen bis heute Bestand.
Änderungen erfolgten zudem durch das Arbeitsrechtliche Beschäftigungsförderungsgesetz vom 25.09.1996[118]. Dieses Gesetz sollte die Schaffung neuer Arbeitsplätze erleichtern[119] und bestimmte zu diesem Zweck, den Schwellenwert des Kündigungsschutzgesetzes von fünf auf zehn Arbeitnehmer anzuheben. Darüber hinaus gab es vor allem im Bereich der Sozialauswahl wesentliche Änderungen[120].
Doch das Arbeitsrechtliche Beschäftigungsförderungsgesetz galt insgesamt nur 2 ¼ Jahre. Seine Änderungen wurden durch das Gesetz zu Korrekturen in der

[113] So die amtliche Begründung in RdA 1951 S. 63.
[114] BGBl. I, S. 1106.
[115] Die wichtigsten Änderungen dieses Gesetzes waren u.a. die Erweiterung des Kündigungsschutzes durch die Herabsetzung des Mindestalters der geschützten Arbeitnehmer vom 20. auf das 18. Lebensjahr, die Neuregelung der Wartezeit durch Abstellung auf die Dauer des Arbeitsverhältnisses statt auf die Dauer der Beschäftigung und die Einführung der Pflicht des Arbeitgebers, dem Arbeitnehmer auf dessen Verlangen hin die Gründe für die Auswahl der zu Entlassenden nach sozialen Gesichtspunkten mitzuteilen. Zudem fasste das erste Arbeitsrechtsbereinigungsgesetz die für alle Arbeitnehmer geltenden Kündigungsvorschriften im BGB zusammen.
[116] BGBl. I, S. 1317.
[117] *V. Hoyningen-Huene/Linck*, Einl. KSchG. Rdnr. 36 und 39; vgl. zu den Änderungen im Einzelnen auch *Fitting*, DB 1969, 1459 ff.; *Monjau*, BB 1969, 1042 (1943 ff.); *Wenzel*, BB 1969, 1402 ff.
[118] BGBl. I, S. 1476.
[119] GE der Fraktionen der CDU/CSU und FDP, BT-Drs. 13/4612, zu A und B 1 der Begründung.
[120] So wurde die Sozialauswahl u.a. auf bestimmte soziale Grunddaten reduziert. Zudem kam es innerhalb der Sozialauswahl zu einer Stärkung der betrieblichen Interessen, vgl. hierzu *Löwisch*, NZA 1996, 1009; *U. Preis*, NJW 1996, 3369; *Bader*, NZA 1996, 1125, die detailliert die einzelnen Änderungen darstellen.

Sozialversicherung und zur Sicherung der Arbeitnehmerrechte (sogenanntes Korrekturgesetz) vom 19.12.1998[121] mit Wirkung vom 01.01.1999 weitgehend wieder zurückgenommen[122], weil nach Angaben der Bundesregierung, das Ziel der Förderung von Neueinstellungen nicht erreicht worden sei[123]. So wurde u.a. der Schwellenwert des Kündigungsschutzgesetzes wieder von zehn auf fünf Arbeitnehmer herabgesetzt. Auch wurden die Bestimmungen zur Sozialauswahl größtenteils wieder aufgehoben[124].

Aktuellste Änderungen hat das KSchG durch das Gesetz zu Reformen am Arbeitsmarkt vom 01.01.2004[125] erfahren. Dieses Gesetz lässt zum Teil alte bekannte Regelungen des Arbeitsrechtlichen Beschäftigungsförderungsgesetzes von 1996 wieder aufleben. So wurde erneut der Schwellenwert des Kündigungsschutzgesetzes von fünf auf zehn Arbeitnehmer angehoben (§ 23 Abs. 1 Satz 3 KSchG)[126]. Zudem wurde die Sozialauswahl wieder auf bestimmte soziale Grunddaten beschränkt (§ 1 Abs. 3 Satz 1 KSchG)[127]. Auch fand erneut eine Stärkung der betrieblichen Belange innerhalb der Sozialauswahl statt (§ 1 Abs. 3 Satz 2 KSchG).

Neu ist darüber hinaus die Regelung des § 1a KSchG, der einen Abfindungsanspruch des Arbeitnehmers bei betriebsbedingter Kündigung vorsieht. Voraussetzung dafür ist, dass der Arbeitgeber den Arbeitnehmer in der Kündigungserklärung darauf hinweist, dass die Kündigung auf dringende betriebliche Erfordernisse gestützt ist und der Arbeitnehmer bei einem Verstreichenlassen der Kündigungsfrist die Abfindung beanspruchen kann. Der Arbeitnehmer muss seinerseits die Klagefrist verstreichen lassen mit der Konsequenz, dass die Kündigung gemäß § 7 KSchG als von Anfang an wirksam gilt. Die Höhe des Abfindungsanspruchs regelt § 1a Abs. 2 KSchG[128].

Nach dem Willen des Gesetzgebers soll den Arbeitsvertragsparteien durch den neuen Abfindungsanspruch eine „einfach zu handhabende, moderne und unbürokratische Alternative zum Kündigungsschutzprozess" angeboten werden[129].

---

[121] BGBl. I , S. 3843.

[122] *V. Hoyningen-Huene/Linck*, Einl. KSchG Rdnr. 62e.

[123] BT-Drucks. 14/45 S. 1, 23 und 34 f.

[124] Zu den einzelnen Änderungen durch das sog. Korrekturgesetz vgl. *Bader*, NZA 1999, 64; *Schiefer*, DB 1999, 48.

[125] BGBl. I, 3002.

[126] Diese Regelung betrifft nach § 23 Abs. 1 Satz 3 KSchG jedoch nur diejenigen Arbeitnehmer, deren Arbeitsverhältnis ab dem 01.01.2004 begonnen hat.

[127] Zu berücksichtigen sind danach erneut die Dauer der Beschäftigung, das Lebensalter und die Unterhaltspflichten, neu ist lediglich die Berücksichtigung der Schwerbehinderung eines Arbeitnehmers.

[128] Vgl. zu den Änderungen durch das Gesetz zu Reformen am Arbeitsmarkt insgesamt etwa *Löwisch*, BB 2004, 154 ff.; *Bader*, NZA 2004, 65 ff.

[129] BT-Drs. 15/1204, S. 12.

Die Wirkungen des § 1a KSchG sind jedoch nicht unumstritten[130]. U.a. wird bezweifelt, dass der Abfindungsanspruch des § 1a KSchG zu einem Entlastungseffekt für die Gerichte für Arbeitssachen führen wird[131]. So führt etwa *Bader* aus, dass zu erwarten sei, dass der Arbeitgeber, der meint, wirksam betriebsbedingt kündigen zu können, von dem Hinweis nach § 1a Abs. 1 Satz 2 KSchG absehen werde, um keine Abfindung zahlen zu müssen. Die Arbeitnehmerin oder der Arbeitnehmer, die oder der eine betriebsbedingte Kündigung mit dem Hinweis gemäß § 1a Abs. 1 Satz 2 KSchG erhalte, werde umgekehrt annehmen, dass sich der Arbeitgeber seiner Sache vermutlich nicht sehr sicher sei, und daher Klage erheben, um so entweder im Kündigungsrechtsstreit zu obsiegen oder aber unter Umständen doch noch eine höhere Abfindung – § 1a KSchG schließt eine solche ja nicht aus – erreichen zu können[132].
Ähnliche Bedenken äußern auch *Bauer* und *Krieger*. Auch sie spekulieren darauf, dass mancher Anwalt oder Gewerkschaftsfunktionär versuchen werde, für seinen Mandanten durch ein Klageverfahren eine nach § 1a KSchG angebotene Abfindung noch weiter in die Höhe zu treiben[133]. Sie sind darüber hinaus der Auffassung, dass der § 1a KSchG keine inhaltliche Neuregelung oder wesentliche Alternative zur bisherigen Rechtslage darstelle. Sie weisen in diesem Zusammenhang darauf hin, dass der vermeintliche Anspruch des Arbeitnehmers auf die bloße Möglichkeit reduziert werde, ein Angebot des Arbeitgebers nach § 1a KSchG anzunehmen. Ob der Arbeitgeber ein solches Angebot unterbreite, bleibe allerdings ausschließlich ihm überlassen. Er könne wie früher vor, bei oder nach Ausspruch der Kündigung auch eine geringere oder höhere Abfindung als die in § 1a Abs. 2 KSchG gesetzlich vorgeschriebene anbieten[134].

Ob all diese Bedenken zutreffen werden, wird sich erst künftig herausstellen. In jedem Fall schürt der neue Abfindungsanspruch aber die bereits zuvor geführte Diskussion um die Frage, ob nicht anstelle eines Kündigungsschutzes, der auf Kündigungsgründen beruht, ein generelles Abfindungsrecht eingeführt werden sollte[135].

---

[130] *Bader*, NZA 2004, 65 (70, 72); *Bauer/Krieger*, NZA 2004, 77 ff., die den neuen § 1a KSchG als „Mogelpackung“ bezeichnen.
[131] Vgl. *Bader*, NZA 2004, 65 (70); *Bauer/Preis/Schunder*, NZA 2003, 704 (705); *Buchner*, DB 2003, 1510 (1516).
[132] *Bader*, NZA 2004, 65 (70).
[133] *Bauer/Krieger*, NZA 2004, 77.
[134] *Bauer/Krieger*, NZA 2004, 77.
[135] Vgl. zu dieser Diskussion etwa *Buchner*, NZA 2002, 533 ff.; *Bauer*, NZA 2002, 529 ff.; *Rüthers*, NJW 2002, 1601 ff.; *ders.*, NJW 2003, 546 (549); *Wank*, Beilage zu NZA Heft 21/2003, 3 ff. Kritisch hat sich diesbezüglich u.a. *Däubler* geäußert, NJW 2002, 2292 f. Er verweist darauf, dass bei einer reinen Abfindungslösung der Arbeitnehmer auch dann sang-

Insgesamt ist darauf hinzuweisen, dass die Darstellung des momentanen KSchG in einer bewegten Zeit wie der jetzigen nicht mehr als eine Momentaufnahme darstellen kann, die bereits morgen überholt sein kann. Das Kündigungsschutzrecht ist von einer ausgeprägten Novellierungshektik des Gesetzgebers geprägt[136]. Diese Tatsache trägt dazu bei, dass bei allen vom Kündigungsschutz betroffenen Parteien (Arbeitgebern, Arbeitnehmern, aber auch außenstehenden Arbeitsuchenden) die ohnehin bestehende Rechtsunsicherheit nicht gemildert, sondern geschürt wird.

Zum Überblick über die geschichtliche Entwicklung des KSchG ist abschließend festzustellen, dass bereits früher über die Zulässigkeit einer gerichtlichen Kontrolle unternehmerischer Entscheidungen gestritten worden ist. Auch wenn diese Diskussion innerhalb anderer, damaliger Vorschriften stattfand, so ist die zentrale Grundfrage geblieben, nämlich: Wie viel Schutz ist dem Arbeitnehmer zu gewähren und wie viel Freiraum braucht der Arbeitgeber? Oder um es mit den Worten *Reuters* zu formulieren: „Was kann man den Unternehmen im Interesse des Kündigungsschutzes ihrer Arbeitnehmer an Beschränkungen ihrer personalpolitischen Anpassungsflexibilität zumuten?“ [137]
Dass diese Frage schon vor der Einführung des Kündigungsschutzgesetzes von 1951 keiner einheitlichen Lösung zugeführt werden konnte, lag u.a. auch daran, dass es keine direkte höchstrichterliche Rechtsprechung zu dieser Problematik gab. Dem RAG war, wie oben ausgeführt, eine unmittelbare Stellungnahme verwehrt.
Ein wichtiges Ereignis stellt demzufolge die Gründung des BAG im Jahre 1954 dar. Dessen Rechtsprechung gab die Möglichkeit, die bis dahin vorherrschende konturenlose Billigkeitsrechtsprechung zu beenden und die Vielfalt an Meinungen zu vereinheitlichen.

Bedeutung erlangt die Rechtsprechung des BAG zudem dadurch, dass die gesetzlichen Kündigungsschutzregelungen vielfach von Generalklauseln und unbestimmten Rechtsbegriffen durchsetzt sind. Diese delegieren durch ihren weiten Geltungsbereich die Aufgabe, Kündigungsschutz rechtsanwendbar zu gestalten, vom Parlament auf die Rechtsprechung, insbesondere auf die letzten Instanzen, im Arbeitsrecht also in der Regel auf das BAG. Das Kündigungsschutzrecht in Deutschland ist damit ganz überwiegend Richterrecht.

---

und klanglos gehen müsse, „selbst wenn nicht der Schatten eines einsichtigen Kündigungsgrundes vorliegen würde“.

[136] So auch z.B. *Rüthers*, NJW 2002, 1601 (1602).

[137] *Reuter*, in: FS 25 Jahre Bundesarbeitsgericht, S. 405.

Im Folgenden soll deshalb zunächst ein Überblick über die Entwicklung der Rechtsprechung des BAG zum Problem der Reichweite unternehmerischer Entscheidungsfreiheit gegeben werden.

2. Kapitel

Überblick über die Rechtsprechung des BAG zur unternehmerischen Entscheidungsfreiheit

Aufgrund der Vielzahl der ergangenen Entscheidungen des BAG hinsichtlich des Problems der unternehmerischen Entscheidungsfreiheit kann sich der folgende Überblick nur auf einige wesentliche Urteile beschränken. Dennoch soll versucht werden, die Entwicklung, die die Rechtsprechung zu Fragen der Unternehmerentscheidung und insbesondere zu Fragen ihrer Überprüfbarkeit genommen hat, näher darzustellen.

A) Beginn der Rechtsprechung des BAG zur unternehmerischen Entscheidungsfreiheit

I) Urteil des BAG vom 28.11.1956

Im Jahr 1956 hat sich das BAG erstmals mit der Problematik der Überprüfbarkeit unternehmerischer Entscheidungen auseinandergesetzt[138]. Die Entscheidung erfolgte aufgrund eines Vorlagebeschlusses des Dritten Senats, der vom Großen Senat die Frage geklärt wissen wollte, ob die Betriebsbedingtheit einer Kündigung, die zur Durchführung einer haushaltsrechtlich angeordneten Einsparung von Personal ausgesprochen wird, durch die Arbeitsgerichte nachprüfbar sei[139]. Der Große Senat verneinte dies.

Der Nachfrage des Dritten Senats lag ein Kündigungsfall aus dem öffentlichen Dienst zugrunde. Behörden waren im Zuge von Haushaltskürzungen angewiesen, Stellen zu streichen. Die Umsetzung dieser Vorgaben führte zum Ausspruch betriebsbedingter Kündigungen.

Der Große Senat entschied, wenn der Haushaltsplan bestimmte, nach sachlichen Merkmalen bezeichnete Stellen für Dienststellen oder Betriebe streiche, bringe er damit zum Ausdruck, dass die gestrichenen Stellen als solche für die einzelne Dienststelle oder den einzelnen Betrieb entbehrlich seien. Diese Entscheidung könne von den Gerichten nicht nachgeprüft werden. Sie sei vielmehr als gegeben hinzunehmen.

Anders sei die Rechtslage jedoch dann, wenn der Haushaltsplan für Dienststellen oder Betriebe nur allgemein Einsparungen anordne, aber davon absehe, genau bestimmte, nach sachlichen Merkmalen bezeichnete Stellen als wegfal-

[138] BAG, Beschl. des Gr. Senats vom 28.11.1956, AP Nr. 20 zu § 1 KSchG.

[139] Vorlagebeschluss des Dritten Senats, 3 AZR 79/55 und 3 AZR 413/54.

lend zu bezeichnen. Eine solche allgemeine Anordnung, die weder die Möglichkeit der Streichung eines bestimmten Arbeitspostens in einer bestimmten Verwaltung geprüft noch sie angeordnet habe, könne nicht ohne weiteres schematisch ausgeführt werden. Vielmehr könne die den Haushaltsplan ausführende Verwaltung dem wahren Wesen und Sinn einer solchen allgemeinen Einsparungsanordnung nur in der Weise Rechnung tragen, dass sie innerhalb der einzelnen Behörde oder des einzelnen Betriebs erst einmal die organisatorischen Maßnahmen ergreife, die Arbeitsstellen in Fortfall bringen und danach Kündigungen rechtfertigen. Solche organisatorischen Maßnahmen seien dann einer gerichtlichen Nachprüfung auf ihre Notwendigkeit oder Zweckmäßigkeit entzogen[140].

II) Urteil des BAG vom 21.05.1957

Der Dritte Senat hat in seinem Urteil vom 21.05.1957[141] in Umsetzung des Beschlusses des Großen Senats vom 28.11.1956 entschieden, dass eine Kündigung selbst nicht als eine betriebsorganisatorische Maßnahme anzusehen sei. Die vom Großen Senat des BAG geforderte betriebsorganisatorische Maßnahme liege vielmehr erst dann vor, wenn ein auf einer Prüfung der Geschäftsbelastung im Bereich des gesamten Verwaltungszweigs beruhender Plan, wie die im Haushaltsgesetz vorgeschriebene Stellenkürzung in der Praxis umgesetzt werden soll, bestehe[142]. Die Klägerinnen gewannen den Prozess, weil eine derartige Umsetzung der allgemeinen Haushaltsvorgaben nicht festgestellt werden konnte.

III) Urteil des BAG vom 04.02.1960

In der Entscheidung vom 04.02.1960[143], die ebenfalls dem öffentlichen Dienst entstammte, bestätigte das BAG seine Rechtsprechung bezüglich der Nichtüberprüfbarkeit betriebsorganisatorischer Maßnahmen. Der Entscheidung lag ein Fall zugrunde, in dem das Land NRW beschlossen hatte, die von ihm selbst bis dahin betriebene Tierseuchenbekämpfung den Landkreisen zu überlassen. Infolgedessen konnten keine Mittel mehr für die Beschäftigung des Hilfsveterinärpersonals zur Verfügung gestellt werden, so dass in Ausführung des Beschlusses der Regierungspräsident zahlreichen Hilfstierärzten bzw. Assistenztierärzten kündigte.

---

[140] BAG, Beschl. des Gr. Senats vom 28.11.1956, AP Nr. 20 zu § 1 KSchG.

[141] Urteil des BAG vom 21.05.1957, AP Nr. 31 zu § 1 KSchG mit zustimmender Anm. von *Herschel*.

[142] Urteil des BAG vom 21.05.1957, AP Nr. 31 zu § 1 KSchG.

[143] Urteil des BAG vom 04.02.1960, AP Nr. 5 zu § 1 KSchG Betriebsbedingte Kündigung.

Das BAG entschied, dass die vom Land getroffene Maßnahme hinsichtlich ihrer Zweckmäßigkeit vom Gericht nicht zu überprüfen sei und grundsätzlich als dringendes betriebliches Erfordernis i.S.d. § 1 Abs. 2 KSchG in Betracht komme. Denn mit dem Beschluss des Landes, die Bekämpfung der Rindertbc. in vollem Umfang auf die Kreise zu übertragen, stehe fest, dass die Stellen der bei der Tbc.-Bekämpfung beschäftigten Tierärzte im Dienst des Landes nicht mehr erforderlich seien. Es handle sich um organisatorische Maßnahmen, die dazu führten, dass die Stellen der Assistenztierärzte und Hilfstierärzte im Landesdienst entfielen[144].
Neben der Bestätigung seiner Rechtsprechung zur grundsätzlichen Unüberprüfbarkeit unternehmerischer Entscheidungen hat das BAG in diesem Urteil auch seine Rechtsprechung zur sogenannten Interessenabwägung im Rahmen der betriebsbedingten Kündigung begründet. So führte das Gericht aus, dass eine betriebsbedingte Kündigung, auch wenn die geschilderten Maßnahmen an sich dringende betriebliche Erfordernisse i.S.v. § 1 Abs. 2 KSchG sein könnten, nur dann sozial gerechtfertigt sei, wenn die betrieblichen Gründe bei verständiger Würdigung in Abwägung der Interessen der Vertragsparteien und des Betriebs die Kündigung billigenswert und angemessen erscheinen lassen. Eine betriebsbedingte Kündigung könne deshalb dann verwehrt werden, wenn die zu erwartenden Vorteile zu den Nachteilen, die sich für die betroffenen Arbeitnehmer ergäben, in keinem vernünftigen Verhältnis stünden[145].
Im vorliegenden Fall hob das BAG das Urteil auf und verwies den Rechtsstreit an das LAG zurück, da dieses eine Interessenabwägung nicht vorgenommen hatte. Das BAG machte zudem deutlich, dass nach dem bisherigen Stand, die für das Land von der geplanten Maßnahme zu erhoffenden Vorteile nicht sehr groß seien, so dass die Interessen der Kläger, sofern nicht die erneute Verhandlung zulässigerweise neue Tatumstände zugunsten des Landes ergebe, demgegenüber überwiegen würden.

Im Urteil vom 04.02.1960 hat das BAG somit nicht nur die grundsätzliche gerichtliche Freiheit unternehmerischer Entscheidungen bestätigt, sondern zugleich auch gewisse Grenzen dieser Freiheit entwickelt.

---

[144] Urteil des BAG vom 04.02.1960, AP Nr. 5 zu § 1 KSchG Betriebsbedingte Kündigung. Das BAG ist nur deshalb zu einer Zurückweisung der Klage gekommen, weil es eine ausreichende Interessenabwägung vermisste. Zudem fehlte nach Ansicht des BAG die Feststellung, ob nicht für eine Unterbringung der Ärzte in den Kreisen gesorgt werden könnte.
[145] Näheres zur Rechtsprechung des BAG zur Interessenabwägung unten unter Kap. 5 C) I).

IV) Urteil des BAG vom 18.11.1960

Eine weitere wichtige Entscheidung des BAG datiert vom 18.11.1960[146]. Auch dieser Entscheidung, der sogenannten „Truppenvertragsentscheidung“, lag ein Fall des öffentlichen Dienstes zugrunde. Die alliierten Streitkräfte hatten zivilem Wachpersonal gekündigt, nachdem der Beschluss gefasst worden war, Bewachungsaufgaben nicht mehr durch Zivilpersonal, sondern durch eine kasernierte Diensttruppe wahrnehmen zu lassen. Das BAG entschied, dass dieser Beschluss nicht auf seine wirtschaftliche, technische oder organisatorische Zweckmäßigkeit zu überprüfen sei und bestätigte damit erneut seine Rechtsprechung zur grundsätzlichen Unüberprüfbarkeit unternehmerischer Entscheidungen.
Erwähnenswert ist, dass das BAG diese für Kündigungen im öffentlichen Dienst entwickelten Grundsätze in der vorliegenden Entscheidung auch auf Arbeitgeber in der privaten Wirtschaft übertragen hat. So heißt es, dass der Begriff der dringenden betrieblichen Erfordernisse auch in der privaten Wirtschaft dahin ausgelegt werden müsse, dass einer vernünftigen und sachgerechten Entscheidung des Unternehmers über die Gestaltung des Betriebs und den sich aus dieser Entscheidung ergebenden Notwendigkeiten ein besonderes Gewicht beizulegen sei. Eine Nachprüfung der insoweit vom Arbeitgeber getroffenen wirtschaftlichen, technischen oder organisatorischen Maßnahmen auf ihre Notwendigkeit und Zweckmäßigkeit könnten die Gerichte im Allgemeinen nicht vornehmen[147]. Weiter führte das BAG aber auch aus, dass ein dringendes betriebliches Erfordernis dann nicht gegeben sei, wenn sich die unternehmerische Entscheidung als unsachlich, unvernünftig oder willkürlich erweise. Durch diesen Hinweis war die Missbrauchskontrolle begründet, die zur ständigen Rechtsprechung des BAG wurde[148].
Grundsätzlich betont das BAG aber, dass weiterhin in Fällen wie den vorliegenden die Beachtung der Freiheit der Unternehmerentscheidung im Vordergrund stehen müsse.

---

[146] Urteil des BAG vom 18.11.1960, AP Nr. 28 zu Art. 44 Truppenvertrag.
[147] Urteil des BAG vom 18.11.1960.
[148] Vgl. u.a. Urteile des BAG vom 25.06.1964, AP Nr. 14 zu § 1 KSchG Betriebsbedingte Kündigung; vom 26.06.1975, AP Nr. 1 zu § 1 KSchG 1969 Betriebsbedingte Kündigung; vom 24.10.1979, AP Nr. 8 zu § 1 KSchG 1969 Betriebsbedingte Kündigung; vom 29.03.1990, AP Nr. 50 zu § 1 KSchG 1969 Betriebsbedingte Kündigung; vom 17.06.1999, AP Nr. 101, 102 und 103 zu § 1 KSchG 1969 Betriebsbedingte Kündigung; vom 22.04.2004, NZA 2004, 1158. Näheres zur Missbrauchskontrolle unternehmerischer Entscheidungen vgl. unten unter Kap. 5 B).

V) Urteil des BAG vom 25.06.1964

In der Entscheidung vom 25.06.1964[149] bestätigte das BAG nochmals seine Rechtsprechung, dass nicht nur bei personen- und verhaltensbedingten, sondern auch bei betriebsbedingten Kündigungen eine umfassende Interessenabwägung zum Tatbestand des § 1 Abs. 2 Satz 1 KSchG gehöre.
In dem zugrunde liegenden Fall hatte die Beklagte, ein Glasbläsereibetrieb, dem Kläger, einem Thermometer-Glasbläser, gekündigt. Der Lagerbestand an Thermometern war innerhalb eines Jahres beinahe um das Achtfache gestiegen. Um die Produktion wieder mit dem Absatz in Einklang zu bringen, sollte ein Arbeitnehmer entlassen werden.
Das BAG führte aus, dass es nicht Sinn des KSchG sei, einen Arbeitgeber zu zwingen, seinen Betrieb sehenden Auges langsam in die Gefahr einer ausweglosen Lage hineingleiten zu lassen. Ein Arbeitgeber dürfe und solle vielmehr rechtzeitig Schritte unternehmen, die geeignet seien, dem vorzubeugen. Damit diene er nicht nur seinem eigenen Interesse, nämlich der Erhaltung seines Betriebs, sondern auf längere Sicht auch der Erhaltung der Arbeitsplätze einer möglichst großen Zahl seiner Arbeitnehmer.
Maßnahmen, die der Arbeitgeber treffe, um seinen Betrieb in diesem Sinne umzustellen, seien Unternehmerentscheidungen. Soweit diese Maßnahmen rein technischer oder organisatorischer Art seien, könnten die Arbeitsgerichte sie grundsätzlich nicht auf ihre Zweckmäßigkeit nachprüfen, es sei denn, die vom Arbeitgeber getroffenen Maßnahmen seien offenbar unsachlich, unvernünftig oder willkürlich.
Das schließe jedoch nicht aus, dass eine Abwägung stattzufinden habe, bei der die Interessen des Arbeitnehmers ihre Berücksichtigung finden müssten. Die allgemeine Interessenabwägung gehöre zum Tatbestand des § 1 KSchG. Zu einer umfassenden Interessenabwägung gehöre im vorliegenden Fall auch die Prüfung, ob es nicht mit den betrieblichen Erfordernissen vereinbar gewesen wäre, die Kündigung durch Einführung von Kurzarbeit abzuwenden. Nur dann, wenn das nicht der Fall sei, wäre die Kündigung durch dringende betriebliche Erfordernisse „bedingt“. Ob die Einführung von Kurzarbeit sinnvoll und möglich gewesen wäre, habe der Arbeitnehmer darzulegen und zu beweisen.
Im vorliegenden Fall entschied das BAG, dass eine umfassende Interessenabwägung zugunsten der Beklagten ausfalle. Insbesondere sei der Kläger seiner Darlegungs- und Beweislast hinsichtlich der Einführung von Kurzarbeit nicht nachgekommen.

---

[149] Urteil des BAG vom 25.06.1964, AP Nr. 14 zu § 1 KSchG Betriebsbedingte Kündigung.

B) Rechtsprechung des BAG seit der Entscheidung vom 07.12.1978

I) Urteil des BAG vom 07.12.1978

Eine weitere grundlegende Entscheidung des BAG im Bereich der Rechtsprechung zur unternehmerischen Entscheidungsfreiheit datiert vom 07.12.1978[150]. Im zugrunde liegenden Fall war einem Maschinenbauingenieur unter dem Hinweis gekündigt worden, dass der betriebliche Jahresumsatz um 16 % zurückgegangen sei. Dieser Rückgang könne nur durch einschneidende Rationalisierungsmaßnahmen aufgefangen werden. Der Kläger hat demgegenüber geltend gemacht, dass der Umsatzrückgang unbeachtlich sei, da die Beklagte über ein umfangreiches Warenlager verfüge; unterschiedliche Umsätze würden von ihr durch Produktion auf das Lager ausgeglichen werden. Ein kurzfristiger Umsatzrückgang wirke sich auf den Aufgabenbereich des Konstruktionsbüros zudem deswegen nicht aus, weil die Aufgaben eines Konstruktionsbüros langfristig angelegt und zukunftsorientiert seien.
Das BAG stellte fest, dass die Kündigung nach § 1 Abs. 2 KSchG sozialwidrig erfolgt sei und wies die Revision der Beklagten zurück.
Bedeutung erlangte die Entscheidung u.a. dadurch, dass das BAG im Hinblick auf den Anlass der Kündigung erstmalig zwischen Kündigungen, die durch innerbetriebliche Umstände und solchen, die durch außerbetriebliche Gründe bedingt sind, unterschieden hat. Genauer führte das BAG aus: „Eine ordentliche Kündigung ist nach § 1 Abs. 2 Satz 1 KSchG u.a. dann sozial ungerechtfertigt, wenn sie nicht durch dringende betriebliche Erfordernisse bedingt ist, die einer Weiterbeschäftigung des Arbeitnehmers im Betrieb entgegenstehen. Betriebliche Erfordernisse für eine Kündigung können sich aus innerbetrieblichen Umständen (z.B. Rationalisierungsmaßnahmen oder Umstellung oder Einschränkung der Produktion) oder durch außerbetriebliche Gründe (z.B. Auftragsmangel oder Umsatzrückgang) ergeben.“ Hinsichtlich der außerbetrieblichen Gründe hat das BAG wiederum zwischen solchen, die sich unmittelbar auf den Arbeitsplatz des gekündigten Arbeitnehmers auswirken, und solchen, die nicht unmittelbar zu dringenden betrieblichen Erfordernissen führen, sondern lediglich den Anlass für eine Unternehmerentscheidung darstellen, unterschieden. So führte das BAG aus: „Ein Umsatzrückgang kann dann eine betriebsbedingte Kündigung rechtfertigen, wenn dadurch der Arbeitsanfall so zurückgeht, dass für einen oder mehrere Arbeitnehmer das Bedürfnis zur Weiterbeschäftigung entfällt (...). Gewinnverfall oder Unrentabilität des Betriebs führen nicht ohne weiteres zu dringenden betrieblichen Erfordernissen, weil sie auf den verschiedensten Gründen beruhen können und sich nicht unmittelbar auf

---

[150] Urteil des BAG vom 07.12.1978, AP Nr. 6 zu § 1 KSchG 1969 Betriebsbedingte Kündigung.

die Arbeitsplätze auswirken (...). Diese außerbetrieblichen Umstände können aber eine betriebsbedingte Kündigung dann rechtfertigen, wenn sie der Arbeitgeber zum Anlass nimmt, zum Zwecke der Kostenersparnis durch Rationalisierungsmaßnahmen innerbetriebliche Veränderungen durchzuführen, durch die die Zahl der Arbeitsplätze verringert wird, oder wenn für den Arbeitgeber keine Möglichkeit besteht, durch andere Maßnahmen als durch eine Änderung der Vertragsbedingungen des Arbeitnehmers die Kosten zu senken (...)."
Hinsichtlich der Darlegungslast des Arbeitgebers im Kündigungsschutzprozess stellte das BAG weiter fest: „Wenn sich der Arbeitgeber auf Umsatzrückgang, Gewinnverlust oder einschneidende Rationalisierungsmaßnahmen beruft, darf er sich nicht auf schlagwortartige Umschreibungen beschränken. Er muss seine tatsächlichen Angaben vielmehr so im Einzelnen darlegen (substantiieren), dass sie vom Arbeitnehmer mit Gegentatsachen bestritten werden und vom Gericht überprüft werden können. Vom Arbeitgeber ist darüber hinaus insbesondere darzulegen, wie sich die von ihm behaupteten Umstände unmittelbar oder mittelbar auf den Arbeitsplatz des gekündigten Arbeitnehmers auswirken. Der Vortrag des Arbeitgebers muss erkennen lassen, ob durch eine innerbetriebliche Maßnahme oder einen außerbetrieblichen Anlass der Arbeitsplatz des gekündigten Arbeitnehmers wegfällt oder ob hierdurch unmittelbar zwar ein anderer Arbeitnehmer betroffen wird, dieser aber aus betrieblichen oder persönlichen Gründen (§ 1 Abs. 3 KSchG) auf den Arbeitsplatz oder in die Abteilung des gekündigten Arbeitnehmers versetzt werden soll (...)."

Die Entscheidung vom 07.12.1978 macht insgesamt deutlich, dass das BAG bemüht war, die verschiedenen Faktoren bzw. die verschiedenen Ursachen, die betriebsbedingte Kündigungen bedingen können, durch die Einteilung in innerbetriebliche Gründe und außerbetriebliche Anlässe zu systematisieren.

II) Urteil des BAG vom 24.10.1979

Der Entscheidung vom 24.10.1979[151] lag ein Fall zugrunde, in dem die Tochtergesellschaft eines ausländischen Unternehmens ihrem Verkaufsleiter im Innendienst gekündigt hatte. Wegen anhaltender Verluste entschloss sich die Beklagte zu einer Umorganisation des Produktions- und Vertriebsbereichs. Im Bereich der Produktion fielen durch die Zusammenlegung von Arbeitsgebieten zwei Arbeitsplätze weg. Im Geschäftsbereich Vertrieb wurde der vom Kläger geleitete Arbeitsbereich Auftragsentwicklung Inland wieder mit dem von dem Angestellten T geleiteten Arbeitsbereich Auftragsentwicklung Export zusammengelegt. Mit der Leitung der einheitlichen Abteilung wurde der T beauftragt. Zur

[151] Urteil des BAG vom 24.10.1979, AP Nr. 8 zu § 1 KSchG 1969 Betriebsbedingte Kündigung.

Begründung wurden in dem Kündigungsschreiben „Kostenersparnisse“ angeführt.
Der Kläger hat Kritik an der Unternehmerentscheidung der Beklagten geübt. Bei der Umorganisation würde es sich um eine gegen ihn gerichtete, sachlich ungerechtfertigte Einzelmaßnahme handeln. Die richtige Unternehmerentscheidung wäre seiner Ansicht nach die gewesen, wegen der Absatzschwierigkeiten im Ausland die inländische Produktionsabteilung stillzulegen und nur noch im Ausland produzierte Ware zu vertreiben. Es sei nicht einzusehen, dass er unter einer falschen Unternehmerentscheidung leiden solle.
Das BAG hat die Kündigung der Beklagten im Ergebnis für sozial gerechtfertigt erklärt und die Revision des Klägers zurückgewiesen. Zur Begründung der Entscheidung hat das Gericht u.a. auf die im Urteil vom 07.12.1978 entwickelten Grundsätze hingewiesen und ausgeführt, dass die Anforderungen, die an die Darlegung des Arbeitgebers zu stellen seien, jeweils davon abhängen würden, ob der Arbeitgeber sich zur Begründung dringender betrieblicher Erfordernisse auf außerbetriebliche oder auf innerbetriebliche Gründe berufe. Bei außerbetrieblichen Gründen, wie z.B. Auftragsmangel oder Umsatzrückgang, müsse der Arbeitgeber sowohl die Entwicklung der Umsatzahlen oder der Auftragsbestände als auch deren unmittelbare Auswirkung auf den Arbeitsplatz im Einzelnen darlegen. Bei Kündigungen aus innerbetrieblichen Gründen müsse der Arbeitgeber demgegenüber darlegen, welche organisatorischen oder technischen Maßnahmen er angeordnet habe und wie sie sich auf den Arbeitsplatz des gekündigten Arbeitnehmers auswirkten. Die Gerichte hätten aber grundsätzlich nicht zu überprüfen, ob der für den Arbeitgeber maßgebende Anlass die von ihm getroffene organisatorische Maßnahme auch erforderlich gemacht habe und ob die Unternehmerentscheidung geeignet sei, den mit ihr verfolgten Zweck zu erreichen. Deshalb brauche der Arbeitgeber die Notwendigkeit und Zweckmäßigkeit der innerbetrieblichen Maßnahme nicht zu begründen. Die Unternehmerentscheidung sei nur dann nicht als bindend hinzunehmen, wenn sie offenbar unsachlich, unvernünftig oder willkürlich erfolgt sei. Für Umstände, aus denen sich ein Missbrauch des unternehmerischen Ermessens ergebe, sei der Arbeitnehmer darlegungs- und beweispflichtig.
Bezogen auf den vorliegenden Fall hat das BAG ausgeführt: „Da der Verlust im Geschäftsjahr 1976 für die Beklagte nur der Anlass für die Umorganisation gewesen ist, war die Beklagte entgegen der von der Revision vertretenen Auffassung nicht gehalten, zur Begründung dringender betrieblicher Erfordernisse die Entwicklung des Geschäftsergebnisses und den Anteil der Personalausgaben mit weiteren Angaben und Zahlen zu belegen. Das wäre dann erforderlich gewesen, wenn nur notwendige und zweckmäßige innerbetriebliche Maßnahmen betriebsbedingte Gründe für Kündigungen sein könnten. Diese Einschränkung der Unternehmerentscheidung ist jedoch mit der bisherigen Rechtsprechung (...) nicht zu vereinbaren.“

Zum Vorwurf, bei der Umorganisation würde es sich um eine gegen den Kläger gerichtete, unsachliche Einzelmaßnahme handeln, hat das BAG ausgeführt, dass für eine beschlossene und tatsächlich durchgeführte Betriebsänderung die Vermutung spreche, dass sie aus sachlichen Gründen erfolgt sei. Auch sonst seien die für einen Rechtsmissbrauch angeführten Tatsachen von der Partei nachzuweisen, die sich darauf berufe. Insofern sei der Arbeitnehmer für die fehlende Verbindlichkeit der Unternehmerentscheidung darlegungs- und beweispflichtig, ggf. mit der Erleichterung des Anscheinsbeweises. Dieser Pflicht komme die Revision nicht nach, wenn sie eine unsachliche oder willkürliche Maßnahme schon damit begründen wolle, die veränderte Organisationsgestaltung der Beklagten sei aus Sachgründen nicht „billigenswert" und „angemessen".
Darüber hinaus hat das BAG festgestellt, dass das LAG auch die Notwendigkeit einer umfassenden Interessenabwägung bei einer betriebsbedingten Kündigung nicht verkannt habe. „Ist die Kündigung wegen einer bindenden Unternehmerentscheidung „an sich" betriebsbedingt, so wird eine – zumeist nur vorübergehende – Weiterbeschäftigung dem Arbeitgeber überdies nur in einem seltenen Ausnahmefall zuzumuten sein, wenn der Arbeitnehmer aufgrund schwerwiegender persönlicher Umstände besonderes schutzbedürftig ist (...). Auf einen solchen „Härtefall" (...) kann der Kläger sich schon mit Rücksicht auf seine verhältnismäßig kurze Betriebszugehörigkeit und sein Lebensalter nicht berufen."

III) Urteil des BAG vom 20.02.1986

Im Urteil vom 20.02.1986[152] hat sich das BAG erstmals näher mit der Definition der unternehmerischen Entscheidung auseinandergesetzt. Im zugrunde liegenden Fall war sämtlichen teilzeitbeschäftigten Musiklehrern einer Jugendmusikschule (JMS) gekündigt worden. Die JMS finanzierte sich u.a. über Zuschüsse der Stadt P. Diese hatte für das Jahr 1984 nicht den beantragten Zuschuss i.H.v. 203.000 DM, sondern lediglich einen Zuschuss i.H.v. 160.000 DM in Aussicht gestellt. Deshalb sah sich der beklagte Verein, der die Volkshochschule betrieb, veranlasst, sämtlichen Teilzeitlehrkräften „vorsorglich" zu kündigen. Im Kündigungsschreiben teilte der Beklagte allerdings mit, dass die Arbeit der JMS nach Auskünften des Magistrats der Stadt P auch auf längere Sicht gesehen nicht in Frage gestellt und weiter in hohem Maße subventioniert werden soll. Die Kläger wurden deshalb aufgrund neuer Verträge als freie Mitarbeiter weiterbeschäftigt.
Das BAG stellte fest, dass die Kündigungen der Kläger nicht durch dringende betriebliche Erfordernisse bedingt gewesen seien, die einer Weiterbeschäftigung der Kläger im Betrieb entgegengestanden hätten. So sei nach dem Vortrag des Beklagten keine grundsätzlich bindende unternehmerische Entscheidung ersicht-

[152] Urteil des BAG vom 20.02.1986, EzA § 1 KSchG Betriebsbedingte Kündigung Nr. 37.

lich. Es ginge vielmehr um die Auswirkungen der angekündigten Drittmittelkürzung und damit um einen außerbetrieblichen Grund. Aber inwiefern die Gewährung eines reduzierten Zuschusses das Bedürfnis einer Tätigkeit der Kläger *insgesamt* entfallen lassen solle, habe der Beklagte nicht dargetan. Er habe überhaupt nicht dargelegt, ob und in welcher Weise sich die Verringerung des Zuschusses auf die Beschäftigungsmöglichkeit der Kläger auswirke.
Soweit der Beklagte sich darauf berufe, sein Entschluss, sämtlichen Dozenten zu kündigen, sei eine Unternehmerentscheidung, die nur auf offensichtliche Willkür oder Unsachlichkeit zu überprüfen sei, unterliege er einem Irrtum über die Tragweite des Begriffs der Unternehmerentscheidung. Das Gericht führte aus: „Er hat nicht genügend beachtet, dass das unternehmerische Ermessen ein normativer Begriff ist, der keinen für alle feststehenden Inhalt hat, sondern stets im Hinblick auf den Zusammenhang, in dem er jeweils steht, zu bestimmen ist. Jede Disposition, die der Arbeitgeber in seinem Betrieb trifft, ist wörtlich genommen eine Unternehmerentscheidung, insbesondere jede Kündigung. Dennoch liegt klar zutage, dass im Sinne des Kündigungsschutzgesetzes die arbeitgeberseitige Kündigung selbst keine Unternehmerentscheidung ist, anderenfalls würde das Kündigungsschutzgesetz keinen Bestandsschutz gewähren, vielmehr der Arbeitgeber stets die ausgesprochene Kündigung erfolgreich mit dem Hinweis verteidigen können, die Kündigung sei eine nicht zu überprüfende Unternehmerentscheidung (...)."
Darüber hinaus führte das BAG aus, dass der Beklagte nicht dargetan habe, ob und welche Unternehmerentscheidung er getroffen habe, insbesondere habe er nicht behauptet, den Entschluss getroffen zu haben, die JMS zu schließen. Dementsprechend sei die JMS auch nach Ablauf der Kündigungsfrist mit denselben Lehrkräften uneingeschränkt weitergeführt worden. Das Kuriose des Falles sei gerade, dass die Kündigungen der Kläger damit begründet würden, dass es nicht möglich gewesen sei, eine Unternehmerentscheidung zu treffen, nämlich rechtzeitig einen ausgeglichenen Haushaltsentwurf für die JMS zu erstellen. Die Kündigungen seien also die Folge einer unterlassenen Unternehmerentscheidung. Dass die Kündigungen selbst von den Gerichten für Arbeitssachen auf ihre Rechtmäßigkeit zu überprüfen seien, ergebe sich aus § 1 Abs. 2, § 4 KSchG. Insbesondere hätten die Gerichte für Arbeitssachen zu überprüfen, ob dringende betriebliche Erfordernisse für die Kündigung vorlägen; hierfür habe der Beklagte gerade nichts vorgetragen.

IV) Urteil des BAG vom 30.04.1987

In der Entscheidung vom 30.04.1987[153] ging es um die Frage, ob eine Kündigung, die ein Unternehmen aufgrund der Übertragung von früher betriebsintern ausgeführten Reinigungsarbeiten an ein Reinigungsunternehmen gegenüber einer seiner Reinigungskräfte ausgesprochnen hat, als sozial gerechtfertigt anzusehen ist.

Die Klägerin brachte vor, dass die Kosten des betriebseigenen Reinigungsdienstes zwar höher sein könnten als die Aufwendungen für ein Reinigungsunternehmen, doch könne diese Kostenersparnis keinesfalls die Auflösung des betriebsinternen Reinigungsdienstes rechtfertigen. Zudem hätte die Beklagte die ihr und ihren Kolleginnen entstandenen Nachteile berücksichtigen müssen.

Das BAG hat im Ergebnis die Kündigung der Beklagten für sozial gerechtfertigt erachtet und die Revision der Klägerin als unbegründet zurückgewiesen. Es führte aus, dass die Auflösung des betriebsinternen Reinigungsdienstes und die Vergabe der Reinigungsaufgaben an ein Reinigungsunternehmen eine unternehmerische Entscheidung und damit einen innerbetrieblichen Umstand für ein betriebliches Erfordernis i.S.d. § 1 Abs. 2 Satz 1 KSchG darstelle. Die Nachprüfung der Rationalisierungsmaßnahme sei deshalb auf die Missbrauchskontrolle beschränkt. Hierbei sei zu beachten, dass für eine beschlossene und tatsächlich durchgeführte Unternehmerentscheidung die Vermutung spreche, dass sie aus sachlichen Gründen erfolgt sei. Dies, so führte das BAG weiter aus, gelte umso mehr, als die Maßnahme unstreitig zu einer erheblichen Kosteneinsparung führe.

Zudem hat der erkennende Zweite Senat noch einmal ausdrücklich zur Frage der Interessenabwägung im Rahmen der betriebsbedingten Kündigung Stellung genommen. So könne sich die Interessenabwägung, wenn eine ordentliche Kündigung „an sich" betriebsbedingt i.S.d. § 1 Abs. 2 Satz 1 KSchG sei, nur in seltenen Ausnahmefällen zugunsten des Arbeitnehmers auswirken.

Der Zweite Senat verweist in diesem Zusammenhang darauf, dass sich insoweit in den Urteilen des Siebten Senats vom 07.03.1980[154] und vom 17.10.1980[155] gewisse Unklarheiten bei der Behandlung des Problems der gerichtlichen Nachprüfung der Unternehmerentscheidung finden würden. So solle etwa nach der erstgenannten Entscheidung auch bei Vorliegen eines betrieblichen Erfordernisses eine Kündigung nur sozial gerechtfertigt sein, wenn die betrieblichen Gründe bei verständiger Würdigung der Interessen beider Vertragsparteien die

---

[153] Urteil des BAG vom 30.04.1987, AP Nr. 42 zu § 1 KSchG 1969 Betriebsbedingte Kündigung.

[154] Urteil des Siebten Senats vom 07.03.1980, AP Nr. 9 zu § 1 KSchG 1969 Betriebsbedingte Kündigung.

[155] Urteil des Siebten Senats vom 17.10.1980, AP Nr. 10 zu § 1 KSchG 1969 Betriebsbedingte Kündigung.

Kündigung billigenswert und angemessen erscheinen lassen. Das sei nicht der Fall, wenn die zu erwartenden Vorteile des Arbeitgebers zu den Nachteilen, die sich für den Arbeitnehmer ergäben, in keinem vernünftigen Verhältnis stünden. Der Siebte Senat hätte insoweit die Grundsätze wiedergegeben, die der Dritte Senat in dem Urteil vom 04.02.1960[156] aufgestellt und der Vierte Senat in seinem Urteil vom 03.05.1978[157] übernommen habe.
Eine so weitgehende Kontrolle der unternehmerischen Entscheidungsfreiheit habe der erkennende Senat jedoch seit der Entscheidung vom 24.20.1979[158] nicht mehr gebilligt. Wenn für die Kündigung ein dringendes betriebliches Erfordernis bestehe, sei es unerheblich, ob die Einsparung von Arbeitsplätzen den Arbeitgeber stark entlaste. Dieser Rechtsprechung stimme mittlerweile auch der Siebte Senat zu[159], so dass nunmehr jedenfalls in dieser Rechtsfrage Übereinstimmung zwischen beiden Senaten herrsche.

C) Rechtsprechung des BAG in den 90er Jahren

I) Urteil des BAG vom 18.01.1990

In der Entscheidung vom 18.01.1990[160] hatte sich das BAG mit der Frage zu beschäftigen, ob die Änderungskündigung einer Arbeitnehmerin von einem Einschichtbetrieb hin zu einem Wechselschichtbetrieb als sozial gerechtfertigt anzusehen ist. Das BAG hat diese Frage im Ergebnis verneint.
Im zugrunde liegenden Fall war die Klägerin bei der Beklagten als Packerin im Einschichtbetrieb arbeitstäglich in der Zeit von 6.00 bis 16.45 Uhr tätig. Wegen eines höheren Produktionsaufkommens führte die Beklagte in der Abteilung der Klägerin eine zweite Schicht für die Zeit von 14.00 bis 22.00 Uhr ein, die als Wechselschicht mit der Frühschicht durchgeführt wurde. Nach dem Führungskonzept der Beklagten sollte die personelle Zusammensetzung von Fertigungsgruppen gewahrt werden, um den Mitarbeitern stets denselben Vorgesetzten als Ansprechpartner zu geben.

---

156 Urteil des Dritten Senats vom 04.02.1960, AP Nr. 5 zu § 1 KSchG Betriebsbedingte Kündigung.
157 Urteil des Vierten Senats vom 03.05.1978, AP Nr. 5 zu § 1 KSchG 1969 Betriebsbedingte Kündigung.
158 Urteil des Zweiten Senats vom 24.10.1979, AP Nr. 8 zu § 1 KSchG 1969 Betriebsbedingte Kündigung.
159 Der Zweite Senat verweist hierzu auf ein Urteil des Siebten Senats vom 16.01.1987 - 7 AZR 495/85.
160 Urteil des BAG vom 18.01.1990, AP Nr. 27 zu § 2 KSchG 1969.

Die Beklagte hat das Arbeitsverhältnis mit der Klägerin gekündigt und ihr gleichzeitig dessen Fortsetzung in Wechselschicht zu sonst unveränderten Arbeitsbedingungen angeboten. Die Klägerin hat die Änderung der Arbeitsbedingungen unter Vorbehalt angenommen. Sie lehnte die Arbeit in Wechselschicht aufgrund der Versorgung ihres vierjährigen Kindes ab und verfolgte das Ziel, nur in der Frühschicht arbeiten zu können.
Die Klägerin vertrat den Standpunkt, die Änderung der Arbeitsbedingungen sei sozial ungerechtfertigt. Sie hat vorgetragen, der geplanten Erhöhung der Produktionsmenge könne bereits durch die Einführung einer zweiten Schicht entsprochen werden. Die Beklagte habe die Notwendigkeit der Wechselschicht nicht dargelegt. Zudem könne die Beklagte ihr Führungskonzept auch durch die Bildung von Schichtbesetzungen verwirklichen, die bei grundsätzlich bestehender Wechselschicht nur in Früh- oder Spätschicht arbeiten.
Das BAG hat festgestellt, dass die Einführung von zwei Arbeitsschichten eine organisatorische unternehmerische Entscheidung darstelle. Auch die Anordnung der Beklagten, vom Personalbestand her gleichbleibende Arbeitnehmergruppen zu bilden, die jeweils dem gleichen Vorgesetzten als Ansprechpartner zugeordnet werden und abwechselnd in der Früh- und in der Spätschicht tätig sein sollten, sei ebenfalls als eine organisatorische Maßnahme zu qualifizieren, die nur einer beschränkten Kontrolle durch die Arbeitsgerichte zugänglich sei.
Hierzu hat das Gericht ausgeführt, dass zwar der letztgenannten Unternehmerentscheidung keine sachwidrigen oder willkürlichen Erwägungen zugrunde liegen würden, doch mache es die auf eine Missbrauchskontrolle beschränkte Überprüfung organisatorischer Unternehmerentscheidungen nicht entbehrlich, jedenfalls gerichtlich zu überprüfen, ob die Organisationsänderung eine Beendigungs- oder Änderungskündigung unvermeidbar mache oder ob das geänderte unternehmerische Konzept nicht auch durch andere Maßnahmen verwirklicht werden könne. Im vorliegenden Fall hat das BAG die Dringlichkeit der Änderungskündigung abgelehnt. Es sei nicht ausreichend, dass die dem unternehmerischen Grundkonzept entsprechende Maßnahme an sich geeignet sei, den erstrebten Zweck zu erreichen; es müsse vielmehr unter mehreren geeigneten Mitteln dasjenige gewählt werden, das den Betroffenen am wenigsten belaste. Das BAG wirft der Beklagten diesbezüglich vor, dass sie ihr unternehmerisches Konzept auch dann hätte verwirklichen können, wenn sie der Klägerin eine personelle Ausnahmeregelung gestattet hätte. Die Änderungskündigung sei mithin sozialwidrig.

II) Urteil des BAG vom 19.05.1993

In der Entscheidung vom 19.05.1993[161] stellte sich dem BAG die Frage, ob ein Arbeitgeber verpflichtet werden kann, anstelle mehrerer Änderungskündigungen eine geringere Anzahl an Beendigungskündigungen auszusprechen.
In dem zugrunde liegenden Fall war der Klägerin, die bei der Beklagten sowohl mit der Essensausgabe als auch mit Reinigungsaufgaben und einmal wöchentlich mit dem Personalverkauf betraut war, gekündigt worden. Die Beklagte hatte im Zuge der Umsetzung des Programms „Straffung der Aufgaben im Bereich der Küche / Reinigung" beschlossen, bei zwei Mitarbeiterinnen die Arbeitszeit auf vier Stunden täglich zu begrenzen. Unter Berücksichtigung der sozialen Auswahl wurde der Klägerin eine betriebsbedingte Kündigung ausgesprochen. Gleichzeitig wurde ihr die Fortsetzung des Arbeitsverhältnisses mit einer wöchentlichen Arbeitszeit von 20 Stunden angeboten. Die Klägerin hat die Änderung der Arbeitsbedingungen nicht unter Vorbehalt angenommen.
Im Ergebnis hat das BAG das Urteil des Berufungsgerichts aufgehoben und den Rechtsstreit an des LAG zurückverwiesen. Der Senat könne mangels ausreichender Feststellungen des LAG nicht davon ausgehen, dass das von der Beklagten schlüssig behauptete Konzept zur Neuordnung ihres Servicebereichs auch tatsächlich durchgeführt worden sei und zur Verringerung der Beschäftigungsmöglichkeit auch hinsichtlich der Klägerin geführt habe.
In seinen Entscheidungsgründen hat das BAG allerdings ausgeführt, dass entgegen der Auffassung des Berufungsgerichts der Klage nicht mit der Begründung stattgegeben werden könne, dass die Beklagte von vornherein nicht berechtigt gewesen sei, den durch organisatorische Maßnahmen entstandenen Arbeitskräfteüberhang durch den Ausspruch von Änderungskündigungen gegenüber zwei Mitarbeitern dem Arbeitskräftebedarf anzupassen. Vorliegend gehe es um die Frage, ob ein Arbeitgeber als Folge des durch eine organisatorische Maßnahme entstandenen Arbeitskräfteüberhangs eine Mehrzahl von Änderungskündigungen zur Verkürzung der Arbeitszeit anstelle einzelner Beendigungskündigungen aussprechen dürfe.
Das BAG hat zur Beantwortung dieser Frage auf die Entscheidung vom 20.02.1986 verwiesen und erneut ausgeführt, dass das unternehmerische Ermessen ein normativer Begriff sei, der keinen für alle Fälle feststehenden Inhalt habe, sondern stets im Hinblick auf den Zusammenhang, in dem er stehe, zu bestimmen sei. Das, was kündigungsrechtlich mit unternehmerischem Ermessen gemeint sei, könne als „Bestimmung der der Geschäftsführung zugrunde liegenden Unternehmenspolitik" bezeichnet werden.
Im Ermessen des Unternehmers liege damit auch die Entscheidung, mit welcher Anzahl von Arbeitskräften er nach der Durchführung des innerbetrieblichen Or-

[161] Urteil des BAG vom 19.05.1993, AP Nr. 31 zu § 21 KSchG 1969.

ganisationsaktes die verbleibende Arbeitsmenge durchführen lassen wolle. Die Bestimmung, ob ein umfangmäßig konkretisierter Dienstleistungsbedarf nur mit Volltags- oder teilweise auch mit Halbtagsbeschäftigungen abgedeckt werden solle, gehöre zum Bereich der „Unternehmenspolitik".
Darüber hinaus hat das BAG ebenfalls ausgeführt, dass auch die Beachtung des Verhältnismäßigkeitsgrundsatzes (Ultima-ratio-Prinzip) es nicht gebiete, anstelle einer geringeren Zahl von Beendigungskündigungen eine größere Anzahl von Änderungskündigungen bzw. anstelle einer größeren Anzahl von Änderungskündigungen eine geringere Anzahl von Beendigungskündigungen auszusprechen. Das Kündigungsschutzgesetz stelle für die Beurteilung der Kündigung auf eine zweiseitige Rechtsbeziehung ab. Nur die spezifischen, aus Sinn und Zweck des Vertrages und des Gesetzes herleitbaren Interessen der Vertragsparteien würden für die Frage nach der Rechtfertigung der Kündigung eine Rolle spielen. Aus dieser strikt arbeitsvertragsbezogenen Konzeption des Kündigungsschutzes ergebe sich, dass sich der Katalog milderer Maßnahmen regelmäßig auf die Rechtsbeziehungen der streitenden Vertragsparteien beschränken müsse.

III) Urteil des BAG vom 09.05.1996

In der Entscheidung vom 09.05.1996[162], der sogenannten „Weight-Watchers"-Entscheidung, ging es um einen Fall, in dem die Beklagte, eine Anbieterin gruppendynamischer Trainingsprogramme zur kontrollierten Gewichtsabnahme, das Arbeitsverhältnis mit der Klägerin, einer angestellten Gruppenleiterin, gekündigt und ihr gleichzeitig das Angebot unterbreitet hat, einen Partnervertrag abzuschließen. Die Beklagte hatte sich im Mai 1993 entschlossen, das Ernährungs- und Verhaltensprogramm in Zukunft auf der Basis von sogenannten Partnerverträgen durch selbständig tätig werdende Mitarbeiter am Markt anzubieten. Allen angestellten Gruppenleiterinnen wurde daher im Laufe des Jahres 1993 zum nächst zulässigen Termin gekündigt.
Die Klägerin hat u.a. geltend gemacht, dass jedenfalls kein dringendes betriebliches Erfordernis vorliege, weil die Dienstleistungen nach wie vor in persönlicher Abhängigkeit erbracht würden; auch nach dem Inhalt des Partnervertrages liege in Wirklichkeit ein Arbeitsverhältnis vor, wobei die Dienstleistung in persönlicher Abhängigkeit erbracht werde.
Das BAG hat demgegenüber entschieden, dass vorliegend von einer sozial gerechtfertigten Kündigung durch die Beklagte auszugehen sei. So führte das BAG aus, dass es bei einer innerbetrieblichen Umstrukturierungsmaßnahme (hier: Einführung eines neuen Vertriebssystems) im Hinblick auf betriebsbedingte

[162] Urteil des BAG vom 09.05.1996, AP Nr. 79 zu § 1 KSchG 1969 Betriebsbedingte Kündigung.

Kündigungen dem Arbeitgeber überlassen bleiben müsse, wie er sein Unternehmensziel möglichst zweckmäßig und kostengünstig am Markt verfolge. Dazu gehöre auch die Umgestaltung der zugrunde liegenden Vertragsform für die Vertriebsmitarbeiter (freies Mitarbeiterverhältnis statt Arbeitsverhältnis). Die Notwendigkeit und Zweckmäßigkeit dieser Unternehmerentscheidung sei von den Arbeitsgerichten nicht zu überprüfen.
Hinsichtlich des Vorwurfs, die Dienstleistungen würden nach wie vor in persönlicher Abhängigkeit erbracht werden, so dass es tatsächlich nicht zu einem Wegfall der Beschäftigungsmöglichkeit der Klägerin gekommen sei, hat das BAG ausgeführt, dass sich nach einer Gesamtwürdigung aller Gesichtspunkte das für ein Arbeitsverhältnis unabdingbar erforderliche Moment nicht feststellen lasse, dass der Vertragspartner sachlich und zeitlich eine fremdgeplante, fremdnützige und von fremder Risikobereitschaft getragene Arbeit nach Weisung des Dienstberechtigten erbringe. Insofern gelte vielmehr für die vorliegende Vertragskonstellation ähnliches, wie es das BAG auch im Falle von Franchiseunternehmern festgestellt habe, nämlich dass dieser regelmäßig im eigenen Namen und für eigene Rechnung selbständig ein Geschäft betreibe[163]. Eine umfassende Einflussnahme auf Inhalt, Ort und Zeit der zu erbringenden Dienstleistung sei jedenfalls nach dem Partnervertrag nicht vorgesehen.
Somit habe die nach dem Partnervertrag vorgesehene Umgestaltung der Rechtsbeziehungen die Arbeitsverhältnisse tatsächlich und nicht nur dem Schein nach in freie Mitarbeiterverhältnisse umgeleitet. Die Annahme, dass das Bedürfnis für die Weiterbeschäftigung der Klägerin als Arbeitnehmerin weggefallen sei, sei somit auch nicht deshalb unbegründet bzw. unzutreffend, weil die Partnerverträge in Wirklichkeit nur verschleierte Arbeitsverhältnisse verdecken würden und das vorgegebene Konzept tatsächlich aus Rechtsgründen gar nicht durchgeführt worden sei, wie es die Klägerin im Wesentlichen geltend mache. Durch die Umsetzung der getroffenen Unternehmerentscheidung sei das Bedürfnis für die Weiterbeschäftigung aller Gruppenleiterinnen – und damit auch für die Klägerin – als abhängige Arbeitnehmerinnen entfallen.

IV) Urteil des BAG vom 26.09.1996

Mit einem ähnlich gelagerten Fall hatte sich das BAG in seiner Entscheidung vom 26.09.1996[164], der sogenannten Crewing-Entscheidung, zu befassen. Dort hatte die Beklagte, eine Reederei, Besatzungsmitgliedern, u.a. auch dem als Kapitän beschäftigten Kläger, im Zuge der Ausflaggung von Schiffen gekündigt und die Anheuerung der Schiffsbesatzung einer ausländischen Crewing-Firma

[163] Vgl. etwa Urteil des BAG vom 21.02.1990, AP Nr. 57 zu § 611 BGB Abhängigkeit.
[164] Urteil des BAG vom 26.09.1996, AP Nr. 80 zu § 1 KSchG 1969 Betriebsbedingte Kündigung.

übertragen, die die Seeleute nicht zu den für die deutsche Seeschifffahrt geltenden Heuerbedingungen, sondern mit wesentlich geringeren Heuern im eigenen Namen unter Vertrag nahm. Die Bereederung der Schiffe erfolgte hingegen auch in der Folgezeit durch die Beklagte. Diese steuerte weiterhin selbst den wirtschaftlichen Schiffsbetrieb, bestimmte die Ladung, die Frachtraten und den Einsatz der Schiffe in Bezug auf den Terminplan und die anzulaufenden Häfen. Die Reederei stand somit in einem ständigen unmittelbaren Kontakt zu den jeweiligen Kapitänen der Schiffe und erteilte ihnen die entsprechenden Weisungen.

Das BAG hat zunächst festgestellt, dass die Vergabe von bisher im Betrieb durchgeführten Arbeiten an einen Unternehmer zur selbständigen Durchführung als eine die Arbeitsgerichte grundsätzlich bindende Unternehmerentscheidung anzuerkennen sei. Auch wenn ein Arbeitgeber die bisher von seinen Arbeitnehmern verrichteten Aufgaben nur noch zu den Bedingungen einer selbständigen Tätigkeit freien Mitarbeitern übertragen wolle, sei dies als eine die Kündigung der Arbeitnehmer bedingende unternehmerische Entscheidung grundsätzlich hinzunehmen, weil – jedenfalls bei tatsächlicher und konsequenter Umsetzung der Entscheidung – die Arbeitsplätze als solche wegfielen. Das BAG verweist insofern auf die soeben dargestellte „Weight-Watchers"-Entscheidung.

Von dieser Fallgestaltung unterscheide sich der vorliegende Sachverhalt jedoch grundlegend dadurch, dass die Beklagte die bislang von dem Kläger verrichtete Tätigkeit nicht etwa einem Dritten, hier der ausländischen Crewing-Firma, zur selbständigen Erledigung übertragen habe. Der Crewing-Firma obliege nicht die Schiffsführung, sondern lediglich die Auswahl und Zurverfügungstellung des entsprechenden Personals. Die wesentlichen Entscheidungen in Bezug auf den wirtschaftlichen Schiffsbetrieb treffe nach wie vor die Beklagte selbst. Der Kläger sei somit in den Schiffsbetrieb der Beklagten und nicht etwa in einen Schiffsbetrieb der Crewing-Firma eingegliedert. Die Beklagte habe dem Kläger gegenüber die gleiche Stellung wie ein Unternehmer gegenüber einem ausgeliehenen, in seinem Betrieb beschäftigten Arbeitnehmer. Damit betreffe die unternehmerische Entscheidung der Beklagten, ihre Arbeitgeberstellung aufzugeben und deren formale Ausübung einem Dritten, der Crewing-Firma, zu überassen, nur einen kleinen Teilbereich der typischen Arbeitgeberfunktion. Die Ausübung des Direktionsrechts habe sich die Beklagte weitgehend vorbehalten. Gerade dieses Direktionsrecht kennzeichne jedoch die für ein Arbeitsverhältnis typische persönliche Abhängigkeit des Beschäftigten.

Im Ergebnis urteilte das BAG, dass in einem solchen Fall nicht die Beschäftigungsmöglichkeit im Betrieb entfalle, sondern vielmehr nur die eigenen Beschäftigten durch ausgeliehene Arbeitnehmer ersetzt werden sollten. Dies stelle eine unzulässige Austauschkündigung dar. Das BAG hat deshalb die Revision der Beklagten zurückgewiesen und die Kündigung für unwirksam erklärt.

V) Urteil des BAG vom 24.04.1997

In der Entscheidung vom 24.04.1997[165] hatte sich das BAG mit der Frage nach der Wirksamkeit einer Änderungskündigung zu befassen.
Im zugrunde liegenden Fall hatte sich die Beklagte, die Betreiberin eines Einzelhandelskaufhauses, entschlossen, die durch das Ausscheiden einer anderen Mitarbeiterin entstandene Besetzungslücke in der Abteilung der Klägerin durch eine Neuregelung der Arbeitszeitstruktur auszugleichen. Im Zuge dieser Neuregelung wurde der Klägerin eine Änderungskündigung ausgesprochen, die das Angebot zu einer geringfügig angehobenen wöchentlichen Teilzeitarbeit beinhaltete. Die Klägerin lehnte dieses Angebot ohne Vorbehalt mit der Begründung ab, dass ein betriebliches Erfordernis für die Abänderung der einzelvertraglich festgelegten Arbeitszeit nicht bestehe.
Das BAG hat diesbezüglich entschieden, dass grundsätzlich eine Unternehmerentscheidung auch darin liegen könne, zukünftig auf Dauer mit weniger Personal zu arbeiten. Zur Organisation und Gestaltung des Betriebs gehöre neben der Anschaffung von Maschinen, Gerätschaften sowie Vorrichtungen und der Gestaltung der Arbeitsabläufe auch die Entscheidung über die Stärke der Belegschaft, mit der das Betriebsziel erreicht werden solle. Dazu gehöre auch die Entscheidung über die Kapazität an Arbeitskräften und an Arbeitszeit und wie diese Kapazität – vorliegend auf die Ladenöffnungszeiten – verteilt werden solle. Soweit durch eine solche Entscheidung eine Leistungsverdichtung eintrete, sei diese als Konzept gewollt. Der rationelle Einsatz des Personals sei Sache des Arbeitgebers.
Dennoch ist das BAG in dem vorliegenden Fall im Ergebnis zu der Entscheidung gelangt, dass die Kündigung der Beklagten als sozial ungerechtfertigt anzusehen sei. Es führte aus, dass die Klägerin die für sie bestimmte Arbeitszeitgestaltung nicht billigerweise hinnehmen müsse. Das neue Arbeitszeitkonzept der Beklagten verstoße gegen § 2 BeschFG.

Auch wenn in diesem Fall die Kündigung der Beklagten nicht durchgreifen konnte, ist die Entscheidung vom 24.04.1997 jedenfalls insofern interessant, als dass das BAG durch sie einen neuen Umfang der unternehmerischen Entscheidungsfreiheit bestimmt hat. Es hat die Entscheidung des Unternehmers, zukünftig auf Dauer mit weniger Personal zu arbeiten, erstmals als grundsätzlich freie Unternehmerentscheidung anerkannt[166].

---

[165] Urteil des BAG vom 24.04.1997, AP Nr. 42 zu § 2 KSchG 1969.
[166] In der bisherigen Rechtsprechung des BAG waren weder der Entschluss, Arbeitskräfte abzubauen (Entscheidung vom 07.12.1978, AP Nr. 6 zu § 1 KSchG 1969 Betriebsbedingte Kündigung), noch der Entschluss, Personalkosten zu senken (Entscheidung vom 20.03.1986, AP Nr. 35 zu § 1 KSchG 1969 Betriebsbedingte Kündigung), als eine von den Gerichten hinzunehmende unternehmerische Entscheidung anerkannt.

D) Drei Urteile des BAG vom 17.06.1999

Eine wesentliche Entwicklung hat die Rechtsprechung des BAG zur unternehmerischen Entscheidungsfreiheit auch durch die drei Urteile des BAG vom 17.06.1999[167] genommen. Allen drei Entscheidungen lag wie im vorherigen Fall die Frage zugrunde, ob der bloße Entschluss des Arbeitgebers, künftig mit weniger Personal zu arbeiten, als unternehmerische Entscheidung anzuerkennen ist. Im Gegensatz zur Entscheidung vom 24.04.1997, in der diese Frage lediglich am Rande thematisiert worden war, stellt diese Frage in den Entscheidungen von 1999 die Kernfrage der Untersuchung dar und ist somit erst hier ausführlich erörtert worden.

I) Erstes Urteil des BAG vom 17.06.1999 – 2 AZR 141/99

In dem ersten Urteil vom 17.06.1999 – 2 AZR 141/99[168] ging es um die Kündigung eines Baufacharbeiters. Diesem war von der Beklagten, der Betreiberin eines Baugewerbeunternehmens, betriebsbedingt gekündigt worden. Begründet wurde die Kündigung damit, dass die Geschäftsführung die Unternehmerentscheidung getroffen habe, den Personalbestand um drei Planstellen zu reduzieren. Diese Maßnahme sei aufgrund sinkender Nachfrage und unvermindertem Preisverfall erforderlich geworden.
Der Kläger hat geltend gemacht, es fehle an einem substantiierten Vortrag zu einem dringenden betrieblichen Erfordernis für die Kündigung; die Kündigung selbst sei keine Unternehmerentscheidung, insbesondere reiche die Reduzierungsentscheidung als solche zur Rechtfertigung der Kündigung nicht aus.
Das BAG hat die Revision des Klägers für begründet erachtet. Es hat ausgeführt, die Beklagte habe weder hinsichtlich der angeblich vorliegenden unternehmerischen Entscheidung einen ausreichend konkreten Sachvortrag gebracht, noch habe sie sonst ein dringendes betriebliches Erfordernis für die Kündigung dargelegt.
Grundsätzlich hat das BAG die Entscheidung des Arbeitgebers, den Personalbestand auf Dauer zu reduzieren, als eine Entscheidung, die zum Wegfall von Arbeitsplätzen führen und damit den entsprechenden Beschäftigungsbedarf entfallen lassen kann, anerkannt. Doch müsse diese Unternehmerentscheidung hinsichtlich ihrer organisatorischen Durchführbarkeit und hinsichtlich des Begriffs „Dauer" verdeutlicht werden, damit das Gericht überprüfen könne, ob sie nicht offensichtlich unsachlich, unvernünftig oder willkürlich erfolgt sei. Redu-

---

[167] Urteile des BAG vom 17.06.1999, AP Nr. 101, 102 und 103 zu § 1 KSchG 1969 Betriebsbedingte Kündigung.

[168] Urteil des BAG vom 17.06.1999, AP Nr. 101 zu § 1 KSchG 1969 Betriebsbedingte Kündigung.

ziere sich die Organisationsentscheidung zur Personalreduzierung praktisch auf den Kündigungsentschluss, seien diese beiden Unternehmerentscheidungen ohne nähere Konkretisierung nicht voneinander zu unterscheiden. Deshalb seien die Anforderungen an den gemäß § 1 Abs. 2 Satz 4 KSchG vom Arbeitgeber zu erbringenden Tatsachenvortrag, der die Kündigung bedingen soll, nicht auf Null zu reduzieren. Vielmehr könne dann, wenn die Organisationsentscheidung des Arbeitgebers und sein Kündigungsentschluss ohne nähere Konkretisierung praktisch deckungsgleich seien, die vom Senat bisher angenommene Vermutung, die Unternehmerentscheidung sei aus sachlichen Gründen erfolgt, nicht von vornherein greifen. In diesen Fällen müsse der Arbeitgeber vielmehr darlegen, in welchem Umfang die fraglichen Arbeiten – hier die Baufacharbeiten – zukünftig im Vergleich zum bisherigen Zustand anfallen werden. Der Arbeitgeber müsse im Kündigungsschutzprozess konkrete Angaben dazu machen, wie sich die Verringerung der Produktion auf die Arbeitsmenge auswirke und in welchem Umfang dadurch ein konkreter Arbeitskräfteüberhang entstehe. Im Wege einer abgestuften Darlegungslast solle es dann Sache des Arbeitnehmers sein, hierauf zu erwidern. Dann wäre es wiederum Sache des Arbeitgebers substantiiert darzutun, wie sich die Umsetzung seiner unternehmerischen Entscheidung auf die Beschäftigungsmöglichkeiten auswirke.
Zusammenfassend urteilte das BAG, je näher die eigentliche Organisationsentscheidung an den Kündigungsentschluss rücke, um so mehr müsse der Arbeitgeber durch Tatsachenvortrag verdeutlichen, dass ein Beschäftigungsbedürfnis für den Arbeitnehmer entfallen sei.

II) Zweites Urteil des BAG vom 17.06.1999 – 2 AZR 522/98

In der zweiten Entscheidung des BAG vom 17.06.1999 – 2 AZR 522/98[169] ging es um die Kündigung eines Bauwerkers. Die Gesellschafterversammlung der Beklagten, die Betreiberin eines Bauhauptgewerbeunternehmens, hatte den Beschluss gefasst, alle Mitarbeiter ohne abgeschlossene Berufsausbildung, soweit sie keine angelernten Spezialtätigkeiten ausüben, zu entlassen und die von diesen ausgeführten Tätigkeiten teilweise den bei der Beklagten beschäftigten Facharbeitern und teilweise Subunternehmen zu übertragen. Die Facharbeiter sollten zukünftig die von den Hilfskräften ausgeführten Hilfstätigkeiten miterledigen; auf die Subunternehmen sollten sämtliche Abbruch- und Stemmarbeiten übertragen werden.
Hinsichtlich der Vergabe von Abbruch- und Stemmarbeiten an Subunternehmen hat das BAG festgestellt, dass nicht von einer „Verdichtung“ der Arbeit auszugehen sei. Tatsächlich liege eine Vergabe von bisher im Betrieb durchgeführten

[169] Urteil des BAG vom 17.06.1999, AP Nr. 102 zu § 1 KSchG 1969 Betriebsbedingte Kündigung.

Arbeiten an einen Unternehmer zur selbständigen Durchführung vor, worin der Senat eine die Arbeitsgerichte bindende Unternehmerentscheidung gesehen habe, die zum Wegfall der Beschäftigungsmöglichkeiten führen könne.
Hinsichtlich der Entscheidung, den Facharbeitern die restlichen bisher von den Bauwerkern ausgeübten Tätigkeiten zu übertragen, hat das BAG auf die zuvor ergangene Entscheidung vom gleichen Tag (2 AZR 141/99) und die dort festgestellten Grundsätze verwiesen und ausgeführt, dass für den vorliegenden Fall – im Unterschied zu der im Parallelfall getroffenen Unternehmerentscheidung, bei der die eigentliche Organisationsentscheidung und die daraus folgende Kündigung praktisch zusammenfielen – festzustellen sei, dass die Beklagte durch den Gesellschafterbeschluss vom 12.03.1997 eine schon nach außen deutlich sichtbarere Organisationsentscheidung getroffen habe, der Anfang April die Kündigungen der davon betroffenen Bauwerker folgten. Der dadurch bedingte Arbeitskräfteüberhang werde einerseits schon durch die Verlagerung der Stemm- und Abbrucharbeiten auf Subunternehmen sowie ferner durch die Übertragung restlicher Bauwerkertätigkeiten auf die Facharbeiter angesichts des behaupteten Rückgangs der von diesen zu erbringenden Arbeitsmenge indiziert.

Das BAG hat dennoch das Berufungsurteil, das zugunsten des Klägers entschieden hatte, aufgehoben und den Rechtsstreit an das LAG zurückverwiesen. Der Senat könne noch nicht abschließend über die soziale Rechtfertigung der Kündigung entscheiden. Dem Kläger, der in beiden Vorinstanzen aufgrund der anders gelagerten Begründung der Gerichte obsiegt hatte, müsse nach Auffassung des Senats Gelegenheit gegeben werden, sich auf die teilweise neue Rechtsprechung zur abgestuften Darlegungslast einzustellen.

III) Drittes Urteil des BAG vom 17.06.1999 – 2 AZR 456/98

In der dritten Entscheidung des BAG vom 17.06.1999 – 2 AZR 456/98[170] ging es um die betriebsbedingte Kündigung einer Hilfskraft eines Druckereibetriebs. Die Beklagte, die Betreiberin der Druckerei, hatte die Entscheidung getroffen, den Arbeitsplatz einer Hilfskraft einzusparen. Im Zuge dieser Entscheidung wurde das Arbeitsverhältnis des Klägers gekündigt.
Dieser hat u.a. geltend gemacht, dass seine Kündigung die Besetzungsregelung des Anhangs C II Nr. 3 MTV, der vorsieht, dass den Fachkräften näher bestimmter Druckmaschinen mindestens eine Hilfskraft beizustellen ist, verletze. Diese tarifliche Bestimmung begrenze die Freiheit der Beklagten objektiv. Ihre tarifwidrige und rechtsmissbräuchliche unternehmerische Entscheidung könne die Kündigung deshalb nicht stützen. Darüber hinaus sei schon zweifelhaft, ob

[170] Urteil des BAG vom 17.06.1999, AP Nr. 103 zu § 1 KSchG 1969 Betriebsbedingte Kündigung.

die behauptete Unternehmerentscheidung als organisatorische Maßnahme tatsächlich stattgefunden habe. Zumindest sei aber bei ihrer innerbetrieblichen Umsetzung das Bedürfnis für seine Weiterbeschäftigung nicht entfallen.
Das BAG hat zunächst festgestellt, dass sich der Kläger selbst nicht auf die Norm C II Nr.3 MTV berufen könne, da sein Arbeitsverhältnis nicht unmittelbar vom Schutzzweck dieser Vorschrift erfasst werde. Die Regelung, Fachkräften eine Hilfskraft beizustellen, bezwecke keinen unmittelbaren Arbeitsplatzschutz der betreffenden Hilfskraft.
Des Weiteren hat das BAG seine in den zuvor ergangenen Entscheidungen (2 AZR 141/99 und 2 AZR 522/98) aufgestellten Grundsätze zur abgestuften Darlegungslast hinsichtlich der Unternehmerentscheidung zur dauerhaften Stellenreduzierung bestätigt. Übertragen auf den vorliegenden Fall kam das BAG jedoch zu dem Ergebnis, dass die bisherigen Darlegungen der Parteien nicht ausreichend seien, um abschließend über die soziale Rechtfertigung der Kündigung entscheiden zu können. Da beide Vorinstanzen übereinstimmend die Kündigung wegen der tariflichen Besetzungsregel für unwirksam angesehen und die Problematik der betriebsbedingten Kündigung nicht unter ihren anderen Aspekten behandelt hätten, müsse beiden Parteien Gelegenheit zu einem ergänzenden Sachvortrag gegeben werden.
Deshalb hat das BAG das Berufungsurteil aufgehoben und den Rechtsstreit an das LAG zurückverwiesen.

E) Aktuelle Rechtsprechung des BAG zur unternehmerischen Entscheidungsfreiheit

I) Urteil des BAG vom 21.09.2000

Im Urteil vom 21.09.2000[171] hatte das BAG sich mit der Frage zu befassen, ob die Organisationsentscheidung eines öffentlichen Arbeitgebers, eine Angestelltenstelle, auf der hoheitliche Aufgaben erledigt werden, in eine Beamtenstelle umzuwandeln und mit einem Beamten zu besetzen, ein dringendes betriebliches Erfordernis zur Kündigung des bisherigen Stelleninhabers darstellen kann.
In dem zugrunde liegenden Fall war einem Tierarzt, der zuletzt als Leiter der Abteilung Veterinärwesen in der Kreisverwaltung des beklagten Landkreises S gearbeitet hatte, gekündigt worden. Der beklagte Landkreis hatte beschlossen, die Amtstierarztstelle von einer Angestelltenstelle in eine Beamtenstelle umzuwandeln. Im Folgenden wurde dem Kläger gekündigt und die Stelle mit einem

[171] Urteil des BAG vom 21.09.2000, AP Nr. 112 zu § 1 KSchG 1969 Betriebsbedingte Kündigung.

anderen Mitarbeiter, der in ein Beamtenverhältnis auf Probe ernannt wurde, besetzt.

Das BAG hat im Ergebnis die Kündigung durch den beklagten Landkreis als sozial ungerechtfertigt erachtet. In seiner Begründung hat das Gericht ausgeführt, dass nur dann von einem dringenden betrieblichen Erfordernis zur Kündigung des bisherigen Stelleninhabers ausgegangen werden könne, wenn dieser die Voraussetzungen für eine Übernahme in ein Beamtenverhältnis nicht erfülle. Weiter führte das BAG aus, dass dringende betriebliche Erfordernisse i.S.v. § 1 Abs. 2 Satz 1 KSchG eine ordentliche Kündigung nur dann rechtfertigen könnten, wenn sie einer Weiterbeschäftigung des Arbeitnehmers entgegenstünden. Die Umwandlung einer Stelle im öffentlichen Dienst von einer Angestelltenstelle in eine Beamtenstelle habe aber zunächst keine Auswirkungen auf die Möglichkeit, den mit den entsprechenden Arbeiten bisher beschäftigten Angestellten weiterzubeschäftigen. Beschäftigungsbedarf bestehe nach wie vor. Der öffentliche Arbeitgeber könne eine betriebsbedingte Kündigung ohne weiteres dadurch vermeiden, dass er den betreffenden Angestellten, soweit dieser die Voraussetzungen zur Berufung in ein Beamtenverhältnis erfülle, entweder zum Beamten ernenne oder ihn mit den schon bisher von ihm ausgeübten Tätigkeiten im Angestelltenverhältnis weiterbeschäftige, was trotz der Umwandlung der Stelle in eine Beamtenstelle problemlos möglich sei. Der „Funktionsvorbehalt“ des Art. 33 Abs. 4 GG stelle nämlich lediglich das Strukturprinzip sicher, dass hoheitliche Aufgaben i.d.R. durch Beamten wahrgenommen werden. Der Besetzung einer Beamtenstelle durch einen Angestellten in einem Einzelfall stehe diese Verfassungsnorm nicht entgegen.

Darüber hinaus könne ein dringendes betriebliches Erfordernis zur Kündigung auch nicht darin gesehen werden, dass sich der öffentliche Arbeitgeber entschließe, die neu geschaffene Beamtenstelle mit einem anderen Bewerber zu besetzen, so dass nach dessen Beamtenernennung nunmehr für den bisherigen Stelleninhaber tatsächlich keine Beschäftigungsmöglichkeit mehr bestehe. Entschließe sich der Arbeitgeber, trotz fortbestehender Beschäftigungsmöglichkeit einen bisher beschäftigten Arbeitnehmer durch einen anderen zu ersetzen, so handle es sich um eine gemäß § 1 Abs. 1 und Abs. 2 KSchG unwirksame Austauschkündigung. Eine Kündigung, die einzig dem Zweck diene, vorhandene geeignete Arbeitnehmer durch etwa noch besser geeignete zu ersetzen, sei unzulässig.

II) Urteil des BAG vom 26.09.2002

Eine weitere wichtige Entscheidung des BAG im Zusammenhang mit der Überprüfbarkeit unternehmerischer Entscheidungen datiert vom 26.09.2002[172]. Der Entscheidung lag ein Fall zugrunde, in dem die Betreiber einer Rheumaklinik die unternehmerische Entscheidung getroffen hatten, bestimmte Teilbereiche der Klinik (Küche, Reinigung und Servierdienst) nicht mehr durch eigene Arbeitskräfte wahrnehmen zu lassen, sondern damit ein Drittunternehmen zu beauftragen. Zur Umsetzung dieses Entschlusses wurde eine i.S.v. § 2 Abs. 2 Nr. 2 UStG finanziell, wirtschaftlich und organisatorisch in das Unternehmen der Beklagten eingegliederte Organgesellschaft (sogenannte Service-GmbH) gegründet, der die Arbeiten der einzelnen betroffenen Abteilungen übertragen wurden. Im Zuge dieser Übertragung wurde der Klägerin, die bislang in der Klinik als Küchenhilfe beschäftigt war, gekündigt.

Das BAG hat diese Kündigung aufgrund rechtsmissbräuchlichen Verhaltens der Klinikbetreiber für sozial ungerechtfertigt erklärt. In seiner Begründung führte das Gericht aus, dass zwar die Entscheidung der Klinikbetreiber, bestimmte Teilbereiche der Klinik nicht mehr durch eigene Arbeitskräfte wahrnehmen zu lassen, sondern damit ein Drittunternehmen zu beauftragen, grundsätzlich nicht auf ihre sachliche Rechtfertigung oder ihre Zweckmäßigkeit zu überprüfen sei. Es sei aber rechtsmissbräuchlich, wenn der Arbeitgeber ein unternehmerisches Konzept zur Kostenreduzierung wähle, das faktisch nicht zu Änderungen in den betrieblichen Abläufen, jedoch bei allen Arbeitnehmern der betroffenen Abteilungen zum Verlust ihres Arbeitsplatzes führe, obwohl nach wie vor ein – allenfalls möglicherweise reduzierter – Beschäftigungsbedarf bestehe. Die Gründung einer i.S.v. § 2 Abs. 2 Nr. 2 UStG finanziell, wirtschaftlich und organisatorisch in das Unternehmen des Arbeitgebers eingegliederte Organgesellschaft und die Übertragung der Arbeiten einzelner Abteilungen auf diese Gesellschaft sei rechtsmissbräuchlich und damit kündigungsrechtlich unbeachtlich, wenn die Wahl dieser Organisationsform in erster Linie dem Zweck diene, den Arbeitnehmern der betroffenen Bereiche ihren Kündigungsschutz zu nehmen und sich von ihnen „frei zu trennen", damit die Arbeit in Zukunft von anderen, schlechter bezahlten Arbeitnehmern verrichtet werden könne.

Weiter führte das Gericht aus, dass der verfassungsrechtlich gebotene kündigungsrechtliche Mindestschutz der Arbeitnehmer nicht mehr gewährleistet wäre, würde man dem Arbeitgeber gestatten, Teilbereiche seines Betriebs (oder gar den ganzen Betrieb) „stillzulegen", den betroffenen Arbeitnehmern ohne Kündigungsschutz zu kündigen, um dann dieselben Arbeiten an derselben Betriebsstätte durch eine finanziell, wirtschaftlich und organisatorisch in das Unternehmen voll eingegliederte Organgesellschaft mit jüngeren und preiswerteren

[172] Urteil des BAG vom 26.09.2002, AP Nr. 124 zu § 1 KSchG 1969 Betriebsbedingte Kündigung.

Arbeitskräften, die in den ersten Monaten nicht einmal Kündigungsschutz hätten, weiter verrichten zu lassen.

III) Urteil des BAG vom 10.10.2002

In der Entscheidung vom 10.10.2002[173] ging es um eine betriebsbedingte Kündigung eines Architekten. Dieser war bei dem Beklagten, dem Betreiber eines Architekturbüros, vorwiegend mit der Bearbeitung einzelner Projekte beauftragt. Neben dieser Tätigkeit war ihm zudem sowohl die Leitung der Planungsabteilung als auch die ständige Vertretung des Beklagten in Verhandlungen mit Kunden, Behörden und Mitarbeitern übertragen.

Der Beklagte hatte sich entschlossen, sein Architekturbüro neu zu organisieren und seinen geänderten Umsatzerwartungen anzupassen. Ein vom Beklagten vorgelegtes Organigramm sah nur noch 20 der bislang 33 Arbeitnehmer vor, unter denen sich der Kläger nicht befand. Die Funktion des Vertreters des Beklagten und ein Leiter der Planungsabteilung waren nicht mehr vorgesehen.

Das BAG entschied, dass die Kündigung des Beklagten das Arbeitsverhältnis mit dem Kläger nicht aufgelöst habe. In den Entscheidungsgründen hat das BAG ausgeführt, wenn die unternehmerische Entscheidung letztlich nur auf den Abbau einer Hierarchieebene hinauslaufe – verbunden mit einer Neuverteilung der dem betroffenen Arbeitnehmer bisher zugewiesenen Aufgaben –, bedürfe es der Konkretisierung dieser Entscheidung, damit geprüft werden könne, ob der Arbeitsplatz des betroffenen Arbeitnehmers tatsächlich weggefallen und die Entscheidung nicht offensichtlich unsachlich, unvernünftig oder willkürlich erfolgt sei. Der Arbeitgeber müsse insbesondere darlegen, in welchem Umfang die bisher vom Arbeitnehmer ausgeübten Tätigkeiten zukünftig im Vergleich zum bisherigen Zustand entfallen. Er müsse aufgrund seiner unternehmerischen Vorgaben die zukünftige Entwicklung der Arbeitsmenge anhand einer näher konkretisierten Prognose darstellen und angeben, wie die anfallenden Arbeiten vom verbleibenden Personal ohne überobligatorische Leistungen erledigt werden könnten.

Nach Auffassung des Gerichts habe der Beklagte im vorliegenden Fall nicht ausreichend dargelegt, dass durch die Neuorganisation das Beschäftigungsbedürfnis für den Kläger entfallen sei. Die unternehmerische Entscheidung zur Neuorganisation beinhalte nach der Darlegung des Beklagten im Wesentlichen den Wegfall der beiden vom Kläger wahrgenommenen Leitungsaufgaben (Planungsabteilung und Stellvertretung des Beklagten). Der Beklagte selbst habe jedoch vorgetragen, der Kläger sei 97 % seiner Arbeitszeit mit der Bearbeitung einzelner Projekte beschäftigt gewesen. Der Tätigkeitsbereich „Projektplanung“

---

[173] Urteil des BAG vom 10.10.2002, AP Nr. 123 zu § 1 KSchG 1969 Betriebsbedingte Kündigung.

sei durch die Streichung der Funktionen „Leiter der Planungsabteilung“ und „Stellvertretung des Inhabers“ aber nicht geringer geworden. Die Streichung dieser Funktionen könne deshalb die Kündigung nicht rechtfertigen.

IV) Urteil des BAG vom 22.05.2003

Der Entscheidung vom 22.05.2003[174] lag ein Fall des öffentlichen Dienstes zugrunde. Die Klägerin war als Erzieherin bei der Stadt A beschäftigt. Die Beklagte hatte beschlossen, zwei Erzieherinnen zu kündigen, nachdem sie auf der Grundlage des Gesetzes zur Förderung von Kindern in Tageseinrichtungen im Freistaat Sachsen (SäKitaG) ein Überhang von 2,13 vollzeitbeschäftigten Fachkräften errechnet hatte. In Umsetzung dieses Beschlusses ist der Klägerin gekündigt worden.

Das Berufungsgericht hatte der Klage der Erzieherin entsprochen. Es war der Auffassung, dass die bloße Entscheidung der Beklagten, die Anzahl der Fachkräfte an den Personalschlüssel des SäKitaG anzupassen, nicht ausreiche, die betriebsbedingte Kündigung zu begründen. Zwar bestehe bei Anwendung des Personalschlüssels tatsächlich ein Beschäftigungsüberhang, damit sei aber noch offen, wie im Einzelnen die organisatorische Umsetzung erfolge, insbesondere, welcher Personalbedarf in den einzelnen Einrichtungen bestehe und wie er gedeckt werden könne. Dazu habe die Beklagte nichts vorgetragen.

Dem hat das BAG nicht entsprochen. Es hat ausgeführt, dass die Entscheidung der Beklagten zum Wegfall des Beschäftigungsbedarfs für die Klägerin führe. Der Ratsbeschluss beziehe sich zwar nicht auf einzelne Arbeitsplätze, also auch nicht explizit auf denjenigen der Klägerin. Gleichwohl handle es sich entgegen der Auffassung des LAG nicht um einen nur allgemeinen Beschluss zur Personalreduzierung, der den Beschäftigungsbedarf für die Klägerin unberührt lasse. Maßgeblich für die Abgrenzung sei, ob die Entscheidung den Beschäftigungsbereich des Arbeitnehmers so betreffe, dass die Frage, ob die Kündigung sozial gerechtfertigt ist, allein noch eine solche der sozialen Auswahl sei. Im öffentlichen Dienst könne somit die eine betriebsbedingte Kündigung sozial rechtfertigende Organisationsentscheidung darin liegen, dass das zuständige Gremium den Personalbedarf für einen Tätigkeitsbereich so reduziere, dass die Bestimmung der zu kündigenden Arbeitnehmer nur noch eine Frage der sozialen Auswahl sei.

Weiter führte das BAG aus, wenn sich die Entscheidung des Arbeitgebers im Wesentlichen darin erschöpfe, Personal einzusparen, müsse der Arbeitgeber seine Entscheidung hinsichtlich ihrer organisatorischen Durchführbarkeit und hinsichtlich ihrer Nachhaltigkeit („Dauer“) verdeutlichen, damit das Gericht

[174] Urteil des BAG vom 22.05.2003, AP Nr. 128 zu § 1 KSchG 1969 Betriebsbedingte Kündigung.

prüfen könne, ob sie offensichtlich unsachlich, unvernünftig oder willkürlich ausgesprochen worden sei. Dass der Arbeitgeber zur organisatorischen Durchführbarkeit und Nachhaltigkeit der unternehmerischen Entscheidung vortragen müsse, solle einen Missbrauch des Kündigungsrechts ausschließen. Insbesondere müsse eine rechtswidrige Überforderung oder Benachteiligung des im Betrieb verbleibenden Personals vermeiden werden.
Dadurch hat das BAG seine Rechtsprechung aus den Urteilen vom 17.06.1999 auch auf organisatorische Entscheidungen eines öffentlichen Arbeitgebers übertragen.

Die dargestellte Rechtsprechung des BAG zur unternehmerischen Entscheidungsfreiheit führt zwangsläufig zu der Frage nach dem Warum. Warum sollen unternehmerische Entscheidungen nicht auf ihre Notwendigkeit oder Zweckmäßigkeit, sondern nur auf missbräuchliches Verhalten hin überprüft werden? Warum wird den Unternehmen bei betriebsbedingten Kündigungen ein grundsätzlich unüberprüfbarer Bereich an Unternehmerfreiheit gewährt?
Diesen Fragen soll im Folgenden nachgegangen werden. Es soll untersucht werden, welche Begründungsansätze von der Rechtsprechung und von der Literatur gegeben werden und ob sie einer kritischen Analyse standhalten.

Bevor jedoch die Begründung unternehmerischer Entscheidungsfreiheit problematisiert wird, soll zunächst der Begriff der Unternehmerentscheidung näher konkretisiert werden. Denn ehe man sich mit der Begründung bzw. später auch mit der Reichweite oder dem Umfang unternehmerischer Entscheidungsfreiheit auseinandersetzt, ist es sinnvoll zu klären, was sich hinter dem Begriff der Unternehmerentscheidung bzw. der freien Unternehmerentscheidung an sich verbirgt.

3. Kapitel

Begriff der Unternehmerentscheidung

A) Konkretisierung des Begriffs der Unternehmerentscheidung

Bei dem Versuch die Unternehmerentscheidung näher zu konkretisieren, fällt zunächst auf, dass dem Wortlaut des § 1 Abs. 2 Satz 1 KSchG der Begriff der Unternehmerentscheidung nicht zu entnehmen ist. Vielmehr sollen es dringende betriebliche Erfordernisse sein, die eine Kündigung bedingen.
Betriebliche Erfordernisse sind nicht wirtschaftliche, sondern arbeitstechnische Notwendigkeiten bzw. Konsequenzen[175]. Sie stellen das Ergebnis unternehmerischer (Vor-) Entscheidungen dar[176]. Die Unternehmerentscheidung ist als vorgeschaltetes Konzept betrieblicher Erfordernisse zu verstehen[177]. Mit der Unternehmerentscheidung reagiert der Arbeitgeber auf bestimmte volkswirtschaftliche oder betriebswirtschaftliche Situationen[178]. Sie ist somit als wirtschaftliche Vorüberlegung zu qualifizieren, auf die die Verminderung des Beschäftigungsbedarfs zurückgeht.

Offen bleibt bei dieser Feststellung allerdings, was genau alles unter eine Unternehmerentscheidung fallen kann. *Berkowsky* versucht diese Frage etwa dadurch zu lösen, indem er untersucht, welche wirtschaftlich ausgerichteten Entscheidungen die Führung eines Unternehmens in jedem Falle erfordert.
Die wesentlichen Entscheidungen, die in jedem Unternehmen getroffen werden müssten, seien seiner Ansicht nach – nicht abschließend – das Unternehmensziel, die Geschäftsbranche, das Produkt, der Betriebsort, die Betriebsgröße, die Kapitalausstattung, die Betriebsorganisation und die Anzahl der Arbeitnehmer[179]. Alle diese Entscheidungen stünden in einem inneren Zusammenhang und seien qualitativ und quantitativ voneinander abhängig. Abhängig seien sie zudem allesamt von dem Markt und seinen sich stetig wandelnden Einflüssen. Unternehmerisch handeln bedeute, seinen Betrieb den sich ständig wechselnden Anforderungen des Marktes anzupassen. Dabei würden unternehmerische Entscheidungen ununterbrochen getroffen. Die unternehmerische Entscheidung manifestiere sich nämlich nicht nur darin, einen vorhandenen Zustand zu ändern,

---

175 *Jacobi*, Grundlehren des Arbeitsrechts, S. 286; *Reuter*, RdA 2004, 161 (165).
176 *Reuter*, RdA 2004, 161 (165).
177 *V. Hoyningen-Huene*, NZA 1994, 1009 (1010); Küttner, Personalbuch 2002, Kündigung, betriebsbedingt, Rdnr. 7.
178 *V. Hoyningen-Huene/Linck*,KSchG, § 1 Rdnr. 366.
179 MünchArbR-*Berkowsky*, § 138 Rdnr. 24.

sondern auch dann, wenn es darum gehe, die betriebliche Struktur – jedenfalls im Augenblick – so zu belassen, wie sie ist[180].

B) Rechtsprechung des BAG zum Begriff der Unternehmerentscheidung

In der Rechtsprechung des BAG sind verschiedene Ansätze, sich mit einer Konkretisierung der Unternehmerentscheidung auseinanderzusetzen, zu erkennen.

I) Differenzierung zwischen außer- und innerbetrieblichen Kündigungsgründen

In der Entscheidung vom 07.12.1978 hat das BAG versucht, die vielen verschiedenen Faktoren, die einer betriebsbedingten Kündigung zugrunde liegen können, durch die Einteilung in innerbetriebliche Umstände und außerbetriebliche Gründe zu systematisieren. Seitdem differenziert das BAG in ständiger Rechtsprechung danach, ob eine betriebsbedingte Kündigung durch inner- oder außerbetriebliche Gründe bedingt ist[181].
Diese Einteilung erfolgte offenbar in Anlehnung an die Ausführungen von *G. Schmidt*[182], der sich bereits vor der Entscheidung des BAG vom 07.12.1978 mit einer Differenzierung der zugrunde liegenden Ursachen betriebsbedingter Kündigungen befasst hatte. Dieser hatte ausgeführt: „Die betrieblichen Erfordernisse können wirtschaftlicher, technischer oder organisatorischer Natur sein. Sie können innerbetrieblicher Art sein, das heißt durch Maßnahmen des Arbeitgebers hervorgerufen werden, wie z.B. durch Rationalisierungsmaßnahmen, Umstellung der Produktion oder Änderung der Produktionsmethoden, Stilllegung oder Einschränkung des Betriebs oder von Betriebsteilen, Verlegung oder Veräußerung des Betriebs oder von Betriebsteilen, Zusammenlegung mit anderen Betrieben, Änderung der Arbeitsorganisation und anderes mehr. Diese Aufzählung kann bei der Vielfalt des Arbeitslebens nur beispielhaften Charakter haben. Die betrieblichen Erfordernisse können aber auch außerbetrieblicher Art sein, das heißt durch von außen auf den Betrieb einwirkende Umstände, wie konjunkturelle Schwierigkeiten, Auftragsmangel, Absatzrückgang, Brand- oder Überschwemmungskatastrophen, Energie- oder Rohstoffmangel oder andere, die

---

180 MünchArbR-*Berkowsky*, § 138 Rdnr. 25 f.
181 Vgl. Urteile des BAG vom 24.10.1979, AP Nr. 8 zu § 1 KSchG 1969 Betriebsbedingte Kündigung; vom 20.02.1986, EzA § 1 KSchG Betriebsbedingte Kündigung Nr. 37; vom 17.06.1999, AP Nr. 101 zu § 1 KSchG 1969 Betriebsbedingte Kündigung; vom 26.09.2002, AP Nr. 124 zu § 1 KSchG 1969 Betriebsbedingte Kündigung.
182 *G. Schmidt*, AR-Blattei, Kündigungsschutz IV, Nachprüfung betrieblicher Maßnahmen, Abschnitt A; vgl. auch *Ascheid*, NZA 1991, 873 (875).

gegebene Situation des Betriebs beeinflussende Vorgänge, hervorgerufen werden"[183].
Auf diese Ausführungen hat das BAG offenbar zurückgegriffen, als es in seiner Entscheidung vom 07.12.1978 formulierte: „Betriebliche Erfordernisse für eine Kündigung können sich aus innerbetrieblichen Umständen (z.B. Rationalisierungsmaßnahmen oder Umstellung oder Einschränkung der Produktion) oder aus außerbetrieblichen Gründen (z.B. Auftragsmangel oder Umsatzrückgang) ergeben"[184].
Innerhalb der außerbetrieblichen Kündigungsgründe unterscheidet das BAG weiter zwischen solchen außerbetrieblichen Gründen, die sich unmittelbar auf die Arbeitsplatzsituation auswirken und solchen, die lediglich einen Anlass zu einer weiteren Unternehmentscheidung darstellen und sich somit nur mittelbar auf die Arbeitsplätze auswirken.
Auftragsmangel oder Umsatzrückgang könnten etwa dann eine betriebsbedingte Kündigung rechtfertigen, wenn durch sie der Arbeitsanfall so zurückgehe, dass für einen oder mehrere Arbeitnehmer das Bedürfnis zur Weiterbeschäftigung entfalle[185]. Gewinnverfall oder Unrentabilität des Betriebs könnten demgegenüber nicht ohne weiteres zu dringenden betrieblichen Erfordernissen führen, da sie auf verschiedensten Gründen beruhen könnten und sich nicht unmittelbar auf die Arbeitsplätze auswirkten. Sie könnten aber – dann allerdings aus innerbetrieblichen Gründen – eine Kündigung rechtfertigen, wenn sie der Arbeitgeber zum Anlass nehme, zum Zwecke der Kostenersparnis durch Rationalisierungsmaßnahmen innerbetriebliche Veränderungen durchzuführen[186].
Bei Letzteren handelt es sich damit tatsächlich um innerbetriebliche Gründe, die allerdings als außerbetriebliche Gründe qualifiziert werden.

Die Differenzierung zwischen inner- und außerbetrieblichen Gründen solle insbesondere Auswirkungen auf die Darlegungs- und Beweislast des Arbeitgebers haben[187]. Bei außerbetrieblichen Kündigungsgründen, wie dem Auftragsmangel oder dem Umsatzrückgang, die sich nach Ansicht des BAG unmittelbar auf die Beschäftigungsmöglichkeit der Arbeitnehmer auswirken könnten, müsse der Arbeitgeber sowohl die Entwicklung der Umsatzzahlen oder der Auftragsbestände als auch deren unmittelbare Auswirkung auf den Arbeitsplatz im Ein-

---

[183] *G. Schmidt*, a.a.O.
[184] Urteil des BAG vom 07.12.1978, AP Nr. 6 zu § 1 KSchG 1969 Betriebsbedingte Kündigung.
[185] Vgl. Urteile des BAG vom 07.12.1978, AP Nr. 6 zu § 1 KSchG 1969 Betriebsbedingte Kündigung; vom 24.10.1979, AP Nr. 8 zu § 1 KSchG 1969 Betriebsbedingte Kündigung.
[186] Vgl. Urteil des BAG vom 07.12.1978, AP Nr. 6 zu § 1 KSchG 1969 Betriebsbedingte Kündigung.
[187] Vgl. Urteil des BAG vom 24.10.1979, AP Nr. 8 zu § 1 KSchG 1969 Betriebsbedingte Kündigung.

zelnen darstellen. Das BAG geht bei solchen außerbetrieblichen Gründen davon aus, dass der Arbeitgeber keine gestaltende Unternehmerentscheidung treffe. Er organisiere seinen Betrieb nicht um, sondern wolle lediglich die Anzahl der benötigten Arbeitnehmer unmittelbar der Arbeitsmenge anpassen. Das Gericht sei deshalb nicht an eine Unternehmerentscheidung gebunden[188].

Bei außerbetrieblichen Kündigungsgründen, wie dem Gewinnverfall oder der Unrentabilität, die sich lediglich mittelbar – dann aber aus innerbetrieblichen Gründen – auf die Beschäftigungsmöglichkeit der Arbeitnehmer auswirkten, müsse der Arbeitgeber darlegen, welche organisatorische oder technische Maßnahme er angeordnet habe und wie sich diese auf den Arbeitsplatz des gekündigten Arbeitnehmers auswirke. Da von den Gerichten grundsätzlich nicht zu prüfen sei, ob der für den Arbeitgeber maßgebende Anlass die von ihm getroffene organisatorische Maßnahme auch erforderlich gemacht habe und ob die Unternehmerentscheidung geeignet sei, den mit ihr verfolgten Zweck zu erreichen, brauche der Arbeitgeber die Notwendigkeit und Zweckmäßigkeit der innerbetrieblichen Maßnahme nicht zu begründen.
Bei den innerbetrieblichen Kündigungsgründen geht das BAG damit von dem Vorliegen einer bindenden Unternehmerentscheidung aus, während es bei den außerbetrieblichen Gründen eine Überprüfung des Kündigungsgrundes vornimmt.

1) Festhalten an dieser Differenzierung?

Da das Gesetz selbst keinerlei Anhaltspunkte dafür vorgibt, ob zwischen innerbetrieblich und außerbetrieblich veranlassten betriebsbedingten Kündigungen zu unterscheiden ist, stellt sich die Frage, ob an dieser Differenzierung festzuhalten ist bzw. welchen Sinn und Zweck diese Unterscheidung hat.

a) Ansichten in der Literatur

Im Schrifttum wird vielfach Kritik an der vom BAG vorgenommenen Differenzierung zwischen inner- und außerbetrieblich veranlassten Kündigungen geübt. Insbesondere wird bezweifelt, ob es tatsächlich außerbetriebliche Kündigungsgründe gibt, die sich unmittelbar, das heißt ohne zugrunde liegende Unternehmerentscheidung, auf die Beschäftigungsmöglichkeit im Betrieb auswirken können[189].

---

[188] Vgl. Urteil des BAG vom 15.06.1989, AP Nr. 45 zu § 1 KSchG 1969 Betriebsbedingte Kündigung.

[189] *Ascheid*, NZA 1991, 873 (875); *ders.*, DB 1987, 1144 (1147 ff.); *Zepter*, DB 2000, 474; *Wank*, RdA 1987, 129 (135); *Schiefer*, NZA-RR 2005, 1 (2); KR-*Etzel*, § 1 KSchG Rdnr. 518; MünchArbR-*Berkowsky*, § 138 Rdnr. 55; *B. Preis*, NZA 1997, 625 (632); *v. Hoyningen-*

So wird etwa vorgebracht, dass der Wegfall einer Beschäftigungsmöglichkeit ohne einen entsprechenden Willensakt des Arbeitgebers, also ohne eine unternehmerische Entscheidung, gar nicht denkbar sei[190]. Ein reiner Auftragsrückgang etwa führe nicht zwangsläufig zu einem Wegfall eines Arbeitsplatzes, denn dem Arbeitgeber bleibe es in solchen Fällen u.a. unbenommen, keinen der Arbeitnehmer zu entlassen, sondern auf Vorrat zu produzieren[191].
Rommé und *Pauker*[192] verweisen darauf, dass die im Betrieb durch die volle Auslastung der Betriebsfaktoren vorgegebene Produktionsmenge zwar auf die erwarteten durchschnittlichen Umsatzmöglichkeiten hinkalkuliert, vom jeweils aktuellen Umsatz aber gerade abgekoppelt sei. Es bedürfe daher einer unternehmerischen Entscheidung, die den Bezug der Produktionsmenge zu den veränderten Umsatzmöglichkeiten wieder herstelle.
Zepter[193] führt aus, dass es keine von wo auch immer herrührenden Faktoren gäbe, die unmittelbar in das betriebliche Geschehen eingreifen und den Bedarf an Arbeitskräften verringern könnten. Gingen z.B. in einem Unternehmen die Aufträge zurück, so müsse die Geschäftsleitung überlegen, wie sie darauf reagieren wolle. Erst diese Entscheidung könne zu einer Verringerung der Arbeitsplätze führen.

Insgesamt wird zur Differenzierung zwischen inner- und außerbetrieblichen Gründen vorgebracht, dass sie zur Verwirrung beigetragen habe, da der Eindruck entstehe, als sei die außerbetrieblich begründete betriebsbedingte Kündigung einem relativ strikteren Prüfungsraster unterworfen, während die innerbetrieblichen Gründe einer weniger strengen Kontrolle unterzogen würden[194].
Reuter[195] hat in seiner Anmerkung zum Urteil des BAG vom 07.12.1978 ausgeführt, wenn es darauf ankomme, das Urteil über die wirtschaftlichen Bedürfnisse des Unternehmens den Unternehmensleitungen vorzubehalten, dann dürfe man grundsätzlich nicht nach überprüfbaren und unüberprüfbaren Maßnahmen unterscheiden. Vielmehr sei anzuknüpfen an die Frage, mit welcher Begründung die Unternehmensleitung die Maßnahmen eingeleitet habe, die in die angegriffene Kündigung gemündet seien.

Huene/Linck, § 1 KSchG Rdnr. 368; *Rieble*, Anm. zu den Urteilen des BAG vom 17.06.1999, EzA § 1 KSchG Betriebsbedingte Kündigung Nr. 102.

[190] *Ascheid*, NZA 1991, 873 (875); *ders.*, Kündigungsschutzrecht, Rdnr. 238; *Wank*, RdA 1987, 129 (135); *Zepter*, DB 2000, 474.

[191] KR-*Etzel*, § 1 KSchG Rdnr. 518.

[192] *Rommé/Pauker*, NZA-RR 2000, 281 (290).

[193] *Zepter*, DB 2000, 474.

[194] *U. Preis*, NZA 1995, 241 (244); *Rommé/Pauker*, NZA-RR 2000, 281 (289).

[195] *Reuter*, Anm. zum Urteil des BAG, AP Nr. 6 zu § 1 KSchG 1969 Betriebsbedingte Kündigung.

Meisel[196] betont, dass es für die Differenzierung zwischen inner- und außerbetrieblichen Kündigungsgründen keine sicheren Abgrenzungskriterien gäbe, weshalb das Kündigungsschutzgesetz zu Recht auf eine Unterscheidung verzichtet habe. Die Entscheidung, auf Auftragsmangel oder Umsatzrückgang mit einer Verringerung des Personals zu reagieren, sei letztlich immer eine innerbetriebliche organisatorische Maßnahme. Umgekehrt seien die vom BAG als innerbetriebliche Maßnahmen bezeichneten technischen oder organisatorischen Entscheidungen vielfach durch außerbetriebliche Gründe motiviert. Die Unterscheidung zwischen inner- und außerbetrieblichen Gründen sei daher nicht sehr ergiebig.
Auch nach *Rieble* lasse sich keine monokausale Ursache für einen Unternehmerentschluss festmachen; externe und interne Motive würden vielmehr zusammenwirken[197]. Weiter ist *Rieble* der Ansicht, dass das BAG, wenn es vom Arbeitgeber verlange, er müsse aufdecken, ob er aus inner- oder außerbetrieblichen Gründen gehandelt habe, gehe es ihm gar nicht um eine kündigungsschutzrechtliche Differenzierung dieser Gründe. Es gehe vielmehr darum, dem Arbeitgeber ganz allgemein eine Begründungspflicht für zu Entlassungen führende Unternehmerentscheidungen aufzuerlegen[198].
Sowka[199] hält die Unterscheidung zwischen inner- und außerbetrieblichen Gründen für rechtlich bedeutungslos. Aus welchem Anlass der Arbeitgeber die unternehmerische Entscheidung treffe, sei unerheblich. Insbesondere habe die hervorgebrachte Unterscheidung zwischen inner- und außerbetrieblichen Ursachen für den Wegfall von Beschäftigungsmöglichkeiten lediglich deskriptiven Charakter.
Rommé und *Pauker* stellen fest, dass die außerbetrieblichen Gründe neben der Unternehmerentscheidung (innerbetrieblicher Grund) keinen selbständigen Gesichtspunkt des betriebsbedingten Kündigungsgrundes ausleuchten würden. Bestenfalls würden sie sich in Ausnahmefällen dazu eignen, den Wegfall von Beschäftigungsmöglichkeiten im Kontext einer Unternehmerentscheidung näher darzulegen und zu beweisen[200].
Nach *Rancke*[201] entstünden organisatorische Maßnahmen eines Unternehmens, die eine betriebsbedingte Kündigung beinhalten, betriebswirtschaftlich gesehen, immer als Reaktion auf eine Veränderung der Marktsituation, in der sich das Unternehmen befinde. Allen organisatorischen Maßnahmen sei gemeinsam die Anpassung an vorgegebene oder vorausgesehene Marktdaten oder an Außenein-

---

[196] *Meisel*, ZfA 1985, 213 (219).
[197] *Rieble*, Anm. zu den Urteilen des BAG vom 17.06.1999, EzA § 1 KSchG Betriebsbedingte Kündigung Nr. 102.
[198] *Rieble*, a.a.O.
[199] *Sowka*, MDR 1995, 1195.
[200] *Rommé/Pauker*, NZA-RR 2000, 281 (291).
[201] *Rancke*, Anm. zum Urteil des BAG vom 07.12.1978, EzA § 1 KSchG Betriebsbedingte Kündigung Nr. 10.

flüsse, die unternehmensinterne Veränderungen bewirken könnten, wenn die Marktposition gehalten oder verbessert werden solle. Eine Differenzierung nach außer- und innerbetrieblichen Anlässen für organisatorische Maßnahmen gehe dagegen an der betriebswirtschaftlich geprägten Realität vorbei.

Demgegenüber wird eine Differenzierung in inner- und außerbetriebliche Kündigungsgründe von Teilen der Literatur aber auch als durchaus sinnvoll erachtet. So wird u.a. vorgebracht, dass eine solche Unterteilung den Entscheidungsvorgang vor Ausspruch einer Kündigung verdeutlichen und damit eine Rechtsfindung erleichtern könne[202].
Darüber hinaus zwinge eine Differenzierung zwischen inner- und außerbetrieblichen Kündigungsgründen den Unternehmer zur Vermeidung voreiliger Kündigungen zum genaueren Durchdenken der Gegebenheiten[203]. Zudem helfe sie dem Arbeitgeber, sich selbst den maßgeblichen Kündigungssachverhalt bewusst zu machen und diesen im Prozess konkret darzulegen[204]. Sie biete dem Arbeitgeber einen Fingerzeig für die plausible prozessuale Darlegung der von ihm getroffenen Unternehmerentscheidung und ihrer Auswirkungen auf das Beschäftigungsvolumen[205].

b) Stellungnahme

Im Ergebnis ist eine Differenzierung nach inner- und außerbetrieblich veranlassten betriebsbedingten Kündigungen abzulehnen. Weder inner- noch außerbetriebliche Gründe können für sich genommen zu einem Wegfall einer Beschäftigungsmöglichkeit im Betrieb führen[206]. Sie bilden lediglich den Anlass einer unternehmerischen Entscheidung und sind somit rein rechtlich gesehen nicht von Bedeutung. Die Basis eines jeden Wegfalls einer Beschäftigungsmöglichkeit ist die unternehmerische Entscheidung. Erst im Zuge ihrer Umsetzung kann es zu einem Wegfall von Arbeitsplätzen im Betrieb kommen.
Aus diesem Grunde ist jedenfalls die Auffassung des BAG verfehlt, außerbetriebliche Gründe wie Auftragsmangel oder Umsatzrückgang könnten unmittelbar, das heißt ohne eine zugrunde liegende Unternehmerentscheidung zum Wegfall von Beschäftigungsmöglichkeiten führen. Auftragsmangel oder auch Umsatzrückgang können zwar objektiv einen verringerten Bedarf an Arbeitskräften zur Folge haben, sie wirken aber nicht unmittelbar „arbeitsplatzreduzierend".

---

[202] *Bitter*, DB 1999, 1214 (1216).
[203] *Ascheid*, DB 1987, 1144 (1148).
[204] *Ascheid*, NZA 1991, 873 (876); MüKo-*Hergenröder*, § 1 KSchG Rdnr. 308; *Hillebrecht*, ZfA 1991, 87 (97 f.), nach dem die Unterscheidung des BAG deshalb „kein überflüssiges Glasperlenspiel" darstelle.
[205] *B. Preis*, NZA 1997, 625 (631).
[206] Vgl. auch *Wank*, RdA 1987, 129 (135): kein Arbeitsplatz „fällt von selbst weg".

Betriebliche Konsequenzen mit Folgen für die Beschäftigungsmöglichkeit der Arbeitnehmer können sich erst durch eine unternehmerische Entscheidung, mit der der Arbeitgeber auf die geänderten marktwirtschaftlichen oder sonstigen äußeren Gegebenheiten reagiert, und deren Umsetzung ergeben.
Gegen eine Differenzierung zwischen inner- und außerbetrieblichen Gründen spricht zudem, dass sich inner- oder außerbetrieblich veranlasste Kündigungen nicht genau voneinander abgrenzen lassen bzw. ihre Unterscheidung nicht sehr hilfreich ist. Meist basiert eine Kündigung sowohl auf außer- als auch auf innerbetrieblichen Ursachen. Zu denken ist etwa an die Aufgabe eines Betriebs, die Betriebsstilllegung. Diese qualifiziert das BAG als innerbetrieblichen Kündigungsgrund[207]. Bei der Betriebsstilllegung spielen allerdings häufig externe und damit außerbetriebliche Umstände eine entscheidende Rolle. So kann der Umsatz so stark zurückgegangen oder die Auftragslage so geschwächt sein, dass sich eine Fortführung des Betriebs „nicht lohnt". Außer- und innerbetriebliche Kündigungsgründe können somit zusammenspielen. Organisatorische Entscheidungen des Arbeitgebers sind vielfach durch außerbetriebliche Gründe motiviert. Eine Trennung ist oft schwer möglich.

2) Ergebnis

Damit ist insgesamt an einer Differenzierung zwischen inner- und außerbetrieblichen veranlassten betriebsbedingten Kündigung nicht festzuhalten. Das BAG sollte seine Rechtsprechung diesbezüglich überdenken.

II) Weitere Ansätze des BAG zur Konkretisierung des Begriffs der Unternehmerentscheidung

In der Entscheidung vom 25.06.1964[208] geht das BAG davon aus, dass Unternehmerentscheidungen all jene Maßnahmen sein könnten, die der Arbeitgeber treffe, um seinen Betrieb in dem von ihm gewünschten Sinn umzustellen.
In anderen Urteilen geht das BAG von der negativen Feststellung aus, dass die arbeitgeberseitige Kündigung selbst keine Unternehmerentscheidung darstelle[209]. Andernfalls würde das KSchG keinen Bestandsschutz zugunsten der Arbeitnehmer gewähren. Vielmehr könne der Arbeitgeber Kündigungen stets damit rechtfertigen, die Kündigung sei eine nicht zu überprüfende Unternehmerentscheidung. Zwar ließe sich auch die Kündigung wie jede Disposition, die der

---

[207] Vgl. etwa Urteile des BAG vom 28.04.1988, AP Nr. 74 zu § 613a BGB; vom 19.06.1991, AP Nr. 53 zu § 1 KSchG 1969 Betriebsbedingte Kündigung.
[208] Urteil des BAG vom 25.06.1964, AP Nr. 14 zu § 1 KSchG Betriebsbedingte Kündigung.
[209] Vgl. Urteile des BAG vom 21.05.1957, AP Nr. 31 zu § 1 KSchG; vom 20.02.1986, EzA § 1 KSchG Betriebsbedingte Kündigung Nr. 37; vom 20.03.1986, EzA § 2 KSchG Nr. 6.

Arbeitgeber in seinem Betrieb treffe, wörtlich genommen als eine Unternehmerentscheidung charakterisieren, doch sei es gerade der Sinn des KSchG, Entlassungen einer rechtlichen Kontrolle zu unterwerfen[210]. Etwas anders sieht es das BAG in einem seiner Urteile vom 17.06.1999[211]. Dort heißt es, auch die Kündigung selbst sei eine Unternehmerentscheidung; sie müsse sich aber an den Vorschriften des Kündigungsschutzgesetzes messen lassen und sei deshalb keine freie Unternehmerentscheidung.
Zur genaueren Erklärung einer Unternehmerentscheidung verwendet das BAG weiter den Begriff des unternehmerischen Ermessens. Das unternehmerische Ermessen sei ein normativer Begriff, der keinen für alle Fälle feststehenden Inhalt habe, sondern stets im Hinblick auf den Zusammenhang, in dem er stehe, zu bestimmen sei[212]. Das, was kündigungsschutzrechtlich gemeint sei, könne als „Bestimmung der der Geschäftsführung zugrunde liegenden Unternehmenspolitik" bezeichnet werden[213]. Als Beispiele für solche Entscheidungen nennt das BAG zum einen Entscheidungen, die der Unternehmer im Hinblick auf den Markt trifft, wie die Hereinnahme oder Nichthereinnahme eines Auftrags, die Planung der Absatzgebiete, die Werbung sowie die Einkaufspolitik und die Finanzierung. Aber auch unternehmensinterne Entscheidungen, wie etwa die Fortführung oder die Stilllegung des Betriebs, seine Verlagerung, eine Betriebseinschränkung, die Änderung des Betriebszweckes, des Produktions- oder Investitionsprogramms, die Fabrikations- und Arbeitsmethoden, Rationalisierungsvorhaben und Organisationsänderungen sollen unter den Begriff der freien Unternehmerentscheidung fallen[214].
In der Entscheidung vom 24.04.1997[215] hat das BAG zudem festgestellt, dass die Unternehmerentscheidung auch darin liegen könne, zukünftig auf Dauer mit weniger Personal zu arbeiten. Der rationale Einsatz des Personals sei Sache des Unternehmers.
Diese Sichtweise hat das BAG in seinen Urteilen vom 17.06.1999 bestätigt und ausgeführt, dass die Entscheidung des Arbeitgebers, den Personalbestand auf Dauer zu reduzieren, zu den sogenannten unternehmerischen Maßnahmen gehöre, die zum Wegfall von Arbeitsplätzen führen und damit den entsprechenden

---

[210] Vgl. Urteile des BAG vom 20.02.1986, EzA § 1 KSchG Betriebsbedingte Kündigung Nr. 37; vom 19.05.1993, AP Nr. 31 zu § 2 KSchG 1969.
[211] Urteil des BAG vom 17.06.1999 (2 AZR 141/99), AP Nr. 101 zu § 1 KSchG 1969 Betriebsbedingte Kündigung.
[212] Urteil des BAG vom 20.02.1986, EzA § 1 KSchG Betriebsbedingte Kündigung Nr. 37; vom 19.05.1993, AP Nr. 31 zu § 2 KSchG 1969.
[213] Urteil des BAG vom 20.02.1986, EzA § 1 KSchG Betriebsbedingte Kündigung Nr. 37; vom 19.05.1993, AP Nr. 31 zu § 2 KSchG 1969. Das BAG hat diese Definition von *Hommelhoff*, ZHR 140 (1976), 271 (284) übernommen, der auf diese Art - jedoch in einem anderen Zusammenhang - den Begriff der eigenverantwortlichen Geschäftsführung definiert.
[214] Urteil des BAG vom 20.02.1986, EzA § 1 Betriebsbedingte Kündigung Nr. 37.
[215] Urteil des BAG vom 24.04.1997, AP Nr. 42 zu § 2 KSchG 1969.

Beschäftigungsbedarf entfallen lassen könnten. Diese Unternehmerentscheidung sei aber hinsichtlich ihrer organisatorischen Durchführbarkeit und hinsichtlich des Begriffs „Dauer" zu verdeutlichen, damit das Gericht prüfen könne, ob sie nicht offensichtlich unsachlich, unvernünftig oder willkürlich erfolgt sei[216].
Damit hat das BAG den Begriff der unternehmerischen Entscheidung auf der materiellen Ebene zwar stark ausgeweitet. Es hat Organisationsentscheidungen, die nicht bzw. kaum von dem bloßen Kündigungsentschluss zu unterscheiden sind, als Unternehmerentscheidung qualifiziert. Gleichzeitig hat das Gericht eine Begrenzung der unternehmerischen Entscheidungsfreiheit auf der prozessualen Ebene vorgenommen.
Es hat in seinen Urteilen vom 17.06.1999 zusammenfassend festgestellt, je näher die eigentliche Organisationsentscheidung an den Kündigungsschluss rücke, um so mehr müsse der Arbeitgeber durch Tatsachenvortrag verdeutlichen, dass ein Beschäftigungsbedürfnis für den Arbeitnehmer entfallen sei[217].

C) Ergebnis

Insgesamt ist feststellen, dass der Versuch, den Begriff der Unternehmerentscheidung abschließend zu definieren, aufgrund der „unendlichen Vielzahl wirtschaftlich ausgerichteter Entscheidungen"[218], wohl nicht gelingen kann. Vielmehr muss in jedem einzelnen Fall untersucht werden, was für eine Entscheidung der betriebsbedingten Kündigung vorausgegangen ist, und ob diese unter den kontrollfreien Bereich unternehmerischer Dispositionsmöglichkeiten fällt[219].

---

216 Urteile des BAG vom 17.06.1999, AP Nr. 102, 102 und 103 zu § 1 KSchG 1969 Betriebsbedingte Kündigung.

217 Urteile des BAG vom 17.06.1999, AP Nr. 101, 102 und 103 zu § 1 KSchG 1969 Betriebsbedingte Kündigung; inwieweit dieser neuen Rechtsprechung des BAG zu folgen ist vgl. unten unter Kap. 6 A) III) 2).

218 *Berkowsky*, Betriebsbedingte Kündigung, § 5 Rdnr. 27.

219 Nach *Bitter/Kiel* bilden die Rechtsprechungsgrundsätze des BAG ein im konstruktiven Diskurs mit dem Schrifttum entwickeltes methodisches Raster zur Abgrenzung der gerichtsfreien Unternehmerentscheidung, ohne jedoch eine zwangsläufige Lösung für jeden Einzelfall aufzeigen zu können, RdA 1994, 333 (348).

4. Kapitel

Begründung der unternehmerischen Entscheidungsfreiheit

A) Rechtsdogmatische Begründung der unternehmerischen Entscheidungsfreiheit

Das BAG will unternehmerische Entscheidungen hinsichtlich ihrer Notwendigkeit und Zweckmäßigkeit unüberprüft lassen. Diese Rechtsprechung führt zwingend zu der Frage, wie diese beschränkte Überprüfbarkeit unternehmerischer Entscheidungen rechtsdogmatisch zu begründen ist.

I) Begründungsansätze des BAG

Das BAG hat in seinen ersten Entscheidungen zur unternehmerischen Entscheidungsfreiheit keinerlei Begründung für diese Rechtsprechung geliefert[220]. Erst im Urteil vom 24.10.1979[221] hat es versucht, diese Lücke zu schließen.
In dieser Entscheidung war einem Verkaufsleiter gekündigt worden, weil sich die Beklagte, eine Tochtergesellschaft eines ausländischen Unternehmens, aufgrund anhaltender Verluste zu einer Umorganisation ihres Produktions- und Vertriebsbereichs entschlossen hatte. Durch eine Zusammenlegung zweier Arbeitsgebiete kam es zum Wegfall von Arbeitsplätzen.
Der Kläger verlangte von der Gesellschaft, sie hätte zur Begründung dringender betrieblicher Erfordernisse die Entwicklung des Geschäftsergebnisses und den Anteil der Personalausgaben mit weiteren Angaben und Zahlungen zu belegen. Dem stellte sich das BAG entgegen. Dies wäre nach Auffassung des Gerichts dann erforderlich gewesen, wenn nur notwendige und zweckmäßige innerbetriebliche Maßnahmen betriebsbedingte Gründe für Kündigungen sein könnten. Diese Einschränkung der Unternehmerfreiheit sei jedoch mit der bisherigen Rechtsprechung nicht zu vereinbaren. Nach der gegenwärtigen Wirtschafts- und Sozialordnung trage der Arbeitgeber das wirtschaftliche Risiko für die zweckmäßige Einrichtung und Gestaltung seines Betriebs. Die Gerichte wären über-

[220] Vgl. Urteile des BAG vom 28.11.1956, AP Nr. 20 zu § 1 KSchG; vom 04.02.1960, AP Nr. 5 zu § 1 KSchG Betriebsbedingte Kündigung; vom 18.11.1960, AP Nr. 28 zu § 44 Truppenvertrag; vom 25.06.1964, AP Nr. 14 zu § 1 KSchG Betriebsbedingte Kündigung.
[221] Urteil des BAG vom 24.10.1979, AP Nr. 8 zu § 1 KSchG 1969 Betriebsbedingte Kündigung.

fordert, wenn sie dem Arbeitgeber eine „bessere" betriebliche Organisation, bzw. ihm eine andere Art der Kostenersparnis vorschreiben sollten[222].

Das BAG gab damit zwei Gründe für die Nichtüberprüfbarkeit unternehmerischer Entscheidungen an: Erstens müsse der Träger des Wirtschaftsrisikos mit dem Träger der Entscheidung identisch sein. Zweitens sei das Gericht nicht in der Lage, eine bessere betriebliche Organisation als der Arbeitgeber zu bestimmen.

Diese Begründungsansätze sind in der Literatur sowohl auf Zustimmung[223] als auch auf Ablehnung[224] gestoßen.

1) Argument des Wirtschaftsrisikos für den Unternehmer

Kritik an dem Argument des Wirtschaftsrisikos auf Seiten des Unternehmers wird vor allen Dingen von *M. Reuter*[225] geübt. Er weist darauf hin, dass das Grundgesetz anders als die Weimarer Reichsverfassung gerade keine unmittelbare Festlegung oder Gewährleistung einer bestimmten Wirtschaftsordnung enthalte. Innerhalb der ihm durch das Grundgesetz, insbesondere durch die Grundrechte, gezogenen Grenzen sei der Gesetzgeber also befugt, frei über die Gestaltung der Wirtschafts- und Sozialordnung zu entscheiden. Innerhalb des verfassungsrechtlich vorgegebenen Rahmens gestalte demnach das Kündigungsschutzgesetz die Wirtschafts- und Sozialordnung, sei aber nicht selbst nach Maßgabe eines bestimmten Ordnungsmodells auszulegen.

Zudem wird vereinzelt vorgetragen, dass durch die Subventionsmentalität und die staatlichen Sanierungsbemühungen für Großbetriebe dem Unternehmer weitgehend jedes Risiko abgenommen werde[226].

Nach *Pauly* sei der Hinweis auf das vom Unternehmer zu tragende Wirtschaftsrisiko der Sache nach zwar einleuchtend und zutreffend, als eigenständige Begründung aber untauglich, weil viel zu unbestimmt[227].

---

[222] Urteil des BAG vom 24.10.1979, AP Nr. 8 zu § 1 KSchG 1969 Betriebsbedingte Kündigung; vgl. auch Urteile des BAG vom 09.05.1996, AP Nr. 79 zu § 1 KSchG 1969 Betriebsbedingte Kündigung; vom 21.06.1995, AP Nr. 36 zu § 15 KSchG 1969.

[223] *Reuter*, SAE 1987, 37 (38); *ders.*, Anm. zum Urteil des BAG vom 07.12.1978, AP Nr. 6 zu § 1 KSchG 1969 Betriebsbedingte Kündigung; *v. Hoyningen-Huene*, NZA 1994, 1009 (1011); *Schaub/Koch/Linck*, Arbeitsrechts-Handbuch, § 131 Rdnr. 31; *Lieb*, Arbeitsrecht, Rdnr. 364; *Rost*, JbArbR 2002, Bd. 39, 83 (86); *B. Preis*, NZA 1997, 625 (627, 629); *Bitter*, DB 1999, 1214 (1218); *Moll*, DB 1984, 1346 (1347).

[224] *M. Reuter*, NZA 1989, 241 ff.; *Tenczer*, Freie Unternehmerentscheidung, S. 17 ff.; *Müller*, Berufsfreiheit, S. 147 f.; *Gericke*, Gerichtskontrollfreiheit, S. 80 ff.; *Kühling*, AuR 2003, 92 (93 f.); *Stein*, AuR 2003, 99 (100); *ders.*, BB 2000, 457 (458 f.).

[225] *M. Reuter*, NZA 1989, 241 (243).

[226] *Denk*, ZfA 1985, 256 m.w.N. in Fn. 36. Die Tragbarkeit dieser Einschätzung ist aufgrund leerer Staatskassen heutzutage sicherlich sehr zweifelhaft.

[227] *Pauly*, ZTR 1997, 113 (116).

Neben den kritischen Stimmen gibt es in der Literatur aber auch Stimmen, die für das Argument des Wirtschaftsrisikos des Unternehmers plädieren. Ihrer Ansicht nach sei die Anmaßung einer Oberunternehmerstellung des Gerichts nicht mit der Verantwortlichkeit des Unternehmensträgers vereinbar[228]. Es dürfe nicht sein, dass die Gerichte das unternehmerische Ermessen der Unternehmensleitung durch ihr eigenes ersetzten, sie aber keinerlei unmittelbare oder mittelbare Verantwortung treffe, falls sich ex post die „Unrichtigkeit“ ihrer Prognosen erweise[229].

Diese Argumentation weist auf das Rechtsprinzip der Einheit von Entscheidungsgewalt und Haftung hin, dass sich in vielen Bereichen des Zivilrechts wiederfindet[230]. Ein anschauliches Beispiel für dieses Prinzip liefert z.B. das gesellschaftliche Haftungssystem.
Nach den §§ 114 Abs. 1 und 125 Abs. 1 HGB ist jeder Gesellschafter einer offenen Handelsgesellschaft vorbehaltlich einer anderen Regelung im Gesellschaftsvertrag zur Geschäftsführung und Vertretung der Gesellschaft berechtigt. Mit dieser Vorschrift korrespondiert der § 128 HGB, nach dem jeder persönlich haftende Gesellschafter einer OHG für die Verbindlichkeiten der Gesellschaft unbeschränkt mit seinem Privatvermögen einzustehen hat.
Entsprechende Regelungen bestehen auch für die Gesellschaft Bürgerlichen Rechts. Die §§ 709, 714 BGB bestimmen die Geschäftsführungs- und Vertretungsbefugnis. Die volle persönliche Haftung bestimmt § 722 BGB.
Bei der Kommanditgesellschaft haftet der Kommanditist, der nach den §§ 164 und 170 HGB von der Geschäftsführung und der Vertretung der Gesellschaft ausgeschlossen ist, nach § 171 HGB nur bis zur Höhe seiner Einlage unmittelbar, soweit er diese noch nicht geleistet hat. Der Komplementär hingegen haftet unbeschränkt mit seinem gesamten Vermögen. Dies verleiht ihm andererseits aber auch die Entscheidungsgewalt über die Gesellschaft. Dieses Beispiel zeigt, dass mit einem ansteigenden Risiko ein Gewinn an Entscheidungsmacht einhergeht.
Gleiches gilt auch bei den Kapitalgesellschaften. Hier entscheidet das Stimmrecht über die wirtschaftliche Entscheidungsgewalt. Das Stimmrecht orientiert sich dabei an dem Anteil der Einlage und somit an der Größe des wirtschaft-

---

[228] *Reuter*, SAE 1987, 37 (38); *B. Preis*, NZA 1997, 625 (627); *Hromadka*, ZfA 2002, 383 (388); *Alp*, Die Berücksichtigung der unternehmerischen Entscheidungsfreiheit, S. 78 f.; *Thum*, Betriebsbedingte Kündigung, S. 49 ff.; *v. Hoyningen-Huene*, NZA 1994, 1009 (1011); *Ehmann/Sutschet*, Jura 2001, S. 145 (147); *Schrader/Schubert*, NZA-RR 2004, 393 (396); ähnlich auch *Wank*, Beil. zu NZA Heft 21/2003, 3 (6).
[229] *Reuter*, Anm. zum Urteil des BAG vom 07.12.1978, AP Nr. 6 zu § 1 KSchG 1969 Betriebsbedingte Kündigung; so auch *Hillebrecht*, ZfA 1991, 92 (110); *Thum*, Betriebsbedingte Kündigung, S. 49 ff.
[230] Vgl. umfassende Beispielsdarstellung bei *Ribbert*, Gerichtliche Nachprüfung, S. 97 ff.

lichen Risikos (vgl. für die AG §§ 1, 12, 134 Abs. 1 AktG; für die GmbH §§ 13 Abs. 2, 14, 47 GmbHG).

Zusammenfassend lässt sich feststellen, dass die Analyse des Haftungsrechts sowohl der Personen- als auch Kapitalgesellschaften zeigt, dass zwischen der Entscheidungsgewalt bzw. dem Stimmrecht und der Höhe des wirtschaftlichen Risikos ein Gleichlauf besteht. Ein solcher Gleichlauf würde unterlaufen werden, wenn die Gerichte dem Unternehmer unternehmerische Entscheidungen gegen dessen Willen vorschreiben könnten, der Unternehmer aber letztendlich das Risiko dieser Entscheidungen zu tragen hätte.

2) Argument der Überforderung der Gerichte

Weiter stellt sich die Frage, ob eine den rechtsstaatlichen Anforderungen genügende Kontrolle von unternehmerischen Entscheidungen durch die Gerichte überhaupt möglich ist, oder ob vielmehr von einer Überforderung der Gerichte in solchen Fällen auszugehen ist.
Eine Überforderung der Gerichte wird von einigen Vertretern der Literatur mit dem Argument angenommen, den Gerichten würden geeignete Kontrollmaßstäbe fehlen, um Unternehmerentscheidungen sachgemäß beurteilen zu können[231]. An dieser Begründung ist mit dem Hinweis Kritik geübt worden, dass die Schwierigkeiten vorliegend allein in der mangelnden Fähigkeit zur Anwendung der Kontrollmaßstäbe zu suchen seien. Diesen fehlenden Sachverstand könnten die Gerichte jedoch durch die Heranziehung von qualifizierten Sachverständigen ausgleichen. Mit Hilfe der Wissenschaft sollte es möglich sein, Maßstäbe zu entwickeln und durch die Heranziehung von Sachverständigen unternehmerische Entscheidungen zu überprüfen[232].

---

[231] *Reuter*, RdA 2004, 161 (167); *ders.*, SAE 1987, 37 (38); *ders.*, Anm. zum Urteil des BAG vom 07.12.1978, AP Nr. 6 zu § 1 KSchG 1969 Betriebsbedingte Kündigung; *Bengelsdorf*, Anm. zum Urteil des BAG vom 26.09.2002, AP Nr. 124 zu § 1 KSchG 1969 Betriebsbedingte Kündigung; *Moll*, DB 1984, 1346 (1347); HK-*Dorndorf*, § 1 KSchG Rdnr. 228, 204 ff.; *Thum*, Betriebsbedingte Kündigung, S. 53 ff.; *Alp*, Die Berücksichtigung der unternehmerischen Entscheidungsfreiheit, S. 69 ff.; ähnlich *Franzen*, NZA 2001, 805 (810); *Bitter*, DB 1999, 1214 (1218); *B. Preis*, NZA 1997, 625 (629).

[232] *M. Reuter*, NZA 1989, 241 (243); *Gericke*, Gerichtskontrollfreiheit, S. 80 f.; *Tenczer*, Freie Unternehmerentscheidung, S. 18 ff.; *Diekhoff*, AuR 1957, 197 (198); ähnlich auch *Stein*, AuR 2003, 99 (100); *ders.*, BB 2000, 457 (458); *Müller*, Berufsfreiheit, S. 147; vgl. auch *Kühling*, AuR 2003, 92 (93 f.). Der jedoch zugleich darauf verweist, dass die Einholung betriebswirtschaftlicher Gutachten zeitraubend und teuer sei. Er schlägt deshalb vor, von aufwendigen Beweisaufnahmen gewöhnlich abzusehen. Darüber hinaus verweist er auch auf die Spruchpraxis in Frankreich, die zeige, dass Erkenntnismöglichkeiten und Kompetenz der Arbeitsgerichte durch eine Überprüfung der wirtschaftlichen Gründe (motifs) einer arbeitgeberseitigen

Zur Beantwortung der Frage, ob eine Überforderung der Gerichte bei der Überprüfung von Unternehmerentscheidungen gegeben ist, sollen zunächst die Aufgaben der Betriebsführung und der Prozess unternehmerischer Entscheidungsfindung näher untersucht werden.
Die Aufgaben der Betriebsführung bestehen im Wesentlichen darin, Betriebsziele zu setzen, diese zu planen, zu entscheiden, zu realisieren und zu kontrollieren[233]. Somit bedarf es zur Realisierung einer Zielsetzung zunächst einer Planung durch den Unternehmer, wie sich der Betriebsprozess vollziehen soll. Die Planung geht damit der unternehmerischen Entscheidung voraus. Da die betrieblichen Ziele auf unterschiedlichen Wegen verwirklicht werden können, umfasst die Planung die gedankliche Vorwegnahme verschiedener Handlungsalternativen, an die sich die Entscheidung für die vom Standpunkt der Zielsetzung optimale Alternative anschließt[234]. Die Planung ist also die gedankliche Vorwegnahme zukünftigen Handelns durch Abwägen verschiedener Handlungsalternativen und Entscheidung für den günstigsten Weg[235].
Das Grundproblem jeder Planung ist ihre Ungewissheit. Da die Planung stets zukunftsbezogen ist, setzt die Festlegung von Planungsentscheidungen Informationen, d.h. Wissen über wirtschaftliche Daten vielfältigster Art, voraus[236]. Dieses Wissen muss stets vor der Realisierung der Pläne verfügbar sein und es ermöglichen, beabsichtigtes Handeln gedanklich vorwegzunehmen sowie vorausschauend vorzubereiten[237]. In der Regel kann der Unternehmer dabei nur auf ein sogenanntes „unvollkommenes Informationssystem“[238] zurückgreifen. Dieses unvollkommene Informationssystem kann sowohl zu sogenannten Entscheidungen unter Risiko als auch zu sogenannten Entscheidungen unter Unsicherheit führen[239].
Eine Entscheidung unter Risiko liegt vor, wenn zwar die Menge der Umweltzustände bekannt, die Wahrscheinlichkeit des Eintretens dieser Zustände aber gering ist, jedoch das Eintreten der jeweiligen Umweltsituation noch mit einem bestimmten Wahrscheinlichkeitsprozentsatz berücksichtigt werden kann[240]. Bei einer Entscheidung unter Unsicherheit ist zwar auch die Menge der Umweltzustände bekannt. Sie ist aber dadurch gekennzeichnet, dass der Entscheidungs-

---

Kündigung keineswegs überfordert würden; vgl. dazu auch *Colneric*, Arbeitsrechtlicher Gesprächskreis der Otto Brenner Stiftung, 1998, S. 11 ff. und *Stein*, BB 2000, 457 (458).
[233] Vgl. *Wöhe*, Allgemeine Betriebswirtschaftslehre, S. 85 f.
[234] *Wöhe*, Allgemeine Betriebswirtschaftslehre, S. 85.
[235] *Wöhe*, Allgemeine Betriebswirtschaftslehre, S. 103.
[236] *Wöhe*, Allgemeine Betriebswirtschaftslehre, S. 119.
[237] *Bea/Dichtl/Schweitzer*, Allgemeine Betriebswirtschaftslehre, Bd. 2, S. 29.
[238] Vgl. *Wöhe*, Allgemeine Betriebswirtschaftslehre, S. 119, 123.
[239] *Wöhe*, Allgemeine Betriebswirtschaftslehre, S. 123.
[240] *Wöhe*, Allgemeine Betriebswirtschaftslehre, S. 123; vgl. auch *Domschke/Scholl*, Grundlagen der Betriebswirtschaftslehre, S. 49.

träger dem Eintritt der verschiedenen Umweltbedingungen keine Wahrscheinlichkeiten zuordnen kann[241].
Die Darstellung dieser Entscheidungstypen zeigt, dass vollkommene Information und damit vollkommene Sicherheit keine Elemente des realen Marktes sind. Ungewissheit ist eine ständige Begleiterscheinung des Wettbewerbs. Eine Überprüfung unternehmerischer Entscheidungen scheint aufgrund dieser Erkenntnis kaum möglich. Insbesondere die Entscheidung unter Unsicherheit kann aufgrund ihres hohen Unsicherheitsfaktors nicht nach dem Maßstab richtig oder falsch beurteilt werden. Sie kann lediglich anhand ihres Erfolgs beurteilt werden, der sich jedoch erst ex post und nicht im Zeitpunkt der Entscheidung feststellen lässt.
Diesen Schwierigkeiten sieht sich auch der Sachverständige gegenüber, wenn er zur Überprüfung von Unternehmerentscheidungen herangezogen wird. Die Ungewissheit im Hinblick auf den zu erwartenden Erfolg einer Entscheidung gilt für ihn genauso wie für den Unternehmer. Auch er kann hinsichtlich der zukünftigen Entwicklung einer Maßnahme nur eine Prognoseentscheidung treffen. Diese Prognose unterliegt aber den gleichen Unwägbarkeiten wie die Prognose des Unternehmers. Insofern würde die gerichtliche Kontrolle lediglich eine Prognose durch eine andere ersetzen, ohne für mehr Sicherheit zu sorgen[242]. Demzufolge ist die Heranziehung von Sachverständigen zur Überprüfung unternehmerischer Entscheidungen keine befriedigende Lösung.
Eine Überprüfung unternehmerischer Entscheidungen wird zudem dadurch erschwert, dass der Unternehmer nicht allein am Markt ist. Er sieht sich stets einem oder mehreren bewusst handelnden Gegenspielern gegenüber. Das Ergebnis unternehmerischen Handelns hängt somit nicht nur vom Verhalten des Unternehmers selbst ab, sondern auch von dem Verhalten seiner Konkurrenten, die ihm in der Regel „feindlich" gegenüberstehen[243]. Bei der Bewältigung z.B. einer wirtschaftlichen Krise kommt es demzufolge nicht nur auf die objektiven Bedingungen der Krise, sondern auch weitgehend auf die Strategien der Konkurrenz an[244].

---

241 *Wöhe*, Allgemeine Betriebswirtschaftslehre, S. 123, 127; vgl. auch *Domschke/Scholl*, Grundlagen der Betriebswirtschaftslehre, S. 49.

242 *Müller*, ZfA 1982, 475 (485).

243 *Wöhe*, Allgemeine Betriebswirtschaftslehre, S. 131; vgl. auch *Reuter*, der zudem auf den unbeherrschbaren und unvorhersehbaren Faktor der Nachfrage am Markt hinweist, Anm. zum Urteil des BAG vom 07.12.1978, AP Nr. 6 zu § 1 KSchG 1969 Betriebsbedingte Kündigung; *ders.*, SAE 1987, 37 (38); *ders.*, RdA 2004, 161 (166); so auch *Bengelsdorf*, Anm. zum Urteil des BAG vom 26.09.2002, AP Nr. 124 zu § 1 KSchG 1969 Betriebsbedingte Kündigung.

244 Mit der Entwicklung optimaler Strategien setzt sich die sog. betriebswirtschaftliche Spieltheorie auseinander; vgl. dazu *Wöhe*, Allgemeine Betriebswirtschaftslehre, S. 131 ff.; *Watkins*, Freiheit und Entscheidung, S. 67 ff.; ausführlich dazu *Bamberg/Coenenberg*, Betriebswirtschaftliche Entscheidungslehre, S. 186 ff.

Das schwer berechenbare Verhalten der Konkurrenz erhöht die Schwierigkeit einer gerichtlichen bzw. gutachterlichen Bewertung unternehmerischer Entscheidungen. Das Gericht bzw. der Sachverständige können höchstens die objektiven Bedingungen des Marktes kennen; sie können aber nicht das Verhalten der Konkurrenz sicher vorhersehen und demzufolge auch nicht beurteilen, ob der Unternehmer die richtige bzw. die falsche Entscheidung getroffen hat. Ob eine Entscheidung richtig oder falsch ist, entscheidet allein ihr Erfolg am Markt, der sich erst ex post beurteilen lässt.
Darüber hinaus ist zu berücksichtigen, dass das Gericht bei der Beurteilung einer Unternehmerentscheidung stets den durchschnittlichen, vernünftig handelnden Unternehmer als Maßstab wird anlegen müssen. Wer an unternehmerische Entscheidungen einen solchen Maßstab anlegt und fragt, ob die Maßnahme richtig oder falsch ist, verneint aber im Ergebnis die Institution des vorausschauenden, wagenden und fortschrittlichen Unternehmers. Der besondere Erfolg vieler Unternehmer beruht gerade darauf, dass sie entgegen der allgemeinen wirtschaftlichen Einsicht ihrer Zeit im Vertrauen auf eine vorausgeahnte Entwicklung anscheinend sinnlose Wagnisse eingehen. Diese sich aber im Nachhinein als erfolgreich erweisen können. Bei einer gerichtlichen Kontrolle würden so u.a. Intuition, innovatives Handeln oder auch unternehmerische Risikobereitschaft, die gerade für das Funktionieren einer Marktwirtschaft erforderlich sind, unberücksichtigt bleiben. Eine gerichtliche Kontrolle würde damit den Grundprinzipien eines marktwirtschaftlichen Systems widersprechen[245].
Aufgrund der gezeigten Schwierigkeiten, denen sich sowohl das Gericht als auch der Sachverständige bei der Bewertung unternehmerischer Entscheidungen gegenübersehen, ist mit dem BAG davon auszugehen, dass die Gerichte mit einer Kontrolle unternehmerischer Maßnahmen auf ihre Richtigkeit bzw. ihre Unrichtigkeit überfordert wären. Die Gerichte verfügen insbesondere aufgrund der Unwägbarkeit unternehmerischen Handelns nicht über geeignete Maßstäbe, um eine sinnvolle Kontrolle vorzunehmen.

Die Darstellung zeigt, dass die Begründungsansätze des BAG durchaus, auch entgegen vielfach in der Literatur geäußerter Kritik, einen Anhaltspunkt dafür liefern, warum unternehmerische Entscheidungen hinsichtlich ihrer Zweckmäßigkeit und Notwendigkeit von einer gerichtlichen Überprüfung frei zu halten sind. Im Folgenden soll jedoch versucht werden, dieses Ergebnis durch weitere Begründungsansätze zu bestätigen.

245 So im Ergebnis auch *Alp*, Die Berücksichtigung der unternehmerischen Entscheidungsfreiheit, S. 70 f.; ähnlich auch *Ribbert*, Gerichtliche Nachprüfung, S. 102 f.

II) Begründung der unternehmerischen Entscheidungsfreiheit anhand der gesetzgeberischen Wertung des BetrVG

Zur Begründung der unternehmerischen Entscheidungsfreiheit wird von Teilen der Literatur auch auf die gesetzgeberische Wertung der §§ 111, 112, 112a BetrVG verwiesen[246]. Diese Paragraphen regeln die dem Betriebsrat im Falle einer Betriebsänderung zustehenden Beteiligungsrechte.

Es wird vertreten, dass nach den §§ 111 ff. BetrVG der unternehmerische Willensbildungsprozess keinem erzwingbaren Mitbestimmungsrecht unterliege. Ein Interessenausgleich, der sich auf die Durchführung der unternehmerischen Entscheidung beziehe, könne nur auf freiwilliger Basis erzielt werden. Der Unternehmer habe zwar alle Verständigungsmöglichkeiten auszuschöpfen, doch wenn es zu keiner gütlichen Einigung komme, entscheide er letztendlich allein. Die Entscheidungsfreiheit des Unternehmers in wirtschaftlichen Angelegenheiten bleibe also in vollem Umfang erhalten[247]. Hinsichtlich der Aufstellung eines Sozialplans stehe dem Betriebsrat zwar nach den §§ 111, 112, 112a BetrVG ein Mitbestimmungsrecht zu, der Sozialplan beziehe sich aber lediglich auf den Ausgleich oder die Milderung der wirtschaftlichen Nachteile, die den Arbeitnehmern infolge der geplanten Betriebsänderung entstünden. Eine uneingeschränkte gerichtliche Kontrolle unternehmerischer Entscheidungen im Rahmen eines Kündigungsschutzprozesses würde daher den in den §§ 111, 112, 112a BetrVG zum Ausdruck kommenden Wertungen widersprechen.

Gegen diese Sichtweise wird vorgebracht, dass es sich bei dem BetrVG, das ausschließlich kollektivrechtliche Beziehungen betreffe, und dem KSchG, das die einzelvertraglichen Verhältnisse zwischen Arbeitnehmer und Arbeitgeber regele, um zwei völlig verschiedene und damit nicht zu vergleichende Bereiche handle[248].

Eine ähnlich ablehnende Haltung vertritt auch *Alp*. Er betont, dass die soziale Rechtfertigung einer Kündigung im Kündigungsschutzprozess als Rechtsfrage über die Richtigkeit der Unternehmerentscheidung zu beurteilen sei. Demgegenüber handle es bei den §§ 111 ff. BetrVG nicht um Rechtsfragen, sondern um Regelungsfragen. Es gehe nicht um die Richtigkeit oder die Erforderlichkeit der

---

[246] KR-*Etzel*, § 1 KSchG Rdnr. 525; *Reuter*, RdA 2004, 161 (166); *B. Preis*, NZA 1997, 625 (627); *v. Hoyningen-Huene*, NZA 1994, 1009 (1010); *ders.*, SAE 1991, 118 (125); *Stahlhacke*, DB 1994, 1361 (1365); *Möhn*, ZTR 1995, 356; *Schaub*, BB 1993, 1089 (1091); *ders.*, NZA 1987, 217 (218); *Buchner*, DB 1984, 504 (506); *Hillebrecht*, ZfA 1991, 87 (105); *Lammermann*, Aktuelle Probleme im Rahmen der betriebsbedingten Kündigung, S. 32 ff.

[247] *Fitting/Kaiser/Heither/Engels/Schmidt*, § 111 BetrVG Rdnr. 5.

[248] Vgl. *Tenczer*, Freie Unternehmerentscheidung, S. 27; ablehnend auch *Feudner*, NZA 2000, 1136 (1138), nach dem der Schluss von materiell-rechtlichen Regelungen des BetrVG auf eine prozessuale Einschränkung der gerichtlichen Kontrolle unternehmerischer Entscheidungen für die Anwendung des KSchG weder naheliegend noch zwingend sei.

Unternehmerentscheidung, sondern um die Regelung der Betriebsänderung[249]. So beurteile nach *Alp* auch ein Sozialplan nicht die Richtigkeit eines Personalabbaus, sondern regele nur dessen Folgen[250].
Dem ist entgegenzuhalten, dass die §§ 111 ff. BetrVG zwar die Folgen einer Betriebsänderung regeln. Dies geschieht jedoch nur unter der vollen Anerkennung der zur Betriebsänderung führenden Unternehmerentscheidung[251].
Diese Tatsache wird durch die Regelung des § 113 Abs. 1 und Abs. 3 BetrVG verdeutlicht. Beachtet der Arbeitgeber einen mit dem Betriebsrat verhandelten Interessenausgleich nicht, sondern verwirklicht stattdessen einen anderen Unternehmensplan mit (zusätzlichen) Kündigungen, dann sind diese nach § 113 Abs. 1 und Abs. 3 BetrVG nicht unwirksam, sondern abfindungspflichtig. Diese Regelung bringt somit zum Ausdruck, dass die Wirksamkeit der betriebsbedingten Kündigung nicht von der Billigung der zugrunde liegenden unternehmerischen Entscheidung durch das Gericht abhängen soll[252].

Alp begründet seine ablehnende Haltung aber des Weiteren damit, dass man die mittelbare Wirkung der betriebsverfassungsrechtlichen Mitbestimmung nicht übersehen dürfe. So könne der Betriebsrat nach dem BetrVG z.B. bei Betriebsänderungen das Aufstellen eines Sozialplans erzwingen, der den Arbeitnehmern für den Verlust des Arbeitsplatzes einen finanziellen Ausgleich gewähre. Damit werde mittelbar die Entscheidungsfindung des Arbeitgebers beeinflusst, weil dieser die erzwingbaren Sozialansprüche als Rahmenbedingungen berücksichtigen müsse. Dadurch könne nach *Alp* eine Betriebsänderung so weit verteuert und blockiert werden, dass der Sozialplan zumindest bei einer konjunkturbedingten Krise die Arbeitsplätze rette[253].
Dem ist sicherlich insoweit zuzustimmen, als dass die betriebsverfassungsrechtliche Mitbestimmung die unternehmerische Entscheidung, insbesondere aufgrund der Kostenbelastungen durch einen Sozialplan, beeinflussen kann. Entscheidend ist jedoch, dass auch diese Mitbestimmung keinen unmittelbaren Eingriff in die Unternehmerentscheidung selbst gewährt.

Somit zeigt auch die gesetzgeberische Wertung der §§ 111, 112, 112a BetrVG in Richtung einer nur eingeschränkt überprüfbaren unternehmerischen Entscheidung.

---

[249] *Alp*, Die Berücksichtigung der unternehmerischen Entscheidungsfreiheit, S. 52 ff.
[250] Vgl. *Alp*, Die Berücksichtigung der unternehmerischen Entscheidungsfreiheit, S. 53.
[251] So auch *Thum*, Betriebsbedingte Kündigung, S. 40 Fn. 117.
[252] Vgl. auch *Bitter*, DB 1999, 1214 (1218); *Reuter*, RdA 2004, 161 (166).
[253] Vgl. *Alp*, Die Berücksichtigung der unternehmerischen Entscheidungsfreiheit, S. 53.

III) Begründung der unternehmerischen Entscheidungsfreiheit anhand der gesetzgeberischen Begriffsverwendung im KSchG

Des Weiteren wird von einigen Vertretern der Literatur vorgetragen, die Freiheit unternehmerischer Entscheidungen könne auch mit der gesetzlichen Begriffsverwendung in § 1 Abs. 2 Satz 1 KSchG begründet werden. Es wird darauf verwiesen, dass in § 1 Abs. 2 Satz 1 KSchG lediglich von dringenden *betrieblichen* und nicht von unternehmerischen Erfordernissen gesprochen werde. Deshalb wird die These vertreten, der Gesetzgeber habe bewusst zwischen der Betriebs- und der Unternehmenssphäre unterschieden, um die Gerichtskontrolle auf die Betriebsebene zu beschränken. Die Unternehmensebene und damit auch die unternehmerische Entscheidung sei demgegenüber aus dem gesetzlich erfassten Sachverhalt herausgehalten worden[254]. Überprüfe das BAG unternehmerische Entscheidungen z.B. auf ihre offenbare Unsachlichkeit, Unvernunft oder Willkür, bleibe es nicht etwa hinter dem Wortlaut des § 1 Abs. 2 KSchG zurück, sondern gehe über diesen vielmehr hinaus. Das sei insofern gerechtfertigt, da die betrieblichen Erfordernisse Ergebnisse unternehmerischer (Vor-) Entscheidungen seien[255].

Für diese Ansicht spricht, dass im Arbeitsrecht eine Trennung der Begriffe „Betrieb" und „Unternehmen" grundsätzlich anerkannt ist. Die Unterscheidung erfolgt aufgrund der unterschiedlichen Zweckverfolgung beider Bereiche. Der Betrieb verfolgt grundsätzlich einen arbeitstechnischen, das Unternehmen demgegenüber einen übergreifenden, in aller Regel wirtschaftlichen Zweck[256].
Eine solche Trennung wird auch vom Gesetzgeber des KSchG vollzogen. Dazu ist sowohl auf § 1 Abs. 2 Satz 1 KSchG als auch auf § 1 Abs. 1 KSchG und auf § 1 Abs. 2 Satz 2 Nr. 1b KSchG zu verweisen.
Zunächst ist festzustellen, dass in § 1 Abs. 2 Satz 1 KSchG nur auf den Begriff des Betriebs abgestellt wird. Die betriebsbedingte Kündigung ist sozial ungerechtfertigt, wenn sie nicht durch dringende *betriebliche* Erfordernisse, die einer Weiterbeschäftigung des Arbeitnehmers in diesem *Betrieb* entgegenstehen, bedingt ist.
§ 1 Abs. 1 KSchG bestimmt hingegen den räumlichen und zeitlichen Geltungsbereich des KSchG. Danach ist die Kündigung eines Arbeitnehmers, dessen Ar-

---

254 *Dietz*, NJW 1951, 941 (943); *Kunkel*, NJW 1953, 928; *Galperin*, BB 1954, 1117 (1119); *Rappenecker*, BB 1958, 47 (50); *Auffarth*, RdA 1955, 409; *Müller*, Das Arbeitsrecht der Gegenwart 1963, S. 24 f.; *Ribbert*, Die gerichtliche Nachprüfung, S. 78 ff.; *Pöting*, Nachprüfung der Betriebsbedingtheit, S. 54; in heutiger Zeit: *v. Hoyningen-Huene*, NZA 1994, 1009 (1010); *v. Hoyningen-Huene/Linck*, KSchG, § 1 Rdnr. 371, 374; *Reuter*, RdA 2004, 161 (165).

255 *Reuter*, RdA 2004, 161 (165).

256 *Zöllner/Loritz*, Arbeitsrecht, § 44 II 2; *Brox/Rüthers/Henssler*, Arbeitsrecht, Rdnr. 67.

beitsverhältnis in demselben Betrieb oder Unternehmen ohne Unterbrechung länger als sechs Monate bestanden hat, rechtsunwirksam, wenn sie sozial ungerechtfertigt ist. Das Gesetz zeigt anhand dieser Vorschrift, dass es den Betrieb und das Unternehmen als unterschiedliche Einheiten auffasst.
§ 1 Abs. 2 Satz 2 Nr. 1b KSchG bestimmt, dass eine Kündigung sozial ungerechtfertigt ist, wenn der Arbeitnehmer in *demselben Betrieb oder in einem anderen Betrieb des Unternehmens* weiterbeschäftigt werden kann. Anhand dieser Vorschrift wird zudem deutlich, dass der Gesetzgeber das Unternehmen gegenüber dem Betrieb als die größere Einheit auffasst. Ein Unternehmen soll aus mehreren Betrieben bestehen und damit eine größere Weiterbeschäftigungsmöglichkeit bieten können. Diese Sichtweise ist ein weiteres Indiz dafür, dass der Gesetzgeber die grundsätzliche Trennung der Einheiten Betrieb und Unternehmen anerkennt.
Da sich der Gesetzgeber augenscheinlich über die grundsätzliche Trennung zwischen den Begriffen Betrieb und Unternehmen bewusst war, hätte er, wenn er eine Überprüfung unternehmerischer Erfordernisse hätte anordnen wollen, dies neben oder anstatt der Überprüfung der betrieblichen Erfordernisse normieren können. Dies hat er nicht getan.
Demzufolge ist die ausschließliche Begriffsverwendung des Betriebs in § 1 Abs. 2 KSchG ein wichtiges Indiz dafür, dass der Gesetzgeber unternehmerische Erfordernisse bzw. Entscheidungen von einer gerichtlichen Kontrolle grundsätzlich frei halten wollte.

Insofern ist ein Abstellen auf die Begriffsverwendung in § 1 Abs. 2 KSchG durchaus geeignet zu begründen, warum unternehmerische Entscheidungen grundsätzlich von einer gerichtlichen Kontrolle frei zu halten sind.

IV) Begründung der unternehmerischen Entscheidungsfreiheit anhand von Verfassungsrecht

Zur weiteren Begründung der grundsätzlichen Freiheit unternehmerischer Entscheidungen wird von der Rechtsprechung und von Teilen der Literatur vielfach auch auf das Verfassungsrecht verwiesen. So sollen diverse Freiheitsgrundrechte des Unternehmers die richterliche Prüfungskompetenz verfassungsrechtlich einschränken können.
Zum einen wird eine ganze Gruppe von Grundrechten genannt: Art. 2, 9, 12, 14 GG[257]. Dabei wird häufig auf das Mitbestimmungsurteil des BVerfG von

[257] *Löwisch*, Arbeitsrecht, Rdnr. 120 ff.; *ders.*, Arbeitsrechtlicher Gesprächskreis der Otto Brenner Stiftung, 1998, These 3, S. 46; *v. Hoyningen-Huene/Linck*, KSchG, § 1 Rdnr. 371a; *Bitter*, DB 1999, 1214 (1217); *Rost*, JbArbR 2002, Bd. 39, 83 (86); *Beuthien*, ZfA 1988, 1 (2); *Ossenbühl*, AöR, 115, 1 (3 f.); Maunz/Dürig-*Scholz*, Art. 12 Rdnr. 122 ff.

1979[258] verwiesen, in dem das Gericht eine wirtschaftliche Betätigung des Unternehmers sowohl durch Art. 14 GG als auch durch Art. 12, 9 und 2 GG geschützt sieht.
Andere verweisen demgegenüber zur Begründung der grundsätzlichen Freiheit unternehmerischer Entscheidungen lediglich auf Art. 2 und Art. 14 GG[259]. Diese Grundrechte sollen dem Unternehmer eine wirtschaftliche Betätigungsfreiheit garantieren. Eine gerichtliche Kontrolle unternehmerischer Entscheidungen würde dieser Betätigungsfreiheit zuwiderlaufen und letztendlich einen unzulässigen Eingriff in die geschützte Rechtsposition des Unternehmers darstellen[260].
Wieder andere sehen die grundsätzliche Unternehmerfreiheit vorwiegend durch Art. 12 GG begründet[261]. Die Unternehmerfreiheit stelle einen Teilbereich der durch Art. 12 Abs. 1 GG geschützten Berufsfreiheit dar.

Zunächst ist festzustellen, dass es kein Grundrecht gibt, das die unternehmerische Freiheit ausdrücklich garantiert. Die unterschiedlichen Formen und Inhalte unternehmerischer Betätigung werden vielmehr von mehreren Grundrechtsgewährleistungen abgedeckt. Im Vordergrund stehen dabei die Berufsfreiheit nach Art. 12 Abs. 1 GG und die Eigentumsgarantie des Art. 14 Abs. 1 GG.

1) Art. 12 Abs. 1 GG – Die Berufsfreiheit des Art. 12 Abs. 1 GG als Grundlage unternehmerischer Entscheidungsfreiheit

Zunächst soll das Grundrecht der Berufsfreiheit des Art. 12 Abs. 1 GG als Grundlage unternehmerischer Entscheidungsfreiheit näher untersucht werden.

a) Die Berufsfreiheit

Art. 12 Abs. 1 Satz 1 GG garantiert allen Deutschen das Recht, Beruf, Arbeitsplatz und Ausbildungsstätte frei zu wählen. Es gewährleistet dem Einzelnen das Recht, jede Arbeit, für die er sich geeignet glaubt, als Beruf zu ergreifen, d.h. zur Grundlage seiner Lebensführung zu machen[262].

---

[258] BVerfGE 50, 290 (339 ff.).
[259] *Berkowsky*, Betriebsbedingte Kündigung, § 5 Rdnr. 26; *Möhn*, ZTR 1995, 356.
[260] *Möhn*, ZTR 1995, 356 f.
[261] *Henssler* in: Henssler/Moll, Kündigung und Kündigungsschutz, S. 89 f.; *ders.*, Arbeitsrechtlicher Gesprächskreis der Otto Brenner Stiftung, 2001, S. 34 f.; *Zöllner*, 52. Dt. Juristentag, Teil D, S. 99 ff. und 131; *Jänisch*, Rechtsprechung zur betriebsbedingten Kündigung, S. 73 ff.; *Schwerdtner*, ZfA 1977, 47 (64 f.); *Hofmann*, ZfA 1984, 295 (313 f.); *Müller*, ZfA 1982, 475 (484); *Schmidt-Preuß*, DVBl. 1993, 236 (243).
[262] BVerfGE 7, 377 (397); E 30, 292 (334); E50, 290 (362).

Auch das Recht, verschiedene Produktionsfaktoren zu einem Produktionserfolg durch dezentral-autonome Planungs- und Leitungsakte zu kombinieren, d.h. ein Unternehmen zu gründen und nach Zweckmäßigkeitsgesichtspunkten zu führen, ist im Einzelnen durch die Berufsfreiheit des Art. 12 Abs. 1 GG gewährleistet[263]. So sieht es auch das BVerfG, nach dem die Unternehmerfreiheit im Sinne freier Gründung und Führung von Unternehmen grundsätzlich durch Art. 12 Abs. 1 GG geschützt sei[264].

Zur freien Führung eines Unternehmens bedarf es insbesondere der Freiheit, das Unternehmen nach eigenen Vorstellungen, Planungen, Bewertungen und Entschlüssen zu führen und zu entwickeln. Insoweit sind die wirtschaftlichen Teilfreiheiten der Führungsfreiheit eines Unternehmens nach Art. 12 Abs. 1 GG hervorzuheben: Die Dispositionsfreiheit, die Produktionsfreiheit und auch die Investitionsfreiheit[265]. Die Dispositionsfreiheit des Arbeitgebers ist insbesondere auf die Arbeitsplätze im Unternehmen bezogen. Insoweit garantiert Art. 12 Abs. 1 GG auch ein prinzipielles Kündigungsrecht des Arbeitgebers[266]. Ein genereller Ausschluss des Kündigungsrechts wäre mit Art. 12 Abs. 1 GG unvereinbar[267].

Der Schutz des Art. 12 Abs. 1 GG umfasst darüber hinaus auch die arbeitsvertragliche Privatautonomie[268]. Wenn Verträge in Ausübung oder zur Eröffnung beruflicher, unternehmerischer bzw. gewerblicher Betätigung eingegangen werden, so ist die Vertragsfreiheit Bestandteil der Berufsfreiheit des Art. 12 Abs. 1 GG[269]. Art. 12 Abs. 1 GG schützt somit insgesamt die freie arbeitgeberische Leitungs- und Dispositionsbefugnis über Arbeitsinhalte, Arbeitsbedingungen und Arbeitsplätze[270].

Folglich kann Art. 12 Abs. 1 GG als verfassungsrechtliche Quelle unternehmerischer Entscheidungsfreiheit herangezogen werden.

b) Der Träger des Grundrechts der Berufsfreiheit

Zweifel hinsichtlich der Heranziehung des Art. 12 Abs. 1 GG zur Begründung der unternehmerischen Entscheidungsfreiheit könnten sich jedoch dadurch erge-

---

[263] Maunz/Dürig-*Scholz*, Art. 12 Rdnr. 124; *Papier*, in: Handbuch des Verfassungsrechts, § 18 Rdnr. 75; vgl. auch *Rittner*, Wirtschaftsrecht, § 3 Rdnr. 36; *Wendt*, DÖV 1984, 600 (604).

[264] BVerfGE 50, 290 (363).

[265] *Ossenbühl*, AöR 115 (1990), 1 (18 ff.); Maunz/Dürig-*Scholz*, Art. 12 Rdnr. 124.

[266] Maunz/Dürig-*Scholz*, Art. 12 Rdnr. 50; *Reuter*, RdA 1973, 345 (346 ff.); *ders.*, RdA 1978, 344 (348 ff.); *Zöllner*, 52. Dt. Juristentag, Teil D, S. 99 ff., 114 ff., 119 ff.

[267] Maunz/Dürig-*Scholz*, Art. 12 Rdnr. 50.

[268] Maunz/Dürig-*Scholz*, Art. 12 Rdnr. 49; *Scholz*, Die Koalitionsfreiheit als Verfassungsproblem, S. 10 ff.; *ders.*, ZfA 1981, 265 (274 ff.); *Zöllner*, 52. Dt. Juristentag, Teil D, S. 98 f.

[269] Maunz/Dürig-*Papier*, Art. 14 Rdnr. 229; *Papier*, in: Handbuch des Verfassungsrechts, § 18 Rdnr. 76.

[270] Maunz/Dürig-*Scholz*, Art. 12 Rdnr. 125 m.w.N.

ben, dass das Grundrecht der Berufsfreiheit in erster Linie persönlichkeitsbezogen ausgestaltet ist[271]. Nach dem BVerfG müsse der Beruf in seiner Beziehung zur Persönlichkeit des Menschen im Ganzen verstanden werden, die sich erst darin voll ausforme, dass der Einzelne sich einer Tätigkeit widme, die für ihn Lebensaufgabe und Lebensgrundlage sei und durch die er zugleich seinen Beitrag zur gesellschaftlichen Gesamtleistung erbringe. Das Grundrecht gewinne so Bedeutung für alle sozialen Schichten; die Arbeit als Beruf habe für alle gleichen Wert und gleiche Würde[272].
Dieser individualrechtlich-personale Ansatz könnte es zweifelhaft erscheinen lassen, ob der Schutz des Grundrechts der Berufsfreiheit seinem Wesen nach auch auf juristische Personen Anwendung finden kann (Art. 19 Abs. 3 GG).
Das BVerfG hat diese Frage in ständiger Rechtsprechung bejaht. Schutzgut des Art. 12 Abs. 1 GG sei bei juristischen Personen die Freiheit, eine Erwerbszwecken dienende Tätigkeit, insbesondere ein Gewerbe, zu betreiben, soweit diese Tätigkeit ihrem Wesen und ihrer Art nach in gleicher Weise von einer juristischen wie von einer natürlichen Person ausgeübt werden könne[273].
Speziell im Hinblick auf die Gewährung einer Unternehmerfreiheit nach Art. 12 Abs. 1 GG hat das BVerfG in seinem Mitbestimmungsurteil allerdings ausgeführt, dass nicht übersehen werden dürfe, dass das Grundrecht der Berufsfreiheit insoweit sehr verschiedene wirtschaftliche Sachverhalte erfasse. Die Wahrnehmung von Unternehmerfreiheit sei sowohl die Gründung und Führung eines Klein- oder Mittelbetriebs als auch die Tätigkeit eines Großunternehmens. Während sich bei Klein- oder Mittelbetrieben der personale Grundzug des Grundrechts auch im wirtschaftlichen Bereich voll verwirkliche, gehe dieser bei Großunternehmen nahezu gänzlich verloren. Darüber hinaus sei Unternehmerfreiheit bei Großunternehmen nicht Element der Ausformung der Persönlichkeit des Menschen, sondern grundrechtliche Gewährleistung eines Verhaltens, dessen Wirkung weit über das wirtschaftliche Schicksal des eigenen Unternehmens hinausreiche[274].
Diese Sachlage könne nach Ansicht des BVerfG aber dennoch nicht dazu führen, die Unternehmerfreiheit auf kleine und mittlere Unternehmen zu beschränken. Sie führe lediglich dazu, dass der Umfang der Regelungsbefugnis des Gesetzgebers in Bezug auf Großunternehmen zu erweitern sei. Mit abnehmendem personalen Grundzug sei es dem Gesetzgeber deshalb gestattet, um so in-

[271] BVerfGE 7, 377 (397); E 30, 292 (334); E 50, 290 (362 ff.).
[272] BVerfGE 7, 377 (397); 50, 290 (362).
[273] Vgl. etwa BVerfGE 30, 292 (312); E 50, 290 (363).
[274] BVerfGE 50, 290 (363).

tensiver in die Berufsfreiheit des Unternehmens im Rahmen des Regelungsvorbehalts des Art. 12 Abs. 1 GG einzugreifen[275].
Im Ergebnis bedeutet das, dass sich Unternehmen als juristische Personen im Rahmen des Art. 19 Abs. 3 GG grundsätzlich auf Art. 12 Abs. 1 GG berufen können. Dies gilt auch im Hinblick auf die Gewährung einer Unternehmerfreiheit. Diesbezüglich soll jedoch eine Differenzierung zwischen Klein- bzw. Mittelbetrieben und Großunternehmen auf der Ebene der Eingriffsbefugnis des Gesetzgebers stattfinden. Dies ändert aber nichts daran, dass sich zunächst alle Unternehmen auf Art. 12 Abs. 1 GG und damit auch auf die Gewährung einer Unternehmerfreiheit berufen können.

c) Ergebnis

Im Ergebnis ist damit festzuhalten, dass die unternehmerische Entscheidungsfreiheit ihre Grundlage (zumindest auch) in der Berufsfreiheit des Art. 12 GG findet, die sowohl das Recht auf freie Gründung als auch das Recht auf freie Führung eines Unternehmens gewährleistet. Art. 12 GG ist damit geeignet, den Kern unternehmerischer Freiheit verfassungsrechtlich zu sichern. Eine völlige Ausblendung unternehmerischer Entscheidungsfreiheit wäre mit Art. 12 GG unvereinbar.

Fraglich ist, ob zur Begründung unternehmerischer Freiheit auch Art. 14 GG herangezogen werden kann.

2) Art. 14 Abs. 1 GG – Die Eigentumsgarantie des Art. 14 Abs. 1 GG als Grundlage unternehmerischer Entscheidungsfreiheit

Art. 14 Abs. 1 GG gewährleistet das Privateigentum sowohl als Rechtsinstitut als auch als subjektives Recht des Einzelnen[276]. Als Eigentum i.S.d. Art. 14 Abs. 1 GG gilt nach herrschender Auffassung auch das Recht am eingerichteten und ausgeübten Gewerbebetrieb[277]. Gewährleistet wird die „Sach- und Rechtsgesamtheit“ des Betriebs in ihrer „Substanz“, d.h. das ungestörte Funktionieren des Betriebsorganismus, dessen Beeinträchtigung den Unternehmer daran hin-

[275] BVerfGE 50, 290 (364 ff.); zustimmend insoweit *Papier*, DVBl. 1984, 801 (806 f.); *Badura*, Staatsrecht, 77 C, S. 136; a.A. Maunz/Dürig-*Scholz*, Art. 12 Rdnr. 35; *Tettinger*, AöR 108 (1983), 92 ff.; *Thum*, Betriebsbedingte Kündigung, S. 9.
[276] BVerfGE 24, 367 (389); E 26, 215 (222); E 50, 290 (339); Maunz/Dürig-*Papier*, Art. 14 Rdnr. 1.
[277] BVerfGE 1, 264 (267 ff.); E 45, 142 (173); BGHZ 23, 157 (162 f.); 67, 190 (192); 81, 21 (33); 92, 34 (37); BVerwGE 62, 224 (226); Maunz/Dürig-*Papier*, Art. 14 Rdnr. 95; *Badura*, AöR 98 (1973), 153 ff.; *ders.*, in: Handbuch des Verfassungsrechts, § 10 Rdnr. 94 ff.; *Pieroth/ Schlink*, Grundrechte, § 23 Rdnr. 905; *Ossenbühl*, Staatshaftungsrecht, S. 159 ff.

dert, von der im Unternehmen verkörperten Organisation sachlicher und persönlicher Mittel bestimmungsgemäß Gebrauch zu machen[278]. In diesem Zusammehang schützt Art. 14 Abs. 1 auch die interne unternehmerische Willensbildung[279]. Es soll sichergestellt werden, dass die unternehmerische Willensbildung nicht durch Verfahrens-, Organisations- oder Mitbestimmungsrechte so weit eingeschränkt wird, dass die Funktionsunfähigkeit des betroffenen Unternehmens droht[280]. So hat das BVerfG etwa im Mitbestimmungsurteil ausgeführt, dass sich der Eingriff in die Eigentumsgarantie durch das Mitbestimmungsgesetz als angemessen und zumutbar darstelle, da den Anteilseignern der maßgebliche Einfluss und das Letztentscheidungsrecht verblieben seien[281].

Soweit Art. 14 GG auch den eingerichteten und ausgeübten Gewerbebetrieb schützt, bedarf es einer Abgrenzung zum Grundrecht der Berufsfreiheit des Art. 12 Abs. 1 GG, das die gewerbliche und berufliche Tätigkeit sichert. Die Eigentumsgarantie umschließt nur den vorhandenen Bestand an vermögenswerten Gütern, also das bereits Erworbene, nicht aber die mit der gewerblichen Tätigkeit verbundenen Erwerbschancen und Verdienstmöglichkeiten[282]. Die Erwerbs- und Leistungstätigkeit des Einzelnen unterfallen demgegenüber dem Schutzbereich des Art. 12 Abs. 1 GG[283].
Dennoch sind Überschneidungen zwischen beiden Grundrechtsgarantien denkbar. Denn Art. 14 Abs. 1 GG schützt nicht nur den Bestand von vermögenswerten Rechten und Sachen, sondern auch den Umgang mit diesem Bestand, d.h. die Nutzung der als Eigentum geschützten Gegenstände und die Verfügung über sie. So können etwa aufwendige Investitionen den Unternehmer nicht nur in seiner Berufsausübung, sondern auch in seiner Eigentumsnutzung beschränken. Berufliche Betätigung und Eigentumsgebrauch können somit deckungsgleich sein bzw. sich überschneiden. In solchen Fällen gelten die Grundrechtsgarantien der Art. 12 Abs. 1 und 14 Abs.1 GG nebeneinander[284]. Es kann hier von einer weitgehenden Schrankenidentität ausgegangen werden[285]. Art. 12 Abs. 1 und 14 Abs. 1 GG stehen in solchen Fällen i.d.R. in Idealkonkurrenz zueinander[286].

---

[278] *Ossenbühl,* AöR 115 (1990), 1 (28).
[279] BVerfGE 50, 290 (352); Maunz/Dürig-*Papier*, Art. 14 Rdnr. 196.
[280] BVerfGE 50, 290 (352); Maunz/Dürig-*Papier*, Art. 14 Rdnr. 196.
[281] BVerfGE 50, 290 (351).
[282] BVerfGE 88, 366 (377); *Pieroth/Schlink*, Grundrechte, § 23 Rdnr. 912.
[283] BVerfGE 88, 366 (377); *Pieroth/Schlink*, Grundrechte, § 23 Rdnr. 912; Maunz/Dürig-*Papier*, Art. 14 Rdnr. 222.
[284] Maunz/Dürig-*Papier*, Art. 14 Rdnr. 222.
[285] BVerfGE 50, 290 (364 f.); BGH NJW 1996, 2499 (2500); Maunz/Dürig-*Papier*, Art. 14 Rdnr. 222.
[286] *Ossenbühl*, AöR 115 (1990), S. 1 (25); Maunz/Dürig-*Scholz*, Art. 12 Rdnr. 122.

Damit ist festzuhalten, dass Art. 12 Abs. 1 und Art. 14 Abs. 1 GG die unternehmerische Betätigungsfreiheit gemeinsam im Verbund schützen, wenn die freie Nutzung des Eigentumsrechts beruflichen Zwecken dient und in dieses Eigentumsrecht eingegriffen wird oder wenn in die berufliche Tätigkeit eingegriffen wird, die funktionsnotwendig mit der Nutzung eines bestimmten Eigentumsrechts verbunden ist[287].

3) Art. 2 Abs. 1 GG – Die allgemeine Handlungsfreiheit des Art. 2 Abs. 1 GG als Grundlage unternehmerischer Entscheidungsfreiheit

Neben Art. 12 Abs. 1 und 14 Abs. 1 GG könnte auch Art. 2 Abs. 1 GG eine verfassungsrechtliche Grundlage unternehmerischer Freiheit darstellen.

Art. 2 Abs. 1 gewährleistet dem Einzelnen die Handlungsfreiheit auch auf wirtschaftlichem Gebiet[288]. Es ist jedoch zu beachten, dass Art. 14 GG die Befugnis der privatnützigen Disposition über das dem Unternehmen gewidmete Eigentum gewährleistet. Art. 12 GG garantiert darüber hinaus das Recht, ein Unternehmen zu gründen und es nach Zweckmäßigkeitsgesichtspunkten zu führen. Demzufolge ist die „Wirtschaftsfreiheit“ als unternehmerische Dispositionsfreiheit im Wesentlichen schon durch Spezialgrundrechte erfasst, die jeweils Teilaspekte dieser Wirtschaftsfreiheit gewähren. Das Grundrecht des Art. 2 Abs. 1 GG ist somit als subsidiär zu betrachten[289].
Gleiches gilt auch für die durch Art. 2 Abs. 1 GG grundsätzlich gewährte Vertragsfreiheit. Die speziellen Wirtschaftsgrundrechte beziehen sich in ihren Garantiebereichen auch auf die Vertragsfreiheit, so dass Art. 2 Abs. 1 GG nur in solchen Fällen zur Anwendung gelangen kann, wenn nicht zugleich die Wahrnehmung der Eigentums- oder Berufsfreiheit betroffen ist[290].

4) Ergebnis

Im Ergebnis ist festzustellen, dass sowohl Art. 12 Abs. 1 als auch 14 Abs. 1 GG als Verbund die allgemeine Wirtschaftsfreiheit und damit auch die freie unternehmerische Betätigung umfassend schützen.

---

287 Maunz/Dürig-*Scholz*, Art. 12 Rdnr. 138.
288 Maunz/Dürig-*Papier*, Art. 14 Rdnr. 228.
289 Maunz/Dürig-*Papier*, Art. 14 Rdnr. 228; a.A. teilweise das BVerfG, das auch eine funktionale Eigenständigkeit des Art. 2 Abs. 1 GG gegenüber Art. 12 Abs. 1 GG im Rahmen der Gewährleistung unternehmerischer Betätigungsfreiheit annimmt, vgl. etwa E 4, 7 (16); E 9, 3 (11); E 12, 341 (347); E 28, 66 (76); E 31, 145 (173); E 32, 311 (316); s.a. *Ipsen*, VVDStRL Bd. 25 (1967), 257 (302); *ders.*, Kartellrechtliche Preiskontrolle, S. 79 ff.
290 Maunz/Dürig-*Papier*, Art. 14 Rdnr. 229; *Papier*, in: Handbuch des Verfassungsrechts, § 18 Rdnr. 76.

Insgesamt können damit sowohl Art. 12 Abs. 1 GG als auch Art. 14 Abs. 1 GG als verfassungsrechtliche Grundlagen unternehmerischer Entscheidungsfreiheit herangezogen werden.
Dies bedeutet, dass auch das Verfassungsrecht geeignet ist, die grundsätzliche Freiheit unternehmerischer Entscheidungen zu begründen. Hierbei ist aber zugleich darauf hinzuweisen, dass kein Grundrecht schrankenlos gilt, d.h. jedes Grundrecht auch Einschränkungen ausgesetzt ist. Inwiefern der unternehmerischen Entscheidungsfreiheit Grenzen gesetzt werden können, soll im folgenden Abschnitt untersucht werden.

B) Ergebnis

Zunächst ist aber festzuhalten, dass nach den obigen Ausführungen sowohl das Argument des Wirtschaftsrisikos für den Unternehmer als auch das Argument der Überforderung der Gerichte als Grundlagen unternehmerischer Freiheit herangezogen werden können. Ebenso deutet die gesetzgeberische Wertung des BetrVG und die gesetzgeberische Begriffsverwendung des § 1 Abs. 2 Satz 1 KSchG auf die Freiheit unternehmerischer Entscheidungen hin. Darüber hinaus ist auch das Verfassungsrecht in Gestalt der Art. 12 Abs. 1 und 14 Abs. 1 GG geeignet, die grundsätzliche Unternehmerfreiheit zu begründen.

5. Kapitel

Grenzen der unternehmerischen Entscheidungsfreiheit

A) Einführung

Im 4. Kapitel wurde der Grundsatz unternehmerischer Entscheidungsfreiheit anhand verschiedener Begründungsansätze dargelegt. Diese Ausführungen haben zu dem Ergebnis geführt, dass die Gerichte unternehmerische Entscheidungen grundsätzlich als Datum hinzunehmen und diese insbesondere nicht auf ihre Zweckmäßigkeit oder Notwendigkeit hin zu überprüfen haben.
Dennoch sind von der Rechtsprechung und der Literatur Überprüfungsmaßstäbe entwickelt worden, die diesen Grundsatz freier unternehmerischer Entscheidungen zwar nicht zurücknehmen, ihm aber mehr oder weniger Grenzen setzen. Diese Grenzen unternehmerischer Entscheidungsfreiheit sollen im Folgenden dargestellt und auf ihre Vereinbarkeit mit dem Grundsatz unternehmerischer Entscheidungsfreiheit überprüft werden.

Im Rahmen dieser Untersuchung erfolgt insbesondere auch eine kritische Auseinandersetzung mit dem Zweck des Kündigungsschutzes. Denn der Zweck des Kündigungsschutzes bestimmt den erforderlichen Umfang bzw. die erforderlichen Grenzen desselben. Der erforderliche Umfang des Kündigungsschutzes gibt wiederum Aufschluss darüber, in welchem Umfang es notwendig erscheint, unternehmerische Entscheidungen einer gerichtlichen Kontrolle zu unterziehen. Je mehr unternehmerische Entscheidungen überprüft werden, desto ausgeprägter ist der Kündigungsschutz der Arbeitnehmer und umgekehrt. Somit ist der Zweck des Kündigungsschutzes sowohl Grundlage für den erforderlichen Schutzumfang der Arbeitnehmer als auch Grundlage für die notwendige Überprüfung unternehmerischer Entscheidungen und darf deshalb bei der Frage der Reichweite unternehmerischer Entscheidungsfreiheit nicht unberücksichtigt bleiben.

B) Missbrauchskontrolle

Das BAG geht in ständiger Rechtsprechung davon aus, dass unternehmerische Entscheidungen nicht auf ihre Zweckmäßigkeit oder Notwenigkeit zu überprüfen sind, sondern lediglich daraufhin untersucht werden sollen, ob sie offensichtlich unsachlich, unvernünftig oder willkürlich erfolgt sind[291].

---

[291] Vgl. Fn. 13.

I) Rechtsprechung zur Missbrauchskontrolle

Im Folgenden soll zunächst die Rechtsprechung des BAG zur Missbrauchskontrolle, aber auch die der Instanzgerichte, soweit sie wesentliche Urteile zur Missbrauchskontrolle beigetragen haben, untersucht werden. Dabei soll insbesondere die Vereinbarkeit der Entscheidungen mit dem Grundsatz grundsätzlich unüberprüfbarer Unternehmerentscheidungen problematisiert werden.
Besondere Aufmerksamkeit soll bei diesem Rechtsprechungsüberblick der Entscheidung des BAG vom 26.09.2002 gewidmet werden. In dieser Entscheidung hat das BAG erstmals seit Beginn der Missbrauchskontrolle im Jahr 1960 eine unternehmerische Entscheidung als rechtsmissbräuchlich qualifiziert und die betriebsbedingte Kündigung daraufhin für unwirksam erklärt. Die Entscheidung soll einer umfassenden Beurteilung unterzogen werden. Wesentliche Bedeutung kommt dabei der Frage zu, ob es tatsächlich erforderlich war, die Unwirksamkeit der Kündigung über den Weg des Rechtsmissbrauchs herbeizuführen. In diesem Zusammenhang ist auch ein Vergleich zu früheren Entscheidungen des BAG in ähnlich gelagerten Fällen zu ziehen.

1) Urteil des BAG vom 18.11.1960

Das BAG hat eine Missbrauchskontrolle erstmals im Urteil vom 18.11.1960[292] vorgenommen. Das Gericht führte in dieser Entscheidung aus, dass trotz der grundsätzlichen Unüberprüfbarkeit unternehmerischer Entscheidungen ein betriebliches Erfordernis dann nicht vorliegen solle, wenn die Maßnahme des Arbeitgebers unsachlich, unvernünftig oder willkürlich sei[293].
Damit rückte das BAG nicht von seinem Grundsatz der an sich unantastbaren Unternehmerentscheidung ab. Es sollte ausschließlich über rechtsmissbräuchliches Unternehmerverhalten geurteilt werden. Das BAG betonte zudem, dass die Missbrauchskontrolle auch nicht dazu führen dürfe, dass die Gerichte auf

---

[292] Urteil des BAG vom 18.11.1960, AP Nr. 28 zu Art. 44 Truppenvertrag.

[293] So die st. Rspr. seit dem Urteil vom 18.11.1960, vgl. nur Urteile des BAG vom 25.06.1964, AP Nr. 14 zu § 1 KSchG Betriebsbedingte Kündigung; vom 12.12.1968, AP Nr. 20 zu § 1 KSchG Betriebsbedingte Kündigung; vom 26.06.1975, AP Nr. 1 zu § 1 KSchG 1969 Betriebsbedingte Kündigung; vom 24.10.1979, AP Nr. 8 zu § 1 KSchG 1969 Betriebsbedingte Kündigung; vom 24.03.1983, AP Nr. 12 zu § 1 KSchG 1969 Betriebsbedingte Kündigung; vom 30.04.1987, AP Nr. 42 zu § 1 KSchG 1969 Betriebsbedingte Kündigung; vom 29.03.1990, AP Nr. 50 zu § 1 KSchG 1969 Betriebsbedingte Kündigung; vom 17.06.1999, AP Nr. 101, 102 und 103 zu § 1 KSchG 1969 Betriebsbedingte Kündigung; vom 26.09.2002, EzA § 1 KSchG Betriebsbedingte Kündigung Nr. 124; vom 22.05.2003, AP Nr. 128 zu § 1 KSchG 1969 Betriebsbedingte Kündigung; Veränderungen gab es nur bezüglich des Wortlauts, so wurde durch das Urteil vom 25.06.1964 (a.a.O.) das Wort „offenbar" unsachlich, unvernünftig oder willkürlich eingefügt; dieses wurde mit dem Urteil vom 30.04.1987 (a.a.O.) durch das Wort „offensichtlich" ersetzt.

Umwegen doch die Notwendigkeit oder Zweckmäßigkeit einer unternehmerischen Entscheidung überprüften[294].

2) Urteil des BAG vom 24.10.1979

In einem weiteren Urteil vom 24.10.1979[295] entschied das BAG, offensichtlich unsachliche, unvernünftige oder willkürliche Rationalisierungsmaßnahmen seien Tatbestände der unzulässigen Ausübung des betrieblichen Gestaltungsrechts durch den Arbeitgeber, die keine dringenden betrieblichen Erfordernisse für eine Kündigung bedingen könnten.
Darüber hinaus betonte das BAG in dieser Entscheidung, dass die Missbrauchskontrolle nicht dazu führen dürfe, mit einer anderen Begründung in Wahrheit die den Gerichten verwehrte Prüfung der Notwendigkeit und Zweckmäßigkeit von unternehmerischen Entscheidungen nachzuholen. Es reiche deshalb nicht aus, dass eine Maßnahme offenbar unzweckmäßig sei. Darüber hinaus sei missbräuchliches Verhalten auch nicht schon dann anzunehmen, wenn die unternehmerische Entscheidung den Gerichten aus Sachgründen nicht „billigenswert“ oder nicht „angemessen“ erscheine.
Der Anwendungsbereich der Missbrauchskontrolle beschränke sich im Wesentlichen auf die Fälle, in denen die Kündigung nicht durch die Betriebsänderung, sondern die Betriebsänderung durch den Wunsch des Arbeitgebers bedingt sei, sich von einem missliebigen Arbeitnehmer zu trennen[296]. Im vorliegenden Fall nahm das BAG deshalb den Tatbestand des Missbrauchs nicht an.
Das Urteil bestätigte aber, dass der Tatbestand des Missbrauchs nach dem BAG dann anzunehmen ist, wenn der Arbeitgeber den Kündigungsgrund nur vorschiebt. Solch eine Definition missbräuchlichen Verhaltens ist nicht zu beanstanden; sie lässt die unternehmerische Entscheidung in ihrem Kern unberührt. Sie überprüft die unternehmerische Entscheidung nicht auf ihre Zweckmäßigkeit oder Notwendigkeit. Sie beachtet somit den Grundsatz freier unternehmerischer Entscheidung.

---

[294] Urteil des BAG vom 24.10.1979, AP Nr. 8 zu § 1 KSchG 1969 Betriebsbedingte Kündigung.

[295] Urteil des BAG vom 24.10.1979, AP Nr. 8 zu § 1 KSchG 1969 Betriebsbedingte Kündigung.

[296] Vgl. auch Urteile des BAG vom 18.11.1960, AP Nr. 28 zu Art. 44 Truppenvertrag; vom 22.11.1973, AP Nr. 22 zu § 1 KSchG 1969 Betriebsbedingte Kündigung; *Weitnauer*, Anm. zum Urteil des BAG vom 22.11.1973, SAE 1975, 135 (138).

3) Urteil des BAG vom 30.04.1987

Problematischer erweist sich in diesem Zusammenhang die Entscheidung des BAG vom 30.04.1987[297].
Diesem Urteil lag ein Fall zugrunde, in dem ein Unternehmen den werksinternen Reinigungsdienst aufgelöst und diesen an eine andere Firma fremd vergeben hatte. Das BAG nahm einen Fall des Missbrauchs nicht an. In den Entscheidungsgründen hieß es, dass für eine beschlossene und tatsächlich durchgeführte Unternehmerentscheidung die Vermutung spreche, dass sie aus sachlichen Gründen erfolgt sei. Dies gelte umso mehr, als die Maßnahme unstreitig zu einer erheblichen Kosteneinsparung führe[298].
Indem das BAG auf das Vorliegen einer wesentlichen Kostenersparnis abstellte, prüfte es zugleich die Wirtschaftlichkeit der unternehmerischen Maßnahme. Eine solche Prüfung muss sich jedoch vorwerfen lassen, die Zweckmäßigkeit einer unternehmerischen Entscheidung zu untersuchen. Eine derartige Rechtsprechung steht im Widerspruch zur bisherigen Sichtweise des BAG. Sie verletzt den Grundsatz unternehmerischer Entscheidungsfreiheit.

4) Urteil des BAG vom 09.05.1996

Dies hat auch das BAG gesehen. Deshalb hat es in seiner Entscheidung vom 09.05.1996[299], der sogenannten „Weight-Watchers“-Entscheidung, Abstand von der oben geschilderten Überprüfung unternehmerischer Entscheidungen genommen. In dem Fall ging es um die Einführung eines neuen Vertriebssystems. Dazu sollte die zugrunde liegende Vertragsform der Vertriebsmitarbeiter von einem Arbeitsverhältnis in ein freies Mitarbeiterverhältnis umgestaltet werden.
Das BAG entschied, dass solch eine innerbetriebliche Strukturmaßnahme grundsätzlich als eine freie, nicht missbräuchliche Unternehmentscheidung zu beurteilen sei. Es führte zudem aus, dass es dem Unternehmer überlassen sein müsse, wie er sein Unternehmensziel möglichst zweckmäßig und kostengünstig am Markt verfolge. Der Nachweis eines nicht bestehenden Verlustes reiche nicht aus, um eine unternehmerische Entscheidung als offensichtlich unsachlich zu qualifizieren.
Damit kehrte das BAG wieder zu seiner bisherigen Rechtsprechung zurück, unternehmerische Entscheidungen nicht auf Wirtschaftlichkeitserwägungen und damit auch nicht auf ihre Zweckmäßigkeit hin zu überprüfen.

---

[297] Urteil des BAG vom 30.04.1987, AP Nr. 42 zu § 1 KSchG 1969 Betriebsbedingte Kündigung.
[298] Urteil des BAG vom 30.04.1987.
[299] Urteil des BAG vom 09.05.1996, AP Nr. 79 zu § 1 KSchG Betriebsbedingte Kündigung.

5) Urteil des AG Gelsenkirchen vom 28.10.1997

Diskussionsstoff lieferte zudem die Entscheidung des AG Gelsenkirchen vom 28.10.1997[300]. Der Entscheidung lag ein Fall zugrunde, in dem ein Unternehmen der Mineralölindustrie auf Veranlassung der Konzernmutter seinen Personalbestand in erheblichem Umfang reduzierte. Ein Diplomingenieur, der seit dem 01.03.1972 bei dem Unternehmen beschäftigt war, wandte sich gegen seine Kündigung.
In dem darauf folgenden Prozess entschied das AG Gelsenkirchen, dass die betriebsbedingte Kündigung des Klägers als unwirksam anzusehen sei. Der von der Beklagten betriebene Stellenabbau sei als willkürlich einzustufen. Habe ein Betrieb seit Jahren kontinuierlich herausragende Gewinnsteigerungen zu verzeichnen, werde jedoch trotzdem zeitgleich ca. 50 % des ursprünglich vorhanden gewesenen Personalbestands abgebaut, so widerspreche dies dem Sozialstaatsgebot des Art. 20, 28 GG und der in § 2 SGB III normierten Verantwortung des Arbeitgebers. Entsprechende unternehmerische Maßnahmen seien als willkürlich anzusehen, weshalb damit zusammenhängende betriebliche Kündigungen sozialwidrig sein könnten.
Darüber hinaus führte das AG Gelsenkirchen aus, dass anderswo, und zwar durchgängig bei den öffentlichen Arbeitgebern und auch in Industriebetrieben, ein rationalisierungsbedingter Stellenabbau „sozialverträglich" gestaltet werde. Die Beklagte halte aber auch im Zeichen der beschriebenen Entwicklung der Konzerngewinne daran fest, ca. die Hälfte des ursprünglichen Personalbestandes zu entlassen. Dies sei ein unternehmerisches Verhalten, das das auf dem Prinzip der Solidargemeinschaft von Arbeitgebern und Arbeitnehmern beruhende System der gesetzlichen Solidarversicherung ernstlich gefährde.
Mit diesem Urteil hat das AG Gelsenkirchen erstmals seit dem Inkrafttreten des KSchG eine Kündigung aufgrund eines missbräuchlichen unternehmerischen Verhaltens für unwirksam erklärt.

Die Entscheidung des AG Gelsenkirchen hat die Frage aufgeworfen, ob tatsächlich von einem missbräuchlichen Verhalten des Unternehmers auszugehen ist, wenn er trotz bzw. zur Erwirtschaftung von Gewinnen Kündigungen zur Personalreduzierung ausspricht.

Das BAG hat diese konkrete Frage bislang nicht zu entscheiden gehabt. Es hat lediglich in einem Urteil vom 12.11.1998[301] hinsichtlich des Tatbestandsmerkmals der „dringenden" Erfordernisse ausdrücklich offengelassen, ob eine Rationalisierungsmaßnahme, die zum Wegfall von Beschäftigungsmöglichkeiten

---

[300] Urteil des AG Gelsenkirchen vom 28.10.1997, EzA § 1 KSchG Betriebsbedingte Kündigung Nr. 100.

[301] Urteil des BAG vom 12.11.1998, AP Nr. 51 zu § 2 KSchG 1969.

führt, generell – also auch im Falle ihrer Kostenneutralität – als in diesem Sinne dringend anzusehen sei, oder ob dies nur dann der Fall sei, wenn die Rationalisierungsmaßnahme eine wesentliche Kostenersparnis erbringe oder aus anderen Gründen, z.B. um die Konkurrenzfähigkeit zu erhalten, dringend erforderlich sei. Darüber hinaus ist das BAG in seiner Entscheidung vom 09.05.1996[302] davon ausgegangen, dass allein der Nachweis eines nicht bestehenden Verlustes für die Annahme missbräuchlichen Unternehmerverhaltens nicht ausreiche. Der klassische „shareholder-value-Fall" hat dem BAG bisher nicht vorgelegen.

In der Literatur wurde dagegen bereits erörtert, ob unternehmerische Entscheidungen im Rahmen einer Missbrauchskontrolle auch auf ihre wirtschaftliche Notwendigkeit hin zu überprüfen sind. Im Mittelpunkt steht dabei die Frage, ob eine Kündigung auch dann wirksam sein kann, wenn der Unternehmer sie zur bloßen Gewinnsteigerung ausgesprochen hat.
Däubler[303] stellt sich gänzlich gegen die Wirksamkeit einer Kündigung zur Gewinnmaximierung. Seiner Ansicht nach müsse einer Kündigung, die eine Erhöhung des unternehmerischen Gewinns allein auf Kosten der Arbeitsplätze bezwecke, die rechtliche Anerkennung abgesprochen werden. Eine solche Kündigung stelle einen Missbrauch der dem Unternehmer eröffneten Gestaltungsmacht dar.
Auch *Feudner*[304] steht der Frage nach der Wirksamkeit betriebsbedingter Kündigungen zur Gewinnmaximierung kritisch gegenüber. Seiner Ansicht nach ergebe sich aus den kündigungsrechtlichen Beschränkungen der Unternehmerfreiheit durch das Kündigungsschutzgesetz, dass der Unternehmer gehalten sei, mit Rücksicht auf die Interessen der Beschäftigten seine gewinnmäßigen Zielvorstellungen vorrangig auf andere Weise als durch Kündigungen zu erreichen. Nachvollziehbar gewinnerhöhende Kündigungen könnten erst dann zulässig sein, wenn andere zumutbare Gewinnsteigerungsmaßnahmen ausscheiden würden. Ein Arbeitsgericht könne den Unternehmer zwar nicht zu einer anderen – nicht auf Gewinnmaximierung zielenden – Entscheidung veranlassen, wohl aber, wenn der Unternehmer nicht schlüssig und nachvollziehbar vortrage, dass andere zumutbare Alternativen zur Gewinnerhöhung ausscheiden, ein dringendes betriebliches Erfordernis für Kündigungen verneinen.
Des Weiteren zeigt auch *Bitter*[305] Bedenken hinsichtlich der Wirksamkeit einer Kündigung aus Gewinnstreben. Nach ihm müsse es schon einen Unterschied machen, ob der Unternehmer kündige, weil er den Betrieb stilllegen wolle, weil

---

302 Urteil des BAG vom 09.05.1996, AP Nr. 79 zu § 1 KSchG 1969 Betriebsbedingte Kündigung.
303 *Däubler*, Anm. zum Urteil des ArbG Gelsenkirchen vom 28.10.1997, AuR 1999, 38 ff.; *ders.*, Arbeitsrecht 2, Rdnr. 1033.
304 *Feudner*, NZA 2000, 1136 (1143).
305 *Bitter*, DB 1999, 1214 (1217).

er aus Sanierungsgründen rationalisiere oder weil er den Gewinn eines ohnehin schon profitablen Betriebes weiter steigern wolle. *Bitter* deutet aber nicht an, wie eine konkrete kündigungsrechtliche Lösung auszusehen habe. Eine Diskussion in dieser Hinsicht müsse nach seiner Meinung offen bleiben, da nicht überschaubar sei, wie viele Fälle z.B. mit Profilsucht von Managern oder schlichten Managementfehlern, die Personalreduzierungen zur Folge hätten, auf die Arbeitsgerichte zukommen würden[306].
Gleichzeitig entfernt sich *Bitter* von der Entscheidung des AG Gelsenkirchen. Dieses Urteil sei nicht akzeptabel, da die Begründung zur angeblich fehlenden sozialen Rechtfertigung wegen übertriebener Gewinnsteigerung ein reines obiter dictum darstelle, weil das Gericht zuvor selbst ausgeführt habe, die Kündigung scheitere bereits an der fehlerhaften Betriebsratsanhörung nach § 102 Abs. 1 BetrVG. Somit werde nach Ansicht *Bitters* mit dieser Entscheidung völlig unnötig Rechtspolitik betrieben[307].
Anders sehen dies *Bontrup* und *Dammann*[308]. Sie betonen, dass die Gesellschaft die Gemeinkosten für die vom Verlust des Arbeitsplatzes betroffenen Arbeitnehmer zu tragen habe. Komme es aufgrund einseitig berücksichtigter Interessen zu einer gesellschaftlichen Unverträglichkeit, so müssten die im Rahmen eines solchen Unternehmerkonzepts ausgesprochenen Kündigungen für unwirksam erklärt werden. Sie befürworten deshalb die Entscheidung des AG Gelsenkirchen in vollem Umfang, auch wenn sie der Ansicht sind, dass die Begründung des Gerichts etwas mager ausgefallen sei.

Für die Wirksamkeit einer betriebsbedingten Kündigung zur Gewinnsteigerung spricht sich dagegen u.a. *Stahlhacke*[309] aus. Er weist darauf hin, dass die Verbesserung der Rentabilität oder die Gewinnsteigerung nicht unbedingt zur Steigerung des Privatvermögens des Unternehmers führen müssten. Vielfach kämen die erhöhten Gewinne dem Unternehmen selbst zugute, z.B. durch bessere Eigenkapitalausstattung oder die Vermeidung der Inanspruchnahme von Krediten. Von einem missbräuchlichen Verhalten könne in einem solchen Fall nicht gesprochen werden.
B. Preis ist zudem der Ansicht, dass eine zur Gewinnmaximierung getroffene unternehmerische Entscheidung schon aus dem Grund nicht als missbräuchlich zu bewerten sei, da das unternehmerische Handeln auf die Erzielung und die Steigerung von Gewinnen ausgerichtet sei[310]. Wenn es richtig sei, die wirtschaftliche Zweckmäßigkeit oder Notwendigkeit einer unternehmerischen Entscheidung nicht zu untersuchen, dann gelte dies auch für ein florierendes Unternehmen. Es komme gerade nicht darauf an, ob das Unternehmen allein darauf ziele,

306 *Bitter*, DB 2000, 1760 (1766).
307 *Bitter*, DB 2000, 1760 (1766).
308 *Bontrup/Dammann*, AuA 1999, 399 (402).
309 *Stahlhacke*, DB 1994, 1361 (1365).
310 *B. Preis*, NZA 1997, 625 (628).

seine ohnehin hohe Rentabilität noch zu steigern. Darüber hinaus gäbe es auch keinen vernünftigen Maßstab dafür, wie weit ein Unternehmen durch eine veränderte Arbeitsorganisation bzw. durch Entlassungen seine Rentabilität steigern dürfe[311].

Nach *Hillebrecht* seien Rationalisierungsmaßnahmen aus Gewinnstreben zwar unpopulär. Sie seien aber nicht verwerflich und würden damit jedenfalls nicht den Tatbestand des Missbrauchs erfüllen[312].

Auch nach *U. Preis* müssten Umstrukturierungen ohne triftiges Rentabilitätsinteresse keineswegs willkürlich sein[313]. Zugleich geht *U. Preis* jedoch davon aus, dass der anerkannte Schutz vor willkürlichen Unternehmerentscheidungen hier nicht weiterführe. Das Problem der Umstrukturierungen ohne Rentabilitätsinteresse sei vielmehr ein Problem der „Dringlichkeit" betrieblicher Erfordernisse[314]. Deshalb behandelt er dieses Problem auch im Rahmen der von ihm entwickelten sogenannten Dringlichkeitsprüfung, die auf einer Auslegung des Tatbestandsmerkmals der *dringenden* betrieblichen Erfordernisse beruht.

Der Sichtweise von *U. Preis* ist zuzustimmen. Die Frage, ob Kündigungen zur Gewinnsteigerung zulässig sind, ist kein Problem des Missbrauchs, sondern des Inhalts des Tatbestandsmerkmals der dringenden betrieblichen Erfordernisse des § 1 Abs. 2 Satz 1 KSchG. Die Dringlichkeitsprüfung beruht auf einer Auslegung des Merkmals „dringende betriebliche Erfordernisse". Deshalb ist das Problem der Zulässigkeit einer Kündigung zur Gewinnsteigerung nicht hier, sondern unter dem Aspekt der Dringlichkeit betrieblicher Erfordernisse zu erörtern[315].

6) Urteile des BAG vom 17.06.1999

Im Rahmen eines Überblicks über die Rechtsprechung zur Missbrauchskontrolle sind auch die Urteile des BAG vom 17.06.1999[316] zu nennen. Allen drei Entscheidungen lag die Frage zugrunde, ob der bloße Entschluss des Arbeitgebers, künftig mit weniger Personal zu arbeiten, als unternehmerische Entscheidung anzuerkennen ist.

Während sich die ersten beiden Urteile (2 AZR 141/99 und 2 AZR 522/98) vorwiegend mit prozessualen Fragen, wie der Darlegungs- und Beweislastvertei-

---

[311] *B. Preis*, NZA 1997, 625 (628); a.A. aber *ders.* in DB 2000, 1122 (1125). Dort schlägt er vor, bloße Änderungen der Arbeitsorganisation unterhalb der Qualität einer Betriebsänderung auf ihre wirtschaftliche Notwendigkeit zu überprüfen.

[312] *Hillebrecht*, DAV 1983, 92.

[313] *U. Preis*, NZA 1995, 241 (248).

[314] *U. Preis*, NZA 1995, 241 (248 f.).

[315] Vgl. dazu unten unter E).

[316] Urteile des BAG vom 17.06.1999, AP Nr. 101, 102 und 103 zu § 1 KSchG 1969 Betriebsbedingte Kündigung.

lung zwischen Arbeitgeber und Arbeitnehmer, beschäftigten, hatte das BAG in der dritten Entscheidung des Tages (2 AZR 456/98) auch materielle Fragen hinsichtlich der Missbrauchskontrolle zu klären.

Im zugrunde liegenden Fall war dem Kläger, einer Druckereihilfskraft, betriebsbedingt gekündigt worden. Der Kündigung war die Entscheidung der Beklagten vorausgegangen, den Arbeitsplatz einer Hilfskraft einzusparen. Der Kläger war vor seiner Kündigung einer Druckfachkraft als Hilfskraft beigestellt. Diese Druckfachkraft musste nach der Kündigung des Klägers allein weiterarbeiten.

Im folgenden Kündigungsschutzprozess ging es im Wesentlichen um die Frage, ob die Kündigung des Klägers gegen eine quantitative Besetzungsregel aus dem Manteltarifvertrag für gewerbliche Arbeitnehmer der Druckindustrie (Anhang C II Nr. 3 MTV) verstoßen hat, die vorsieht, dass den Fachkräften näher bestimmter Druckmaschinen mindestens eine Hilfskraft beizustellen ist. Der Kläger hat geltend gemacht, dass diese tarifliche Bestimmung die Freiheit der Beklagten objektiv begrenze. Ihre tarifwidrige und rechtsmissbräuchliche unternehmerische Entscheidung könne die Kündigung deshalb nicht stützen.

Das Berufungsgericht vertrat die Auffassung, dass die Durchsetzung der Entscheidung der Beklagten, eine Hilfskraft einzusparen, gegen die Besetzungsregelung des Anhangs C II Nr. 3 MTV verstoße und daher sozialwidrig gemäß § 1 Abs. 2 KSchG sei.

Dem ist das BAG nicht gefolgt. Es hat festgestellt, dass sich der Kläger selbst nicht auf die Besetzungsregel berufen könne, da sein Arbeitsverhältnis nicht unmittelbar vom Schutzzweck dieser Vorschrift erfasst werde. Die Regelung, dass Fachkräften eine Hilfskraft beizustellen ist, bezwecke keinen unmittelbaren Arbeitsplatzschutz der betreffenden Hilfskraft. Die arbeitsplatzschützende Komponente komme unmittelbar nur den jeweiligen Fachkräften zu. Diese seien die direkten Normbegünstigten. Hilfskräfte würden durch die Besetzungsregelung lediglich vor Gesundheitsgefahren oder Überforderung bewahrt werden.

Allerdings könne sich eine Hilfskraft nach Auffassung des BAG anlässlich einer betriebsbedingten Kündigung, die auf die unternehmerische Maßnahme zur dauerhaften Stellenreduzierung zurückgeführt werde, im Wege der Reflexwirkung darauf berufen, die Unternehmerentscheidung sei im Sinne der bisherigen Rechtsprechung zur betriebsbedingten Kündigung nach § 1 Abs. 2 KSchG offensichtlich unsachlich, unvernünftig oder willkürlich, wenn die Weiterbeschäftigung der Hilfskraft die jeweilige Fachkraft vor einer physischen oder psychischen Überbelastung schütze.

Angesichts der bis dato unaufgeklärten Sachverhaltsumstände hielt das BAG weitere Hinweise hierzu nicht für sinnvoll. Es war der Auffassung mangels ausreichender Feststellungen des Berufungsgerichts nicht abschließend über die Betriebsbedingtheit der Kündigung entscheiden zu können und hat deshalb den Streit an das LAG zurückverwiesen.

7) Urteil des BAG vom 26.09.2002 – Rheuma-Klinik-Entscheidung

Einen weiteren Meilenstein in der Missbrauchsrechtsprechung setzt das Urteil des BAG vom 26.09.2002[317]. In dieser Entscheidung hat das BAG erstmals in der Geschichte seiner Rechtsprechung seit Beginn der Missbrauchskontrolle eine unternehmerische Entscheidung an eben dieser scheitern lassen. Die Entscheidung ist von der Literatur als die wichtigste kündigungsrechtliche Entscheidung der letzten Jahre bezeichnet worden[318].

a) Darstellung des zugrunde liegenden Falles

Der Entscheidung lag ein Streit über die Wirksamkeit einer ordentlichen betriebsbedingten Kündigung zugrunde. Die Klägerin war seit dem 01.09.1988 bei der von der Beklagten betriebenen Rheumaklinik als Küchenhilfe beschäftigt. Die Rheumaklinik wurde von den Landesversicherungsanstalten, den AOK-Landesverbänden Schleswig-Holstein und Hamburg sowie von der Stadt Bad Bramstedt betrieben. Nach Fehlbeträgen in den Jahren 1995 und 1996 von jeweils ca. 4 Mio. DM wurde auf der Gesellschafterversammlung vom 15.06.2000 beschlossen, die Klinikbereiche Reinigung, Küche und Servierbereich sowie die Diätabteilung und die Ernährungsberatung zum 31.01.2001 stillzulegen und den betroffenen Mitarbeitern der Beklagten betriebsbedingt zu kündigen. Mit Gesellschaftsvertrag vom 16.01.2001 wurde im Folgenden eine neue „Gesellschaft für Dienst- und Serviceleistungen mbH“ (Service-GmbH) gegründet. Dieser wurden sämtliche Dienstleistungen übertragen, die bisher in den betroffenen Bereichen der Beklagten selbst erbracht worden waren. Die Beklagte erhoffte sich auf diese Weise eine Gesamtersparnis von über 1,6 Mio. DM, die sich insbesondere aus günstigeren Personalkosten wegen der nun anwendbaren Tarifverträge des Gebäudereinigerhandwerks ergeben sollten. Die Mitarbeiter der Rheumaklinik waren bislang entweder nach dem BAT oder dem MTArb entlohnt worden.
Der Gesellschaftszweck der Service-GmbH ist die Durchführung von Dienstleistungen für die Beklagte, u.a. in dem Bereich der Reinigungstätigkeit und der Speisen- und Getränkeversorgung. Die Beklagte hält 51 % der Geschäftsanteile, während ein selbständiges Dienstleistungsunternehmen mit 49 % beteiligt ist. Der jeweilige Geschäftsführer der Service-GmbH stammt aus der Leitung der Beklagten. Er hat die Geschäfte in Übereinstimmung mit den Beschlüssen der Gesellschafterversammlung zu führen. Die Geschäftsführung der Service-GmbH benötigt zudem für alle Geschäfte, die über den gewöhnlichen Betrieb des Unternehmens der Gesellschaft hinausgehen, der vorhergehenden Zustimmung durch Gesellschafterbeschluss. Darüber hinaus ist die Beklagte berechtigt, die

[317] Urteil des BAG vom 26.09.2002, AP Nr. 124 zu § 1 KSchG 1969 Betriebsbedingte Kündigung.
[318] Vgl. Fn. 43.

eingesetzten Kräfte der Service-GmbH jederzeit auf ihre fachliche und persönliche Eignung hin zu überprüfen.
Des Weiteren wurde zwischen der Rheumaklinik und der Service-GmbH eine umsatzsteuerrechtliche Organschaft begründet, damit auf die von der Service-GmbH zu erbringenden Dienstleistungen keine Umsatzsteuern zu entrichten waren. Ingesamt wurde die Service-GmbH damit als finanziell, wirtschaftlich und organisatorisch in das Unternehmen der Beklagten voll eingegliederte Organgesellschaft nach § 2 Abs. 2 Nr. 2 UStG gebildet.
Ferner überließ die Rheumaklinik der Service-GmbH zwar das Direktionsrecht gegenüber den Arbeitnehmern, aber sie hat zugleich durch die Ausrichtung des Zwecks der GmbH auf ihre Interessen, die zwingende Besetzung der Geschäftsführung mit einem Mitglied ihrer Leitung, die Bindung der Geschäftsführung an die Beschlüsse der mehrheitlich von ihr beherrschten Gesellschafterversammlung sowie den Vorbehalt des Rechts zur Kontrolle der Arbeitskräfte auf fachliche und persönliche Eignung eine von ihren Vorstellungen abweichende Ausübung des Direktionsrechts durch die Service-GmbH faktisch ausgeschlossen.
Die Klägerin wandte sich gegen die Kündigung ihres Arbeitsvertrages mit dem Vortrag, ihre bisherigen Aufgaben seien nicht entfallen. Die Beklagte habe ihre Arbeitgeberstellung wegen ihres bestimmenden Einflusses auf die Geschäftsführung der Service-GmbH nicht aufgegeben. Die Beklagte hat dem widersprochen und vorgetragen, dass sie seit dem 01.04.2001 in den betroffenen Bereichen keine Arbeitgeberfunktionen mehr ausübe. Die Service-GmbH beschäftige einen mit Einzelprokura versehenen Prokuristen, der mit der Befugnis des Personalleiters ausgestattet sei. Dieser sei aufgrund einer Geschäftsanweisung für alle personellen und sozialen Angelegenheiten der Mitarbeiter in der Service-GmbH zuständig. Daneben verfüge die Service-GmbH über einen Betriebsleiter, dessen fachlichen Weisungen die Mitarbeiter der Service-GmbH ausschließlich unterlägen.

Das BAG hat in seinem Urteil vom 26.09.2002 dennoch für die Klägerin entschieden und das unternehmerische Konzept der Rheumaklinik als rechtsmissbräuchlich eingestuft. Die betriebsbedingten Kündigungen der Beklagten gegenüber ihren ehemaligen Arbeitnehmern wurden für unwirksam erklärt.
In seiner Begründung hat das BAG ausgeführt, dass zwar die Unternehmerentscheidung des Betreibers grundsätzlich nicht auf ihre sachliche Rechtfertigung oder ihre Zweckmäßigkeit zu überprüfen sei. Doch sei es rechtsmissbräuchlich, wenn der Arbeitgeber ein unternehmerisches Konzept zur Kostenreduzierung wähle, das faktisch nicht zu Änderungen in den betrieblichen Abläufen, jedoch bei allen Arbeitnehmern zum Verlust ihres Arbeitsplatzes führe. Die Gründung einer i.S.v. § 2 Abs. 2 Nr. 2 UStG finanziell, wirtschaftlich und organisatorisch in das Unternehmen des Arbeitgebers eingegliederten Organgesellschaft und die Übertragung der Arbeiten einzelner Abteilungen auf diese Gesellschaft sei

rechtsmissbräuchlich und damit kündigungsrechtlich unbeachtlich, wenn die Wahl dieser Organisationsform in erster Linie dem Zweck diene, den Arbeitnehmern der betroffenen Bereiche ihren Kündigungsschutz zu nehmen und sich von ihnen „frei" zu trennen, damit die Arbeit in Zukunft von anderen, schlechter bezahlten Arbeitnehmern verrichtet werden könne[319].

b) Rechtliche Beurteilung der Entscheidung

Diese Entscheidung des BAG ist in der Literatur überwiegend auf Kritik gestoßen. Zum einen wird zwar das Ergebnis der Entscheidung – nämlich die Unwirksamkeit der unternehmerischen Entscheidung – als richtig empfunden, nicht aber der Weg, den das BAG dorthin gewählt hat[320]. Zum anderen gibt es auch Stimmen, die die Entscheidung des BAG im Ganzen ablehnen[321].

aa) Rechtliche Umkonstruktion

Die Betreiber der Rheumaklinik haben die Bereiche Küche, Reinigung und Servierbereich stillgelegt und auf die Service-GmbH übertragen. Sie haben dabei allerdings eine rechtliche Umkonstruktion gewählt, die das Direktionsrecht gegenüber den Arbeitnehmern der Service-GmbH zwar unmittelbar bei der Service-GmbH selbst belässt, aber zugleich durch die Ausrichtung des Zwecks der GmbH auf ihre Interessen, die zwingende Besetzung der Geschäftsführung mit einem Mitglied ihrer Leitung, die Bindung der Geschäftsführung an Beschlüsse der mehrheitlich von der Klinik beherrschten Gesellschafterversammlung sowie den Vorbehalt des Rechts der Kontrolle der Arbeitnehmer der Service-GmbH verhindert, dass die Service-GmbH das ihr belassene Weisungsrecht in einer von der Vorstellung der Klinik abweichenden Weise ausüben kann.

bb) Wirkung der rechtlichen Umkonstruktion

Diese rechtliche Umgestaltung hat zur Folge, dass den Klinikbetreibern der bestimmende Einfluss auf die Service-GmbH sowohl hinsichtlich der Ausführung ihrer Tätigkeiten als auch hinsichtlich ihre Arbeitnehmer erhalten bleibt. Zwar

---

[319] Vgl. Urteil des BAG vom 26.09.2002, AP Nr. 124 zu § 1 KSchG 1969 Betriebsbedingte Kündigung.

[320] Vgl. *Annuß*, NZA 2003, 783 (784 f.); *Reuter*, RdA 2004, 161 ff.; *Bengelsdorf*, Anm. zum Urteil vom 26.09.2002, AP Nr. 124 zu § 1 KSchG 1969 Betriebsbedingte Kündigung.

[321] *Thüsing/Stelljes*, Anm. zum Urteil des BAG vom 26.09.2002, EzA § 1 KSchG Betriebsbedingte Kündigung, Nr. 124, nach ihnen könne das Urteil weder im Ergebnis noch in der Begründung überzeugen; ähnlich auch *Adomeit*, SAE 2003, 237 ff., der in der Entscheidung des BAG insbesondere einen zu weitreichenden Eingriff in die unternehmerische Entscheidungsfreiheit sieht.

scheint die Klinik diese Einflussnahme der rechtlichen Konstruktion nach verloren zu haben, real bleibt sie aber bestehen[322]. Damit sind die Klinikbetreiber zwar nicht formal, wohl aber der Wirklichkeit nach diejenigen geblieben, die über die Arbeitsplätze in den Bereichen Reinigung, Küche und Servierdienst, ihre Besetzung und ihre konkreten Anforderungen bestimmen[323].

cc) Vergleich mit der sogenannten „Weight-Watchers"-Entscheidung

Ein Vergleich mit der sogenannten „Weight-Watchers"-Entscheidung[324] zeigt, dass es dort im Gegensatz zum vorliegenden Fall zu einer realen Auslagerung von zuvor innerbetrieblich ausgeführten Aufgaben bzw. Funktionen gekommen war. Das Unternehmen hatte sich entschieden, sein Vertriebssystem zu wechseln. Das Ernährungs- und Verhaltensprogramm sollte in Zukunft auf der Basis von sogenannten Partnerverträgen durch selbständig tätige, freie Mitarbeiter und nicht mehr durch angestellte Mitarbeiter am Markt angeboten werden.
Eine derartige Umwandlung von zuvor bestehenden Arbeitsverhältnissen in freie Mitarbeiterstellen erfordert eine weitgehende Rücknahme der Kontroll- und Einflussmöglichkeiten durch den Arbeitgeber. Nur wenn die als freie Mitarbeiter beschäftigten Personen überwiegend über den Inhalt, die Durchführung, die Zeit, die Dauer oder auch den Ort ihrer Tätigkeit bestimmen können, sind sie nicht als Arbeitnehmer zu qualifizieren[325].
In dem der „Weight-Watchers"-Entscheidung zugrunde liegenden Fall hatte das Unternehmen tatsächlich seinen Status als Arbeitgeber aufgegeben. Das Verhältnis Arbeitgeber – Arbeitnehmer war infolge der Umsetzung der Unternehmerentscheidung weggefallen.
Zu diesem Ergebnis gelangte auch das BAG. Es führte aus, dass nicht nur „vorgeschobene Arbeitsverhältnisse", sondern tatsächlich freie Mitarbeiterverträge vorliegen würden. Es hatte deshalb die Kündigung einer angestellten Gruppenleiterin für unwirksam erklärt[326].

---

[322] Vgl. *Reuter*, RdA 2004, 161.
[323] So auch *Reuter*, RdA 2004, 161; *Bengelsdorf*, Anm. zum Urteil des BAG vom 26.09.2002, AP Nr. 124 zu § 1 KSchG 1969 Betriebsbedingte Kündigung.
[324] Urteil des BAG vom 09.05.1996, AP Nr. 79 zu § 1 KSchG 1969 Betriebsbedingte Kündigung.
[325] Urteil des BAG vom 15.03.1978, AP Nr. 26 zu § 611 BGB Abhängigkeit; vgl. auch *Brox/Rüthers/Henssler*, Arbeitsrecht, Rdnr. 52, 95.
[326] Diese Entscheidung des BAG ist in der Literatur nicht unumstritten - vgl. z.B. *U. Preis*, NZA 1997, 1073 (1079), nach dem sich die Kündigung zur Auswechselung des Vertragstyps als eine unzulässige Austauschkündigung darstelle. *U. Preis* kritisiert, dass bei einem Wechsel des Vertragstyps nicht der Beschäftigungsbedarf entfalle. Der Arbeitgeber habe nur den Wunsch, den gleichen Personalbedarf zu anderen rechtlichen oder kostenmäßigen Bedingungen zu befriedigen; kritisch auch *Franzen*, Anm. zum Urteil des BAG vom 09.05.1996, EzA zu § 1 KSchG Betriebsbedingte Kündigung Nr. 85; *Korinth*, AuA 1997, 228 ff.; *B. Preis*,

Insofern ist die „Weight-Watchers"-Entscheidung nicht mit der Entscheidung vom 26.09.2002 zu vergleichen, da in der „Weight-Watchers"-Entscheidung der Vertrieb zukünftig mit „echten" freien Mitarbeitern erfolgen sollte.

dd) Vergleich mit der sogenannten Crewing-Entscheidung

Neben der „Weight-Watchers"-Entscheidung zeigt aber die sogenannte Crewing-Entscheidung[327] ähnliche Züge wie die Entscheidung vom 26.09.2002.
In dieser Entscheidung hatte die Arbeitgeberin, eine Reederei, aus Kostengründen der gesamten Besatzung gekündigt und die Anheuerung neuer Besatzungsmitglieder einer ausländischen Crewing-Firma übertragen. Der wirtschaftliche Schiffsbetrieb erfolgte dagegen weiterhin durch die Reederei selbst. Sie bestimmte die Ladung, die Frachtraten und den Einsatz der Schiffe in Bezug auf den Terminplan und die anzulaufenden Häfen. Die Reederei stand somit in einem ständigen unmittelbaren Kontakt zu den jeweiligen Kapitänen und erteilte ihnen die entsprechenden Weisungen.
Dort sah das BAG die Kündigung eines klagenden Kapitäns als sozial ungerechtfertigt an. Zwar habe die Arbeitgeberin, eine Reederei, ihre formale Arbeitgeberstellung aufgegeben, doch sei sie es gewesen, die weiterhin die für die Arbeit erforderlichen Weisungen gegenüber ihren Beschäftigten erteilt habe. Das BAG urteilte, dass in einem solchen Fall nicht die Beschäftigungsmöglichkeit im Betrieb entfalle, sondern vielmehr nur die eigenen Beschäftigten durch ausgeliehene Arbeitnehmer ersetzt werden sollten. Dies stelle eine unzulässige Austauschkündigung dar[328].
Der Unterschied zur Entscheidung vom 26.09.2002 ist darin zu sehen, dass die Krankenhausbetreiber das Direktionsrecht gegenüber den Arbeitnehmern der Service-GmbH nicht unmittelbar übernommen, sondern sich dieses durch den

AuR 1997, 60 (66); *Thum*, Betriebsbedingte Kündigung, S. 143 f.; vgl. auch *Tenczer*, Freie Unternehmerentscheidung, S. 95, 146 ff., nach der zwar eine freie Unternehmerentscheidung, die eine betriebsbedingte Kündigung rechtfertigen könne, vorliegen solle. Diese müsse aber gesondert auf ihre Dringlichkeit überprüft werden.

327 Urteil des BAG vom 26.09.1996, AP Nr. 80 zu § 1 KSchG 1969 Betriebsbedingte Kündigung.

328 Vgl. in diesem Zusammenhang auch die Entscheidung des LAG Niedersachen vom 13.06.2203, NZA-RR 2003, 577 f. Auch das LAG Niedersachen stellt unter Hinweis auf die Entscheidung vom 26.09.1996 fest, dass eine Beschäftigungsmöglichkeit dann nicht entfalle, wenn der Arbeitgeber zwar seine formale Arbeitgeberstellung aufgebe, gegenüber den Beschäftigten aber im Wesentlichen weiterhin selbst die für die Durchführung der Arbeit erforderlichen Weisungen erteile. In einem solchen Fall liege keine Unternehmerentscheidung vor, die zu einem Wegfall der Beschäftigungsmöglichkeit führe, sondern lediglich ein Austausch der eingesetzten Personen, die nach wie vor einem inhaltlichen Weisungsrecht des Arbeitgebers unterliegen würden.

Gesellschaftsvertrag und die Kontrolle über die Arbeitskräfte der Service-GmbH mittelbar erhalten haben.
Ein Unterschied ist damit aber nur in der „Gestaltung des Direktionsrechts“, nicht jedoch in dem Vorliegen desselben an sich zu sehen. Denn die mittelbare Ausübung des Direktionsrechts kommt der tatsächlichen Übernahme des Gestaltungsrechts seiner Wirkung nach gleich[329].

ee) Rechtliche Konstruktion oder tatsächliche Wirkung entscheidend?

Fraglich ist in solchen Fällen, ob die Rechtsformen des gesellschaftlichen Handels oder seine Wirkungen über seine Zulässigkeit und seine Grenzen entscheiden sollen.
Heutzutage herrscht die mittlerweile gesicherte Erkenntnis vor, dass die Wirkung des gesellschaftlichen Handelns über die Zulässigkeit und die Grenzen desselben bestimmen soll[330]. Es widerspreche der juristischen lex artis, die Rechtsfolgen an der Verschiedenartigkeit der rechtlichen Konstruktion zu orientieren[331].
So hat auch das BAG im Crewing-Urteil entschieden. Es sieht nicht die formale Arbeitgeberstellung der Crewing-Firma, sondern das für die Durchführung auf dem Schiff erforderliche Direktionsrecht der Reederei als maßgeblich an.
In der konsequenten Fortführung dieser Entscheidung bedeutet das, dass auch in der Rheumaklinik-Entscheidung die Wirkung des mittelbaren Direktionsrechts entscheidend ist und somit auch hier wie in der Crewing-Entscheidung von einer unzulässigen Austauschkündigung auszugehen ist.

ff) Unzulässige Austauschkündigung

Das BAG geht im Ergebnis von einer unzulässigen Umgehung des Kündigungsschutzes durch die Klinkbetreiber aus. Eine unzulässige Umgehung ist durch die Wahrnehmung einer rechtlichen Gestaltungsmöglichkeit gekennzeichnet, die ihrer äußeren Gestalt nach geeignet ist, die Rechtsfolgen einer belastenden Norm zu vermeiden und auf scheinbar rechtmäßigem Wege einen widerrechtlichen Erfolg herbeizuführen[332].
Ein solches Vorgehen wirft das BAG den Klinikbetreibern vor. Sie hätten durch die Gestaltung ihres mittelbaren Direktionsrechts die Verfügungsmacht über die

---

[329] *Reuter*, RdA 2004, 161.
[330] Vgl. *Reuter*, RdA 2004, 161; *Bengelsdorf*, Anm. zum Urteil des BAG vom 26.09.2002, AP Nr. 124 zu § 1 KSchG 1969 Betriebsbedingte Kündigung.
[331] *Reuter*, RdA 2004, 161.
[332] MüKo-*Mayer-Maly/Armbrüster*, § 134 Rdnr. 11; *Sieker*, Umgehungsgeschäfte, S. 12 f.; *Thüsing/Stelljes*, Anm. zum Urteil des BAG vom 26.09.2002, EzA § 1 KSchG Betriebsbedingte Kündigung Nr. 124.

Arbeitsplätze bei der Service-GmbH behalten und so eine Neubesetzung im Wege der unzulässigen Austauschkündigung bewirkt, die nach außen den Anschein erwecke, eine Neubesetzung durch die Service-GmbH selbst zu sein. Dadurch sei der Kündigungsschutz der bei der Klinik beschäftigten Arbeitskräfte umgangen worden. Die Betriebsstilllegung sei nur erfolgt, um den Anschein eines zulässigen Verfahrens zu wahren.

Eine andere Auffassung vertreten in diesem Zusammenhang *Thüsing* und *Stelljes*[333]. Ihrer Ansicht nach könne von einer zu missbilligenden Umgehungsstrategie jedenfalls dann nicht die Rede sein, wenn derselbe Zweck auch auf einem anderen, rechtlich zulässigen Weg erreichbar gewesen wäre, denn dann richte sich das Verbot nicht gegen den Erfolg selbst, sondern gegen die besondere Art und Weise seiner Verwirklichung. Insofern sei es nicht zu erklären, warum das BAG einen Umgehungsfall annimmt und gleichzeitig ausführt, dass die Beklagte ihr Ziel, die Arbeit in den betroffenen Bereichen kostengünstiger zu gestalten, auch durch zahlreiche rechtlich zulässige Mittel hätte verwirklichen können[334]. Diese Aussage des BAG schließe es aus, in den Kündigungen des Betreibers eine Umgehungsstrategie zu sehen. Das BAG halte den bezweckten Erfolg offenkundig nicht für widerrechtlich oder für den Gegenstand einer Verbotsnorm. Es zeige sogar rechtlich zulässige Wege zu diesem Erfolg auf.
Thüsing und *Stelljes* sehen in dem vorliegenden Fall deshalb eher eine Art Auslagerung. Dass die Service-GmbH, der die Aufgaben durch die Klinik übertragen wurde, mit der Klinik eng verflochten blieb, sei ihrer Ansicht nach nicht aus einem Kündigungszweck, sondern aus nachvollziehbaren steuerrechtlichen Gründen erfolgt. Es sollten durch die Herbeiführung einer Organschaft Umsatzsteuern eingespart werden. Dieser Zweck sei kündigungsrechtlich nicht zu missbilligen, da nicht durch die Verflechtungen Kündigungen ermöglicht oder auch nur erleichtert würden, sondern allenfalls durch die Aufgabenübertragung. Diese erscheine aber nicht als rechtlich missbilligenswert.

Dem ist entgegenzuhalten, dass das vorliegende Organschaftsverhältnis zwischen der Klinik und der Service-GmbH weit über die gewöhnliche Begründung einer Organschaft zum Zwecke der Vermeidung von Umsatzsteuern hinausgeht[335]. So fordert etwa § 2 Abs. 2 Nr. 2 UStG eine organisatorische

---

[333] *Thüsing/Stelljes*, Anm. zum Urteil des BAG vom 26.09.2002, EzA § 1 KSchG Betriebsbedingte Kündigung Nr. 124.
[334] Das BAG hatte in der vorliegenden Entscheidung die Klinikbetreiber darauf hingewiesen, dass sie ihr Ziel, die Arbeit in den betreffenden Bereichen kostengünstiger zu gestalten, auch durch andere zulässige Mittel hätten erreichen können, etwa durch Änderungskündigungen, Teilbetriebsübergang, Spaltung nach § 123 UmwG oder durch Werkvertrag mit einem Drittunternehmen; siehe dazu näher unten unter hh).
[335] *Reuter*, RdA 2004, 161.

Eingliederung der Organgesellschaft in die Organträgerin, wobei keine Eingliederung auf Betriebs-, sondern lediglich eine Eingliederung auf Unternehmensebene gemeint ist. Die Organschaft setzt somit keinen Einfluss auf Betriebs-, sondern nur auf die Unternehmensebene der Organgesellschaft voraus[336].
Hier hat sich die Klinik über einen Geschäftsführer ihrer Leitung auch Einfluss auf der Betriebsebene der Service-GmbH verschafft. Durch § 4 Abs. 2 des Werkvertrags zur Reinigung, nach dem die Klinik als Auftraggeberin berechtigt ist, jederzeit die eingesetzten Kräfte der Service-GmbH auf ihre fachliche und persönliche Eignung zu überprüfen, ist der Einfluss speziell auf die Arbeitsplätze bei der Service-GmbH intensiviert worden[337].

Daher ist davon auszugehen, dass im vorliegenden Fall mehr als nur steuerrechtliche Gründe eine Rolle gespielt haben. Es muss vielmehr angenommen werden, dass die Klinikbetreiber durch die weitreichende Gestaltung des Organschaftsverhältnisses und die damit verbundene Einflussnahme (insbesondere auf die Arbeitsplätze der Service-GmbH) den Kündigungsschutz der betroffenen Arbeitnehmer umgehen wollten.
Im Ergebnis ist damit das Vorliegen von unzulässigen Austauschkündigungen zu bejahen.

gg) Vorgeschobene Missbrauchsannahme

Problematisch ist jedoch, dass das BAG diese unzulässige Umgehung offiziell als missbräuchliches Verhalten der Klinikbetreiber qualifiziert. In der Entscheidung des BAG heißt es dazu: „Es ist rechtsmissbräuchlich, wenn die Beklagte demgegenüber ein unternehmerisches Konzept zur Kostenreduzierung gewählt hat, das faktisch nicht zu Änderungen in den betrieblichen Abläufen, jedoch bei allen Arbeitnehmern der betroffenen Abteilungen erklärtermaßen zum Verlust ihres Arbeitsplatzes führen sollte, obwohl nach wie vor ein – allenfalls möglicherweise reduzierter – Beschäftigungsbedarf bestand."
Tatsächlich aber nimmt das BAG auf die Kriterien des Missbrauchs nur noch verbal Bezug. In Wirklichkeit prüft der Senat, ob die Beschäftigungsmöglichkeiten bei der Klinik real und nicht nur der rechtlichen Konstruktion nach weggefallen sind[338].
Das BAG kommt dabei zu dem Ergebnis, dass die Betriebsstilllegung der Bereiche Küche, Reinigung und Servierdienst nur der rechtlichen Konstruktion nach vorgelegen hat. Tatsächlich hat sich die Klinik den Einfluss auf die betrieblichen Abläufe und die Verfügungsmacht über die Arbeitsplätze der betroffenen Bereiche der Service-GmbH erhalten. Die Teilbetriebsstilllegungen sind somit

---

336 *Annuß*, NZA 2003, 783 (784); *Reuter*, RdA 2004, 161.
337 *Reuter*, RdA 2004, 161.
338 *Reuter*, RdA 2004, 161.

nur dem rechtlichen Schein nach erfolgt. Wirkliches Ziel war vielmehr der Austausch der in der Klinik tätigen Arbeitnehmer gegen geringer entlohnte Arbeitskräfte bei der Service-GmbH.
Das BAG beklagt damit in der Sache eine unzulässige Umgehung des Kündigungsschutzes der gekündigten Arbeitnehmer der Rheumaklinik.

Diese Umgehung ist aber nicht – wie es das BAG tut – mit der Annahme missbräuchlichen Verhaltens gleichzusetzen. Es handelt sich um zwei unterschiedliche Maßstäbe[339]. Der Missbrauch umschreibt das Fehlen eines sachlichen, rechtfertigenden Grundes. Er soll dabei die Konstellationen der Zweckwidrigkeit erfassen. Eine Gesetzesumgehung liegt demgegenüber vor, wenn der Zweck einer zwingenden Rechtsnorm dadurch vereitelt wird, dass andere Gestaltungsmöglichkeiten missbräuchlich verwendet werden[340].
Hier erfolgt der Sanierungsplan, um den negativen wirtschaftlichen Entwicklungen der Klinik – insbesondere den Fehlbeträgen der letzten Jahre – entgegenzuwirken. Das Unternehmen soll durch Kostensenkung und Gewinnerreichung marktfähig gemacht werden. Diese zugrunde liegende unternehmerische Entscheidung kann aber nicht als zweckwidrig und damit auch nicht als missbräuchlich bezeichnet werden, sie ist auf eine Förderung der Stellung des Unternehmens gerichtet[341].
Im Ergebnis sieht auch das BAG die unternehmerische Entscheidung nicht als missbräuchlich an. Es beanstandet vielmehr wie diese unternehmerische Entscheidung umgesetzt worden ist. Das BAG stellt sich somit nicht gegen den Sanierungsplan als solchen, sondern allein gegen die rechtliche Konstruktion desselben. Der Rückgriff auf die Missbrauchskontrolle ist damit überflüssig.

hh) Zulässige Alternativmaßnahmen?

Neben dem überflüssigen Rückgriff auf die Missbrauchskontrolle hat das BAG zudem darauf hingewiesen, dass die Rheumaklinik ihr Ziel, die Arbeit in den betreffenden Teilbereichen (Küche, Reinigung) kostengünstiger zu gestalten, auch durch zahlreiche andere rechtlich zulässige Mittel hätte verwirklichen können, etwa durch Änderungskündigung, Teilbetriebsübergang, Spaltung nach § 123 UmwG oder durch einen Werkvertrag mit einem Drittunternehmen.

---

339 *Thüsing/Stelljes*, Anm. zum Urteil des BAG vom 26.09.2002, EzA § 1 KSchG Betriebsbedingte Kündigung Nr. 124; *Bengelsdorf*, Anm. zum Urteil vom 26.09.2002, AP Nr. 124 zu § 1 KSchG 1969 Betriebsbedingte Kündigung.
340 Vgl. *Thüsing/Stelljes*, Anm. zum Urteil des BAG vom 26.09.2002, EzA § 1 KSchG Betriebsbedingte Kündigung Nr. 124.
341 *Bengelsdorf*, Anm. zum Urteil des BAG vom 26.09.2002, AP Nr. 124 zu § 1 KSchG 1969 Betriebsbedingte Kündigung.

Diesem Vorwurf ist jedoch entgegenzuhalten, dass ein Krankenhaus die Bereiche Reinigung und Küche schon allein aus medizinischen Gründen gar nicht auf ein selbständig handelndes Drittunternehmen übertragen darf[342]. Dies würde einen Verstoß gegen Grundpflichten aus sämtlichen Behandlungsverträgen bedeuten[343]. Ärztliche Aufsicht und jederzeitige ärztliche Interventionsmöglichkeit müssen stets zum Schutz der Patienten gegeben sein[344].

Folglich scheiden der Teilbetriebsübergang, die Spaltung nach § 123 UmwG und auch der Abschluss eines Werkvertrags mit einem Drittunternehmen, die allesamt eine über das zulässige Maß an Verantwortungsübertragung mit sich bringen würden, als mögliche Alternativmaßnahmen aus.

Des Weiteren muss auch die Änderungskündigung als Alternativmaßnahme ausscheiden. Diese ist im vorliegenden Fall kein geeignetes Gestaltungsmittel zur Personalkostensenkung. Hier beruhen die Personalkosten – soweit ersichtlich – auf tarifvertraglichen Regelungen. Somit steht einer möglichen Änderungskündigung zum Zwecke der Entgeltsenkung die zwingende Wirkung der geltenden Tarifverträge entgegen[345]. Eine Änderungskündigung, die auf die Senkung des Tarifentgelts des tarifgebundenen Arbeitnehmers zielt, ist nach der Rechtsprechung des BAG unwirksam[346]. Auch eine Änderungskündigung, die darauf gerichtet ist, aufgrund wirtschaftlicher Schwierigkeiten nur einen Teil der Arbeitnehmer niedriger zu vergüten, kann nach dem BAG keine Wirksamkeit entfalten[347].

Im Ergebnis ist somit der Vorwurf des BAG an die Rheumaklinik, sie hätte ihr Ziel der Personalkostensenkung auch durch zahlreiche andere rechtlich zulässige Mittel verwirklichen können, nicht haltbar[348].

---

342 *Adomeit*, SAE 2003, 237 (239); *Reuter*, RdA 2004, 161 (162 f.); *Bengelsdorf*, Anm. zum Urteil des BAG vom 26.09.2002, AP Nr. 124 zu § 1 KSchG 1969 Betriebsbedingte Kündigung.

343 *Adomeit*, SAE 2003, 237 (239); *Bergmann/Kienzle*, Krankenhaushaftung, Rdnr. 535.

344 *Adomeit*, SAE 2003, 237 (239); *Reuter*, RdA 2004, 161 (162).

345 *Adomeit*, SAE 2003, 237 (238); *Reuter*, RdA 2004, 161 (162); *Bengelsdorf*, Anm. zum Urteil des BAG vom 26.09.2002, AP Nr. 124 zu § 1 KSchG 1969 Betriebsbedingte Kündigung; *Adam*, DZWiR 2003, 244.

346 Urteile des BAG vom 10.02.1999, AP Nr. 52 zu § 2 KSchG 1969; vom 18.03.1982, AP Nr. 2 zu § 12 KSchG 1969; vgl. auch *Bengelsdorf*, Anm. zum Urteil des BAG vom 26.09.2002, AP Nr. 124 zu § 1 KSchG 1969 Betriebsbedingte Kündigung.

347 Urteil des BAG vom 20.08.1998, AP Nr. 50 zu § 2 KSchG 1969; vgl. auch *Neef*, Anm. zum Urteil vom 26.09.2002, AR-Blattei ES, 1020.4 Nr. 10; *Bengelsdorf*, Anm. zum Urteil vom 26.09.2002, AP Nr. 124 zu § 1 KSchG 1969 Betriebsbedingte Kündigung; *Schrader/Schubert*, NZA-RR 2004, 393 (397).

348 Vgl. auch *Schrader/Schubert*, NZA-RR 2004, 393 (397), die dem BAG zudem vorwerfen, es hätte durch den Hinweis auf andere rechtlich zulässige Mittel eine Inhaltskontrolle der Unternehmerentscheidung der Klinikbetreiber vorgenommen. Wenn das Gericht ausführe, der Arbeitgeber solle vorrangig andere Wege wählen, sei dies nichts anderes, als dem Arbeitgeber

c) Ergebnis

Zum Urteil des BAG vom 26.09.2002 ist damit im Ergebnis Folgendes festzuhalten. Das BAG lässt das unternehmerische Konzept der Klinik zur Kostensenkung offiziell aufgrund missbräuchlichen Verhaltens scheitern. Tatsächlich aber wirft das BAG den Klinikbetreibern vor, dass sie die Teilbetriebsstilllegungen der Bereiche Küche, Reinigung und Servierdienst nur vorgetäuscht haben, um verdeckt eine Neubesetzung der betroffenen Arbeitsplätze im Wege unzulässiger Austauschkündigungen zu erreichen. Dabei verwundert es, dass das BAG nicht an seine bisherige Rechtsprechung zur sogenannten Crewing-Entscheidung angeknüpft hat. Dort hatte das BAG bereits das Vorliegen einer unzulässigen Austauschkündigung bejaht. Auch der Hinweis des BAG, die Klinik hätte ihr unternehmerisches Konzept auf anderem Wege durch zulässige Maßnahmen erreichen können, ist verfehlt.
Ob die Entscheidung des BAG vom 26.09.2002, wie es in der Literatur geäußert wird[349], tatsächlich als wichtigste kündigungsrechtliche Entscheidung der letzten 15 Jahre bezeichnet werden kann, ist fraglich. Dazu ist die Entscheidung wohl durch einen zu eigenartigen Sachverhalt geprägt[350].

Bedeutung erlangt die Entscheidung aber durch einen anderen Aspekt. Das BAG greift nämlich zur Urteilsfindung auch auf den vom BVerfG in seinem ersten Kleinbetriebsbeschluss[351] entwickelten verfassungsrechtlich verankerten Mindestbestandsschutz der Arbeitnehmer als „Schranke" der unternehmerischen Entscheidungsfreiheit zurück. Das BAG führt diesbezüglich aus, dass die Berufsfreiheit des Art. 12 Abs. 1 GG nicht nur die unternehmerische Freiheit schütze, sondern auch einen Mindestbestandsschutz für die Arbeitnehmer gewähre.
Wie die Forderung eines Mindestbestandsschutzes der Arbeitnehmer durch das BVerfG und der Rückgriff des BAG auf einen solchen Anspruch im Rahmen der Überprüfung unternehmerischer Entscheidungsfreiheit zu beurteilen sind, darauf soll später noch ausführlich eingegangen werden.

---

vorzuschreiben, welche Maßnahme er tatsächlich zu ergreifen habe, um das von ihm gewünschte unternehmerische Ziel (hier: Kostensenkung) zu erreichen.

[349] *Annuß*, NZA 2003, 783; *Thüsing/Stelljes*, Anm. zum Urteil des BAG vom 26.09.2002, EzA § 1 KSchG Betriebsbedingte Kündigung Nr. 124.

[350] Vgl. auch *Adomeit*, SAE 2003, 273; *Bengelsdorf*, Anm. zum Urteil des BAG vom 26.09.2002, AP Nr. 124 zu § 1 KSchG 1969 Betriebsbedingte Kündigung.

[351] BVerfGE 97, 169.

8) Urteil des BAG vom 22.04.2004

Zunächst ist noch eine weitere Entscheidung des BAG zur Missbrauchskontrolle zu erwähnen. Sie datiert vom 22.04.2004[352]. Der Entscheidung lag ein Fall zugrunde, in dem über die Wirksamkeit einer ordentlichen Änderungskündigung und über davon abhängige Vergütungsansprüche der Klägerin gestritten wurde. Die Beklagte, eine Krankenhausbetreiberin, hatte der Klägerin die Volltagsstelle von 40 Wochenstunden gekündigt und ihr gleichzeitig die Weiterbeschäftigung bei reduziertem Aufgabengebiet mit 20 Wochenstunden zu entsprechend geringerer Vergütung angeboten. Die Klägerin nahm das Angebot unter Vorbehalt an. Wenig später hat die Beklagte eine weitere Teilzeitkraft (20 Wochenstunden) eingestellt, der die übrigen bislang von der Klägerin erledigten Aufgaben übertragen wurden. Sie arbeitete wie die Klägerin 20 Wochenstunden, montags bis freitags vormittags.
Die Klägerin vertritt den Standpunkt, dass die Aufteilung ihrer ehemaligen Volltagsstelle auf zwei Teilzeitstellen willkürlich und ohne Grund erfolgt sei. Dem hat das BAG nicht entsprochen.
Es hat grundsätzlich festgestellt, dass die Bestimmung, ob ein umfangmäßig konkretisierter Dienstleistungsbedarf nur mit Volltags- oder teilweise auch mit Halbtagsbeschäftigten abgedeckt werden solle, zum Bereich der von den Arbeitsgerichten im Rahmen eines Kündigungsschutzverfahrens nur beschränkt überprüfbaren „Unternehmenspolitik“ gehöre. Eine solche Organisationsentscheidung des Arbeitgebers zur Änderung der Arbeitszeitgestaltung unterliege deshalb nur einer Missbrauchskontrolle. Diese Missbrauchskontrolle ziele weder darauf ab, dem Arbeitgeber organisatorische Vorgaben zu machen, noch dürfe sie dazu dienen, die Stichhaltigkeit der Erwägungen zu prüfen, die den Arbeitgeber gerade zu dem von ihm gewählten und keinem anderen Konzept geführt haben. Es ginge lediglich um die Verhinderung von Missbrauch.
In diesem Zusammenhang bestätigte das BAG auch seine Entscheidung vom 26.09.2002. Es führte erneut aus, dass es im Fall der Beendigungskündigung als missbräuchlich anzusehen sei, wenn ein Arbeitnehmer durch die Bildung separater betrieblicher Organisationsstrukturen bei unverändert fortbestehendem Beschäftigungsbedarf aus dem Betrieb gedrängt werde.
Diese Feststellung hat das BAG sodann auf den vorliegenden Fall übertragen und weiter ausgeführt, dass es grundsätzlich auch im Fall der Änderungskündigung als rechtsmissbräuchlich angesehen werden könnte, „wenn ohne Änderung der realen Abläufe abstrakte Änderungen von Organisationsstrukturen benutzt würden, um den Inhalt von Arbeitsverhältnissen zum Nachteil von Arbeitnehmern so ändern zu können, dass für die betroffenen Arbeitnehmer unzumutbare Arbeitsbedingungen entstehen und / oder sie de facto aus dem Betrieb gedrängt

[352] Urteil des BAG vom 22.04.2004, NZA 2004, 1158 ff. = EzA § 2 KSchG Nr. 50.

werden, weil sie aus wirtschaftlichen Gründen zu den geänderten Bedingungen nicht weiter arbeiten können".
Im vorliegenden Fall bestehe nach dem BAG aber eine andere Situation. Die Beklagte habe unstreitig die der Änderungskündigung zugrunde liegende Trennung der früher von der Klägerin allein verrichteten Tätigkeit tatsächlich vorgenommen. Die Beklagte habe damit nicht etwa nur geänderte Strukturen vorgeschoben, sondern die organisatorischen Änderungen tatsächlich durchgeführt. Von einer missbräuchlichen Unternehmerentscheidung sei deshalb nicht auszugehen.
Dieser Entscheidung des BAG ist wie der Entscheidung des BAG vom 26.09.2002 vorzuwerfen, dass sie im Falle nur vorgeschobener geänderter Organisationsstrukturen in überflüssiger Weise auf das Institut der Missbrauchskontrolle zurückgreift. Tatsächlich prüft das BAG in der Entscheidung vom 22.04.2004, ob es im Betrieb der Beklagten tatsächlich zu organisatorischen Änderungen gekommen ist oder ob geänderte Strukturen lediglich vorgeschoben worden sind. Es prüft also, ob der Beschäftigungsbedarf der betroffenen Arbeitnehmerin tatsächlich weggefallen ist und nicht nur zur Rechtfertigung der Kündigung vorgetäuscht wurde. Damit kommt auch in der vorliegenden Entscheidung kein Fall des Missbrauchs unternehmerischer Entscheidungsfreiheit in Betracht, sondern allenfalls eine unzulässige Umgehung des Kündigungsschutzes. Diese ist aber aufgrund der tatsächlich vorliegenden organisatorischen Änderungen jedenfalls nicht gegeben. Der Rückgriff auf die Missbrauchskontrolle war somit jedenfalls überflüssig.
Dem BAG ist jedoch insoweit zuzustimmen, als dass ein Missbrauch dann in Betracht kommen könnte, wenn sich die Umgestaltung der betrieblichen Abläufe als rechtswidrige Maßregelung (§ 612a BGB) erweisen oder sie die Vorgaben des Beschäftigtenschutzgesetzes umgehen sollte.
Die Klägerin hatte diesbezüglich vorgetragen, dass die organisatorische Entscheidung der Krankenhausbetreiberin in Zusammenhang mit persönlichen Misshelligkeiten zwischen ihr und dem technischen Leiter stehe. Dieser hatte die Arbeitsleistung der Klägerin bemängelt. Allerdings habe die Klägerin die Vorwürfe gegen den technischen Leiter nach Ansicht des BAG nicht ausreichend konkretisiert, so dass das BAG den Rechtsstreit zur weiteren Tatsachenfeststellung an das LAG zurückverwiesen hat.

9) Ergebnis

Seit dem Beginn der Missbrauchsrechtsprechung zur unternehmerischen Entscheidungsfreiheit im Jahr 1960 hat das BAG lange Zeit keine unternehmerische Entscheidung an der Missbrauchskontrolle scheitern lassen. Erst im Jahr 2002 hat es eine betriebsbedingte Kündigung aufgrund rechtsmissbräuchlichen unternehmerischen Verhaltens für unwirksam erklärt.

Die Entscheidung vom 26.09.2002 könnte darauf hindeuten, dass das BAG zukünftig für eine stärkere Kontrolle unternehmerischer Entscheidungen eintreten wird. Einer solchen Vermutung entspricht auch das Urteil des BAG vom 22.04.2004, in der das BAG ausdrücklich seine Missbrauchsrechtsprechung vom 26.09.2002 bestätigt und sie darüber hinaus auch auf Fälle einer betriebsbedingten Änderungskündigung übertragen hat.
Unabhängig von der Bewertung einer solch möglichen Tendenz[353] ist dem BAG jedenfalls vorzuwerfen, dass es in seiner Entscheidung vom 26.09.2002 einen Fall unzulässiger Umgehung des Kündigungsschutzes offiziell als rechtsmissbräuchliches Verhalten des Unternehmers qualifiziert hat. Nach außen suggeriert das Gericht damit Kontinuität, während es tatsächlich etwas ganz anderes prüft.

Mit diesem überflüssigen Rückgriff auf die Missbrauchskontrolle hat sich das BAG keinen Gefallen getan. Es hat vielmehr den Kritikern der Missbrauchsrechtsprechung erneut Anlass gegeben, die Bedeutung der Missbrauchskontrolle zu hinterfragen. Schon vor der Entscheidung vom 26.09.2002 war der Vorwurf zu hören, die Missbrauchskontrolle gehe über ein bloßes Lippenbekenntnis nicht hinaus[354]. Sie sei lediglich eine „captatio benevolentiae", ein Papiertiger ohne Wirksamkeit[355]. Ihr wurde deshalb vielfach die praktische Bedeutung abgesprochen[356]. Diesen Kritikern ist das BAG mit seinem Urteil vom 26.09.2002 und der darin enthaltenen nur vorgeschobenen Missbrauchsannahme geradezu entgegengekommen.
Die Berechtigung einer solchen Kritik soll im weiteren Verlauf der Arbeit untersucht werden. Zunächst sollen aber die Stimmen in der Literatur, insbesondere die kritischen, näher darstellt werden.

II) Ansichten in der Literatur zur Missbrauchskontrolle

In der Literatur ist die Rechtsprechung des BAG zur Missbrauchskontrolle überwiegend auf Zustimmung gestoßen. Es gibt aber auch Stimmen, die sich gegen diese Rechtsprechung aussprechen.
So hat z.B. *Schwerdtner*[357] vorgebracht, dass die Feststellung offenbarer Unsachlichkeit einer unternehmerischen Maßnahme eine Überprüfung der Notwendigkeit und Zweckmäßigkeit der Maßnahme voraussetze. Kein Arbeitgeber werde in einem Kündigungsschutzprozess darauf hinweisen, dass die von ihm ge-

---

353 Siehe zu dieser Frage unten unter III).
354 *Stein*, KJ 2001, 282 (286); *ders.*, DB 2000, 457 (458).
355 *Stein*, AuR 2003, 99 (100); *Kühling*, AuR 2003, 92 (93).
356 *Däubler*, Arbeitsrecht 2, Rdnr. 1026; *Quecke*, NZA 1999, 1247 (1250); *Stein*, DB 2000, 457; *B. Preis*, DB 2000, 1122.
357 MüKo-*Schwerdtner*, § 622 Anh. Rdnr. 371 (3. Auflage); *Schwerdtner*, ZIP 1984, 10 (13).

troffenen Maßnahmen unsachlich, unvernünftig oder willkürlich seien. Das Arbeitsgericht müsse somit als Sachverständigengremium für Rationalisierungsmaßnahmen fungieren, was objektiv ausgeschlossen sei. Für die Missbrauchskontrolle sei demnach kein Raum.
Auch *Möhn*[358] lehnt die Rechtsprechung des BAG zur Missbrauchskontrolle ab. Die Kriterien, die die Rechtsprechung und die Literatur den Arbeitsgerichten zur Überprüfung an die Hand gäben, seien nicht klar bestimmbar und würden in der Praxis häufig zu einer Unterhöhlung der freien Unternehmerentscheidung führen. Die Merkmale „unsachlich", „unvernünftig" und „willkürlich" würden nach *Möhn* keine klare Inhaltsbestimmung zulassen. Die Gerichte würden deshalb dazu neigen, über diese Hintertür die Unternehmerentscheidung auch auf ihre Notwendigkeit und Zweckmäßigkeit hin zu überprüfen.
Gegen die Rechtsprechung zur Missbrauchskontrolle spricht sich auch *Quecke*[359] aus. Er bezeichnet sie als Floskel, die einem in ermüdender Gleichförmigkeit begegne, ohne dass einschlägige Fälle obergerichtlicher Rechtsprechung bekannt wären[360]. Seiner Ansicht nach stelle die Missbrauchskontrolle nur eine leere Formel dar. Sehe man von den außergewöhnlichen Gestaltungen ab, die der Schikane, der Sittenwidrigkeit, der Treuwidrigkeit oder dem Gesetzesverstoß zugrunde lägen, gäbe es für sie überhaupt keinen Anwendungsbereich, es sei denn, man wolle die vom BAG bei der betriebsbedingten Kündigung praktisch schon aufgegebene Interessenabwägung quasi durch die Hintertür wieder einführen – wie es das AG Gelsenkirchen getan habe[361]. Die Missbrauchskotrolle sei deshalb aufzugeben.
Auch *Pauly* gibt in diesem Zusammenhang zu bedenken, dass eine in der Praxis nicht vorkommende Theorie entweder ganz aufgegeben oder aber zumindest einer realistischen Überprüfung und Korrektur unterzogen werden sollte[362].
Thum vertritt die Auffassung, dass die Missbrauchskontrolle gegenstandslos und damit überflüssig sei[363]. Die Missbrauchskontrolle decke sich inhaltlich mit der Prüfung des Vorliegens „dringender betrieblicher Erfordernisse". In beiden Fällen sei die entscheidende Frage, ob die Beschäftigungsmöglichkeit für den Arbeitnehmer tatsächlich entfallen sei[364]. Rechtstechnisch sei der Einwand der

[358] *Möhn*, ZTR 1995, 356.
[359] *Quecke*, NZA 1999, 1247 (1250 f.).
[360] So wird auch in anderen Teilen der Literatur der Missbrauchskontrolle keine praktische Bedeutung beigemessen, vgl. u.a. *Däubler*, Arbeitsrecht 2, 1026; *Stein*, DB 2000, 457 (458); *ders.*, KJ 2001, 282 (286); *ders.*, AuR 2003, 99 (100); *Kühling*, AuR 2003, 92 (93); *B. Preis*, DB 2000, 1122.
[361] *Quecke*, NZA 1999, 1247 (1250).
[362] *Pauly*, ZTR 1997, 113 (116).
[363] *Thum*, Betriebsbedingte Kündigung, S. 173 ff.
[364] *Thum*, Betriebsbedingte Kündigung, S. 173 f.

Willkür somit nichts anderes als ein Bestreiten des Vorliegens „dringender betrieblicher Erfordernisse“[365].

Kühling[366] und *Stein*[367] plädieren demgegenüber für eine über die Missbrauchskontrolle hinausgehende Überprüfung der unternehmerischen Entscheidung. Eine Kontrolle, die nur auf die Überprüfung missbräuchlichen Verhaltens gerichtet sei, genüge nicht. Eine solche Überprüfung werde dem Gewicht des Arbeitnehmergrundrechts aus Art. 12 Abs. 1 GG nicht gerecht. Deshalb fordert *Kühling*, namentlich bei der Betriebsstilllegung, eine Aufgabe der Restriktion, unternehmerische Entscheidungen lediglich auf missbräuchliches Verhalten hin überprüfen zu dürfen, und plädiert zugleich für einen Maßstab, wonach die Legitimität betriebswirtschaftlicher Ziele sowie die Geeignetheit und die Erforderlichkeit arbeitsverringernder Maßnahmen zu überprüfen und schließlich einer substantiellen Interessenabwägung zu unterwerfen seien. Nur so könne dem Bestandsschutz der Arbeitnehmer ausreichend Rechung getragen werden[368].

In eine ähnliche Richtung geht auch die Kritik von *Däubler*[369] und *Colneric*[370]. Auch sie sind der Ansicht, dass die Beschränkung der unternehmerischen Entscheidungen auf offenbare Unsachlichkeit, Unvernunft oder Willkür dem Inhalt des § 1 Abs. 1 und 2 KSchG nicht gerecht werde.

Die Kritik in der Literatur lässt sich damit grob in zwei verschiedene Gruppen einteilen. Zum einen wird vorgeschlagen, die Missbrauchskontrolle zwar bestehen zu lassen, aber gleichzeitig die Kontrolle unternehmerischer Entscheidungsfreiheit zu erweitern. Dies sei erforderlich, um dem Bestandsschutz der Arbeitnehmer ausreichend Rechnung tragen zu können.

Auf der anderen Seite wird dafür plädiert, die Missbrauchskontrolle ganz abzuschaffen. Begründet wird dies überwiegend damit, dass ihr die praktische Bedeutung fehle und damit überflüssig sei.

---

365 *Thum*, Betriebsbedingte Kündigung, S. 175; ähnlich auch *Lammermann*, Aktuelle Probleme im Rahmen der betriebsbedingten Kündigung, S. 31, der ebenfalls davon ausgeht, dass der Missbrauchskontrolle neben dem Tatbestandsmerkmal des dringenden betrieblichen Erfordernisses keine eigenständige Bedeutung zukomme.

366 *Kühling*, AuR 2003, 92 ff.

367 *Stein*, BB 2000, 457 ff.; *ders.*, AuR 2003, 99 ff.

368 *Kühling*, AuR 2003, 92 (97 f.); ähnlich auch *Stein*, AuR 2003, 99 (100 f.); vgl. zu dieser Forderung näher unten unter C).

369 *Däubler*, Arbeitsrecht 2, Rdnr. 1030 ff.

370 *Colneric*, Arbeitsrechtlicher Gesprächskreis der Otto Brenner Stiftung, 1998, S. 11 ff., 31 ff.

III) Festhalten an der Missbrauchskontrolle oder erweiterte Überprüfung unternehmerischer Entscheidungen?

Gemein ist beiden Kritikgruppen, dass sie die bisherige Missbrauchskontrolle in Frage stellen. Soll an ihr festgehalten werden und wenn ja, gewährt sie einen ausreichenden Schutz der Arbeitnehmer?

Zunächst soll der Frage nach der Erforderlichkeit einer über die Missbrauchskontrolle hinausgehenden Überprüfung unternehmerischer Entscheidungen nachgegangen werden. Im Mittelpunkt dieser Untersuchung steht sowohl das Urteil des BAG vom 26.09.2002 als auch die Rechtsprechung des BVerfG zum verfassungsrechtlichen verankerten Mindestbestandsschutz der Arbeitnehmer.

1) Rückgriff des BAG auf den vom BVerfG entwickelten Mindestbestandsschutz der Arbeitnehmer – Anzeichen einer erweiterten Überprüfung unternehmerischer Entscheidungen?

Diejenigen in der Literatur, die für eine erweiterte Überprüfung unternehmerischer Entscheidungen eintreten, erhalten Unterstützung durch das Urteil des BAG vom 26.09.2002. Hierin hat das BAG zur Urteilsfindung auf den vom BVerfG in seinem ersten Kleinbetriebsbeschluss[371] vom 27.01.1998 entwickelten verfassungsrechtlich verankerten Mindestbestandsschutz der Arbeitnehmer als „Schranke" der unternehmerischen Entscheidungsfreiheit zurückgegriffen.
In dem Kleinbetriebsbeschluss rechnet das BVerfG die Beibehaltung eines einmal gewählten Arbeitsplatzes dem Schutzbereich der Arbeitsplatzwahlfreiheit der Arbeitnehmer zu. Zwar sei mit der Berufswahlfreiheit weder ein Anspruch auf Bereitstellung eines Arbeitsplatzes eigener Wahl noch eine Bestandsgarantie für den einmal gewählten Arbeitsplatz verbunden. Ebenso wenig gewähre Art. 12 Abs. 1 GG einen unmittelbaren Schutz gegen den Verlust des Arbeitsplatzes aufgrund privater Dispositionen. Es obliege dem Staat aber insofern eine aus dem Grundrecht des Art. 12 Abs. 1 GG folgende Schutzpflicht gegenüber dem Arbeitnehmer. Dies sei das Ergebnis einer Abwägung zwischen dem durch Art. 12 Abs. 1 GG geschützten Interesse des Arbeitnehmers an einer Erhaltung seines Arbeitsplatzes und dem Interesse des Arbeitgebers, in seinem Unternehmen nur Mitarbeiter zu beschäftigen, die seiner Vorstellung entsprechen, und ihre Zahl auf das von ihm gewünschte Maß zu beschränken[372].
In der Fortführung dieses BVerfG-Beschlusses geht das BAG in seiner Entscheidung vom 26.09.2002 davon aus, dass die Berufsfreiheit des Art. 12 Abs. 1 GG nicht nur die unternehmerische Freiheit schütze, sondern auch einen Mindestbestandsschutz für den Arbeitnehmer gewähre. Dieser Mindestbestandsschutz

---

[371] BVerfGE 97, 169.
[372] BVerfGE 97, 169 (175 ff.).

müsse als Schranke der unternehmerischen Entscheidungsfreiheit berücksichtigt werden. Dem Staat obliege insofern eine Schutzpflicht zugunsten der Arbeitnehmer, der sowohl der Gesetzgeber als auch die Gerichte Rechnung tragen müssten. Der verfassungsrechtlich gebotene Mindestbestandsschutz für ein Arbeitsverhältnis strahle dabei auf die Auslegung und die Anwendung der Vorschriften des Kündigungsschutzgesetzes aus.
Zwar erkennt das BAG weiterhin die unternehmerische Freiheit als verfassungsrechtlich garantiert an. Deshalb sei nach dem BAG auch an dem Grundsatz der nur eingeschränkten Kontrolle unternehmerischer Entscheidungen festzuhalten, die lediglich eine Überprüfung auf offenbare Unsachlichkeit, Unvernunft und Willkür gestatte. Aber zugleich müsse nach dem BAG der verfassungsrechtlich gebotene Mindestbestandsschutz der Arbeitnehmer als Schranke der unternehmerischen Entscheidungsfreiheit miteinbezogen werden.
Diese Aussage schürt die in der Literatur geäußerte Kritik, die Missbrauchskontrolle reiche zum Schutz der Arbeitnehmerrechte nicht aus, und unterstützt zugleich die Forderung nach einer erweiterten Überprüfung unternehmerischer Entscheidungen.

a) Allgemeine Kritik an der Einbeziehung verfassungsrechtlicher Wertungen durch das BAG

Die Einbeziehung des vom BVerfG entwickelten verfassungsrechtlich verankerten Mindestbestandsschutzes der Arbeitnehmer in die Kündigungsrechtsprechung des BAG ist in Teilen der Literatur auf nicht unerhebliche Kritik gestoßen.
So wird u.a. von *Thüsing* und *Stelljes*[373] vorgebracht, dass das BAG durch die Implementierung des verfassungsrechtlich gebotenen Mindestbestandsschutzes als Schranke der freien Unternehmerentscheidung zur Rechtsunsicherheit im Kündigungsschutzrecht beitrage. Die Rechtsprechung würde sich damit zu einem „schlagwortartigen Begründungsschema“ bekennen, das weder konkrete Voraussetzungen noch Rechtsfolgen benenne bzw. erkennen lasse[374]. Dem Schutzpflichtargument wird dabei insbesondere vorgehalten, dass es einen „konturenlosen, generalklauselartigen Charakter“ besitze, der es erlaube, „die Schutzpflicht mit mancherlei Inhalten zu füllen, um diese wiederum zur Begründung des gerade gewünschten Ergebnisses heranzuziehen“. Die Berufsfreiheit des Arbeitnehmers werde durch diese Art der Rechtsprechung lediglich als ein „kolorierendes Argument zweiter Linie“ verwendet.

[373] *Thüsing/Stelljes*, Anm. zum Urteil des BAG vom 26.09.2002, EzA § 1 KSchG Betriebsbedingte Kündigung Nr. 124.
[374] Auch *Schrader/Schubert*, NZA-RR 2004, 393 (398) weisen darauf hin, dass ein Bestandsschutz aus dem Grundgesetz schon deshalb zweifelhaft sei, weil seine Grenzen und sein Umfang noch gar nicht bekannt seien.

Auch *Bengelsdorf*[375] äußert Bedenken, dass die Einbeziehung eines verfassungsrechtlichen Mindestbestandsschutzes durch das BAG „den Grundstein für eine ungebundene Auslegung des § 1 Abs. 2 KSchG nach dem rechtspolitischen Vorverständnis des jeweiligen Interpreten ohne Rücksicht auf die Vorgaben des Gesetzes“ lege.
Reuter[376] formuliert es hingegen so, dass der Bezug auf den Mindestbestandsschutz die Gefahr in sich berge, „den ohnehin notleidenden Umgang der Praxis mit dem Kündigungsschutzrecht vollends von den Fesseln dogmatisch disziplinierter Rechtsgewinnung zu befreien“.
Auch *Annuß* [377] ist der Ansicht, dass der Hinweis auf die verfassungsrechtlichen Vorgaben der Rechtsprechung bei genauerem Hinsehen als „Arkanum“ diene, „das individuellen vorjuristischen Wertungen Tür und Tor öffnet“.

Neben der allgemeinen Kritik hinsichtlich der Einbeziehung verfassungsrechtlicher Wertungen in die Kündigungsrechtsprechung des BAG stellt sich grundlegend die Frage, ob ein solcher verfassungsrechtlich verankerter Mindestbestandsschutz, wie ihn das BVerfG (und ihm folgend das BAG) postuliert, überhaupt haltbar ist.

b) Kritik an der Rechtsprechung des BVerfG zum Mindestbestandsschutz der Arbeitnehmer – Abkehr des BVerfG von seiner bisherigen Rechtsprechung

Zunächst ist fraglich, wieso das BVerfG in seinem Kleinbetriebsbeschluss vom 27.01.1998 zur Lösung des Problems hinsichtlich des arbeitsrechtlichen Bestandsschutzes lediglich auf die Interessen des Arbeitnehmers und des Arbeitgebers abgestellt hat. In seiner Entscheidung vom 13.01.1982[378] hatte das BVerfG den maßgeblichen Konflikt nämlich nicht nur zwischen dem Bestandsschutzinteresse des Arbeitnehmers und dem Beendigungsinteresse des Arbeitgebers gesehen, sondern auch das Interesse derjenigen berücksichtigt, die einen Arbeitsplatz suchen.
Im Mittelpunkt dieser Entscheidung stand die Frage, ob gewisse redaktionelle Mitarbeiter des WDR als freie Mitarbeiter oder als Arbeitnehmer i.S. arbeitsrechtlicher Bestimmungen einzustufen waren. Das BAG hatte zuvor zugunsten

[375] *Bengelsdorf*, Anm. zum Urteil des BAG vom 26.09.2002, AP Nr. 124 zu § 1 KSchG 1969 Betriebsbedingte Kündigung.
[376] *Reuter*, RdA 2004, 161 (162); *ders.*, in: FS für Wiedemann, S. 449, 458 ff., 464 ff., 469 f.; vgl. auch *Rüthers*, NJW 1998, 1433 ff.
[377] *Annuß*, NZA 2002, 783 (785); vgl. auch *Bengelsdorf*, Anm. zum Urteil des BAG vom 26.09.2002, AP Nr. 124 zu § 1 KSchG 1969 Betriebsbedingte Kündigung.
[378] BVerfGE 59, 231 = NJW 1982, 1447 ff.

der klagenden Mitarbeiter entschieden und festgestellt, dass sie sich in einem unbefristeten Arbeitsverhältnis zum WDR befänden.
In der darauf folgenden Verfassungsbeschwerde des WDR rügte dieser durch das Urteil des BAG in seinen Grundrechten aus Art. 5 Abs. 1 Satz 2, 9 Abs. 3 und 2 Abs. 1 GG verletzt zu sein. In Bezug auf die Rüge einer Verletzung der Rundfunkfreiheit des Art. 5 Abs. 1 Satz 2 GG erklärte das BVerfG die Verfassungsbeschwerde des WDR für zulässig und begründet.
Das BVerfG überprüfte die Entscheidung des BAG im Hinblick auf die Rundfunkfreiheit des Senders nach Art. 5 Abs. 1 Satz 2 GG und kam zu der Entscheidung, dass die Personalentscheidungen des WDR von der Rundfunkfreiheit als geschützt anzusehen wären. Hinsichtlich möglicher Schranken nahm das Gericht auch zum KSchG als allgemeinem Gesetz i.S.d. Art. 5 Abs. 2 GG Stellung. Hierzu führte das BVerfG aus: „Der arbeitsrechtliche Bestandsschutz, der das Grundrecht der Rundfunkfreiheit nach Art. 5 Abs. 2 GG beschränkt, dient zwar der Verwirklichung des Sozialstaatsprinzips als eines Verfassungsprinzips; er sichert diejenigen Mitarbeiter, die diesen Bestandsschutz genießen, in ihrer beruflichen Position und damit in ihrer verfassungsrechtlich gewährleisteten Berufsfreiheit (Art. 12 Abs. 1 GG). Es ist aber auch zu berücksichtigen, dass der arbeitsrechtliche Bestandsschutz nur festangestellten Mitarbeitern zugute kommt; da den Anstalten in dem Maße, in dem sie Mitarbeiter in einem unbefristeten Arbeitsverhältnis zu beschäftigen haben, die Möglichkeit eines Wechsels weitgehend genommen ist, entfaltet er eine Sperrwirkung und verschlechtert damit die Chancen derjenigen, welche sich die Mitarbeit im Rundfunk zur Aufgabe machen wollen, insbesondere der Nachwuchskräfte, die im anderen Fall, wenn auch ohne feste Anstellung, Arbeit und Verdienst finden würden. Diese Auswirkung kann schwerlich i.S. des Sozialstaatsprinzips liegen, das die Verwirklichung einer sozial gerechten Ordnung für alle gebietet, also gerade auch zur Sorge für diejenigen verpflichtet, die keinen Arbeitsplatz haben und einen solchen suchen. Zugleich wird es den zu diesem Kreis Gehörenden wesentlich erschwert, von ihrem Grundrecht auf freie Berufswahl Gebrauch zu machen. Die Anwendung der Regeln und Maßstäbe des Arbeitsrechts auf Rundfunkmitarbeiter erweist sich mithin unter den verfassungsrechtlichen Gesichtpunkten sozialen Schutzes als zweischneidig.“[379]

Durch den Kleinbetriebsbeschluss vom 27.01.1998 hat das BVerfG jedoch von dieser Sichtweise Abstand genommen. Die zuvor vertretene Ansicht, dass der Kündigungsschutz die Berufsfreiheit der Arbeitsuchenden beeinträchtige und eine weitere Intensivierung des Kündigungsschutzes zugunsten der in Arbeit stehenden Arbeitnehmer zugleich zwangsläufig die Möglichkeiten der beruflichen Entfaltung derjenigen, die einen Arbeitsplatz suchen, weiter begrenze, wird voll-

379 BVerfGE 59, 231 (266).

ständig ausgeblendet. Eine Begründung für diesen Sichtwandel wird von dem BVerfG nicht geliefert[380].

In dem Kleinbetriebsbeschluss wird vom BVerfG die Frage der Reichweite des arbeitsrechtlichen Bestandsschutzes nur noch von den Interessen der Arbeitnehmer und den Interessen des Arbeitgebers abhängig gemacht. Der Kündigungsschutz stelle sich als Ergebnis einer praktischen Konkordanz der kollidierenden Grundrechtspositionen von Arbeitnehmern und Arbeitgebern dar. Bei der Regelung des Kündigungsschutzes seien auf Seiten des Arbeitnehmers gewichtige Belange in die Waagschale zu werfen. So könne der Arbeitnehmer eine berufliche Tätigkeit, für die Art. 12 Abs. 1 GG den erforderlichen Freiraum gewährleiste, ausschließlich durch den Abschluss und den Fortbestand von Arbeitsverträgen realisieren. Der Arbeitsplatz sei die wirtschaftliche Existenzgrundlage für ihn und seine Familie. Lebenszuschnitt und Wohnumfeld würden davon bestimmt, ebenso gesellschaftliche Stellung und Selbstwertgefühl. Mit der Beendigung des Arbeitsverhältnisses würde dieses ökonomische und soziale Beziehungsgeflecht in Frage gestellt werden. Die Aussichten, eine ähnliche Position ohne Einbußen an Lebensstandard und Verlust von Nachbarschaftsbeziehungen zu finden, würden vom Arbeitsmarkt abhängen. In Zeiten struktureller Arbeitslosigkeit seien sie vor allem für den älteren Arbeitnehmer schlecht. Gelinge es ihm nicht, alsbald einen neuen Arbeitsplatz zu finden, gerate er häufig in eine Krise, in der ihm durch die Leistungen der Arbeitslosenversicherung nur teilweise und auch nur für einen begrenzten Zeitraum geholfen werde[381].

Diese vom BVerfG vorgenommene einseitige Beachtung der Interessen der Arbeitnehmer an dem Erhalt ihres Arbeitsplatzes könnte einen verfassungsrechtlich nicht gerechtfertigten Eingriff in die Berufsfreiheit der Arbeitsuchenden nach Art. 12 Abs. 1 GG darstellen. Indem das BVerfG im Kleinbetriebsbeschluss bei der Lösung der Frage nach der Reichweite des arbeitsrechtlichen Bestandsschutzes ausschließlich die Interessen der Arbeitnehmer berücksichtigt und die Interesse der Arbeitsuchenden völlig ausblendet, verkennt es die noch im WDR-Beschluss vertretene „Zweischneidigkeit des Kündigungsschutzes". Ob hierin ein verfassungsrechtlich nicht zu rechtfertigender Eingriff in die Berufsfreiheit der Arbeitsuchenden liegt, soll im Folgenden untersucht werden.

---

380 Vgl. ebenfalls *Kühling*, in: FS für Dieterich, S. 325 ff. Auch in dieser Interpretation der Entscheidung des BVerfG durch *Kühling* als Berichterstatter des BVerfG wird nicht sichtbar, worauf der Sinneswandel beruht.

381 BVerfGE 97, 176 f.

aa) Berufsfreiheit der Arbeitsuchenden

(1) Schutzbereich der Berufsfreiheit der Arbeitsuchenden

Das Grundrecht des Art. 12 Abs. 1 GG gewährleistet dem Einzelnen die Freiheit, jede Arbeit, für die er sich geeignet glaubt, als Beruf zu ergreifen, also zur Grundlage seiner Lebensführung zu machen[382]. Neben der freien Berufswahl garantiert Art. 12 Abs. 1 GG auch die freie Wahl des Arbeitsplatzes.
In der sogenannten Warteschleifenentscheidung[383] konkretisiert das BVerfG den Schutzbereich des Grundrechts auf freie Wahl des Arbeitsplatzes dahingehend, dass es den Einzelnen in seinem Entschluss schütze, eine konkrete Beschäftigungsmöglichkeit in dem gewählten Beruf zu ergreifen, beizubehalten oder aufzugeben, wenngleich mit der Wahlfreiheit kein Anspruch auf Bereitstellung eines Arbeitsplatzes eigener Wahl verbunden sei. Von der Wahlfreiheit erfasst seien aber namentlich bei abhängig Beschäftigten auch die Wahl des Vertragspartners samt den dazu notwendigen Voraussetzungen, insbesondere der Zutritt zum Arbeitsmarkt. Das Grundrecht entfalte seinen Schutz gegen alle staatlichen Maßnahmen, die die freie Wahl des Arbeitsplatzes einschränken. Dies sei vor allem dann der Fall, wenn der Staat den Einzelnen am Erwerb eines zur Verfügung stehenden Arbeitsplatzes hindere[384].
So sieht es das BVerfG auch in seinem Kleinbetriebsbeschluss. Dort heißt es, dass der Einzelne durch die Garantie der freien Arbeitsplatzwahl in seinem Entschluss, eine konkrete Beschäftigungsmöglichkeit in dem gewählten Beruf zu ergreifen oder ein bestehendes Arbeitsverhältnis beizubehalten oder aufzugeben, vor staatlichen Maßnahmen geschützt werde, die ihn am Erwerb eines zur Verfügung stehenden Arbeitsplatzes hindern[385].

Solange allerdings ein gewünschter Arbeitsplatz besetzt ist, kann der Arbeitsuchende seinen Entschluss, diesen Arbeitsplatz zu ergreifen, nicht umsetzen. Wird die Arbeitsplatzverteilung durch ein Zurückschrauben des Kündigungsschutzes flexibilisiert, wird dem Arbeitsuchenden das Ergreifen dieser Beschäftigungsmöglichkeit erleichtert. Im umgekehrten Fall der Verstärkung des Kündigungsschutzes wird hingegen die Arbeitsplatzverteilung zulasten des Arbeitsuchenden verfestigt und zugleich seine Chance, diese Beschäftigungsmöglichkeit zu ergreifen, erschwert[386]. Die Intensität des Kündigungsschutzes wirkt da-

[382] BVerfGE 7, 377 (397); E 30, 292 (334); E 50, 290 (362).
[383] BVerfGE 84, 133.
[384] BVerfGE 84, 133 (146).
[385] BVerfGE 97, 169 (175); vgl. auch *Stelljes*, Zu Grundlage und Reichweite des allgemeinen Kündigungsschutzes, S. 55.
[386] *Zöllner*, 52. Dt. Juristentag, Teil D, S. 114; vgl. auch *Stelljes*, Zu Grundlage und Reichweite des allgemeinen Kündigungsschutzes, S. 56.

mit auf die Umsetzbarkeit des Entschlusses des Arbeitsuchenden, einen Arbeitsplatz zu ergreifen, zurück[387].
Es kann somit festgehalten werden, dass der Kündigungsschutz den Schutzbereich des Grundrechts der Arbeitsuchenden auf freie Berufswahl nach Art. 12 Abs. 1 GG grundsätzlich berührt.

(2) Eingriff in die Berufsfreiheit der Arbeitsuchenden

Des Weiteren ist zu prüfen, ob die soeben festgestellte Berührung des arbeitsrechtlichen Bestandsschutzes auch als Eingriff in die Berufsfreiheit der Arbeitsuchenden nach Art. 12 Abs. 1 GG zu werten ist. Ein Eingriff ist dann gegeben, wenn dem Einzelnen ein Verhalten, das vom Schutzbereich eines Grundrechts umfasst ist, durch den Staat verwehrt wird[388].
Der Eingriff könnte hier darin liegen, dass den Arbeitsuchenden durch das Bestehen des arbeitsrechtlichen Bestandsschutzes der Arbeitnehmer die Wahrnehmung der vom Schutzbereich des Art. 12 Abs. 1 GG umfassten freien Wahl des Arbeitsplatzes erschwert bzw. verwehrt wird.
Hierbei ist jedoch zu beachten, dass der Kündigungsschutz in erster Linie dem Schutz der Arbeitnehmer dient und nicht darauf abzielt, die Rechtsposition der Arbeitsuchenden zu beeinträchtigen. Ein unmittelbarer Eingriff (klassischer Eingriffsbegriff[389]) des arbeitsrechtlichen Kündigungsschutzes ist damit abzulehnen. Dies ist jedoch im Ergebnis unerheblich, da es nach dem erweiterten, modernen Eingriffsbegriff bereits ausreicht, wenn lediglich eine faktische Beeinträchtigung der Grundrechte[390] bzw. eine mittelbare Grundrechtsbeeinträchtigung[391] vorliegt. Dieses Eingriffsverständnis gilt auch innerhalb des Art. 12 Abs. 1 GG. Dazu hat das BVerfG ausgeführt, dass eine Maßnahme auch dann in den Schutzbereich von Art. 12 Abs. 1 GG eingreife, wenn sie nicht darauf abziele, sondern lediglich in einem engen Zusammenhang mit der Berufsfreiheit stehe und daher objektiv eine berufsregelnde Tendenz aufweise[392].

---

[387] Die Bedeutung dieses Problems wird auch dadurch sichtbar, dass nach Angaben der Bundesagentur für Arbeit (unter www.arbeitsagentur.de) von im Jahr 2004 bundesweit durchschnittlich 4,381 Mio. Arbeitslosen 38,4 % Langzeitarbeitslose waren (im Vorjahr: 34,8 %). Langzeitarbeitslose sind nach § 18 Abs. 1 SGB III Arbeitslose, die seit einem Jahr oder länger arbeitslos sind. Vgl. zu weiteren Daten hinsichtlich der Entwicklung der Langzeitarbeitslosigkeit etwa *Wenzel*, Reduktion des Kündigungsschutzes, 2003, S. 36 f.

[388] *Pieroth/Schlink*, Grundrechte, Rdnr. 207, 240.

[389] *Pieroth/Schlink*, Grundrechte, Rdnr. 238; *Schmalz*, Grundrechte, Rdnr. 114.

[390] *Gallwas*, Faktische Beeinträchtigungen im Rahmen der Grundrechte, S. 87 f.; *Schmalz*, Grundrechte, Rdnr. 116.

[391] *Kirchhof*, Verwalten durch mittelbares Einwirken, S. 105 f.; *Schmalz*, Grundrechte, Rdnr. 116.

[392] BVerfGE 13, 181 (186 f.); E 16, 147 (162); E 29, 327 (333); E 37, 1 (17 f.).

Durch den arbeitsrechtlichen Bestandsschutz der Arbeitsplatzinhaber, der eine Verfestigung der Arbeitsplatzverteilung zur Folge hat, werden die Chancen der Arbeitsuchenden, eine Beschäftigungsmöglichkeit zu ergreifen, faktisch beeinträchtigt. Der Kündigungsschutz schränkt die Kündigungsfreiheit der Arbeitgeber ein und hat so tatsächliche Auswirkungen auf die Realisierbarkeit der Berufsfreiheit der Arbeitsuchenden. Eine mittelbare Grundrechtsbeeinträchtigung der Arbeitsuchenden ist folglich zu bejahen[393]. Ein Eingriff in den Schutzbereich des Art. 12 Abs. 1 GG der Arbeitsuchenden ist mithin gegeben[394].

Innerhalb der Prüfung eines Eingriffs in die Berufsfreiheit des Art. 12 Abs. 1 GG ist es zudem erforderlich festzustellen, auf welcher „Stufe" der Eingriff erfolgt ist. Von dieser Feststellung hängt die jeweilige Rechtfertigung eines Eingriffs ab.
Das BVerfG hat im Apothekenurteil[395] zunächst festgestellt, dass das Grundrecht der Berufsfreiheit nach Art. 12 Abs. 1 GG als einheitliches Grundrecht aufzufassen sei[396]. Damit bezieht sich auch der Regelungsvorbehalt des Art. 12 Abs. 1 Satz 2 GG sowohl auf die Berufsausübung als auch auf die Berufswahl. Allerdings besteht der Regelungsvorbehalt hierbei in unterschiedlicher Intensität. Er ist umso freier, je mehr die Berufsausübung und umso enger, je mehr die Berufswahl betroffen ist[397]. Der Eingriff kann die Berufsfreiheit somit mehr in ihrem Ausübungsaspekt oder mehr in ihrem Wahlaspekt betreffen. Ein Eingriff der Berufsfreiheit in ihrem Wahlaspekt betrifft, kann die Wahl entweder an subjektive oder an objektive Zulassungsbeschränkungen knüpfen.
Objektive Zulassungsbeschränkungen verlangen für die Wahl eines Berufs die Erfüllung objektiver, dem Einfluss des Berufswilligen entzogener und von seiner Qualifikation unabhängiger Kriterien[398].

---

[393] Zu bedenken sind in diesem Zusammenhang auch die Konsequenzen, die ein erhöhter Kündigungsschutz in Bezug auf die Einstellungsbereitschaft der Arbeitgeber hat. Die Aussicht, einmal geschaffene Arbeitsplätze nach Erledigung des Bedarfs nicht oder nur unter ganz bestimmten Bedingungen wieder abbauen zu können, wirkt sich in jedem Falle negativ auf die Bereitschaft zur Schaffung von Arbeitsplätzen aus.
[394] Ebenso *Bengelsdorf*, Anm. zum Urteil des BAG vom 26.09.2002, AP Nr. 124 zu § 1 KSchG 1969 Betriebsbedingte Kündigung; *Reuter*, in: FS 25 Jahre Bundesarbeitsgericht, S. 405 (418); vgl. auch *Oetker*, RdA 1997, 9 (21); ausführlich zu diesem Problem: *Stelljes*, Zu Grundlage und Reichweite des allgemeinen Kündigungsschutzes, S. 57 ff. Zur verfassungsrechtlichen Rechtfertigung des Eingriffs in die Berufsfreiheit der Arbeitsuchenden vgl. näher unten unter (3).
[395] BVerfGE 7, 377 ff.
[396] BVerfG 7, 377 (401 ff.); so auch h.M. in der Literatur, vgl. etwa Maunz/Dürig-*Scholz*, Art. 12 GG Rdnr. 295; *Pieroth/Schlink*, Grundrechte, Rdnr. 808.
[397] BVerfGE 7, 377 (403).
[398] *Pieroth/Schlink*, Grundrechte, Rdnr. 826.

Subjektive Zulassungsbeschränkungen knüpfen die Wahl eines Berufs an persönliche Eigenschaften und Fähigkeiten, Kenntnisse und Erfahrungen, erworbene Abschlüsse und erbrachte Leistungen[399].
Reine Berufsausübungsregelungen bestimmen lediglich, in welcher Art und Weise die Berufsangehörigen ihre Berufstätigkeit im Einzelnen zu gestalten haben[400]. Sie gelten den teils objektiven, teils subjektiven Bedingungen, unter denen sich die berufliche Tätigkeit vollzieht[401].

Ein Eingriff des arbeitsrechtlichen Bestandsschutzes in die Berufsfreiheit der Arbeitsuchenden in Form einer Berufsausübungsregelung scheidet im vorliegenden Fall jedenfalls aus. Dass ein Eingriff auf der Ebene der Berufsausübung angenommen werden kann, setzt voraus, dass der Grundrechtsträger bereits einen Beruf ausübt. Da der Kündigungsschutz nur die Aufnahme eines unselbständigen Berufs, sprich die Ausübung abhängiger Beschäftigung einschränkt, würde dies hier voraussetzen, dass der Grundrechtsträger bereits Inhaber eines Arbeitsplatzes sein müsste. Dies ist bei den Arbeitsuchenden gerade nicht der Fall.

Folglich kommt nur ein Eingriff in die Berufswahl der Arbeitsuchenden in Betracht. Damit der Kündigungsschutz der Arbeitsplatzbesitzer allerdings eine subjektive Zulassungsbeschränkung darstellt, müsste er die Wahl des Arbeitsplatzes eines Arbeitsuchenden durch in der Person des Arbeitsuchenden liegende Gründe verhindern bzw. erschweren. Die Aufnahme eines Arbeitsverhältnisses hängt zwar i.d.R. von den notwendigen Qualifikationen des Bewerbers ab. Insoweit handelt es sich um subjektive Zulassungsbeschränkungen. Der arbeitsrechtliche Bestandsschutz der Arbeitsplatzbesitzer erschwert aber den Zugang zum Arbeitsmarkt dadurch, dass er die Arbeitsverhältnisse der Arbeitsplatzbesitzer verfestigt. Also selbst wenn der Arbeitsplatzbewerber die notwendigen Qualifikationen aufweisen würde, wäre er dennoch an der Aufnahme der gewünschten Beschäftigung gehindert, solange diese durch einen anderen besetzt ist. Folglich stellt der arbeitsrechtliche Bestandsschutz eine außerhalb der Person des Arbeitsuchenden liegende Erschwernis zur Ergreifung eines Arbeitsverhältnisses dar, die von den persönlichen Fähigkeiten und Eigenschaften des Arbeitsplatzbewerbers unabhängig ist. Damit ist der Kündigungsschutz als eine objektive Zulassungsbeschränkung zu qualifizieren, da die Wahl des Berufs bzw. des Arbeitsplatzes von objektiven, dem Einfluss des Bewerbers entzogenen Kriterien abhängig gemacht wird[402].

---

399 *Pieroth/Schlink*, Grundrechte, Rdnr. 832.
400 BVerfGE 7, 377 (405 f.).
401 *Pieroth/Schlink*, Grunddrechte, Rdnr. 834; vgl. zu Einzelbeispielen u.a. Maunz/Dürig-*Scholz*, Art. 12 GG Rdnr. 326 ff.
402 Ebenso *Reuter*, Ordo Bd. 33 (1982), 165 (188); *Stelljes*, Zu Grundlage und Reichweite des allgemeinen Kündigungsschutzes, S. 60; vgl. auch *Worpenberg*, Die konzerninterne

(3) Verfassungsrechtliche Rechtfertigung des Eingriffs in die Berufsfreiheit der Arbeitsuchenden

Der Eingriff des arbeitsrechtlichen Bestandsschutzes der Arbeitnehmer in die Berufswahlfreiheit der Arbeitsuchenden könnte jedoch verfassungsrechtlich gerechtfertigt sein.
Neben der durch Art. 12 Abs. 1 Satz 2 GG grundsätzlich bestehenden Einschränkungsmöglichkeit des Art. 12 GG müsste der Eingriff insbesondere dem allgemeinen Grundsatz der Verhältnismäßigkeit entsprechen.

(a) Dreistufenlehre des BVerfG

Der Verhältnismäßigkeitsgrundsatz hat bei dem Grundrecht des Art. 12 GG durch das Apothekenurteil des BVerfG eine besondere Ausprägung erfahren. Das BVerfG hat in dieser Entscheidung die sogenannte Dreistufenlehre entwickelt, nach der die Rechtfertigung eines Eingriffs von der Intensität desgleichen abhängig gemacht wird. Mit der Zunahme der Eingriffsintensität geht die Abnahme der Gestaltungsfreiheit des Gesetzgebers einher[403]. Danach muss der Zweck einer Regelung umso wertvoller sein, je intensiver sie in das Grundrecht der Berufsfreiheit eingreift.
Dies bedeutet, dass Berufsausübungsregelungen dann als gerechtfertigt anzusehen sind, wenn sie vernünftige Erwägungen des Gemeinwohls als zweckmäßig erscheinen lassen[404]. Die Freiheit der Berufswahl darf hingegen nur dann eingeschränkt werden, soweit der Schutz besonders wichtiger Gemeinschaftsgüter es zwingend erfordert. Eine weitere Differenzierung erfolgt zwischen subjektiven und objektiven Zulassungsbeschränkungen.
Für subjektive Zulassungsbeschränkungen gilt das Verhältnismäßigkeitsprinzip in dem Sinne, dass sie zu dem angestrebten Zweck der ordnungsgemäßen Erfüllung der Berufstätigkeit nicht außer Verhältnis stehen dürfen[405]. An die Rechtfertigung objektiver Zulassungsbeschränkungen werden die höchsten Anforderungen gestellt. Sie sind erst dann gerechtfertigt, wenn sie zur Abwehr nach-

---

Arbeitnehmerüberlassung, S. 249, der eine objektive Zulassungsbeschränkung zulasten der Arbeitsuchenden bei der Anwendung eines konzerndimensionalen Kündigungsschutzes annimmt. Die Bevorzugung konzerninterner Bewerber wirke wie eine von den Arbeitsuchenden nicht zu beeinflussende Schranke ihrer „Marktzutrittschancen"; ebenso *Helle*, Konzernbedingte Kündigungsschranken, S. 94; a.A. *Wenzel*, Reduktion des Kündigungsschutzes, S. 50 ff., der den Kündigungsschutz der Arbeitnehmer als subjektive Zulassungsbeschränkung zulasten der Arbeitsuchenden qualifiziert.

[403] *Pieroth/Schlink*, Grundrechte, Rdnr. 846.

[404] BVerfGE 7, 377 (378); Maunz/Dürig-*Scholz*, Art. 12 GG Rdnr. 319; *Schmidt-Bleibtreu/Klein*, Art. 12 Rdnr. 59 f.

[405] BVerfGE 7, 377 (378); Maunz/Dürig-*Scholz*, Art. 12 GG Rdnr. 318.

weisbarer oder höchstwahrscheinlicher, schwerer Gefahren für ein überragend wichtiges Gemeinschaftsgut notwendig sind[406].
Da vorliegend ein Eingriff in die Berufswahlfreiheit der Arbeitsuchenden in Form einer objektiven Zulassungsbeschränkung gegeben ist, muss die mit dem arbeitsrechtlichen Bestandsschutz verfolgte Zwecksetzung die Abwehr nachweisbarer oder höchstwahrscheinlicher, schwerer Gefahren für ein überragend wichtiges Gemeinschaftsgut beinhalten[407]. Ferner ist nach den allgemeinen Kriterien der Verhältnismäßigkeit zu fordern, dass der Kündigungsschutz auch zur Zweckerreichung geeignet und erforderlich ist und zu dem erstrebten Zweck nicht außer Verhältnis steht.

(aa) Kündigungsschutzzweck nach der Sichtweise des BVerfG

Zunächst ist herauszuarbeiten, worin nach dem BVerfG der Zweck des Kündigungsschutzes bestehen soll. Das BVerfG hat in seinem Kleinbetriebsbeschluss u.a. ausgeführt, dass bei einer Regelung des Kündigungsschutzes auf Seiten des Arbeitnehmers wichtige Belange zu berücksichtigen seien. So könne der Arbeitnehmer eine berufliche Tätigkeit, für die Art. 12 Abs. 1 GG den erforderlichen Freiraum gewährleiste, ausschließlich durch den Abschluss und den Fortbestand von Arbeitsverträgen realisieren. Zudem sei der Arbeitsplatz die wirtschaftliche Existenzgrundlage für ihn und seine Familie. Auch Lebenszuschnitt und Wohnumfeld würden davon bestimmt werden, ebenso wie die gesellschaftliche Stellung und das Selbstwertgefühl. Mit der Beendigung des Arbeitsverhältnisses werde dieses ökonomische und soziale Beziehungsgeflecht in Frage gestellt[408].
Diese Ausführungen lassen darauf schließen, dass das BVerfG den Sinn und Zweck des allgemeinen Kündigungsschutzes darin erblickt, den einzelnen Arbeitnehmer vor dem Verlust seines Arbeitsplatzes als Grundlage seiner wirtschaftlichen und sozialen Existenz zu sichern.

Diese Sichtweise entspricht dem auch heute in der Literatur[409] vorherrschenden Verständnis, dass das KSchG in erster Linie auf Bestandsschutz der Arbeitneh-

---

[406] BVerfGE 7, 377 (378).
[407] Zur Anwendbarkeit der Dreistufenlehre des BVerfG auf das hier vorliegende Außenseiterproblem vgl. *Stelljes*, Zu Grundlage und Reichweite des allgemeinen Kündigungsschutzes, S. 66 ff.; *Worpenberg,* Die konzerninterne Arbeitnehmerüberlassung, S. 249 ff.
[408] BVerfGE 97, 169 (177).
[409] *Kittner/Däubler/Zwanziger*, § 1 KSchG Rdnr. 3; *v. Hoyningen-Huene/Linck*, Einl. KSchG Rdnr. 11a; GK-*Dörner*, § 1 KSchG Rdnr. 1, 66; *Löwisch/Spinner*, KSchG Vorbem. zu § 1 Rdnr. 1 f.; MüKo-*Hergenröder*, Einl. KSchG Rdnr. 12; *Zöllner/Loritz*, Arbeitsrecht, § 21 IV); *U. Preis*, Prinzipien des Kündigungsrechts, S. 121; *Nikisch*, Arbeitsrecht I, S. 748 f.; *Wiedemann*, RdA 1961, 1 (2); *v. Stebut*, Der soziale Schutz, S. 22; vgl. dazu auch Urteile des BAG vom 21.10.1954, BAGE 1, 128 (130) und 136 (138); vom 12.01.1961, BAGE 10, 288 (293).

mer ziele. Aus der wirtschaftlichen und sozialen Bedeutung des Arbeitsplatzes für die Existenz des Arbeitnehmers solle ein Bedürfnis nach Schutz vor dem Verlust des Arbeitsplatzes folgen[410].

Fraglich ist, ob ein solches Zweckverständnis des Kündigungsschutzes den Rechtfertigungserfordernissen nach Maßgabe der Dreistufenlehre standhalten kann.

(bb) Erfordernis eines arbeitnehmerspezifischen Kündigungsschutzzwecks

Neben dem Problem, ob es sich bei der Verhinderung der Beeinträchtigung der wirtschaftlichen und sozialen Existenz der Arbeitnehmer durch den Kündigungsschutz um ein Gemeinwohl i.S.d. Dreistufenlehre handelt[411], ist insbesondere zweifelhaft, ob der hier vertretene Kündigungsschutzzweck überhaupt zur Rechtfertigung des Eingriffs in die Berufsfreiheit der Arbeitsuchenden herangezogen werden kann.

Durch den Kündigungsschutz wird in die Berufsfreiheit der Arbeitsuchenden eingegriffen. Zur Rechtfertigung dieses Eingriffs werden nach dem oben genannten Kündigungsschutzzweck Argumente herangezogen, die zugleich die Arbeitsuchenden gegen einen Kündigungsschutz vorbringen könnten. Dem Interesse der Arbeitsplatzinhaber, ihren Arbeitsplatz als wirtschaftliche und soziale Existenzgrundlage zu sichern, steht ein entsprechendes Interesse der Arbeitsuchenden entgegen. Denn auch für sie hat die Ergreifung eines Arbeitsplatzes die Bedeutung der Schaffung einer wirtschaftlichen und sozialen Existenzgrundlage. Auch können Arbeitsuchende zur Sicherung ihrer wirtschaftlichen Existenz nicht auf die Sozialleistungen des Staates verwiesen werden. Diese Leistungen sind weder darauf ausgerichtet, eine mit der Erwerbstätigkeit vergleichbare dauerhafte wirtschaftliche Existenzgrundlage zu schaffen noch sind sie in der Lage die sozialen und seelischen Folgen einer Arbeitslosigkeit zu kompensieren. Somit haben die Arbeitsuchenden ein dem Interesse der Arbeitsplatzbesitzer entsprechenden Interesse, einen Beruf auszuüben, der eine wirtschaftliche und soziale Existenzgrundlage bedeutet. Beide Interessen stehen sich gleich schwer gegenüber und können nicht den Vorrang einer Interessenpartei rechtfertigen.
Zur Rechtfertigung eines Eingriffs können somit nur solche Umstände herangezogen werden, die zwar auf der einen Seite, aber nicht zugleich auch auf der anderen Seite vorliegen oder umgekehrt. Umstände, auf die sich beiden Parteien berufen können, eignen sich zur Rechtfertigung nicht.

[410] Vgl. etwa *Zöllner/Loritz*, Arbeitsrecht, § 21 IV).
[411] Vgl. hierzu etwa *Stelljes*, Zu Grundlage und Reichweite des allgemeinen Kündigungsschutzes, S. 69 ff.

Somit bedarf es im vorliegenden Fall zur Rechtfertigung des Kündigungsschutzes der Arbeitsplatzinhaber eines arbeitnehmerspezifischen Rechtfertigungsgrundes, der nicht zugleich auch von den Arbeitsuchenden ins Feld geführt werden kann. Dieser Grund ist jedenfalls nicht in der Sicherung des Arbeitsplatzes als Existenzgrundlage zu sehen, da dieses Interesse nach dem oben Gesagten in ebenso ausgeprägter Form auch von den Arbeitsuchenden gegen einen Kündigungsschutz geltend gemacht werden kann.
Dies bedeutet aber im Ergebnis nicht, dass sich die Interessen der Arbeitsplatzbesitzer, einen Kündigungsschutz zu haben, und das Interesse der Arbeitsuchenden, einen solchen abzuschaffen, einander so aufheben, dass der Kündigungsschutz insgesamt unterbleiben muss. Es kann nur nicht, das Interesse der Arbeitsplatzinhaber, an ihrem Arbeitsverhältnis als Existenzgrundlage festzuhalten, gegen eben das gleiche Interesse der Arbeitsuchenden abgewogen werden, mit dem Ergebnis, dass dem Arbeitsplatzinhaber ein Vorrang gegenüber dem Arbeitsuchenden einzuräumen ist[412].

(b) Ergebnis

Folglich kann der vom BVerfG vertretene Kündigungsschutzzweck zur Rechtfertigung des Eingriffs in die Berufsfreiheit der Arbeitsuchenden nicht herangezogen werden. Es wird nicht deutlich, worin der sachliche Grund besteht, der eine grundsätzliche Bevorzugung der Arbeitsplatzbesitzer vor den Arbeitsuchenden rechtfertigen könnte.
Damit ist schon die erste Stufe, die Angabe eines legitimen Zwecks, im Rahmen der von der Dreistufenlehre konkretisierten Verhältnismäßigkeitsprüfung nicht erfüllt.

(4) Ergebnis

Demzufolge ist der Eingriff in die Berufsfreiheit der Arbeitsuchenden nach Art. 12 Abs. 1 GG durch den arbeitsrechtlichen Bestandsschutz der Arbeitsplatzinhaber – jedenfalls unter Zugrundelegung des Kündigungsschutzzweckgedankens des BVerfG – als verfassungsrechtlich ungerechtfertigt anzusehen.

Im Ergebnis ist damit festzuhalten, dass der arbeitsrechtliche Bestandsschutz der Arbeitsplatzinhaber einen Eingriff in die Berufsfreiheit der Arbeitsuchenden aus Art. 12 Abs. 1 GG darstellt.
Bei der Frage der Reichweite des arbeitsrechtlichen Bestandsschutzes müssen somit in jedem Falle auch die Rechte der Arbeitsuchenden berücksichtigt werden. Dies übersieht das BVerfG, wenn es in seinem Kleinbetriebsbeschluss

412 Zur hier vertretenen Rechtfertigung und zum Zweck des Kündigungsschutzes siehe unten unter 2).

urteilt, dass der Mindestbestandsschutz der Arbeitnehmer und die diesbezügliche Schutzpflicht des Staates die Ergebnisse einer alleinigen Abwägung zwischen dem durch Art. 12 Abs. 1 GG geschützten Interesse der Arbeitnehmer an der Erhaltung ihrer Arbeitsplätze und dem Beendigungsinteresse des Arbeitgebers seien. Die Interessen der Arbeitsuchenden werden zu Unrecht gänzlich ausgeblendet.

bb) Ansichten in der Literatur hinsichtlich der Berücksichtigung der Berufsfreiheit der Arbeitsuchenden

Das Problem der Ausblendung der Interessen der Arbeitsuchenden bei der Bestimmung des arbeitsrechtlichen Bestandsschutzes zugunsten der Arbeitsplatzinhaber wird auch in der Literatur gesehen.

(1) Ansichten in der verfassungsrechtlichen Literatur

So wird von einem Teil der verfassungsrechtlichen Literatur[413] gefordert, dass der Gesetzgeber bei der Ausgestaltung des Bestandsschutzes nicht nur die schutzwürdigen Belange der Arbeitnehmer berücksichtigen dürfe. Er müsse auch die ebenso grundrechtlich verankerten Interessen der Arbeitsuchenden ausreichend beachten. Durch den Bestandsschutz für bestehende Arbeitsverhältnisse könne es zu einem Widerspruch im Hinblick auf die Verteilungsgerechtigkeit kommen, weil der Bestandsschutz eine Zugangssperre bewirke, die den Arbeitnehmer gegenüber dem Arbeitsuchenden privilegieren könne. Eine Überdehnung des Bestandsschutzes müsse vermieden werden, da er ansonsten mit Art. 12 Abs. 1 GG kollidiere, soweit er die Arbeitsplatzchancen derjenigen, die einen Arbeitsplatz suchen, und damit deren grundrechtlich verbürgtes Recht der freien Wahl des Arbeitsplatzes unangemessen beeinträchtige.

Demgegenüber wird von anderer Seite des verfassungsrechtlichen Schrifttums[414] vorgebracht, dass dem Bestandsschutz der Arbeitnehmer gegenüber der Berufsfreiheit der Arbeitsuchenden ein grundrechtlich begründeter Vorrang zukomme. Als Argument dafür wird angeführt, dass es sich bei dem Wettbewerbsverhältnis zwischen Arbeitnehmer und Arbeitsuchenden um eine „nicht vollkompatible Wettbewerbsbeziehung“ handle. Der Arbeitnehmer behaupte bereits das Ergebnis eines vorangegangenen Wettbewerbs um den von ihm besetzten Arbeitsplatz. Deshalb verfüge er insoweit über eine qualitativ andere Position im fort-

---

[413] *Papier*, RdA 2000, 1 (4); *ders.*, DVBl. 1984, 801 (813); ähnlich *Pietzcker*, NVwZ 1984, 550 (556); *Wendt*, DÖV 1984, 601 (610); *Bryde*, NJW 1984, 2177 (2181); *Schneider*, VVDStRL Bd. 43 (1985), 7 (30 f.).

[414] *Scholz*, ZfA 1981, 265 (280 f.); Maunz/Dürig-*Scholz*, Art. 12 Rdnr. 84 f.; *Benda*, in: FS für Stingl, S. 35 (47 f.).

dauernden Wettbewerb gegenüber dem späteren Konkurrenten, die es zulasse, dem Arbeitsplatzinhaber gegenüber dem nachfolgenden Wettbewerb Priorität einzuräumen.

Diese Sichtweise will durch das bloße Haben eines Arbeitsplatzes die Zutrittschancen der Arbeitsuchenden einschränken. Es wird versucht, eine Beschränkung des Zugangs zum Beruf zum Zwecke des Konkurrentenschutzes der bereits in Arbeit stehenden Arbeitnehmer zu errichten. Dem ist jedoch entgegenzuhalten, dass allein das Motiv des Konkurrentenschutzes einen Eingriff in das Recht der freien Berufswahl niemals rechtfertigen kann[415]. Den Arbeitnehmer allein deswegen zu schützen, weil er bereits einen Arbeitsplatz innehat, missachtet das Verbot des Konkurrentenschutzes des Art. 12 Abs. 1 GG[416].

Oetker[417] stimmt zwar den Bedenken zu, dass der arbeitsrechtliche Bestandsschutz in die grundrechtliche Verbürgung der Arbeitsplatzsuchenden, einen bestimmten Arbeitsplatz einnehmen zu können, eingreife. Er sieht die entscheidende verfassungsrechtliche Problematik aber in der Intensität, mit der der Gesetzgeber durch die Ausgestaltung des Bestandsschutzes in die berufsfreiheitlichen Gewährleistungen der Arbeitsuchenden eingreifen dürfe. Dabei sei zu berücksichtigen, dass der Gesetzgeber vor die Aufgabe gestellt sei, konkurrierende Grundrechtspositionen auszugleichen. Insoweit würden die Arbeitsplatzwahlfreiheit der Arbeitsplatzbesitzer und diejenige der Arbeitsuchenden einem „System kommunizierender Röhren“ gleichen. Es sei Aufgabe des Gesetzgebers, die ausgleichenden und notwendigerweise abwägenden Entscheidungen zu treffen, wobei es nach *Oetker* grundsätzlich nicht zu beanstanden sei, wenn er im Rahmen der betriebsbedingten Kündigung einen Vorrang der Arbeitsplatzbesitzer aufstelle.
Badura sieht den Grund für die Vorrangstellung der Arbeitnehmer letztlich in der „vergleichsweise schwachen privatrechtsgestaltenden Wirkung, die das Recht, den Arbeitsplatz frei zu wählen, gegenüber dem Arbeitgeber zu entfalten mag“[418].

Auch diese Ansichten lassen eine ausreichende Begründung vermissen, wieso diese Merkmale des beschriebenen Konkurrentenverhältnisses von Arbeitsplatzbesitzern und Arbeitsuchenden es rechtfertigen sollen, das Interesse des Arbeitsplatzbesitzers an seinem Arbeitsplatz als Existenzgrundlage von vornherein hö-

---

415 Vgl. hierzu auch BVerfGE 7, 377 (408).
416 Vgl. auch *Bengelsdorf*, Anm. zum Urteil des BAG vom 26.09.2002, AP Nr. 124 zu § 1 KSchG 1969 Betriebsbedingte Kündigung; *Stelljes*, Zu Grundlage und Reichweite des allgemeinen Kündigungsschutzes, S. 75.
417 *Oetker*, RdA 1997, 9 (21).
418 *Badura*, RdA 1999, 8 (11).

her zu bewerten als das entsprechende Interesse der Arbeitsuchenden. Es ist vielmehr davon auszugehen, dass die jeweiligen Interessen an der Erhaltung der Existenzgrundlage gleich schwer wiegen und sie es deshalb nicht zulassen, das eine Interesse höher zu bewerten als das andere[419].

(2) Ansichten in der arbeitsrechtlichen Literatur

Auch in der arbeitsrechtlichen Literatur werden Bedenken hinsichtlich eines überzogenen Bestandsschutzes zugunsten der Arbeitsplatzinhaber aufgrund sener Sperrwirkung zum Nachteil der Arbeitsuchenden geäußert[420].
So hat z.B. *Reuter* ausgeführt, dass der Besitzstandsschutz für diejenigen Arbeitnehmer, die nicht wechseln wollen, unvermeidlich die Aussichten der anderen, den Arbeitsplatz ihrer Wahl zu bekommen, verringere. Ein zu weitgehender Bestandsschutz bedeute „eine Intervention zugunsten des zu Immobilität und zulasten des zu Mobilität neigenden Teils der Arbeitnehmerschaft". „Die wertsetzende Bedeutung des Rechts auf freie Wahl des Arbeitsplatzes für das Privatrecht" verbiete jedoch eine derartige Intervention[421]. Der arbeitsrechtliche Kündigungsschutz greife in die Berufs- und Arbeitsplatzwahlfreiheit der Arbeitsuchenden ein[422].

Dagegen wird u.a. von *Wiedemann* eingewandt, dass der Charakter des Bestandsschutzes als „ein Stück Friedensgarantie" die Privilegierung der Arbeitsplatzbesitzer rechtfertige. Dadurch solle ein permanenter Streit um die vorhandenen Arbeitsplätze verhindert werden und dem einzelnen Arbeitnehmer das Gefühl von Sicherheit vermittelt werden, ohne dass die Stellung als abhängiger Arbeitnehmer auf Dauer nicht möglich sei[423].
Auch *Löwisch* tritt für eine Vorrangstellung des Arbeitsplatzinhabers ein. Er ist der Ansicht, der Arbeitsplatz, der aufgrund eigener Qualifikation und häufig unter Verzicht auf andere mögliche Beschäftigungen erworben sei, stelle einen „Wert für sich" dar, der einen Schutz gegen grundlosen Entzug verdiene[424].

---

[419] Vgl. auch *Reuter*, RdA 2004, 161 (164); *Bengelsdorf*, Anm. zum Urteil des BAG vom 26.09.2002, AP Nr. 124 zu § 1 KSchG 1969 Betriebsbedingte Kündigung.
[420] *Reuter*, RdA 1973, 345 (353); *ders.*, in: FS 25 Jahre Bundesarbeitsgericht, S. 405 ff.; *ders.*, in: FS für Dieterich, S. 473 (484); *ders.*, RdA 1978, 344 (349); *Lieb*, in: FS für Hilger/Stumpf, S. 409 (423 f.); *Schwerdtner*, ZfA 1977, 47 (77, 79); *Wenzel*, Reduktion des Kündigungsschutzes, S. 25 ff.; vgl. auch *Gamillscheg*, DRdA 1981, 185 (186); *Rieble*, Anm. zu den Urteilen des BAG vom 17.06.1999, EzA § 1 KSchG Betriebsbedingte Kündigung Nr. 102; *ders.*, Arbeitsrechtlicher Gesprächskreis der Otto Brenner Stiftung, 2003, S. 78 ff.
[421] Vgl. *Reuter*, RdA 1973, 345 (353).
[422] *Reuter*, in: FS 25 Jahre Bundesarbeitsgericht, S. 405 (418); vgl. auch *Lieb*, in: FS für Hilger/Stumpf, S. 409 (423 f.).
[423] *Wiedemann*, in: FS 25 Jahre Bundesarbeitsgericht, S. 635 (658 f.).
[424] *Löwisch/Spinner*, KSchG Vorbem. zu § 1 Rdnr. 3.

Auch diese Ansichten können aber nicht überzeugend begründen, wieso die Berufsfreiheit des Arbeitnehmers und die der Arbeitsuchenden qualitativ unterschiedlich zu bewerten sein sollen. Es bleibt erneut offen, warum das Interesse der Arbeitsplatzbesitzer an der Sicherung einer wirtschaftlichen und sozialen Existenzgrundlage höher zu bewerten ist, als das entsprechende Interesse der Arbeitsuchenden.
Auch der Einwand von *U. Preis* kann nicht überzeugen. Er ist der Ansicht, dass die Frage hinsichtlich des Bestandsschutzes eines Arbeitsverhältnisses allein auf die Interessen der Vertragsparteien, also auf die Interessen des Arbeitgebers und des Arbeitnehmers begrenzt sei. Schon deshalb sei das Interesse der Arbeitsuchenden nicht zu beachten[425].
Diese Ansicht lässt jedoch unberücksichtigt, dass es bei der Begrenzung des allgemeinen Kündigungsschutzes um zwingendes Gesetzesrecht geht, das nicht nur den Interessen der Arbeitgeber und der Arbeitnehmer verpflichtet ist. Es muss vielmehr auch den Auswirkungen auf Dritte gerecht werden. Dies ergibt sich schon aus dem Sozialstaatsprinzip des Art. 20 Abs. 1 GG, nach dem der Gesetzgeber unter der Anforderung der Gerechtigkeit gegenüber jedermann steht und deshalb allen betroffenen Interessen gerecht werden muss[426].

cc) Zwischenergebnis

Der Beantwortung der Frage nach der Reichweite des arbeitsrechtlichen Bestandsschutzes ist nach dem oben Gesagten ein dreiseitiger Konflikt zugrunde zu legen. Es ist sowohl das Interesse des Arbeitnehmers, seinen Arbeitsplatz zu sichern, als auch das Beendigungsinteresse des Arbeitgebers sowie das Interesse des Arbeitsuchenden, einen Arbeitsplatz zu bekommen, zu berücksichtigen. Keines dieser Interessen darf bei der Ausgestaltung des arbeitsrechtlichen Bestandsschutzes übergangen werden. Dies tut das BVerfG aber, wenn es zur Lösung der Reichweite des arbeitsrechtlichen Bestandsschutzes in seinem Kleinbetriebsbeschluss lediglich auf die Interessen des Arbeitnehmers und des Arbeitgebers abstellt.

dd) Begriffsvertauschung durch das BVerfG

Neben der Nichtberücksichtigung der Interessen der Arbeitsuchenden ist dem BVerfG zudem vorzuwerfen, dass die Postulierung eines verfassungsrechtlich garantierten Mindestbestandsschutzes zugunsten der Arbeitnehmer auf einer

---

[425] *U. Preis*, Prinzipien des Kündigungsrechts, S. 126.
[426] Vgl. auch *Reuter*, RdA 2004, 161 (164); *Bengelsdorf*, Anm. zum Urteil des BAG vom 26.09.2002, AP Nr. 124 zu § 1 KSchG 1969 Betriebsbedingte Kündigung; *Stelljes*, Zu Grundlage und Reichweite des allgemeinen Kündigungsschutzes, S. 117.

grundlegenden Verkennung des Inhalts der durch Art. 12 Abs. 1 GG gewährten Arbeitsplatzwahlfreiheit basiert.
So weist etwa *Reuter* darauf hin, dass das BVerfG mittels einer Begriffsvertauschung[427] das Freiheitsrecht des Art. 12 Abs. 1 GG in ein Teilhaberecht[428] verwandelt habe. Es setze das Freiheitsrecht der Arbeitsplatzwahl mit dem Anspruch auf den gewählten Arbeitsplatz gleich. Das BVerfG habe dadurch den Kündigungsschutz von einem verfassungsrechtlichen Problem in eine verfassungsrechtliche Forderung umgewandelt[429]. Die Freiheit der Wahl des Arbeitsplatzes verbiete aber lediglich eine Behinderung der Arbeitsplatzwahl, sie gebiete hingegen nicht ihre Unterstützung[430]. Das gelte auch dann, wenn man mit Hilfe der Schutzfunktion der Grundrechte zu ihrer Drittwirkung gelange. Denn die Drittwirkung ändere nicht den Inhalt des Grundrechts. Sie könne nur bewirken, dass das Recht durch Art. 12 GG gehalten sei, dem Arbeitgeber die Behinderung der freien Arbeitsplatzwahl zu untersagen, nicht aber, dass es die Arbeitgeber vorbehaltlich entgegenstehender eigener Belange verpflichten müsse, die freie Arbeitsplatzwahl durch Belassung oder gar Hingabe von Arbeitsplätzen, d.h. mit Hilfe eigener Ressourcen, zu ermöglichen[431].

Diesen Bedenken ist zuzustimmen. Indem das BVerfG dem Arbeitnehmer einen verfassungsrechtlich garantierten Mindestschutz vor einer möglichen Kündigung des Arbeitgebers zusichert, gewährt es dem Arbeitnehmer einen über das reine *Freiheits*recht des Art. 12 Abs. 1 GG hinausgehenden Schutz. Es qualifiziert das Recht der Beibehaltung des bisherigen Arbeitsplatzes als einen Bestandteil des Rechts der Freiheit der Arbeitsplatzwahl und verändert dadurch den Inhalt des Grundrechts des Art. 12 Abs. 1 GG auf freie Wahl des Arbeitsplatzes.

c) Ergebnis

Nach den obigen Ausführungen sollte das BVerfG seine Rechtsprechung zum verfassungsrechtlich garantierten Mindestbestandsschutz der Arbeitnehmer überdenken. Das Gericht missachtet durch eine derart gelagerte Rechtsprechung nicht nur die den Arbeitsuchenden aus Art. 12 Abs. 1 GG garantierten Rechte,

---

[427] *Reuter*, RdA 2004, 161 (165); *ders.*, in: FS für Wiedemann, S. 449 (455, Fn. 29).
[428] *Reuter*, in: FS für Wiedemann, S. 449 (455 Fn. 29); zustimmend *Bengelsdorf*, Anm. zum Urteil des BAG vom 26.09.2002, AP Nr. 124 zu § 1 KSchG 1969 Betriebsbedingte Kündigung.
[429] *Reuter*, RdA 2004, 161 (165).
[430] *Reuter*, in: FS für Wiedemann, S. 449 (455); ihm folgend *Bengelsdorf*, Anm. zum Urteil des BAG vom 26.09.2002, AP Nr. 124 zu § 1 KSchG 1969 Betriebsbedingte Kündigung.
[431] *Reuter*, in: FS für Wiedemann, S. 449 (455); *Bengelsdorf*, Anm. zum Urteil des BAG vom 26.09.2002, AP Nr. 124 zu § 1 KSchG 1969 Betriebsbedingte Kündigung; *Rieble*, Anm. zu den Urteilen des BAG vom 17.06.1999, EzA § 1 KSchG Betriebsbedingte Kündigung Nr. 102.

sondern es gewährt zugleich den Arbeitnehmern einen über das Freiheitsrecht des Art. 12 Abs. 1 GG hinausgehenden Schutz. Die Arbeitsplatzwahlfreiheit wird fälschlicherweise zu einem Teilhaberecht an dem gewählten Arbeitsplatz umgewandelt.
Aufgrund dieser an der Rechtsprechung des BVerfG bestehenden Kritik ist auch die Einbeziehung eines Mindestbestandsschutzes in die Kündigungsrechtsprechung, wie es das BAG in seiner Entscheidung vom 26.09.2002 getan hat, abzulehnen. Ein solcher Anspruch der Arbeitnehmer ist als Schranke unternehmerischer Entscheidungsfreiheit nicht haltbar.
Darüber hinaus sei angemerkt, dass der Hinweis auf einen Mindestbestandsschutz der Arbeitnehmer in der Entscheidung vom 26.09.2002 für die Frage der Wirksamkeit der Kündigung ohne Bedeutung war. Es war keine Folge des Mindestbestandsschutzes, dass die Umgehung des Kündigungsschutzes im Wege der Austauschkündigung unzulässig war. Deshalb war die Einbeziehung der verfassungsrechtlichen Wertungen des BVerfG durch das BAG in dieser Entscheidung ebenso überflüssig wie der erfolgte Rückgriff auf die Missbrauchskontrolle und hat allenfalls zur Verunsicherung hinsichtlich der zukünftigen Reichweite unternehmerischer Entscheidungsfreiheit beigetragen.
Aufgrund dieser erzeugten Rechtsunsicherheit und der oben dargestellten Bedenken wäre das BAG genau wie das BVerfG gut beraten, gänzlich von der zweifelhaften Gewährung eines Mindestbestandsschutzes zugunsten der Arbeitnehmer Abstand zu nehmen.

2) Zweck des Kündigungsschutzes als Grundlage der Reichweite der Überprüfung unternehmerischer Entscheidungen

Soeben wurde festgestellt, dass die Rechtsprechung des BVerfG und des BAG zum Mindestbestandsschutz der Arbeitnehmer abzulehnen ist. Eine über eine Missbrauchskontrolle hinausgehende Überprüfung unternehmerischer Entscheidungen kann somit nicht auf einen solchen Anspruch gestützt werden.

Bleibt die Frage, ob an der bisherigen Missbrauchskontrolle vielleicht aus anderen Gründen nicht festzuhalten ist. Ob eine erweiterte Überprüfung etwa auf andere Gründe gestützt werden kann oder ob vielmehr von einer solchen Überprüfung aufgrund einer möglichen praktischen Bedeutungslosigkeit gänzlich Abstand genommen werden sollte.

Um die Frage, ob an der bisherigen Missbrauchsrechtsprechung des BAG festzuhalten ist, beantworten zu können, ist es sinnvoll, den tatsächlichen Zweck des Kündigungsschutzes näher herauszuarbeiten. Denn der Zweck des Kündigungsschutzes bestimmt zugleich dessen erforderlichen Umfang und dementsprechend auch seine Grenzen. Umfang und Grenze eines erforderlichen Kündigungsschutzes geben wiederum Ausschluss darüber, inwieweit es notwendig ist, unternehmerische Entscheidungen einer Kontrolle zu unterziehen, um den erforderlichen Kündigungsschutz sicherzustellen.

a) Zweck des Kündigungsschutzes

Bei der näheren Betrachtung des Kündigungsschutzzwecks könnte zunächst der Eindruck entstehen, dass der Kündigungsschutz aufgrund der oben dargestellten konkurrierenden Interessen der Arbeitsplatzinhaber und der Arbeitsuchenden gänzlich unterbleiben muss. Aber allein die Feststellung, dass bei der Lösung des arbeitsrechtlichen Bestandsschutzes nach den obigen Ausführungen auch auf die Interessen der Arbeitsuchenden Rücksicht genommen werden muss, bedeutet im Ergebnis nicht, dass sich die Interessen der Arbeitsplatzinhaber für einen Kündigungsschutz und das Interesse der Arbeitsuchenden gegen einen solchen einander dergestalt aufheben, dass der Kündigungsschutz der Arbeitnehmer als unzulässig anzusehen ist. Es kann nur nicht, wie es vielfach getan wird[432], das Interesse der Arbeitsplatzinhaber, an ihrem Arbeitsverhältnis als wirtschaftliche und soziale Existenzgrundlage festzuhalten, gegen eben das gleiche Interesse der Arbeitsuchenden abgewogen werden, mit dem Ergebnis, dass dem Arbeitsplatzinhaber ein Vorrang gegenüber dem Arbeitsuchenden einzuräumen ist. Beide Interessen stehen sich gleichwertig gegenüber und können nicht den Vorrang einer Interessenpartei rechtfertigen.

aa) Flankenschutz der betrieblichen Arbeitsverhältnisse als Rechtfertigung des Kündigungsschutzes

Die Rechtfertigung des Kündigungsschutzes der Arbeitsplatzinhaber muss sich deshalb aus einem anderen Grund ergeben. Erforderlich ist insbesondere ein arbeitnehmerspezifisches Schutzinteresse, das den Arbeitsuchenden schon aufgrund der mangelnden Arbeitnehmerstellung nicht zukommt.
Ein solches Interesse der Arbeitnehmer ist hier in der Sicherung einer angstfreien Ausübung ihrer betrieblichen Rechte und Freiheiten zu sehen[433]. Der Arbeitnehmer unterliegt durch die Eingliederung in eine fremde arbeitsteilige Betriebsorganisation einer institutionellen Abhängigkeit im Verhältnis zum Arbeitgeber[434]. Der Charakter des Arbeitsvertrages als unvollständiger Vertrag und die wechselseitige Verflochtenheit der Arbeitsabläufe im Betrieb erfordern einen die

---

[432] Vgl. oben Fn. 409.

[433] Vgl. *Reuter*, RdA 2004, 161 (164, 167); *ders.*, in: FS 25 Jahre Bundesarbeitsgericht, S. 405 (424 ff.); *ders.*, in: FS für Wiedemann, S. 449 (457); *ders.*, Ordo Bd. 33 (1982), 165 (166); *Stelljes*, Zu Grundlage und Reichweite des allgemeinen Kündigungsschutzes, S. 28 f., 81 f., 179 ff.; 263 ff.; s.a. *Herschel*, RdA 1975, 28 (31); *ders.*, BB 1977, 708 (709).

[434] Vgl. *Reuter*, Die Stellung des Arbeitsrechts, S. 34; *ders.*, Ordo Bd. 33 (1982), 165 f.

Arbeitsverhältnisse koordinierenden Arbeitgeber. Die Arbeitsleistung kann niemals bereits bei Vertragsschluss vollständig bestimmt sein. Diese Lücken kann der Arbeitgeber durch die Ausübung seines ihm zustehenden Direktionsrechts schließen. Auf diesem Wege kann er insbesondere Ort, Zeit und Inhalt der Arbeitsleistung gegenüber dem Arbeitnehmer konkretisieren. Dies bringt die Gefahr mit sich, dass der von der Fremdbestimmung durch den Arbeitgeber abhängige Arbeitnehmer Opfer sachfremder Entscheidungen desselben wird. Um dieser Gefahr zu begegnen, werden dem Arbeitnehmer betriebliche Rechte und Freiheiten zur Seite gestellt. Diese kann der Arbeitnehmer aber nur dann sinnvoll und effektiv einsetzen, wenn er nicht schutzlos einer uneingeschränkten Kündigungsfreiheit des Arbeitgebers ausgesetzt ist. Denn es besteht die Gefahr, dass der Arbeitgeber unter Missbrauch seiner Machtposition dem Arbeitnehmer kündigt, wenn dieser seine betrieblichen Rechte bzw. Freiheiten wahrnimmt oder dass der Arbeitnehmer schon aus Furcht vor einer Kündigung die Wahrnehmung seiner Rechte und Freiheiten unterlässt[435]. Um die betrieblichen Rechte und Freiheiten des Arbeitnehmers zu sichern, wird ihm ein Kündigungsschutz zur Seite gestellt. Dieser soll es dem Arbeitnehmer ermöglichen, sich ohne Furcht vor beliebigen Kündigungen auf seine Rechte und Freiheiten berufen zu können.

Dieser dem Kündigungsschutzrecht zugrunde liegende Zweck ist zudem in der Lage, den Eingriff in die Berufsfreiheit der Arbeitsuchenden, der sich durch den Kündigungsschutz der Arbeitsplatzbesitzer vollzieht, zu rechtfertigen. So ist der Kündigungsschutz zum einen sowohl geeignet als auch erforderlich, um sicherzustellen, dass die dem Arbeitnehmer gewährten Rechte und Freiheiten nicht lediglich zu formalen Positionen verkürzt werden. Darüber hinaus ist das Anliegen, dem Arbeitnehmer im Arbeitsprozess eine Position zu verschaffen, die ihn gegenüber dem Arbeitgeber nicht schutzlos stellt, als ein überragend wichtiges Gemeinschaftsgut anzuerkennen und kann damit zur Rechtfertigung des Eingriffs in die Berufswahlfreiheit der Arbeitsuchenden herangezogen werden. Der Kündigungsschutz soll durch den Flankenschutz der betrieblichen Rechte und Freiheiten des Arbeitnehmers diesen aus der Rolle des „Produktionsfaktors“ in die des „Betriebsbürgers“ versetzen[436]. In diesem Zusammenhang weist *Reuter* auch auf Art. 1 und 2 GG hin, die zeigen, dass die *personelle* Integration des Arbeitnehmers in das Arbeitsleben verfassungsunmittelbar begründet ist[437].

---

[435] *Reuter*, RdA 1978, 344 (349); *ders.*, in: FS 25 Jahre Bundesarbeitsgericht, S. 405 (425 f.); *ders.*, Ordo Bd. 33 (1982), 165 (166); *ders.*, Ordo Bd. 36 (1985), 51 (64); *Schwerdtner*, DB 1979, Beilage 12, S. 1 (4 f.); *ders.*, ZfA 1977, 47 (76 f.); *ders.*, ZIP 1984, 10 (21 f.).

[436] Vgl. *Herschel*, BB 1977, 708 (709); *Reuter*, in: FS 25 Jahre Bundesarbeitsgericht, S. 405 (424).

[437] *Reuter*, in: FS 25 Jahre Bundesarbeitsgericht, S. 405 (424).

Der Schutz des „Leerlaufens" der dem Arbeitnehmer gewährten Rechte hat damit einen so hohen Rang, dass die Anforderungen an ein überragend wichtiges Gemeinschaftsgut und damit auch die Anforderungen an die Rechtfertigung des Eingriffs in Art. 12 Abs. 1 GG der Arbeitsuchenden erfüllt sind.

Zur Unterstützung des hier vertretenen Kündigungsschutzzwecks ist zudem anzumerken, dass er der Tatsache entspricht, dass der erste gesetzliche Kündigungsschutz im Betriebsrätegesetz von 1920 integriert war; ein Gesetz, das erklärtermaßen den Zweck einer Verbesserung der tatsächlichen Stellung der Arbeitnehmer im Betrieb verfolgt hat[438].

Auch lässt sich mit dem vorliegend vertretenen Zweck des Kündigungsschutzes der Ausschluss der sogenannten arbeitnehmerähnlichen Personen vom KSchG erklären. Die arbeitnehmerähnlichen Personen gelten nicht als Arbeitnehmer i.S.d. KSchG[439] und sind deshalb vom allgemeinen Kündigungsschutz ausgeschlossen[440]. Zu ihrem Ausschluss kann nicht vorgebracht werden, sie besäßen kein dem Arbeitnehmer gleichwertes Interesse am Erhalt ihres Arbeitsplatzes. Ihr Interesse am Erhalt ihres Dienstverhältnisses ist genau so hoch zu bewerten wie das Interesse der Arbeitnehmer, ihren Arbeitsplatz zu sichern[441].
Der Ausschluss arbeitnehmerähnlicher Personen lässt sich aber insofern rechtfertigen, als dass sie nicht wie die Arbeitnehmer in den Betrieb eingegliedert sind und somit auch nicht, jedenfalls nicht in demselben Umfang, von den zur Organisation und Koordination des Arbeitsablaufs im Betrieb erforderlichen Fremdbestimmungen des Arbeitgebers abhängig sind. Eine institutionelle Abhängigkeit, wie sie gerade für das betriebliche Arbeitsverhältnis kennzeichnend ist, liegt bei arbeitnehmerähnlichen Personen nicht vor. Folglich ist es nur konsequent, dass ihnen nicht der allgemeine Kündigungsschutz zusteht, der den Arbeitnehmern als Schutz ihrer betrieblichen Rechte und Freiheiten gewährt wird, um eine Kompensierung ihrer institutionellen Abhängigkeit zu gewährleisten.

Darüber hinaus sieht man sich bei einem Verständnis des Kündigungsschutzes als Bestandsschutz des Arbeitsverhältnisses des Arbeitnehmers als dessen Existenzgrundlage Schwierigkeiten bei der Begründung des eingeschränkten sach-

---

[438] Vgl. oben unter Kap. 1 B).

[439] Ihnen fehlt die persönliche Abhängigkeit, die konstitutiv für die Arbeitnehmereigenschaft und damit für die Anwendung des Arbeitsrechts ist; vgl. etwa KR-*Rost*, Arbeitnehmerähnliche Personen, Rdnr. 1 ff.

[440] KR-*Rost*, Arbeitnehmerähnliche Personen, Rdnr. 33 ff.

[441] Da der Ausschluss der arbeitnehmerähnlichen Personen im Fall des als Existenzschutz verstandenen Kündigungsschutzes wertungswidersprüchlich ist, wird versucht, den Begriff des Arbeitnehmers zulasten des Begriffs der arbeitnehmerähnlichen Personen auszuweiten, vgl. hierzu etwa KR-*Lipke*, § 620 BGB Rdnr. 201 (5. Auflage); *Bezani*, NZA 1997, 856 (857 ff.).

lichen Anwendungsbereichs des Kündigungsschutzgesetzes bei Kleinbetrieben und -verwaltungen nach § 23 Abs. 1 Satz 2 KSchG ausgesetzt.
Der Bestandsschutztheorie zufolge soll die Kleinbetriebsklausel des § 23 Abs. 1 Satz 2 KSchG die geringe wirtschaftliche Belastbarkeit von Kleinbetrieben berücksichtigen[442]. Der Arbeitnehmer erhalte nur dann Kündigungsschutz, wenn seinem Arbeitgeber dies wirtschaftlich zumutbar sei. Die Grenze des Kündigungsschutzes bestimmt sich somit anhand der wirtschaftlichen Situation des Arbeitgebers. Damit stehen sich die *wirtschaftliche Grenze des Kündigungsschutzes,* nämlich die wirtschaftliche Belastbarkeit des Arbeitgebers, und der nach dieser Kündigungsschutztheorie vertretene *wirtschaftliche Grund des Kündigungsschutzes*, nämlich der Schutz des Arbeitsplatzes als wirtschaftliche Existenzgrundlage, gegenüber. Das wirtschaftliche Schutzbedürfnis des Arbeitnehmers wird durch die wirtschaftliche Zumutbarkeit des Arbeitgebers begrenzt.
Dieser Sichtweise des Kündigungsschutzes steht allerdings entgegen, dass zur sachlichen Begrenzung des Kündigungsschutzes in § 23 Abs. 1 Satz 2 KSchG auf die Anzahl der Arbeitnehmer abgestellt wird. Die bloße Betriebsgröße allein lässt noch keine Rückschlüsse auf die wirtschaftliche Situation des Betriebs zu[443]. Auch ein Betrieb mit wenigen Arbeitnehmern kann wirtschaftlich so gut gestellt sein, dass eine Kündigungsschutzverpflichtung für ihn keine wirtschaftliche Überbelastung bedeuten würde. Andererseits gibt es auch viele Großunternehmen und -konzerne, die unter einer finanzschwachen Lage leiden, sich aber aufgrund ihrer Arbeitnehmerzahl nicht auf einen Ausschluss des Kündigungsschutzes berufen können. Um der Bestandsschutztheorie gerecht zu werden, müsste das Tatbestandsmerkmal der Anzahl der Arbeitnehmer durch das Tatbestandsmerkmal der wirtschaftlichen Zumutbarkeit des Arbeitgebers ersetzt werden. Dies hat der Gesetzgeber aber nicht getan; wohl auch in der Voraussicht, dass ein derartiges Tatbestandsmerkmal eine Erhöhung der Rechtsunsicherheit zur Folge hätte, denn zu klären wäre insbesondere, was und wer die Grenzen der wirtschaftlichen Zumutbarkeit bestimmen sollte. Dass es hierbei keine einheitliche Meinung geben würde, scheint wahrscheinlich. Somit ist das Argument der wirtschaftlichen Belastbarkeit eines Betriebs für die Begründung des § 23 Abs. 1 Satz 2 KSchG jedenfalls nicht geeignet[444].

---

[442] Vgl. hierzu Urteil des BVerfGE 97, 169 (183); *Joost*, Betrieb und Unternehmen, S. 346.
[443] Vgl. hierzu auch *Ramm*, AuR 1991, 257 (264). *Ramm* verweist zudem auf die Ansicht der Verbände der gewerblichen Industrie, nach denen die Maßziffer der Beschäftigungszahl mit zunehmender Automatisierung und damit verbundener Kapitalintensität an Aussagekraft verliere, AuR 1991, 257 (262).
[444] *Stelljes* weist zudem darauf hin, dass dieses wirtschaftliche Verständnis des Kündigungsschutzes nicht mit dem nichtvermögensfähigen Betriebsbegriff harmonisiere, sondern ein Rechtssubjekt wie das Unternehmen oder den Arbeitgeber erfordere, vgl. *Stelljes*, Zu Grundlage und Reichweite des allgemeinen Kündigungsschutzes, S. 247.

Eine Begründung des § 23 Abs. 1 Satz 2 KSchG kann aber auf der Grundlage des hier vertretenen Kündigungsschutzzwecks gegeben werden. Die angstfreie Ausübung der betrieblichen Rechte und Freiheiten des Arbeitnehmers zu sichern, ist Aufgabe des Kündigungsschutzes. Der Arbeitnehmer soll die ihm zur Kompensierung der bestehenden Fremdbestimmung durch den Arbeitgeber zugestandenen Rechte und Freiheiten ausüben können, ohne eine willkürliche Disziplinierung durch den Arbeitgeber zu fürchten. Diese Disziplinierungsgefahr durch den Arbeitgeber tritt aber erst dort ein, wo eine gewisse Verflochtenheit von Arbeitsverhältnissen, d.h. eine Mehrzahl von Arbeitsverhältnissen, vorliegt. Denn erst hier muss der Arbeitgeber koordinierend in die betrieblichen Abläufe eingreifen, so dass auch erst hier für den Arbeitnehmer die Gefahr besteht, Opfer willkürlicher Direktionsausübung durch den Arbeitgeber zu werden. Erst die Abhängigkeit von der Organisation eines arbeitsteiligen Prozesses schürt die Gefahr sachfremder Entscheidungen durch den Arbeitgeber und begründet ein Schutzbedürfnis für den Arbeitnehmer. Demzufolge ist ein Kündigungsschutz nicht schon bei singulären Arbeitsverhältnissen zu gewähren; die Einschränkung des sachlichen Anwendungsbereichs des allgemeinen Kündigungsschutzes nach § 23 Abs. 1 Satz 2 KSchG also gerechtfertigt[445].

bb) Ergebnis

Das Kündigungsschutzrecht ist damit im Ergebnis nicht Ausdruck eines eigenständigen arbeitsrechtlichen Anliegens, den Bestandsschutz von Arbeitsverhältnissen zu sichern. Es dient vielmehr dem Versuch, das bestehende Defizit der Rechtsstellung des Arbeitnehmers im Vergleich zum Arbeitgeber auszugleichen bzw. abzumildern. Dass ein derartiges Kündigungsschutzrecht auch zu einem gewissen Bestandsschutz von Arbeitsverhältnissen führt, ist lediglich als eine Begleiterscheinung einzustufen.
Der Kündigungsschutz ist nicht auf den Schutz des Arbeitsplatzes als wirtschaftliche Existenzgrundlage der in Arbeit stehenden Arbeitnehmer gerichtet, sondern dient allein der Sicherung der angstfreien Ausübung, der dem Arbeitnehmer zugewiesenen betrieblichen Rechte und Freiheiten. Dem Arbeitnehmer sollen nicht nur formal betriebliche Rechte und Freiheiten gewährt werden, diese muss er vielmehr auch ausüben können, da sie ansonsten ihre Wirkung verlieren. Insoweit hat der Arbeitnehmer ein gegenüber dem Arbeitsuchenden spezifisches Interesse. Nur er ist aufgrund der Eingliederung in eine fremde arbeitsteilige Betriebsorganisation der Gefahr ausgesetzt, zum Spielball willkürlicher Entscheidungen des Arbeitgebers zu werden. Nur ihm stehen zur Abwehr dieser

[445] *Stelljes* weist zudem auf die aus den engen persönlichen Beziehungen resultierende Selbstorganisationsfähigkeit in Kleinbetrieben als Bestätigung für den vorliegend vertretenen Kündigungsschutzzweck hin, vgl. *Stelljes*, Zu Grundlage und Reichweite des allgemeinen Kündigungsschutzes, S. 252 ff.

Gefahr betriebliche Rechte und Freiheiten zur Seite und nur er hat ein berechtigtes Interesse daran, dass die Ausübung dieser Rechte gegenüber dem Arbeitgeber gewährleistet wird. Somit verfügt der Arbeitnehmer über ein im Vergleich zum Arbeitsuchenden spezifisches Interesse, das einen Vorrang in der Konkurrenz mit diesem begründet und zugleich eine Rechtfertigung für den Kündigungsschutz desselben liefert.

b) Wahrung des Zwecks des Kündigungsschutzes bei der betriebsbedingten Kündigung

Der dargestellte Zweck des Kündigungsschutzes kann nicht gewahrt werden, wenn dem Arbeitgeber ein schrankenlos gewährleistetes Kündigungsrecht zusteht. Vielmehr ist es erforderlich, das Kündigungsrecht des Arbeitgebers auf sachlich überzeugende Gründe zu begrenzen. So hat schon *Herschel* ausgeführt, dass der Kündigungsschutz nach dem KSchG der Einsicht entspreche, dass dem Arbeitnehmer „mit einem noch so sozial ausgestatteten Betrieb nicht vollkommen gedient ist, wenn er jederzeit aus dem Arbeitsverband aus unzulänglichen willkürlichen Gründen gegen seinen Willen entfernt werden kann“[446].
Im Rahmen einer betriebsbedingten Kündigung ist das Erfordernis eines sachlichen Grundes dann als erfüllt anzusehen, wenn der Arbeitgeber nachweisen kann, dass für den gekündigten Arbeitnehmer keine Beschäftigungsmöglichkeit mehr besteht. Weshalb die Beschäftigungsmöglichkeit entfallen ist, ist dagegen nicht zu überprüfen. Eine Grenze besteht nur insoweit, als dass die Verursachung des Wegfalls der Beschäftigungsmöglichkeit nicht auf offensichtlich unsachlichen, unvernünftigen oder willkürlichen Erwägungen beruhen darf.
Solch ein Schutz ist erforderlich, damit die arbeitsrechtlichen Schutzvorkehrungen in ihrer praktischen Wirkung nicht leer laufen.

Damit ist an dem Grundsatz, die der betriebsbedingten Kündigung zugrunde liegende Unternehmerentscheidung einer Überprüfung auf offenbare Unsachlichkeit, Unvernunft und Willkür zu unterziehen, festzuhalten. Den Kritikern, die eine gänzliche Aufgabe der Missbrauchskontrolle fordern[447], ist jedenfalls nicht zuzustimmen.
Aber auch die Kritik, die Missbrauchskontrolle unternehmerischer Entscheidungen reiche nicht aus, um dem Arbeitnehmergrundrecht aus Art. 12 Abs. 1 GG gerecht zu werden, ist nicht begründet. Sie basiert auf dem falschen Verständnis, dass der Zweck des Kündigungsschutzes darin liege, dem Arbeitnehmer seinen Arbeitsplatz als wirtschaftliche und soziale Existenzgrundlage möglichst weitgehend zu sichern. Die obige Untersuchung dieses Kündigungsschutz-

---

[446] *Herschel*, RdA 1975, 28 (31).
[447] Vgl. hierzu u.a. *Möhn*, ZTR 1995, 356; *Quecke*, NZA 1999, 1247 (1250); *Thum*, Betriebsbedingte Kündigung, S. 173 ff.; vgl. auch oben unter B) II).

zwecks hat allerdings gezeigt, dass er aufgrund der ebenfalls zu berücksichtigenden, entsprechend gelagerten Interessen der Arbeitsuchenden nicht geeignet ist, einen einseitigen Kündigungsschutz zugunsten der Arbeitsplatzinhaber zu begründen. Vielmehr ist der Zweck des Kündigungsschutzes in der Sicherung der angstfreien Ausübung der betrieblichen Rechte und Freiheiten der Arbeitnehmer zu sehen. Dieser Kündigungsschutzzweck lässt sich bereits durch eine Begrenzung des Arbeitgeberkündigungsrechts auf sachlich überzeugende Gründe sicherstellen.

Forderungen, unternehmerische Entscheidungen einer über eine reine Missbrauchskontrolle hinausgehende Überprüfung zu unterziehen, um dadurch den Kündigungsschutz der Arbeitnehmer auszuweiten, missachten die durch Art. 12 Abs. 1 GG verfassungsrechtlich garantierten Rechte der Arbeitsuchenden. Eine derartige Intensivierung des Kündigungsschutzes würde ihre Chancen auf einen Arbeitsplatz über Gebühr einschränken und eine Verteilung der Arbeitsplätze zugunsten der in Arbeit stehenden Arbeitnehmer bewirken[448]. Dies würde im Ergebnis einen Konkurrentenschutz der beschäftigten Arbeitnehmer bedeuten. Eine solche Entwicklung ist nicht hinzunehmen, da das Interesse der Arbeitsuchenden an einem Arbeitsplatz genauso schwer wiegt wie das Interesse der Arbeitnehmer, ihren Arbeitsplatz zu sichern[449]. Die verfassungsrechtliche Position der Arbeitsuchenden aus Art. 12 GG bildet eine Grenze für die Ausdehnung des allgemeinen Kündigungsschutzes. Die Sperrwirkung des Kündigungsschutzes gegenüber dem arbeitsuchenden Außenseiter darf deshalb nur so weit gehen, wie es die Sicherung der angstfreien Ausübung der betrieblichen Rechtspositionen und Freiheitsgarantien des Arbeitnehmers erfordert[450]. Diese ist gegeben, wenn der Arbeitnehmer keine willkürliche Ausübung des Kündigungsrechts durch den Arbeitgeber befürchten muss, darüber hinaus ist ein Schutzbedürfnis der Arbeitnehmer nicht anzuerkennen.

c) Ergebnis

Zur Wahrung des hier vertretenen Kündigungsschutzzwecks ist es damit im Ergebnis erforderlich, aber zugleich auch ausreichend, eine wie bisher vom BAG vorgenommene Missbrauchskontrolle unternehmerischer Entscheidungen vorzunehmen.

---

[448] Vgl. auch *Zöllner*, 52. Dt. Juristentag, Teil D, S. 114; auch *Schwerdtner*, ZfA 1977, 47 (77); MüKo-*Schwerdtner*, vor § 620 Rdnr. 175 (3. Auflage); *Reuter*, RdA 2004, 161 (164).

[449] *Reuter*, Ordo Bd. 33 (1982), 165 (187 f.); *ders.*, RdA 2004, 161 (164); vgl. zur Forderung einer erweiterten Überprüfung unternehmerischer Entscheidungen auch nachfolgend unter C) - H).

[450] Vgl. auch *Reuter*, RdA 2004, 161 (164); *ders.*, in: FS 25 Jahre Bundesarbeitsgericht, 405 (424 ff.); *Stelljes*, Zu Grundlage und Reichweite des allgemeinen Kündigungsschutzes, S. 173 ff.

3) Ergebnis

Die Frage, ob an der bisherigen Missbrauchskontrolle festzuhalten ist, ist damit zu bejahen. Sie ist insbesondere zur Wahrung des dem Kündigungsschutz zugrunde liegenden Schutzgedankens erforderlich. Sie sichert die angstfreie Ausübung der den Arbeitnehmern im Betrieb zustehenden Rechte und Freiheiten. Deshalb ist den Kritikern, die für eine völlige Aufgabe der Missbrauchskontrolle plädieren, eine Absage zu erteilen.
Aus dem Zweck des Kündigungsschutzes ergeben sich zugleich auch seine Grenzen. So ist auch denjenigen Kritikern nicht zu folgen, die für eine über die Missbrauchskontrolle hinausgehende Überprüfung unternehmerischer Entscheidungen eintreten. Eine derartig erweiterte Überprüfung ist nach dem dargestellten Kündigungsschutzzweck weder erforderlich noch mit den Rechten der Arbeitsuchenden zu vereinbaren.
Insofern kann auch dem in der neueren Rechtsprechung des BVerfG und des BAG auftauchenden Gedanken, dem Arbeitnehmer durch eine verstärkte Kontrolle unternehmerischer Entscheidungen einen Mindestbestandsschutz zu gewähren, nicht gefolgt werden.
Die Rechte und Freiheiten des Arbeitnehmers sind durch eine Missbrauchskontrolle unternehmerischer Entscheidungen ausreichend geschützt.

IV) Darlegungs- und Beweislastverteilung hinsichtlich offensichtlicher Unsachlichkeit, Unvernunft und Willkür

Neben der Frage, ob an der Missbrauchskontrolle festzuhalten ist, stellt sich zudem die Frage, wer im Rahmen einer Missbrauchskontrolle die offensichtliche Unsachlichkeit, Unvernunft bzw. Willkür unternehmerischer Entscheidungen darzulegen und ggf. zu beweisen hat.

1) Rechtsprechung des BAG

Bisher hat das BAG in ständiger Rechtsprechung entschieden, dass nicht der Arbeitgeber, sondern der Arbeitnehmer verpflichtet sei, den Missbrauch unternehmerischen Handelns darzulegen und ggf. zu beweisen[451]. Diese Darlegungs- und Beweislastverteilung begründet das BAG damit, dass für eine

[451] Vgl. u.a. Urteile des BAG vom 22.11.1973, AP Nr. 22 zu § 1 KSchG 1969 Betriebsbedingte Kündigung; vom 24.10.1979, AP Nr. 8 zu § 1 KSchG 1969 Betriebsbedingte Kündigung; vom 17.10.1980, AP Nr. 10 zu § 1 KSchG 1969 Betriebsbedingte Kündigung; vom 09.05.1996, AP Nr. 79 zu § 1 KSchG 1969 Betriebsbedingte Kündigung.

beschlossene und tatsächlich durchgeführte Unternehmerentscheidung grundsätzlich die Vermutung spreche, dass sie aus sachlichen Gründen erfolgt sei[452]. In einer Entscheidung vom 17.06.1999[453] lässt das BAG allerdings ausdrücklich offen, ob es weiter an dieser Rechtsprechungsmaxime festhalten wolle. Im zugrunde liegenden Fall kam es auf diese Frage allerdings nicht an, so dass das BAG sie nicht abschließend entscheiden musste.

2) Ansichten in der Literatur

In der Literatur ist hinsichtlich der Darlegungs- und Beweislastverteilung bei Missbrauch keine einheitliche Auffassung zu erkennen. Zum Teil wird die bisherige Rechtsprechung des BAG, dem Arbeitnehmer die Darlegungs- und Beweislast hinsichtlich des Missbrauchs unternehmerischen Handelns aufzuerlegen, abgelehnt[454].

So führt etwa *Berkowsky*[455] aus, dass der Sinn der Darlegungslast, die das BAG dem Arbeitgeber hinsichtlich der inner- und außerbetrieblichen Ursachen für den Wegfall des Arbeitsplatzes auferlege, darin liege zu verhindern, dass der Arbeitgeber sich mit nur vorgeschobener Begründung von ihm nicht mehr genehmen Arbeitnehmer trenne. Mit anderen Worten solle diese Darlegungslast des Arbeitgebers verhindern, dass die Arbeitnehmer einer im Grunde unsachlichen oder willkürlichen Kündigung ausgesetzt würden. Diese Feststellung stehe aber in offenkundigem Widerspruch zu der ständigen Rechtsprechung des BAG, der Arbeitnehmer sei darlegungs- und beweispflichtig dafür, dass eine zum Wegfall des Arbeitsplatzes führende unternehmerische Maßnahme aus offensichtlich unsachlichen, unvernünftigen oder willkürlichen Erwägungen des Arbeitgebers heraus getroffen worden sei. Nach dem BAG trage also der Arbeitnehmer die Darlegungs- und Beweislast dafür, dass der Arbeitgeber den Arbeitsplatz des gekündigten Arbeitnehmers ohne sachlichen Grund, mithin ohne dass eine hinreichende inner- oder außerbetriebliche Ursache vorläge, habe wegfallen lassen. Damit weise das BAG die Darlegungs- und Beweislast für ein- und denselben Bereich, nämlich das Vorliegen eines sozial anerkannten Grundes für den Wegfall des Arbeitsplatzes, einmal dem Arbeitgeber, ein anderes Mal dem Arbeitnehmer zu. Dies werde aber durch eine jeweils unterschiedliche Etikettierung verschleiert.

---

[452] Vgl. u.a. Urteile des BAG vom 24.10.1979, AP Nr. 8 zu § 1 KSchG 1969 Betriebsbedingte Kündigung; vom 30.04.1987, AP Nr. 42 zu § 1 KSchG 1969 Betriebsbedingte Kündigung.

[453] Urteil des BAG vom 17.06.1999 (2 AZR 141/99), AP Nr. 101 zu § 1 KSchG 1969 Betriebsbedingte Kündigung.

[454] *Singer/v. Finckenstein*, SAE 2000, 282 (285 f.); *Bitter*, DB 1999, 1214 (1216); *ders.*, DB 2000, 1760 (1764); *Zepter*, DB 1999, 474 (476); *Berkowsky*, NJW 1983, 1292 (1293 f.), kritisch auch *Ascheid*, DB 1987, 1144 (1149).

[455] *Berkowsky*, NJW 1983, 1292 (1293 f.).

Auch *Singer* und *v. Finkenstein*[456] stellen sich gegen eine Darlegungs- und Beweislast des Arbeitnehmers für die Unsachlichkeit, Unvernunft oder Willkür unternehmerischer Entscheidungen. Die bisher angenommene Beweislastverteilung widerspreche dem Prinzip der praktischen Konkordanz, da sie die schutzwürdige Position des Arbeitnehmers nicht in dem möglichen und gebotenen Umfang zur Entfaltung bringe, sondern gegen den schwer zu beweisenden Missbrauch des Kündigungsrechts ohne ausreichenden Schutz lasse.

Der wohl überwiegende Teil geht demgegenüber mit der bisherigen Rechtsprechung des BAG davon aus, dass der Arbeitnehmer die Darlegungs- und Beweislast hinsichtlich offensichtlicher Unsachlichkeit, Unvernunft bzw. Willkür zu tragen habe[457].

3) Stellungnahme

Nach § 1 Abs. 2 Satz 4 KSchG hat der Arbeitgeber diejenigen Tatsachen zu beweisen, die die Kündigung bedingen. Insofern obliegt es dem Arbeitgeber darzulegen, welche unternehmerische Maßnahme er getroffen hat und wie sie sich auf die Beschäftigungsmöglichkeit für den gekündigten Arbeitnehmer ausgewirkt. Er hat die Kausalkette von der unternehmerischen Entscheidung über deren Umsetzung bis hin zum Wegfall der Beschäftigungsmöglichkeit nachvollziehbar darzulegen[458].

Die Frage, ob eine Unternehmerentscheidung offensichtlich unsachlich, unvernünftig oder willkürlich erfolgt ist, bezeichnet nichts anderes als die Frage nach einer rechtsmissbräuchlichen Ausnutzung der unternehmerischen Gestaltungsfreiheit. Für einen Rechtsmissbrauch ist allerdings nach allgemeinen Beweislastgrundsätzen die Partei beweisbelastet, die sich darauf beruft[459]. Insofern ist dem BAG zwar im Ergebnis zuzustimmen, dass die Darlegungs- und Beweislast hinsichtlich offensichtlicher Unsachlichkeit, Unvernunft oder Willkür dem Arbeitnehmer aufzuerlegen ist. Allerdings ist die Hilfskonstruktion des BAG, dass für eine beschlossene und tatsächlich durchgeführte Unternehmerentscheidung die Vermutung spreche, dass sie aus sachlichen Gründen erfolgt sei, neben der Anwendung der allgemeinen Beweislastgrundsätze als überflüssig anzusehen.

---

[456] *Singer/v. Finckenstein*, SAE 2000, 282 (285 f.).

[457] *Kittner/Däubler/Zwanziger*, § 1 KSchG Rdnr. 303; *v. Hoyningen-Huene*, NZA 1994, 1009 (1011); *v. Hoyningen-Huene/Linck*, § 1 KSchG Rdnr. 371 f.; *Franzen*, NZA 2001, 805 (810); *Rommé/Pauker*, NZA-RR 2000, 281 (284); *Sage*, AiB 2000, 310 (314); *Schiefer*, NZA-RR 2005, 1 (3); s.a. *Meisel*, ZfA 1985, 213 (218).

[458] Näheres zur allgemeinen Darlegungs- und Beweislast des Arbeitgebers vgl. unten in Kap. 6.

[459] Vgl. Baumgärtel-*Striedel*, Handbuch der Beweislast, § 242 BGB Rdnr. 11; Erman-*Werner*, § 242 BGB Rdnr. 206; MüKo-*Roth*, § 242 BGB Rdnr. 69.

Die Frage, ob die unternehmerische Entscheidung als unsachlich, unvernünftig oder willkürlich anzusehen ist, stellt einen Einwand rechtsmissbräuchlichen Verhaltens dar. Dessen tatsächliches Vorliegen ist stets von der einwendenden Partei selbst darzulegen und ggf. zu beweisen[460].
Somit hat der Arbeitnehmer die offensichtliche Unsachlichkeit, Unvernunft oder Willkür unternehmerischer Entscheidungen darzulegen und ggf. zu beweisen.

V) Ergebnis

Im 4. Kapitel ist festgestellt worden, dass unternehmerische Entscheidungen grundsätzlich keiner gerichtlichen Kontrolle unterliegen. Eine Grenze erhält diese grundsätzliche Freiheit unternehmerischer Entscheidungen aber durch die Missbrauchskontrolle. Sie ist zum Schutz der Arbeitnehmer im Betrieb erforderlich. Eine darüber hinausgehende Überprüfung unternehmernehmerischer Entscheidungen ist allerdings abzulehnen. Insofern ist auch dem Urteil des BAG vom 26.09.2002, das auf eine erweiterte Kontrolle unternehmerischer Entscheidungen hindeutet, nicht zu folgen. Der Rückgriff auf einen Mindestbestandsschutz der Arbeitnehmer, wie ihn das BAG in seinem Urteil vom 16.09.2002 vollzieht, ist nicht nur verfassungsrechtlich problematisch, sondern erhöht zudem die ohnehin im Kündigungsschutzprozess bestehende Rechtsunsicherheit.

Eine Missbrauchskontrolle ist zum Schutz der Arbeitnehmer erforderlich, aber zugleich auch ausreichend. Dennoch gibt es in der Rechtsprechung und in der Literatur immer wieder Versuche, die grundsätzliche unternehmerische Entscheidungsfreiheit auch auf anderem Wege einzuschränken. Zu nennen sind hier z.B. die Vornahme einer Interessenabwägung oder die Überprüfung unternehmerischer Entscheidungen anhand des sogenannten Ultima-ratio-Prinzips. Diese Forderungen nach einer verstärkten Kontrolle unternehmerischer Entscheidungen basieren vornehmlich auf der Zielsetzung, dem Arbeitnehmer einen möglichst weitreichenden Bestandsschutz zu gewährleisteten. Diese Zielsetzung beruht wiederum auf der – nach obigen Ausführungen – zweifelhaften Vorstellung, dem Kündigungsschutz liege der Zweck zugrunde, dem Arbeitnehmer den Arbeitsplatz als seine wirtschaftliche und soziale Existenzgrundlage (unbedingt) erhalten zu müssen. Dieses Kündigungsschutzzweckverständnis stellt einen unzulässigen Eingriff in die den Arbeitsuchenden vom Grundgesetz gewährte Berufsfreiheit dar[461].

---

[460] Vgl. auch *Rommé/Pauker*, NZA-RR 2000, 281 (284); *v. Hoyningen-Huene/Linck*, § 1 KSchG Rdnr. 371 f.; *Franzen*, NZA 2001, 805 (810).
[461] Siehe oben unter III) 1) b) aa).

Im Folgenden sollen dennoch die verschiedenen Forderungen nach einer verstärkten Kontrolle unternehmerischer Entscheidungen näher dargestellt werden. Sie sind kritisch zu hinterfragen und insbesondere auf ihre Vereinbarkeit mit dem hier vertretenen Kündigungsschutzweck zu untersuchen.

C) Interessenabwägung

Neben der Missbrauchskontrolle wird zur Begrenzung betriebsbedingter Kündigungen zudem die Vornahme einer Abwägung zwischen den betrieblichen Interessen des Unternehmers und den individuellen Interessen des Arbeitnehmers befürwortet.

I) Rechtsprechung des BAG zur Interessenabwägung bei der betriebsbedingten Kündigung

1) Urteil des BAG vom 04.02.1960

Das BAG hat in seinem Urteil vom 04.02.1960[462] erstmals bei einer betriebsbedingten Kündigung eine Interessenabwägung vorgenommen[463]. Der Entscheidung lag ein Fall zugrunde, in dem das Land NRW allen beim Land angestellten Assistenztierärzten gekündigt hatte. Die Kündigungen beruhten auf einem Beschluss, die Tierseuchenbekämpfung, die bislang vom Land selbst betrieben worden war, an die Landkreise zu übertragen.
Das BAG entschied, dass die ausgesprochenen Kündigungen nicht ohne weiteres als sozial gerechtfertigt hingenommen werden dürften, auch wenn die geschilderten Maßnahmen an sich „dringende betriebliche Erfordernisse" i.S.d. § 1 Abs. 2 KSchG sein könnten. Es müsse, wenn ein betrieblicher Grund vorliege, jeweils noch gefragt werden, ob dieser Grund auch wichtig genug sei, um die Kündigung wirklich zu rechtfertigen. Hierzu bedürfe es einer Interessenabwägung. Die betriebsbedingte Kündigung sei demnach nur dann sozial gerechtfertigt, wenn die betrieblichen Gründe bei verständiger Würdigung in Abwägung der Interessen der Vertragsparteien und des Betriebs die Kündigung billigenswert und angemessen erscheinen lassen. Betriebsbedingte Kündigungen seien demgegenüber unwirksam, wenn die zu erwartenden Vorteile zu den Nachteilen, die sich für die betroffenen Arbeitnehmer ergäben, in keinem vernünftigen Verhältnis stünden.

---

[462] Urteil des BAG vom 04.02.1960, AP Nr. 5 zu § 1 KSchG Betriebsbedingte Kündigung.

[463] Zuvor wurde vom BAG eine Interessenabwägung nur bei verhaltens- und personenbedingten Kündigungen vorgenommen, vgl. dazu Urteile des BAG vom 07.10.1954, AP Nr. 5 zu § 1 KSchG; vom 20.10.1954, AP Nr. 6 zu § 1 KSchG; vom 10.12.1956, AP Nr. 21 zu § 1 KSchG.

Im zugrunde liegenden Fall verwies das BAG die Streitigkeit an das LAG zurück, weil dieses eine Interessenabwägung nicht vorgenommen hatte. Das BAG deutet aber zugleich an, dass es in diesem Fall die Interessen der Kläger als überwiegend ansehe, weil das Land NRW nicht geltend gemacht habe, dass es durch die geplante Änderung ins Gewicht fallende Verbesserungen erreiche.
Diese Entscheidung des Zweiten Senats des BAG stellte den Beginn der BAG-Rechtsprechung zur Interessenabwägung bei betriebsbedingten Kündigungen dar. Sie ist vom Zweiten Senat in seinen nachfolgenden Urteilen fortgeführt worden[464]. Bestätigung fand die Rechtsprechung zur Interessenabwägung auch in Entscheidungen des Vierten Senats[465] und des Siebten Senats[466]. Diese forderten ebenfalls eine Überprüfung, ob das betriebliche Erfordernis i.S.v. § 1 Abs. 2 KSchG gewichtig genug sei, die Kündigung als sozial gerechtfertigt erscheinen zu lassen.

2) Urteil des BAG vom 24.10.1979

Im Laufe der Zeit hat das BAG jedoch Abstand von seiner Rechtsprechung zur Interessenabwägung genommen. Diese Entwicklung ging vom Zweiten Senat des BAG aus. Dieser betonte in seinem Urteil vom 24.10.1979[467], dass sich bei einer Kündigung, die wegen einer bindenden Unternehmerentscheidung an sich betriebsbedingt sei, die Interessenabwägung nur in seltenen Ausnahmefällen zugunsten des Arbeitnehmers auswirken könne. Dies sei etwa dann der Fall, wenn der Arbeitnehmer aufgrund schwerwiegender persönlicher Umstände besonders schutzbedürftig sei; sich also ein „Härtefall“ für den Arbeitnehmer darstelle.

3) Urteil des BAG vom 30.04.1987

An diese Entscheidung schließt sich auch das Urteil des Zweiten Senats vom 30.04.1987[468] an. Es bestätigte, dass sich die Interessenabwägung bei einer an sich betriebsbedingten Kündigung nur in Ausnahmefällen zugunsten des Arbeitnehmers auswirken solle. Zudem führte der Zweite Senat aus, dass aus der beschränkten Kontrolle der Unternehmerentscheidung insbesondere folge, dass nicht zu prüfen sei, ob die vom Arbeitgeber aufgrund seiner Unternehmerent-

---

[464] Vgl. z.B. Urteil des BAG vom 25.06.1964, AP Nr. 14 zu § 1 KSchG Betriebsbedingte Kündigung.
[465] Urteil vom 03.05.1978, AP Nr. 5 zu § 1 KSchG 1969 Betriebsbedingte Kündigung.
[466] Urteil vom 07.03.1980, AP Nr. 9 zu § 1 KSchG 1969 Betriebsbedingte Kündigung und vom 17.10.1980, AP Nr. 10 zu § 1 KSchG 1969 Betriebsbedingte Kündigung.
[467] Urteil des BAG vom 24.10.1979, AP Nr. 8 zu § 1 KSchG 1969 Betriebsbedingte Kündigung.
[468] Urteil des BAG vom 30.04.1987, AP Nr. 42 zu § 1 KSchG 1969 Betriebsbedingte Kündigung.

scheidung erwarteten Vorteile in einem „vernünftigen Verhältnis“ zu den Nachteilen stünden, die der Arbeitnehmer durch die Kündigung erleide.

Zwischenzeitlich wurde der Begriff der Interessenabwägung im Rahmen der Überprüfung betriebsbedingter Kündigungen vom BAG gar nicht mehr erwähnt. Dies schürte den Verdacht, dass sich das Gericht von dieser Rechtsprechung ganz verabschieden wollte[469]. Eine förmliche Aufgabe der Rechtsprechung zur Interessenabwägung bei betriebsbedingten Kündigungen hat es jedoch nie gegeben[470].

4) Interessenabwägung in der aktuellen Rechtsprechung des BAG

In jüngeren Urteilen des BAG wird die Interessenabwägung wieder erwähnt. So führt das BAG aus: „Bei der Beantwortung der Frage, ob eine ordentliche betriebsbedingte Kündigung gemäß § 1 Abs. 2 KSchG sozial ungerechtfertigt ist, weil dringende betriebliche Erfordernisse einer Weiterbeschäftigung des Arbeitnehmers im Betrieb entgegenstehen, geht es um die Anwendung unbestimmter Rechtsbegriffe. Diese kann vom Revisionsgericht nur darauf überprüft werden, ob das LAG in dem angefochtenen Urteil die Rechtsbegriffe selbst verkannt hat, ob es bei der Unterordnung des Sachverhalts unter die Rechtsnorm des § 1 KSchG Denkgesetze oder allgemeine Erfahrungssätze verletzt hat, ob es bei der *gebotenen Interessenabwägung*, bei der dem Tatsachenrichter ein Beurteilungsspielraum zusteht, alle wesentlichen Umstände berücksichtigt hat und ob das Urteil in sich widerspruchsfrei ist“[471].

---

469 So z.B. *Rotter*, in Anm. zum Urteil des BAG vom 15.06.1989, EzA § 1 KSchG Betriebsbedingte Kündigung Nr. 63; vgl. auch *Hinze*, Mildere Mittel, S. 41.

470 *Hillebrecht* verweist in diesem Zusammenhang auf einen in einem unveröffentlichten Urteil des BAG entschiedenen Fall, der konkreter Anlass des BAG gewesen sein soll, die Interessenabwägung damals nicht endgültig und vollständig aufzugeben. In dem Fall war einem langjährig beschäftigten Arbeitnehmer aus betriebsbedingten Gründen knapp ein Jahr vor Erfüllung der Wartezeit für Leistungen aus der gesetzlichen Altersversicherung gekündigt worden. Aufgrund der früheren, noch nicht geänderten Rechtsprechung hätte sich seinerzeit für den Zweiten Senat die Lösung angeboten, die Sozialwidrigkeit der Kündigung „ausnahmsweise“ aus einer Interessenabwägung zugunsten des Arbeitnehmers herzuleiten. Für derartige „Härtefälle“ hätte sich der Zweite Senat im Jahr 1978 die Möglichkeit einer „sozialgerechten“ Lösung offen halten wollen, vgl. *Hillebrecht*, ZfA 1991, 87 (95). *Hillebrecht* hatte an dieser Entscheidung als Berichterstatter mitgewirkt.

471 Vgl. Urteile des BAG vom 17.06.1999, AP Nr. 102 zu § 1 KSchG 1969 Betriebsbedingte Kündigung; vom 18.01.2001, AP Nr. 115 zu § 1 KSchG 1969 Betriebsbedingte Kündigung; vom 12.04.2002, AP Nr. 120 zu § 1 KSchG 1969 Betriebsbedingte Kündigung; vom 22.05.2003, AP Nr. 128 zu § 1 KSchG 1969 Betriebsbedingte Kündigung.

Allerdings bleibt es in den genannten Fällen beim bloßen Hinweis auf eine gebotene Interessenabwägung. Die Urteilsbegründungen lassen eine nähere Auseinandersetzung mit der Interessenabwägung vermissen.

Damit bleibt die zukünftige Bedeutung der Interessenabwägung bei der Überprüfung betriebsbedingter Kündigungen innerhalb der Rechtsprechung des BAG ungewiss. Genaueres werden wohl erst nachfolgende Urteile zeigen.

II) Ansichten in der Literatur zur Interessenabwägung

Der Großteil der Literatur spricht sich – wenn auch mit unterschiedlicher Begründung – gegen die Vornahme einer Interessenabwägung im Rahmen der Überprüfung betriebsbedingter Kündigungen aus[472].
Vielfach wird die Auffassung vertreten, dass der Gesetzgeber schon im Tatbestand des § 1 Abs. 2 Satz 1 KSchG eine Abwägung der Interessen von Arbeitgeber und Arbeitnehmer vorgenommen habe und deshalb bereits eine gesetzliche Interessenabwägung vorliege. Insofern verbiete sich eine nochmalige Abwägung zwischen dem Bestandsschutzinteresse der Arbeitnehmer und dem Beendigungsinteresse des Arbeitgebers[473].
Bötticher[474] spricht in diesem Zusammenhang etwa von einer gesetzlichen „Rangordnung der Interessen". Dringende betriebliche Erfordernisse würden dem Interesse des Arbeitnehmers an der Erhaltung seines Arbeitsplatzes vorgehen und sollten als Rechtfertigungsgründe anerkannt werden. Würde man eine Interessenabwägung durchführen, liefe man Gefahr, die gesetzliche Rangordnung zu nivellieren.
Auch *U. Preis* ist der Ansicht, dass das KSchG eine umfassende Interessenabwägung nicht wolle. Sofern objektiv nachweisbare Tatsachen vorlägen, könnten betriebliche Umstände für sich allein die Kündigung rechtfertigen[475].

---

[472] Vgl. *Löwisch/Spinner*, § 1 KSchG Rdnr. 273; KR-*Etzel*, § 1 KSchG Rdnr. 547 ff.; MünchArbR-*Berkowsky*, § 138 Rdnr. 127; GK-*Kiel*, § 1 KSchG Rdnr. 651; *U. Preis*, Prinzipien des Kündigungsrechts, S. 208 ff., 221; *v. Hoyningen-Huene*, NZA 1994, 1009 (1011); *Stahlhacke*, DB 1994, 1361 (1367 f.); *Schwerdtner*, ZIP 1984, 10 (12); *Oetker*, SAE 1991, 11 (16); *Reuter*, RdA 2004, 161 (167); *ders.*, Ordo Bd. 33 (1982), 168 ff.; *Herschel*, in: FS für Gerhard Müller, S. 191 (204 f.); *ders.*, in: FS für Schnorr von Carolsfeld, S. 157 (163); *ders.*, DB 1973, 80 (81 f.); *ders.*, DB 1984, 1523 (1524); *Bötticher*, in: FS für Molitor, S. 123 (127 ff.).
[473] MünchArbR-Berkowsky, § 138 Rdnr. 127; *Stahlhacke*, DB 1994, 1361 (1367 f.); *U. Preis*, Prinzipien des Kündigungsrechts, S. 208 ff., 221; *Bitter/Kiel*, RdA 1994, 333 (346).
[474] *Bötticher*, in: FS für Molitor, 123 (129).
[475] *U. Preis*, Prinzipien des Kündigungsrechts, S. 208.

Das Gesetz erkenne die betriebsbedingte Kündigung als "notwendiges Übel" an, wenn keine Möglichkeit zu weniger einschneidenden Maßnahmen bestehe[476].
Als weiteren Beleg dieser These verweist *U. Preis* auf die Existenz des § 1 Abs. 3 KSchG. Mit dem Erfordernis der Sozialauswahl sei die Wertung verbunden, dass wenn nun schon die Kündigung bei dringenden betrieblichen Erfordernissen zulässig sei, der Arbeitgeber wenigstens bei der Auswahl des zu Kündigenden soziale Gesichtspunkte zu berücksichtigen habe. Durch diese Regelung werde bestätigt, dass der Gesetzgeber sehr wohl den Konflikt zwischen betrieblichen Erfordernissen und sozialem Bestandsschutzinteresse gesehen habe. Die sozialen Folgewirkungen würden somit nicht verkannt, sie seien aber nur über den Weg der Sozialauswahl abzumildern[477]. Aus alledem folge, dass dem Richter bei der betriebsbedingten Kündigung keine eigenständige richterliche Interessenabwägung offen stehen könne, weil der Konflikt zwischen betrieblichen und sozialen Interessen erfasst und zu einem folgerichtigen Ausgleich gebracht worden sei[478].
Zudem wird gegen die Vornahme einer Interessenabwägung im Rahmen der Überprüfung betriebsbedingter Kündigungen vorgebracht, dass das betriebswirtschaftliche Interesse des Arbeitgebers am Arbeitsplatzabbau und das Existenzsicherungsinteresse des betroffenen Arbeitnehmers völlig unvergleichbare („inkommensurable") Größen seien[479].

Es gibt aber auch Stimmen, die sich für eine Interessenabwägung bei der betriebsbedingten Kündigung aussprechen.
So ist u.a. *Joachim*[480] der Ansicht, dass das Gericht bei der Überprüfung der Wirksamkeit einer betriebsbedingten Kündigung das Interesse des Arbeitnehmers an der Erhaltung seines Arbeitsplatzes einerseits und das Interesse des Arbeitgebers an einem gewinnbringenden Betrieb andererseits gegeneinander abwägen müsse.
Auch *Müller*[481] spricht sich für eine Abwägung der Interessen von Arbeitnehmer und Arbeitgeber aus. Der Gedanke des Arbeitsplatzschutzes, der selbst die anzuerkennenden Positionen beider Vertragsparteien berücksichtige und damit dem allgemeinen Grundsatz von Treu und Glauben gerecht werde, führe auch bei der betriebsbedingten Kündigung zu einer Interessenabwägung. Die Belange des

---

476 *U. Preis*, Prinzipien des Kündigungsrechts, S. 209.
477 *U. Preis*, Prinzipien des Kündigungsrechts, S. 209; vgl. auch *v. Hoyningen-Huene/Linck*, § 1 KSchG Rdnr. 371d; *Stahlhacke*, DB 1994, 1361 (1367).
478 *U. Preis*, Prinzipien des Kündigungsrechts, S. 209, 221; *ders.*, NZA 1997, 1075 (1078); *ders.*, NZA 1995, 241 (242); so u.a. auch *Stahlhacke*, DB 1994, 1361 (1367 f.); *Herschel*, in: FS für Gerhard Müller, S. 191 (205); *ders.*, DB 1984, 1523 (1524).
479 *U. Preis*, Prinzipien des Kündigungsrechts, S. 219; KR-*Etzel*, § 1 KSchG Rdnr. 548 m.w.N.
480 *Joachim*, BB 1954, 1114 (1115).
481 *Müller*, Das Arbeitsrecht der Gegenwart 1963 (Bd. 1), S. 19 (21).

Arbeitnehmers kämen zu kurz, wenn man einseitig auf die betrieblichen Gegebenheiten abstellen würde.
Becker[482] geht unter Hinweis auf die Rechtsprechung des BAG ebenso von der Notwendigkeit einer einzelfallbezogenen Interessenabwägung bei der betriebsbedingten Kündigung aus.
Dem stimmt auch *Kittner*[483] zu. Er verweist aber zugleich auf die Einschränkungen, die das BAG hinsichtlich der Interessenabwägung vorgenommen habe und fügt hinzu, dass, soweit eine Interessenabwägung noch möglich sei, berücksichtigt werden müsse, ob und inwieweit die zur Entlassung führenden betrieblichen Verhältnisse durch eigene Fehldispositionen des Arbeitgebers (etwa falsche Preiskalkulation, technische oder organisatorische Mängel) verursacht worden seien.
V. Stebut[484] ist der Ansicht, dass dem Arbeitgeber trotz gewichtiger Kündigungsgründe die Fortsetzung des Arbeitsverhältnisses zugemutet werden könne, wenn das Bestandsinteresse des Arbeitnehmers aufgrund persönlicher Umstände den Vorrang vor dem Auflösungsinteresse des Arbeitgebers verdiene.
Däubler[485] bezeichnet den Verzicht einer Interessenabwägung bei der betriebsbedingten Kündigung sogar als Systembruch. Dies führe dazu, dass nicht einmal mehr der aus Art. 12 Abs. 1 GG folgende Minimalschutz gewahrt bleibe. Der verfassungsgebotene Kündigungsschutz sei nach Ansicht *Däublers* am besten dadurch herstellbar, wenn man zur Interessenabwägung zurückkehre[486].

Ähnliche Gedanken äußern auch *Kühling*[487] und *Stein*[488]. Sie plädieren für eine verstärkte Kontrolle unternehmerischer Entscheidungen und fordern in diesem Zusammenhang u.a. die Einführung einer substantiellen Interessenabwägung.
Sie sind der Ansicht, dass es mit der Verfassung nicht zu vereinbaren sei, unternehmerische Entscheidungen lediglich einer Kontrolle auf offenbare Unsachlichkeit, Unvernunft und Willkür zu unterziehen[489]. Sie sprechen sich damit gegen eine weitgehende Freiheit unternehmerischer Entscheidungen aus.
Ihrer Ansicht nach sei es verfehlt, „den Risiken und Unwägbarkeiten unternehmerischen Handelns durch die Einbettung einer von jeglicher gerichtlichen Überprüfung freien Unternehmerentscheidung in den Tatbestand des § 1 Abs. 2 Satz 1 KSchG Rechnung zu tragen“[490]. Der vom Gesetz intendierte Arbeitneh-

---

[482] KR-*Becker*, § 1 KSchG Rdnr. 302 (3. Auflage).
[483] *Kittner/Däubler/Zwanziger*, § 1 KSchG Rdnr. 293.
[484] *V. Stebut*, Der soziale Schutz, S. 51 f.
[485] *Däubler*, Arbeitsrechtlicher Gesprächskreis der Otto Brenner Stiftung, 2001, S. 28.
[486] *Däubler*, Arbeitsrechtlicher Gesprächskreis der Otto Brenner Stiftung, 2001, S. 29.
[487] *Kühling*, AuR 2003, 92 ff.
[488] *Stein*, AuR 2003, 99 ff.; *ders.*, DB 2000, 457 ff.
[489] *Stein*, DB 2000, 457 (463 f.); *ders.*, AuR 2003, 99 (100 f.); *Kühling*, AuR 2003, 92 (95).
[490] *Kühling*, AuR 2002, 92; *Stein*, AuR 2003, 99 (100); vgl. hierzu auch *Boeddinghaus*, AuR 2001, 8 ff.

merschutz werde ausmanövriert, wenn man die in der Unternehmerentscheidung gebündelten Interessen gleichsam absolut setze und sich dadurch den Zugang zu einem Ausbalancieren versperre[491]. Eine derartige Freiheit unternehmerischen Handelns sei weder im KSchG angelegt, noch halte sie den verfassungsrechtlichen Anforderungen statt. Insbesondere vernachlässige eine derart weite Ausgestaltung der unternehmerischen Freiheit das dem Arbeitnehmer aus Art. 12 Abs. 1 GG garantierte Bestandsschutzinteresse[492]. Die Berufsfreiheit des Art. 12 Abs. 1 GG schütze nicht nur die unternehmerische Freiheit, sondern gewähre durch das Grundrecht auf freie Wahl des Arbeitsplatzes auch ein Mindestmaß an arbeitsrechtlichem Kündigungsschutz[493]. Zur Verwirklichung dieses Mindestschutzes obliege sowohl dem Gesetzgeber als auch den Gerichten eine aus Art. 12 Abs. 1 GG folgende Schutzpflicht gegenüber dem im Verhältnis zum Unternehmer unterlegenen Arbeitnehmer[494]. Diese Schutzpflicht dürfe die Rechtsprechung nicht grundlegend verkennen. Dies tue sie aber, wenn sie sich bei der Überprüfung unternehmerischer Entscheidungen auf eine Willkürprüfung beschränke[495].
Stein spricht in diesem Zusammenhang von einer hypertrophen Auslegung der Unternehmerfreiheit[496]. Die Überbetonung der unternehmerischen Entscheidungsfreiheit führe zu einer Schieflage im Kündigungsschutzrecht zum Nachteil der Arbeitnehmer[497].
Kühling kritisiert, dass es namentlich bei Betriebsstilllegungen zu einem faktischen Leerlauf des arbeitrechtlichen Kündigungsschutzes komme. Bei der Stilllegung eines Betriebes würden gewöhnlich alle Arbeitnehmer ihren Arbeitsplatz verlieren. Einen wirksamen Kündigungsschutz gebe es nicht. Die Stilllegung selbst werde von den Arbeitsgerichten als unternehmerische Entscheidung hingenommen[498].

Kühling und *Stein* fordern deshalb die Einführung einer substantiellen Interessenabwägung, bei der dem Arbeitgeber allenfalls, soweit es um die Beurteilung ungewisser Entwicklungen, zukünftiger Ereignisse oder komplexer Wirkungszusammenhänge gehe, eine Einschätzungsprärogative einzuräumen sei[499].

---

[491] *Kühling*, AuR 2003, 92 (94).
[492] *Stein*, DB 2000, 457 (463).
[493] *Kühling*, AuR 2003, 92.
[494] *Kühling*, AuR 2003, 92 (94 f.); *Stein*, AuR 2003, 99 (101).
[495] *Kühling*, AuR 2003, 92 (95); *Stein*, AuR 2003, 99 (100 f.).
[496] *Stein*, AuR 2003, 99 (100).
[497] *Stein*, AuR 2003, 99 (101); *ders.*, KJ 2001, 282.
[498] *Kühling*, AuR 2003, 92.
[499] *Kühling*, AuR 2003, 92 (98); vgl. auch *Stein*, DB 2000, 457 (464), nach dem dem Arbeitgeber ein breiter Gestaltungsspielraum für operative betriebspolitische Entscheidungen zuzubilligen sei.

Das Gericht müsse eine substantielle Abwägung der einander entgegenstehenden Interessen des Unternehmers und der Arbeitnehmer vornehmen. Die verfassungsrechtlichen Positionen gäben das Ergebnis nicht vor, sondern würden eine Grenzlinie markieren, die nicht unterschritten werden dürfe. Zu fragen sei u.a., ob die angestrebte Verbesserung eines guten Geschäftsergebnisses oder die erhoffte Erhöhung des shareholder-value die Entlassung von Arbeitnehmern rechtfertigten oder ob es etwa dem aus Altersgründen aufgebenden Unternehmer zuzumuten sei, von dem lukrativen Verkauf der Betriebsmittel und -grundstücke zugunsten einer Veräußerung und damit zugunsten der Erhaltung des Gesamtbetriebs Abstand zu nehmen[500].
Es müsse insgesamt überprüft werden, ob die betriebsgestaltende Entscheidung des Unternehmers auf Vorteile abziele, die in einem angemessenen Verhältnis zu den Nachteilen stünden, die sich durch den Verlust des Arbeitsplatzes für die Arbeitnehmer ergäben[501]. Dazu könne an die frühere Rechtsprechung angeknüpft werden, die nach Ansicht *Steins* z.T. überzeugende Beispiele für eine sinnvolle Interessenabwägung geliefert habe[502].
Kühling gibt sogar – speziell für die Betriebsstilllegung – konkrete Maßstäbe für die geforderte richterliche Interessenabwägung vor. Danach müsse das Gericht auf der Unternehmerseite zum einen das Gewicht der Vorteile berücksichtigen, die dem Unternehmer durch die Maßnahme zukämen. Zum anderen müssten dem Unternehmer die von ihm getroffenen flankierenden Maßnahmen zur Verbesserung der Lage der betroffenen Arbeitnehmer (etwa Angebote, Arbeitsplätze in anderen Betrieben bereitzustellen, Vorruhestandsregelungen zu finanzieren oder Abfindungen zu zahlen) zugute gehalten werden[503]. Bei der Gewichtung der Arbeitnehmerinteressen solle nach Ansicht *Kühlings* nicht allein die soziale Lage des jeweils klagenden Arbeitnehmers maßgeblich sein. Vielmehr könne die Entscheidung, ob eine Betriebsstilllegung sozial gerechtfertigt sei, nur mit dem Blick auf die Summe der betroffenen Arbeitnehmerbelange getroffen werden. Relevant seien somit auch die Altersstruktur des Betriebs und die Standortgebundenheit der Arbeitnehmerschaft. Ebenso sei die durchschnittliche Betriebszugehörigkeit zu berücksichtigen. Darüber hinaus solle auch die Zahl der betroffenen Arbeitnehmer ins Gewicht fallen[504].
Abschließend merkt *Kühling* zwar an, dass die vorstehenden Erwägungen keine Lösungen vorgäben, doch sei ein Nachdenken über neue Wege richterlicher Konfliktlösungen erforderlich, da an den bisherigen vom BAG entwickelten

---

[500] *Kühling*, AuR 2003, 92 (98).
[501] *Stein*, AuR 2003, 99 (101); *ders.*, DB 2000, 457 (464).
[502] *Stein*, DB 2000, 457 (464), der an dieser Stelle auf die Urteile des BAG AP Nr. 5 zu § 1 KSchG 1951 Betriebsbedingte Kündigung und AP Nr. 5 zu § 1 KSchG 1969 Betriebsbedingte Kündigung verweist.
[503] *Kühling*, AuR 2003, 92 (98).
[504] *Kühling*, AuR 2003, 92 (98).

Lösungsansätzen zur grundsätzlich freien unternehmerischen Entscheidung nicht festgehalten werden könne[505].

III) Kritik hinsichtlich der Vornahme einer Interessenabwägung

1) Nichtberücksichtigung der Berufsfreiheit der Arbeitsuchenden

Oben wurde bereits festgestellt, dass zur Lösung der Reichweite des arbeitsrechtlichen Bestandsschutzes nicht nur auf die Interessen des Unternehmers und der Arbeitnehmer abgestellt werden darf. Auch das Grundrecht der Arbeitsuchenden auf freie Arbeitsplatzwahl nach Art. 12 Abs. 1 GG muss berücksichtigt werden. Die Befürworter einer Abwägung zwischen den Interessen des Arbeitgebers und der Arbeitnehmer missachten diesen erweiterten Interessenkonflikt. Sie übergehen bei ihrer Forderung nach einer verstärkten Kontrolle unternehmerischer Entscheidungen und einem dadurch verbundenen Ausbau des Bestandsschutzes der Arbeitnehmer die aus Art.12 Abs. 1 GG folgende verfassungsrechtlich garantierte Berufsfreiheit der Arbeitsuchenden.

Zudem missachten sie die aus dem Sozialstaatsprinzip des Art. 20 Abs. 1 GG folgende Pflicht des Staates, eine für *alle* sozial gerechte Ordnung herzustellen. Dazu gehört es auch, einen für alle gerechten Interessenausgleich zu gewährleisten.

Selbst *Kühling* und *Stein* verweisen unter Bezugnahme auf das Sozialstaatsgebot darauf, dass der Staat dort schützend aktiv werden müsse, wo Teilnehmer des Arbeitslebens offensichtlich außer Stande seien, ihre Berufsfreiheit durchzusetzen[506]. Warum dieser Schutz nur für Arbeitsplatzinhaber, aber nicht für Arbeitsuchende gelten soll, wird nicht begründet. Es wird nur allgemein erklärt, dass es durch das Sozialstaatsgebot bei den Freiheitsrechten zu einer Verstärkung des Grundrechtsschutzes für sozial Schwache und andererseits zu einer Abschwächung für sozial Stärkere komme[507]. So wie der Arbeitnehmer im Verhältnis zum Arbeitgeber als der sozial Schwächere anzusehen ist, so ist der Arbeitsuchende im Verhältnis zum Arbeitnehmer ebenfalls als der sozial Schwächere anzusehen[508]. Also müssen auch sie geschützt werden.

---

505 *Kühling*, AuR 2003, 92 (98).

506 *Stein,* AuR 2003, 99 (101); *Kühling*, AuR 2003, 92 (94 f.).

507 *Stein*, AuR 2003, 99 (101), *Ekkehart Stein*, Staatsrecht, § 21 IV.

508 Vgl. dazu auch *Stelljes*, Zu Grundlage und Reichweite des allgemeinen Kündigungsschutzes, S. 115.

2) Unzulässiger Eingriff in die unternehmerische Entscheidungsfreiheit

Darüber hinaus ist zu berücksichtigen, dass die Vornahme einer Interessenabwägung zwischen den durch die betriebsbedingte Kündigung zu erwartenden Vorteilen für den Arbeitgeber und den durch die betriebsbedingte Kündigung zu erwartenden Nachteilen für den Arbeitnehmer die Gefahr begründet, unternehmerische Entscheidungen doch auf ihre Zweckmäßigkeit bzw. Notwendigkeit hin zu überprüfen. Um die sich für den Arbeitgeber ergebenden Vorteile beurteilen zu können, ist auch eine Untersuchung seines wirtschaftlichen Interesses an der betriebsbedingten Kündigung erforderlich. Die Interessenabwägung führt so zu einer Überprüfung der unternehmerischen Entscheidung hinsichtlich ihrer wirtschaftlichen Zweckmäßigkeit bzw. Notwendigkeit.

Zudem ist zu beachten, dass die Interessenabwägung in Fällen, in denen die an sich bindende Unternehmerentscheidung in ihrer Umsetzung zu einem Wegfall der Beschäftigungsmöglichkeit des gekündigten Arbeitnehmers geführt hat, der Arbeitgeber dennoch verpflichtet ist, diesen Arbeitnehmer, da er als besonders schützwürdig anzusehen ist, weiterzubeschäftigen. Der Arbeitgeber muss folglich Arbeitnehmer beschäftigen, für die an sich keine Arbeit mehr besteht. Dies ist weder mit dem Grundsatz der Marktwirtschaft noch mit dem Grundsatz der freien unternehmerischen Entscheidung zu vereinbaren.

3) Regelungsabsicht des Gesetzgebers

Zudem ist der Regelungsabsicht des Gesetzgebers von 1951 zu entnehmen, dass dieser eine Abwägung der Interessen der Vertragsparteien nicht gewollt hat.
So heißt es in der Begründung des KSchG von 1951, dass, wenn betriebliche Gründe nicht vorlägen, der Schutz des Gesetzes eingreife, ohne dass noch für eine Abwägung Raum sei, ob der Verlust des Arbeitsplatzes aus sonstigen außerhalb des Arbeitsverhältnisses liegenden Gründen den Arbeitnehmer mehr oder weniger hart treffe[509]. Der Gesetzgeber hat zugleich hervorgehoben, dass das KSchG wirklich notwendige Kündigungen weder verhindern noch erschweren wolle. „Das Gesetz wendet sich nicht gegen Entlassungen, die aus triftigen Gründen erforderlich sind, sondern lediglich gegen solche Kündigungen, die hinreichender Begründung entbehren und deshalb als eine willkürliche Durchschneidung des Bandes der Betriebszugehörigkeit erscheinen“[510].

---

[509] Vgl. Begründung des KSchG, RdA 1951, 61 (63).
[510] RdA 1951, 61 (63).

4) Rechtsunsicherheit

Des Weiteren ist auch auf die Gefahr der Rechtsunsicherheit hinzuweisen, die durch das Institut der Interessenabwägung begründet ist[511]. So hat schon der als Vater des KSchG geltende *Herschel* ausgeführt, dass sich die Rechtsprechung des BAG durch die Vornahme einer Interessenabwägung wieder dem schwammigen Rechtszustand der 20er Jahre nähere[512]. Dort habe eine hilflose Klammerung der Rechtsprechung an den Begriff der unbilligen Härte vorgelegen, die zu einer Entartung der Geltung des Gesetzes und zu einer unkontrollierten wehleidigen Mitleidsjurisprudenz geführt habe[513]. Das KSchG stelle jedoch im bewussten Gegensatz zum früheren Recht ausschließlich auf die objektive Bedingtheit der Kündigung und nicht auf den verwaschenen, wohlfahrtspflegerischen Begriff der unbilligen Härte ab[514]. *Herschel* verweist in diesem Zusammenhang auch auf die Kritik von *Bötticher*[515], der von einer die Konturen auflösenden richterlichen Interessenabwägung spricht, und damit nach *Herschel* den Nagel auf den Kopf treffe[516].

In eine ähnliche Richtung geht auch die berechtigte Kritik von *Oetker*, der der Ansicht ist, dass die konkrete Ausgestaltung der Interessenabwägung durch die Rechtsprechung zuweilen den Eindruck erwecke, als ob im Rahmen der Interessenabwägung scheinbar willkürlich aus einem bunten Strauß die eine oder andere Blume herausgegriffen werde, ohne dass im Ansatz die in die Interessenabwägung einzubeziehenden Faktoren festgelegt worden wären. Die damit verbundene Unsicherheit würde sich nicht nur für den Kündigungsberechtigten, sondern auch für die Instanzgerichte nachteilig auswirken, da das BAG als Revisionsgericht auch überprüfe, ob der Tatsachenrichter bei der Interessenabwägung alle wesentlichen Umstände berücksichtigt habe[517].

---

[511] Vgl. hierzu auch *Reuter*, RdA 2004, 161 (167), der deshalb sogar zu überlegen gibt, ob nicht die Interessenabwägung für das gesamte Kündigungsschutzrecht abgeschafft werden sollte. Die Interessenabwägung ermögliche „in einer gerade für das durch Lagerdenken geprägte Arbeitsrecht verhängnisvollen Weise Parteinahme ohne Rechtsbeugung".

[512] *Herschel*, DB 1973, 80 (82).

[513] *Herschel*, DB 1984, 1523.

[514] *Herschel*, in: FS für Gerhard Müller, 191 (205).

[515] *Bötticher*, in: FS für Erich Molitor, S. 127 ff.

[516] *Herschel*, in: FS für Schnorr von Carolsfeld, S. 163.

[517] *Oetker*, unter C III der Anm. zum Urteil des BAG vom 06.09.1989, EzA § 1 KSchG Krankheit Nr. 28.

IV) Ergebnis

Im Ergebnis ist die Vornahme einer Interessenabwägung abzulehnen. Zum einen werden bei einer ausschließlichen Abwägung der Arbeitnehmer- und Arbeitgeberinteressen die Interessen der Arbeitsuchenden, in den Arbeitsmarkt eintreten zu können, vollständig ausgeblendet. Die Interessenabwägung bezweckt eine Intensivierung des Bestandsschutzes der Arbeitnehmer. Bei der Bestimmung der Reichweite des arbeitsrechtlichen Bestandsschutzes ist jedoch das Spannungsverhältnis zwischen dem Bestandsschutzinteresse der Arbeitsplatzinhaber und dem Interesse der Arbeitsplatzsuchenden, einen Arbeitsplatz zu erhalten, ausreichend zu berücksichtigen.
Zudem stellt die Interessenabwägung einen unzulässigen Eingriff in den Grundsatz freier unternehmerischer Entscheidung dar.
Darüber hinaus ergibt die Regelungsabsicht des Gesetzgebers von 1951, dass eine Abwägung zwischen betrieblichen Interessen des Unternehmers und individuellen Interessen der Arbeitnehmer nicht gewollt war.
Auch begründet die Vornahme einer Interessenabwägung die Gefahr der Rechtsunsicherheit, da das Gewicht der Interessen nicht vorgegeben ist, sondern der Einschätzung des abwägenden Gerichts unterliegt.

Zur Forderung der Vornahme einer Interessenabwägung ist insgesamt festzustellen, dass sie auf der Vorstellung basiert, der Kündigungsschutz diene in erster Linie dem Schutz des Arbeitsplatzes als die wirtschaftliche und soziale Existenzgrundlage des Arbeitnehmers. Die Interessenabwägung soll einen möglichst weitreichenden Bestandsschutz des Arbeitnehmers sicherstellen.
Diese Sichtweise des Kündigungsschutzgedanken ist jedoch abzulehnen. Die Aufgabe des Kündigungsschutzes besteht nach obigen Ausführungen vielmehr in der Sicherung der angstfreien Ausübung der betrieblichen Rechte und Freiheiten der Arbeitnehmer. Eine über diesen Kündigungsschutz hinausgehende Intensivierung, wie sie durch die Interessenabwägung erfolgt, ist abzulehnen. Sie ist zur Wahrung des hier vertretenen Kündigungsschutzzwecks nicht erforderlich.

D) Ultima-ratio-Prinzip

Neben der Missbrauchskontrolle unternehmerischer Entscheidungen und der Interessenabwägung fordert das BAG und der überwiegende Teil der Literatur, dass im Rahmen der Überprüfung betriebsbedingter Kündigungen auch eine Kontrolle nach dem Ultima-ratio-Prinzip vorzunehmen sei.

I) Inhalt des Ultima-ratio-Prinzips

Hinter dem Begriff des Ultima-ratio-Prinzips verbirgt sich der Grundsatz des „letzten Mittels“. Im Rahmen des Kündigungsschutzrechts bedeutet dieser Grundsatz, dass der Arbeitgeber vor dem Ausspruch einer Beendigungskündigung verpflichtet sein soll, zu überprüfen, ob nicht andere, mildere Mittel in Betracht kommen, die den Arbeitnehmer weniger belasten. Bei der Überprüfung betriebsbedingter Kündigungen werden in diesem Zusammenhang mildere betriebliche Maßnahmen wie etwa der Abbau von Überstunden, die Einführung von Kurzarbeit oder die Kündigung von Leiharbeitsverhältnissen diskutiert.

Das Ultima-ratio-Prinzip ist sowohl nach der Rechtsprechung[518] als auch nach dem Großteil der Literatur[519] mit dem Teilgrundsatz der Erforderlichkeit des allgemeinen Verhältnismäßigkeitsgrundsatzes identisch. Der Erforderlichkeitsgrundsatz bestimmt, dass unter mehreren gleich geeigneten Mitteln stets dasjenige zu wählen ist, das den Betroffenen am wenigsten belastet[520].
Zu bemerken ist, dass das BAG trotz der Differenzierung zwischen der umfassenden Verhältnismäßigkeitsprüfung i.w.S. auf der einen und der Erforderlichkeitsprüfung (Ultima-ratio-Prinzip) auf der anderen Seite die Begriffe Verhältnismäßigkeit, Erforderlichkeit und Ultima-ratio-Prinzip synonym verwendet[521].

Die Vornahme einer Ultima-ratio-Prüfung innerhalb der Überprüfung der sozialen Rechtfertigung einer betriebsbedingten Kündigung basiert (ebenso wie die zuvor problematisierte Vornahme einer Interessenabwägung) auf dem vorherrschenden Verständnis, dass der Kündigungsschutz in erster Linie dazu diene, den Arbeitsplatz des Arbeitnehmers als dessen wirtschaftliche und soziale Existenzgrundlage zu sichern. Die Ultima-ratio-Prüfung soll also dazu beitragen, den Arbeitnehmer möglichst umfassend vor dem Verlust seines Arbeitsplatzes zu schützen. Die Vornahme einer Ultima-ratio-Prüfung entspricht somit der Forde-

---

[518] St. Rspr. des BAG seit dem Urteil vom 07.12.1978, AP Nr. 6 zu § 1 KSchG 1969 Betriebsbedingte Kündigung; vgl. u.a. auch Urteil vom 29.03.1990, AP Nr. 50 zu § 1 KSchG 1969 Betriebsbedingte Kündigung; vom 17.06.1999, AP Nr. 101 zu § 1 KSchG 1969 Betriebsbedingte Kündigung.

[519] Vgl. etwa *Kittner/Däubler/Zwanziger*, § 1 KSchG Rdnr. 281; *v. Hoyningen-Huene/Linck*, § 1 KSchG Rdnr. 378; *Stahlhacke/Preis*, Kündigung und Kündigungsschutz, Rdnr. 616; HK-*Dorndorf*, § 1 KSchG Rdnr. 575 (allerdings im Rahmen der verhaltensbedingten Kündigung). Unterschiedliche Ansichten bestehen jedoch hinsichtlich der dogmatischen Begründung des Ultima-ratio-Prinzips, vgl. hierzu näher unten unter III).

[520] *Degenhart*, Staatsrecht I, Rdnr. 326; *Lerche*, in: Handbuch des Staatsrechts, Band V, § 122 Rdnr. 16 ff.

[521] Vgl. etwa Urteile des BAG vom 27.09.1984, AP Nr. 8 zu § 2 KSchG 1969; vom 29.03.1990, AP Nr. 50 zu § 1 KSchG 1969 Betriebsbedingte Kündigung; vgl. auch *Tenczer*, Freie Unternehmentscheidung, S. 117; *Hinze*, Mildere Mittel, S. 36.

rung nach einer verhältnismäßigen und insbesondere erforderlichen Arbeitgeberkündigung, die einen möglichst weitreichenden Bestandsschutz des Arbeitsplatzes des Arbeitnehmers garantieren soll.

Obwohl vorliegend von einem anderen Verständnis des Kündigungsschutzgedankens ausgegangen wird, sollen zunächst die Grundsätze der BAG-Rechtsprechung zum Ultima-ratio-Prinzip dargestellt werden. Nachfolgend soll auf die Ansichten in der Literatur eingegangen werden. Zum besseren Verständnis der praktischen Auswirkungen des Ultima-Ratio-Prinzips sollen zudem einige der vom BAG und von der Literatur erwogenen Einzelfälle möglicher milderer Maßnahmen näher dargestellt werden. Im Anschluss daran soll eine kritische Auseinandersetzung mit der geforderten Ultima-ratio-Prüfung erfolgen.

II) Rechtsprechung des BAG zum Ultima-ratio-Prinzip

Als grundlegende Entscheidung des BAG zum Ultima-ratio-Prinzip im Kündigungsschutzrecht gilt das Urteil vom 30.05.1978[522]. In dieser Entscheidung war über die Wirksamkeit einer außerordentlichen Kündigung zu entscheiden.
Das BAG urteilte, dass eine außerordentliche Kündigung nur dann in Betracht komme, wenn alle anderen, nach den jeweiligen Umständen möglichen und angemessenen, milderen Mittel erschöpft seien, um das in der bisherigen Form nicht mehr haltbare Arbeitsverhältnis fortzusetzen. Die außerordentliche Kündigung sei nur zulässig, wenn sie die unausweichlich letzte Maßnahme (ultima ratio) für den Kündigungsberechtigten sei.

Ansätze des Ultima-ratio-Prinzips waren allerdings schon zuvor im Urteil vom 12.12.1968[523] zu erkennen. Dabei ging es um die Überprüfung einer betriebsbedingten Kündigung. In der Entscheidung hieß es, dass in dem Wort „dringend" des § 1 Abs. 2 KSchG zum Ausdruck komme, dass betriebsbedingte Kündigungen nur dann sozial gerechtfertigt seien, wenn sie wirklich im Interesse des Betriebs lägen und für den Arbeitgeber keine Möglichkeit bestehe, durch andere Maßnahmen als durch eine Kündigung der betrieblichen Lage Rechnung zu tragen. Es müsse eine betriebliche Zwangslage vorliegen, die die Kündigung erforderlich mache[524].

---

[522] Urteil des BAG vom 30.05.1978, AP Nr. 70 zu § 626 BGB.

[523] Urteil des BAG vom 12.12.1968, AP Nr. 19 zu § 1 KSchG Betriebsbedingte Kündigung, BAGE 21, 248 ff.

[524] BAGE 21, 248 (255); vgl. in diesem Zusammenhang auch die Urteile des BAG vom 08.11.1956, AP Nr. 19 zu § 1 KSchG und vom 25.06.1964, AP Nr. 14 zu § 1 KSchG Betriebsbedingte Kündigung, in denen vom BAG bereits mildere Mittel wie die Arbeitsstreckung oder die Kurzarbeit angedacht wurden.

Durch ein weiteres Urteil vom 07.12.1978[525] wurde die Rechtsprechung des BAG hinsichtlich der Anwendung des Ultima-ratio-Prinzips bei der Überprüfung betriebsbedingter Kündigungen gefestigt. In dem zugrunde liegenden Fall hatte ein Arbeitgeber seinem Arbeitnehmer aufgrund starken Umsatzrückgangs gekündigt. Das BAG urteilte, dass ein *dringendes* betriebliches Erfordernis nur dann gegeben sei, wenn die betrieblichen Erfordernisse die Kündigung im Interesse des Betriebs notwendig machten. Dies sei dann der Fall, wenn es dem Arbeitgeber nicht möglich sei, der betrieblichen Lage durch andere Maßnahmen auf technischem, organisatorischem oder wirtschaftlichem Gebiet als durch eine Kündigung zu entsprechen. Die Kündigung müsse wegen der betrieblichen Lage unvermeidbar sein.
Während dieser Entscheidung noch eine durch außerbetriebliche Gründe veranlasste Kündigung zugrunde lag, wandte das BAG das Ultima-ratio-Prinzip in seinem Urteil vom 18.01.1990[526] auch bei einer durch innerbetriebliche Gründe veranlassten Kündigung an.

III) Ansichten in der Literatur zum Ultima-ratio-Prinzip

In der Literatur spricht sich der überwiegende Teil für die Anwendung des Ultima-ratio-Grundsatzes im Rahmen der Überprüfung betriebsbedingter Kündigungen aus. Differenzen ergeben sich lediglich bei der dogmatischen Begründung.
Nach *U. Preis*[527] finde sich die Grundlage des Ultima-ratio-Prinzips in den „betrieblichen Erfordernissen" des § 1 Abs. 2 KSchG. Dieser Begriff weise auf eine ausdrückliche gesetzliche Anordnung des Grundsatzes der Erforderlichkeit hin. Das Merkmal der Dringlichkeit modifiziere darüber hinaus den Grundsatz der Erforderlichkeit dahingehend, dass regelmäßig nicht nur das relativ mildeste Mittel, sondern das nach den Umständen mögliche absolut mildeste Mittel vor dem Ausspruch einer Beendigungskündigung zu wählen sei.
Dey[528] ist demgegenüber der Ansicht, dass das Ultima-ratio-Prinzip in dem Ausdruck „sozial ungerechtfertigt" begründet sei.

---

[525] Urteil des BAG vom 07.12.1978, AP Nr. 6 zu § 1 KSchG 1969 Betriebsbedingte Kündigung.
[526] Urteil des BAG vom 18.01.1990, AP Nr. 27 zu § 2 KSchG 1969. Das Ultima-ratio-Prinzip ist mittlerweile st. Rspr. des BAG, vgl. etwa Urteile des BAG vom 17.06.1999, AP Nr. 101 zu § 1 KSchG 1969 Betriebsbedingte Kündigung, vom 12.04.2002, AP Nr. 120 zu § 1 KSchG 1969 Betriebsbedingte Kündigung, zuletzt bestätigt im Urteil vom 26.09.2002, AP Nr. 124 zu § 1 KSchG 1969 Betriebsbedingte Kündigung.
[527] *U. Preis*, Prinzipien des Kündigungsrechts, S. 306 ff.; vgl. auch *Müller*, Berufsfreiheit, S. 148.
[528] *Dey*, Der Grundsatz der Verhältnismäßigkeit, S. 27 ff.

Ein anderer Teil der Literatur sieht wiederum das Ultima-ratio-Prinzip in dem Wort „bedingt“ dogmatisch verankert[529]. So sei nach *Boewer* etwa der Begriff „bedingt“ wertungsgerecht als „erforderlich“ oder „notwendig“ zu verstehen und umschreibe damit unmissverständlich den Grundsatz der Erforderlichkeit[530]. Nach *Blomeyer*[531] sei das KSchG als Ganzes Ausdruck des Verhältnismäßigkeitsgrundsatzes, wobei § 1 Abs. 2 KSchG dem Teilgrundsatz der Erforderlichkeit Rechnung trage.
Der überwiegende Teil der Literatur geht jedoch mit der Rechtsprechung des BAG davon aus, dass das Ultima-ratio-Prinzip dem Wort „dringend“ zu entnehmen sei[532]. Hierin komme die Intention des Gesetzgebers zum Ausdruck, die Rechtslage zugunsten der Arbeitnehmer zu verstärken[533].

Kritische Äußerungen in Bezug auf die Anwendung des Ultima-Ratio-Prinzips gibt es demgegenüber nur selten. Zu den wenigen kritischen Stimmen zählt z.B. *Rüthers*. Seiner Meinung nach könne von einem generellen Ultima-ratio-Prinzip, das in § 1 KSchG vorgeschrieben sei, nicht die Rede sein. Weder der Wortlaut der Vorschrift noch der aus der amtlichen Begründung zu erschließende Normzweck würde eine solche These stützen[534]. Bei dem Ultima-ratio-Prinzip würde es sich vielmehr um eine normüberschreitende Übersteigerung des Gesetzesinhalts bzw. um gesetzesübersteigendes (praeterlegales) Richterrecht handeln[535]. Es sei ein Irrweg, aus den umstrittenen Grundsätzen der Verhältnismäßigkeit und der Erforderlichkeit ein außergesetzliches, generelles Ultima-ratio-Prinzip zu konstruieren[536]. Zudem sei das Ultima-ratio-Prinzip in erster Linie von dem

---

[529] *Bader/Bram/Dörner/Wenzel*, § 1 KSchG Rdnr. 188; GK-*Dörner*, § 1 KSchG Rdnr. 65 f.; *Oetker*, Anm. zum Urteil des BAG vom 18.01.1990, SAE 1991, 11 (16); *Bitter/Kiel*, RdA 1994, 333 (338); *Boewer*, in: FS für Gaul, S. 19 (26 f.); *Hinze*, Mildere Mittel, S. 50; *Bengelsdorf*, Anm. zum Urteil des BAG vom 26.09.2002, AP Nr. 124 zu § 1 KSchG 1969 Betriebsbedingte Kündigung.
[530] *Boewer*, in: FS für Gaul, S. 19 (27).
[531] *Blomeyer*, in: FS 25 Jahre Bundesarbeitsgericht, 17 (18 f.).
[532] *Wank*, RdA 1987, 129 (136); *Birk*, JuS 1987, 36 (38); *Hillebrecht*, ZIP 1985, 257 (259); *Schaub*, RdA 1981, 371 (374); *Hofmann*, ZfA 1984, 295 (310 f.); *Ehmann/Sutschet*, Jura 2001, 145 (148); *Jänisch*, Rechtsprechung zur betriebsbedingten Kündigung, S. 38 ff.; *Hromadka/Maschmann*, Arbeitsrecht, Bd. 1, § 10 Rdnr. 201; KR-*Etzel*, § 1 KSchG Rdnr. 528; *Kittner/Däubler/Zwanziger*, § 1 KSchG Rdnr. 278 ff.; *v. Hoyningen-Huene/Linck*, § 1 Rdnr. 377 f.; ErfKomm-*Ascheid*, § 1 KSchG Rdnr. 425; HaKo-*Gallner*, § 1 Teil F Rdnr. 618 ff.
[533] KR-*Etzel*, § 1 KSchG Rdnr. 527.
[534] *Rüthers*, NJW 1998, 1433 (1434); *ders.*, NJW 1998, 1895; *Franz/Rüthers*, RdA 1999, 32 (36); *Brox/Rüthers/Henssler*, Arbeitsrecht, Rdnr. 495.
[535] *Rüthers*, NJW 1998, 1433 (1434); vgl. zur allgemeinen Kritik einer richterrechtlich geschaffenen Überhöhung des Kündigungsschutzes, *Rüthers*, NJW 2002, 1601 ff.
[536] *Rüthers*, NJW 1998, 1433 (1434).

Vorverständnis des Anwenders abhängig und somit in den Ergebnissen nahezu beliebig variabel[537].

Auch *Wenzel* hat Bedenken gegenüber einer Verpflichtung des Arbeitgebers, betriebsbedingte Kündigungen nur als letzte und unvermeidbare Möglichkeit anzuwenden, geäußert. Das Ultima-ratio-Prinzip führe zu einem umfänglichen unternehmensinternen Umsetzen der Arbeitnehmer, was zur Folge hätte, dass die außenstehenden Arbeitsuchenden weitreichend vom Arbeitsmarkt ausgeschlossen würden[538]. Die auf Grundlage des Ultima-ratio-Prinzips vollzogene extensive Auslegung des KSchG verhindere zum Teil in erheblichem Maße die Ein- oder Wiedereinstiegschancen arbeitsuchender Außenseiter[539].

Zudem sei dem Ultima-ratio-Prinzip in seiner geforderten rigorosen Ausgestaltung und seiner weitreichenden Einschränkung der Grundrechtspositionen des Arbeitgebers vorzuwerfen, dass es häufig nicht zu dem geforderten schonendsten Interessenausgleich führe, sondern vielmehr die ehemalige Benachteiligung des Arbeitnehmers in eine des Arbeitgebers verkehre[540]. In der derzeitigen Ausprägung verstoße das Ultima-ratio-Prinzip gegen das Übermaßverbot im Hinblick auf den Grundrechtsschutz des Arbeitgebers[541].

Zu den kritischen Stimmen gegenüber der Anwendung des Ultima-ratio-Prinzips im Rahmen der Überprüfung betriebsbedingter Kündigungen zählt auch *Reuter*. Er verweist zur Ablehnung eines solchen Prinzips u.a. auf den § 1 Abs. 2 Satz 2, 3 KSchG. Dieser bestimme, dass die Möglichkeit der Weiterbeschäftigung zu veränderten Arbeitsbedingungen und nach zumutbaren Umschulungen nur unter der Voraussetzung des Widerspruchs des Betriebsrats als Kündigungshindernis in Betracht komme. Insofern sei es widersprüchlich bzw. nicht gesetzeskonform, wenn die Möglichkeit der Weiterbeschäftigung als Kündigungshindernis nach dem Ultima-ratio-Prinzip unabhängig vom Widerspruch des Betriebsrats bestehen solle[542].

Des Weiteren führe das Ultima-ratio-Prinzip in der Praxis zu einer kaum überschaubaren Vermeidungsobliegenheit des Arbeitgebers im Hinblick auf den Ausspruch betriebsbedingter Kündigungen[543]. Der Arbeitgeber müsse alle nur denkbaren Weiterbeschäftigungsmöglichkeiten erörtern und umfassend bewerten. Übersehe der Arbeitgeber auch nur *eine* solche Möglichkeit oder bewerte er

---

537 *Rüthers*, NJW 1998, 1433 f.

538 *Wenzel*, Reduktion des Kündigungsschutzes, S. 26.

539 *Wenzel*, Reduktion des Kündigungsschutzes, S. 27.

540 *Wenzel*, Reduktion des Kündigungsschutzes, S. 34.

541 *Wenzel*, Reduktion des Kündigungsschutzes, S. 34; vgl. auch *Rüthers*, NJW 1998, 1433 (1434); MüKo-*Schwerdtner*, Anh. § 622 Rdnr. 1 ff. (3. Auflage); *Schwerdtner*, ZfA 1977, 47 (76 ff.); *Kraft*, ZfA 1994, 463 ff., nach dem grundsätzlich darüber nachgedacht werden sollte, ob die von der Rechtsprechung errichteten (zusätzlichen) Barrieren Kündigungen nicht unangemessen erschweren würden (S. 466).

542 *Reuter*, in: FS für Wiedemann, S. 449 (460).

543 *Reuter*, in: FS für Wiedemann, S. 449 (465).

sie anders als das Gericht, stehe er im Kündigungsschutzprozess schlecht da. Dies führe eindeutig zu einer Beeinträchtigung der Rechtssicherheit auf Seiten des Arbeitgebers[544].

Ob und inwieweit dieser Kritik am Ultima-ratio-Prinzip zu folgen ist, soll im Folgenden erörtert werden. Dazu sollen zunächst einige vom BAG und der Literatur vertretene Einzelfälle möglicher milderer Maßnahmen zur Vermeidung betriebsbedingter Kündigungen dargestellt werden[545]. Sie sollen die Auswirkungen der Anwendung des Ultima-ratio-Prinzips im Rahmen betriebsbedingter Kündigungen veranschaulichen. Anhand der Untersuchung der Einzelfälle soll aufgezeigt werden, wie weit der Einwirkungsbereich des Ultima-ratio-Prinzips tatsächlich reichen und in welchem Ausmaß es Belastungen für den Arbeitgeber mit sich bringen kann.
Aufgrund der Vielzahl der betriebswirtschaftlich möglichen Alternativen, sollen in der folgenden Darstellung nur beispielhaft einige Fallgruppen, die das BAG und die Literatur als mildere Maßnahmen vorbringen, aufgezeigt werden.

IV) Einzelfälle möglicher milderer Maßnahmen aus der Rechtsprechung und der Literatur

1) Arbeitsstreckung – „go slow“

Als mögliche mildere Maßnahme im Vergleich zum Ausspruch einer betriebsbdingten Kündigung wird häufig die Alternative der Arbeitsstreckung („go slow“) in Erwägung gezogen[546]. Unter dem Begriff der Arbeitsstreckung wird allgemein eine Maßnahme verstanden, durch die die Arbeitsmenge pro Mitarbeiter und Zeiteinheit herabgesetzt wird[547]. Eine derartige Maßnahme führt zwangsläufig zu einer Verschlechterung der Produktivität des Betriebs, wobei die Kos-

---

[544] *Reuter*, in: FS für Wiedemann, S. 449 (460); ebenso *Kraft*, ZfA 1994, 463 (466), nach dem die von der Rechtsprechung durch Auslegung und Rechtsfortbildung errichteten (zusätzlichen) Barrieren für Kündigungen u.a. die Unsicherheit hinsichtlich der Wirksamkeitsprognose geplanter Kündigungen verstärken würden.

[545] Zur Weiterbeschäftigungsmöglichkeit des Arbeitnehmers als milderes Mittel zur Vermeidung betriebsbedingter Kündigungen vgl. unten in Kap. 6.

[546] Vgl. zur Unklarheit des Begriffs „Arbeitsstreckung“, unter den teilweise auch der Abbau von Überstunden oder die Einführung von Kurzarbeit gefasst werden, *Berkowsky*, Betriebsbedingte Kündigung, Rdnr. 161, der die Kurzarbeit und den Abbau von Überstunden als Arbeitsstreckung im weiteren Sinne bezeichnet; vgl. auch *U. Preis*, Prinzipien des Kündigungsrechts, S. 404.

[547] *Berkowsky*, Betriebsbedingte Kündigung, Rdnr. 161; MüKo-*Hergenröder*, § 1 KSchG Rdnr. 325; *Hinze*, Mildere Mittel, S. 209.

ten, wie etwa die Produktions- und Personalkosten, gleich bleiben. Die Unwirtschaftlichkeit des Betriebs ist auf längere Sicht die Folge.
Dies sehen auch die Vertreter der Arbeitsstreckung, halten aber dennoch an ihr als mildere Maßnahme fest. Allerdings solle die Arbeitsstreckung nur in den Fällen in Frage kommen, in denen der verringerte Personalbedarf lediglich vorübergehender Natur sei und eine Personalauslastung in absehbarer Zeit erwartet werden könne[548]. Insofern sei eine Prognosebetrachtung erforderlich, wie sich die betriebliche Lage im Zeitpunkt der Kündigungserklärung darstellen werde[549]. Ergebe diese, dass von einem nur vorübergehend verringerten Personalbedarf auszugehen sei, solle der Unternehmer auf die Arbeitsstreckung als mildere Maßnahme verwiesen werden können.

2) Abbau von Überstunden und Leiharbeitsverhältnissen

Darüber hinaus werden als mildere Mittel zur Vermeidung betriebsbedingter Kündigungen auch der Abbau von Überstunden bzw. der Abbau von Leiharbeitsverhältnissen angedacht[550]. Würden im Betrieb zum Zeitpunkt einer betriebsbedingten Kündigung Überstunden geleistet oder betriebsfremde Leiharbeitnehmer beschäftigt, solle zunächst die vorhandene Arbeitsmenge auf die vorhandenen Arbeitsplätze verteilt werden mit der Konsequenz, dass sowohl auf Mehr- als auch auf Fremdarbeit verzichtet werden könne. Auf diese Weise könne die Weiterbeschäftigung des betroffenen Arbeitnehmers gesichert und seine Kündigung vermieden werden. Voraussetzung dafür sei aber, dass das Leistungsprofil des betroffenen Arbeitnehmers dem Anforderungsprofil der durch Überstunden oder durch Leiharbeit abgedeckten Aufgaben entspricht. Ob dies der Fall ist, müsse in jedem Einzelfall überprüft werden, ggf. solle auch die Möglichkeit von Umschulungs- oder Fortbildungsmaßnahmen in Betracht kommen[551].

---

[548] *Berkowsky*, Betriebsbedingte Kündigung, Rdnr. 162; *U. Preis*, Prinzipien des Kündigungsrechts, S. 404; vgl. auch *Hinze*, Mildere Mittel, S. 210, der annimmt, dass ein nur *vorübergehend* verringerter Personalbedarf dann vorliege, wenn innerhalb von 6 Monaten wieder von einem Zuwachs der Arbeitsmenge auszugehen sei (Anlehnung an § 177 Abs. 1 Satz 1 SGB III). Der Arbeitgeber müsse sich dann auf die Arbeitsstreckung als milderes Mittel verweisen lassen.

[549] *U. Preis*, Prinzipien des Kündigungsrechts, S. 404.

[550] Vgl. *U. Preis*, Prinzipien des Kündigungsrechts, S. 410; *v. Hoyningen-Huene/Linck*, § 1 KSchG Rdnr. 383; MünchArbR-*Berkowsky*, § 138 Rdnr. 140; *Hillebrecht*, ZIP 1985, 257 (260).

[551] HK-*Weller/Dorndorf*, § 1 KSchG Rdnr. 940; *U. Preis*, Prinzipien des Kündigungsrechts, S. 410.

3) Arbeitszeitverkürzung statt Kündigung

Als milderes Mittel im Vergleich zur betriebsbedingten Beendigungskündigung hat das ArbG Bocholt in seiner Entscheidung vom 22.06.1982[552] auch eine allgemeine Arbeitszeitverkürzung im Betrieb in Erwägung gezogen. Durch die dauerhafte Verkürzung der Arbeitszeit aller Arbeitnehmer eines Betriebs sollte die betriebsbedingte Kündigung einer Arbeitnehmerin verhindert werden.
Eine Verkürzung der regelmäßigen Arbeitszeit sei nach Ansicht des Gerichts kündigungsrechtlich geboten, wenn die Arbeitnehmer lediglich geringfügige Verdiensteinbußen zur Vermeidung der betriebsbedingten Kündigung eines Arbeitskollegen /-kollegin hinzunehmen hätten. Als weitere Begründung führte das ArbG Bocholt aus, dass der Gedanke der austeilenden Gerechtigkeit es erfordere, eine gleichmäßige Verteilung des Beschäftigungsrisikos unter den Arbeitnehmern herbeizuführen.
Mit dieser Ansicht steht das ArbG Bocholt allerdings ziemlich allein dar. So wird selbst von denjenigen, die grundsätzlich eine Anwendung des Ultima-ratio-Prinzips auch im Rahmen der betriebsbedingten Kündigung befürworten, zu Bedenken gegeben, dass einer Pflicht des Arbeitgebers, eine allgemeine Arbeitszeitverkürzung als milderes Mittel statt einer betriebsbedingten Kündigung vorzunehmen, bereits zwingende tarif-, mitbestimmungs- und auch individualrechtliche Schranken entgegenstünden[553]. Diese könnten auch nicht, wie es das ArbG Bocholt annimmt, durch einen Hinweis auf ein allgemeines Gebot der „austeilenden Gerechtigkeit“ überwunden werden[554].
Diese Sichtweise bestätigte auch das BAG in seiner Entscheidung vom 19.05.1993[555]. Dort führte das Gericht aus, dass auch die Beachtung des Verhältnismäßigkeitsgrundsatzes (Ultima-ratio-Prinzip) es nicht gebiete, anstelle einer geringeren Zahl von Beendigungskündigungen eine größere Zahl von Änderungskündigungen zur Reduzierung der Arbeitszeit auszusprechen.

4) Einführung von Kurzarbeit

Als ein weiteres milderes Mittel zur Vermeidung betriebsbedingter Kündigungen wird in der Rechtsprechung und der Literatur die Einführung von Kurzarbeit über einen begrenzten Zeitraum diskutiert. Unter der Einführung von Kurz-

---

[552] Urteil des ArbG Bocholt vom 22.06.1982, DB 1982, 1938 f.; das Urteil wurde allerdings bereits in der Berufungsinstanz vom LAG Hamm wieder verworfen - vgl. Urteil des LAG Hamm vom 15.12.1983, ZIP 1983, 212 ff.

[553] Vgl. *U. Preis*, Prinzipien des Kündigungsrechts, S. 409; KR-*Etzel*, § 1 KSchG Rdnr. 530; ausführlich dazu *Tenczer*, Freie Unternehmerentscheidung, S. 138 ff.; *Hinze*, Mildere Mittel, S. 243.

[554] Vgl. *U. Preis*, Prinzipien des Kündigungsrechts, S. 409.

[555] Urteil des BAG vom 19.05.1993, EzA § 1 KSchG Betriebsbedingte Kündigung Nr. 73.

arbeit wird allgemein eine vorübergehende Kürzung der betriebsüblichen regelmäßigen Arbeitszeit unter entsprechender Lohnkürzung verstanden[556].

Grundvoraussetzung dieser Art der Vermeidung betriebsbedingter Kündigungen wäre zunächst die Beachtung des Mitbestimmungsrechts des Betriebsrats nach § 87 Abs. 1 Nr. 3 BetrVG. In Betrieben mit Betriebsrat kann der Arbeitgeber ohne Zustimmung des Betriebsrats gehindert sein, die Anordnung zur Einführung von Kurzarbeit durchzusetzen. Darüber hinaus müsste die Einführung von Kurzarbeit auch tatsächlich möglich sein. So könnten insbesondere technische und/oder organisatorische Besonderheiten bestimmter Betriebe die Einführung von Kurzarbeit von vornherein ausschließen[557]. Des Weiteren wäre es auch erforderlich, dass es sich bei dem zu überwindenden Arbeitsmangel und dem damit verbundenen verringerten Personalbedarf nur um einen vorübergehenden handelt[558]. Andernfalls müsste in jedem Falle von einem Beendigungsgrund ausgegangen werden.

Die Entscheidung, ob von einem nur vorübergehenden Arbeitsmangel auszugehen ist, wird allgemein dem Arbeitgeber zuerkannt. Hierbei wird darauf aufmerksam gemacht, dass praxisnah davon auszugehen sei, dass der Arbeitgeber i.d.R. zu der Einschätzung gelangen werde, dass der Arbeitsmangel nicht nur vorübergehender Natur, sondern vielmehr von längerer Dauer sei, damit er berechtigt sei, betriebsbedingte Kündigungen auszusprechen[559]. Insofern komme der Frage entscheidende Bedeutung zu, ob die Prognoseentscheidung des Arbeitgebers hinsichtlich der zu erwartenden Dauer des Arbeitsmangels im Kündigungsschutzprozess durch das Arbeitsgericht überprüft werden dürfe[560].

Bejaht man die Justitiabilität der Prognoseentscheidung des Arbeitgebers, kann das Gericht selbst eine solche Prognoseentscheidung treffen und den Arbeitgeber ggf. zur Einführung von Kurzarbeit verpflichten. Geht man hingegen davon aus, dass den Gerichten keine Kontrollmöglichkeit hinsichtlich der Prognoseentscheidung des Arbeitgebers zusteht, legt man die Entscheidung über die Einführung der Kurzarbeit in die Hände des Arbeitgebers.

---

[556] *Barnhofer*, Kurzarbeit, S. 62; *Rumpff/Dröge*, Kurzarbeit, S. 24; *Hinze*, Mildere Mittel, S. 213.
[557] Vgl. dazu näher, *Heinze*, RdA 1998, 14 ff.; *Löwisch*, in: FS für Wiese, S. 249 ff.
[558] Vgl. *v. Hoyningen-Huene/Linck*, § 1 KSchG Rdnr. 385; KR-*Etzel*, § 1 KSchG Rdnr. 531; *Berkowsky*, Betriebsbedingte Kündigung, § 5 Rdnr. 166; *Zöllner/Loritz*, Arbeitsrecht, § 23 V) 4).
[559] *B. Preis*, NZA 1997, 625 (630).
[560] *B. Preis*, NZA 1997, 625 (630).

In der Rechtsprechung des BAG ist hinsichtlich des Problems, ob der Arbeitgeber zur Einführung von Kurzarbeit durch die Gerichte gezwungen werden kann, keine einheitliche Linie zu erkennen.
Zunächst hat das BAG in seiner Entscheidung vom 25.06.1964[561] festgestellt, dass zur umfassenden Interessenabwägung im Rahmen der Überprüfung einer betriebsbedingten Kündigung auch zu untersuchen sei, inwieweit der Arbeitgeber die Kündigung durch die Einführung von Kurzarbeit hätte verhindern können. In der Entscheidung vom 07.02.1985[562] hat der Zweite Senat des BAG allerdings offen gelassen, ob an diesem Grundsatz festzuhalten sei oder ob dadurch nicht zu sehr in das unternehmerische Gestaltungsrecht eingegriffen werde. In der Entscheidung vom 04.03.1986[563] hat der Erste Senat des BAG die widersprüchliche Feststellung getroffen, dass nach der Rechtsprechung des Zweiten Senats die Frage, ob eine ausgesprochene Kündigung durch die Einführung von Kurzarbeit hätte verhindert werden können, im Kündigungsschutzprozess nicht der gerichtlichen Kontrolle unterliege. Der Zweite Senat hat sich in der Entscheidung vom 11.09.1986[564] dieser Entscheidung des Ersten Senats ohne weitere Begründung angeschlossen. In der Entscheidung vom 15.06.1989 hat der Zweite Senat wiederum offen gelassen, ob daran festzuhalten sei, dass die Möglichkeit zur Einführung von Kurzarbeit nicht durch die Gerichte zu überprüfen sei.
Diese Uneinheitlichkeit in der Rechtsprechung des BAG spiegelt sich auch in der arbeitsgerichtlichen Instanzgerichtsbarkeit wider[565].

Auch in der Literatur ist man sich nicht einig, ob den Gerichten gestattet sein solle, die Entscheidung des Arbeitgebers hinsichtlich der Einführung von Kurzarbeit zu überprüfen und ihn damit ggf. zur Einführung von Kurzarbeit zu zwingen.
Zum Teil wird eine solche Überprüfungsmöglichkeit der Gerichte befürwortet[566]. Es wird vorgebracht, dass der Arbeitgeber die Grundlagen seiner Negativprognose, dass nicht nur von einem vorübergehenden Arbeitsmangel auszugehen sei, im Kündigungsschutzprozess zu beweisen habe und die Gerichte die-

---

561 Urteil des BAG vom 25.06.1964, AP Nr. 14 zu § 1 KSchG Betriebsbedingte Kündigung.
562 Urteil des BAG vom 07.02.1985, AP Nr. 9 zu § 1 KSchG 1969 Soziale Auswahl.
563 Urteil des BAG vom 04.03.1986, AP Nr. 3 zu § 87 BetrVG 1972 Kurzarbeit.
564 Urteil des BAG vom 11.09.1986, EzA § 1 KSchG Betriebsbedingte Kündigung Nr. 54.
565 Vgl. dazu ArbG Mannheim, Urteil vom 09.12.1982, BB 1983, 1031, das eine gerichtliche Prüfungskompetenz bejahte. Das LAG Düsseldorf, Urteil vom 21.06.1983, DB 1984, 565 und das LAG Hamm, Urteil vom 08.03.1983, DB 1984, 464, verneinten demgegenüber die Zulässigkeit einer gerichtlichen Kontrolle.
566 ErfKomm-*Ascheid*, § 1 Rdnr. 393; *Berkowsky*, Betriebsbedingte Kündigung, § 5 Rdnr. 173; *Löwisch/Spinner*, § 1 KSchG Rdnr. 304; KR-*Etzel*, § 1 KSchG Rdnr. 531; ähnlich *Kittner/Däubler/Zwanziger*, § 1 KSchG Rdnr. 288; vgl. auch *Barnhofer*, S. 138 ff.; *Hinze*, Mildere Mittel, S. 215, 231 f.; *U. Preis*, Prinzipien des Kündigungsrechts, S. 405.

se Prognose voll überprüfen könnten[567]. Es käme nicht auf die subjektive Einschätzung des Arbeitgebers, sondern auf die objektive Vertretbarkeit seiner Negativprognose an[568].
Demgegenüber vertritt ein Großteil der Literatur die Ansicht, dass die objektive Richtigkeit der Prognoseentscheidung des Arbeitgebers im Hinblick auf die Einführung von Kurzarbeit grundsätzlich nicht der Nachprüfung durch die Gerichte unterliege[569]. Vielmehr müsse die Entscheidung des Arbeitgebers, die Einführung von Kurzarbeit für technisch, organisatorisch oder wirtschaftlich nicht tragbar zu halten, hingenommen werden. Dies wird damit begründet, dass es sich bei der Prognoseentscheidung des Arbeitgebers um Fragen des wirtschaftlichen Ermessens handele, die nur der Unternehmer entscheiden könne[570]. Die Entscheidung des Arbeitgebers über die Einführung von Kurzarbeit sei damit dem Bereich der autonomen Unternehmerentscheidung zuzuordnen, die nicht der Kontrolle durch das Arbeitsgericht unterliege[571].

Bezüglich dieses Streits bleibt festzuhalten, dass das Problem für den Arbeitgeber schon darin zu sehen ist, dass er sich nicht sicher sein kann, dass seine Prognoseentscheidung hinsichtlich der Dauer des zu überbrückenden Arbeitsmangels von den Gerichten unüberprüft bleibt. Es besteht insbesondere aufgrund der derzeitigen Rechtsprechungslage die Gefahr, dass seine Prognoseentscheidung überprüft und einer Korrektur unterzogen wird, so dass er die Kündigung und ggf. die gesamte Unternehmerentscheidung nicht wie geplant durchsetzen

---

[567] *U. Preis*, Prinzipien des Kündigungsrechts, S. 405; *ders.*, DB 1988, 1387 (1390 f.); *Berkowsky*, Betriebsbedingte Kündigung, § 5 Rdnr. 173; *Meinhold*, BB 1988, 623 (626 f.).

[568] *U. Preis*, Prinzipien des Kündigungsrechts, S. 405.

[569] *V. Hoyningen-Huene/Linck*, § 1 KSchG Rdnr. 388a; HK-*Weller/Dorndorf*, § 1 KSchG Rdnr. 936; KPK-*Meisel*, § 1 KSchG Rdnr. 456; *B. Preis*, NZA 1997, 625 (630); *Stahlhacke*, DB 1994, 1361 (1367); *Vollmer*, DB 1982, 1933 f.; *Wank*, RdA 1987, 134 (142); *Schwerdtner*, ZIP 1984, 10 (13); *Rost*, Kündigung und Kündigungsschutz, S. 12; *Herschel*, Anm. zum Urteil des BAG vom 25.06.1964, AP Nr. 14 zu § 1 KSchG Betriebsbedingte Kündigung; *Reuter*, Anm. zum Urteil des BAG vom 07.12.1978, AP Nr. 6 zu § 1 KSchG 1969 Betriebsbedingte Kündigung.

[570] *V. Hoyningen-Huene/Linck*, § 1 KSchG Rdnr. 388a; *Stahlhacke*, DB 1994, 1361 (1367); ähnlich *Vollmer*, DB 1982, 1933 (1934); *Löwisch*, in: FS für Wiese, S. 249 (256); KPK-*Meisel*, § 1 Rdnr. 457.

[571] *B. Preis*, NZA 1997, 625 (630 f.); *v. Hoyningen-Huene/Linck*, § 1 KSchG Rdnr. 388a. Daneben wird allenfalls eine Überprüfung dahingehend für zulässig erachtet, ob trotz des Vorliegens eines nur vorübergehenden Arbeitsmangels zum Zeitpunkt der Kündigung vom damaligen Standpunkt des Unternehmers dessen Entscheidung, statt der Einführung von Kurzarbeit eine betriebsbedingte Kündigung auszusprechen, als offensichtlich unsachlich, unvernünftig oder willkürlich einzustufen ist - vgl. *v. Hoyningen-Huene/Linck*, § 1 KSchG Rdnr. 388a; *v. Hoyningen-Huene*, SAE 1991, 124 (125); HK-*Weller/Dorndorf*, § 1 KSchG Rdnr. 936; *Denck*, ZfA 1985, 249 (261); *Vollmer*, DB 1982, 1933 (1934); *Stahlhacke*, DB 1994, 1361 (1367); *Rost*, Kündigung und Kündigungsschutz, S. 58 f.

kann. Allein diese Unsicherheit im Hinblick auf den Ausgang eines eventuell anstehenden Kündigungsschutzprozesses lässt vermuten, dass viele Arbeitgeber schon aus diesem Grund eine Kündigung erst gar nicht aussprechen.

V) Kritik am Ultima-ratio-Prinzip – übersteigerter Kündigungsschutz der Arbeitnehmer

Die oben dargestellten Einzelfälle milderer Mittel zur Vermeidung betriebsbedingter Kündigungen zeigen in Ausschnitten den Rahmen der Auswirkungen, die die Anwendung des Ultima-ratio-Prinzips für den Arbeitgeber, seine unternehmerische Entscheidungsfreiheit und insbesondere die Umsetzung seiner Entscheidungen mit sich bringen kann. Die Beendigung von Arbeitsverhältnissen und damit auch die Umsetzung unternehmerischer Entscheidungen werden in erheblichem Maße erschwert. Schließlich kann das Arbeitsgericht betriebsbedingte Kündigungen ex post für sozialwidrig erklären, wenn es der Auffassung ist, der Unternehmer hätte eine alternative, eine mildere Maßnahme anstelle der Kündigung ergreifen können.
Der Arbeitgeber ist somit stets gehalten, sämtliche organisatorischen und finanziellen Möglichkeiten zur Vermeidung der Arbeitslosigkeit eines Arbeitnehmers auszuschöpfen. Er muss *alle* Versuche unternehmen, den Arbeitsplatz oder eine anderweitige Beschäftigungsmöglichkeit zu erhalten. Damit steht der Arbeitgeber vor dem Problem, mit einer kaum überschaubaren Obliegenheit zur Vermeidung betriebsbedingter Kündigungen belastet zu sein. Er muss *jede* erdenkliche Möglichkeit der Weiterbeschäftigung des betroffenen Arbeitnehmers in Betracht ziehen und auf ihre Durchführbarkeit überprüfen. Selbst wenn er diese Pflicht erfüllt, bleibt die Gefahr, dass, wenn es zu einem Kündigungsschutzprozess kommt, das Gericht die betriebliche Situation anders einschätzt und die Kündigung für sozial unwirksam erklärt. Auf diesem Weg trägt das Ultima-ratio-Prinzip auch in erheblichem Umfang zum Erstarren des Arbeitsmarktes bei, weil die Arbeitgeber häufig die Kosten für Kündigungsschutzklagen scheuen, da sie ohnehin befürchten müssen, den gekündigten Arbeitnehmer trotz gegenteiliger wirtschaftlicher Gesichtspunkte weiterbeschäftigen zu müssen[572].

Eine derartige Ausprägung des Kündigungsschutzes lässt sich vielleicht mit der Bestandsschutztheorie rechtfertigen, nach der der Kündigungsschutz auf eine möglichst weitreichende Sicherung des Arbeitsplatzes als die wirtschaftliche und soziale Existenzgrundlage des Arbeitnehmers abzielt, sicher aber nicht mit dem hier vertretenen Flankenschutzgedanken der betrieblichen Rechte und Freiheiten des Arbeitnehmers. Der Kündigungsschutz soll die Arbeitnehmer lediglich

---

572 Vgl. insofern auch Jahreswirtschaftsbericht 1993, BT-Drs. 12/6170, S. 243 Nr. 376; Jahreswirtschaftsbericht 1989, BT-Drs. 11/5786 S. 170 Nr. 364 ff.

lich vor einer einseitigen, machtgesteuerten und willkürlichen Ausübung des arbeitgeberischen Kündigungsrechts schützen. Den Arbeitgeber vor jeder betriebsbedingten Kündigung dazu zu verpflichten, die Kündigung nur als äußerstes, letztes Mittel in Betracht zu ziehen, geht über den hier postulierten Kündigungsschutzgedanken weit hinaus. Eine derartige Einschränkung dient in erster Linie dazu, den Arbeitnehmer möglichst weitgehend vor dem Verlust seines Arbeitsplatzes zu schützen.

Solch ein Schutzumfang steht nicht nur im Konflikt mit den Positionen des Arbeitgebers, sondern auch im Konflikt mit den Rechten der Arbeitsuchenden. Der Kündigungsschutz ist stets als dreiseitiger Konflikt zu betrachten. Das Ultima-ratio-Prinzip führt in diesem Zusammenhang zu einer nicht mit der Berufswahlfreiheit der Arbeitsuchenden zu vereinbarenden Intensivierung des Bestandsschutzes der Arbeitsplatzinhaber. Ihre Chancen auf einen Zugang zum Arbeitsmarkt werden durch die infolge des Ultima-ratio-Prinzips eintretende Betonierung des Arbeitsplatzes der Arbeitnehmer in unzulässigem Maße zurückgedrängt.
Darüber hinaus ist auch anzunehmen, dass das Ultima-ratio-Prinzip mit seiner Umverteilungsobliegenheit für die Arbeitgeber bereits negative Auswirkungen auf die Einstellungsbereitschaft derselben hat. Die Aussicht, die einmal eingestellten Arbeitnehmer nur unter Beachtung der strengen Voraussetzungen des Ultima-ratio-Prinzips wieder in zulässiger Weise kündigen zu können, wird die Bereitschaft, neue Arbeitnehmer einzustellen, nicht erhöhen.

Des Weiteren ist auch auf den Wortlaut des § 1 Abs. 2 KSchG zu verweisen. Nach § 1 Abs. 2 Satz 2, 3 KSchG kommt die Weiterbeschäftigungsmöglichkeit eines Arbeitnehmers unter geänderten Arbeitsbedingungen oder nach zumutbaren Umschulungs- bzw. Fortbildungsmaßnahmen als Kündigungshindernis erst dann in Betracht, wenn der Betriebsrat der Kündigung widersprochen hat. Nach dem Ultima-ratio-Prinzip soll im Rahmen der Überprüfung betriebsbedingter Kündigungen eine derartige Weiterbeschäftigungsmöglichkeit aber bereits ohne einen solchen Widerspruch als Kündigungshindernis wirken. Das Ultima-ratio-Prinzip stellt damit eine Rechtsfortbildung in Gestalt eines übersteigerten Kündigungsschutzes des Arbeitnehmers dar, die von dem Wortlaut des KSchG nicht gedeckt ist.
Es ist davon auszugehen, dass mit dem § 1 Abs. 2 Satz 2, 3 KSchG seit der Neufassung 1972 die Obliegenheit zur Wahl eines milderen Mittels nur unter der Voraussetzung eines zuvor erfolgten Widerspruchs des Betriebsrats besteht[573].

---

[573] Zum Erfordernis eines Widerspruchs des Betriebsrats vgl. Näheres unten unter Kap. 6 B) I).

Auch kann der überwiegenden Ansicht in Rechtsprechung und Literatur nicht darin gefolgt werden, dass das Merkmal der Dringlichkeit in § 1 Abs. 2 Satz 1 KSchG die Vornahme einer Ultima-ratio-Prüfung erfordert. Nach dem Wortlaut des § 1 Abs. 2 Satz 1 KSchG ist die betriebsbedingte Kündigung sozial gerechtfertigt, wenn sie durch dringende betriebliche Erfordernisse bedingt ist. Dies bedeutet, dass die Kündigung durch betriebliche Erfordernisse (= arbeitstechnische Notwendigkeiten), die die Folge bzw. das Ergebnis unternehmerischer (= wirtschaftlicher) Vorentscheidungen des Arbeitgebers darstellen, bedingt sein muss. Dabei ist dem Merkmal der Dringlichkeit keine Bedeutung im Ausmaße einer Ultima-ratio-Prüfung beizumessen[574]. Nach dem Ultima-ratio-Prinzip muss die betriebsbedingte Kündigung das äußerste, letzte Mittel sein. Der Arbeitgeber ist verpflichtet, zuvor alle möglichen milderen Mittel auszuschöpfen. Das Gesetz sagt hingegen nur, dass die arbeitstechnischen Konsequenzen auf betrieblicher Ebene dringend sein müssen, d.h. sie dürfen sich als Folge wirtschaftlicher Vorentscheidungen nicht aufschieben lassen[575]. Ist dies der Fall, rechtfertigen sie die dadurch bedingten Kündigungen.

Hier sei darüber hinaus angemerkt, dass trotz der dargestellten Kritik eines übersteigerten Kündigungsschutzes zugunsten der Arbeitnehmer immer wieder für eine Ausweitung des Kündigungsschutzes der Arbeitnehmer plädiert wird. Richtungsweisend sind in diesem Zusammenhang u.a. der Kleinbetriebsbeschluss des BVerfG vom 27.01.1998 und das Urteil des BAG vom 26.09.2002. Beide postulieren auf der Grundlage eines Mindestschutzes von Arbeitsverhältnissen und einer diesbezüglichen Schutzpflicht des Staates eine Intensivierung des Bestandsschutzes der Arbeitnehmer.

Fraglich ist jedoch, wohin diese Forderung hinführen soll/wird? Statt permanenter Rechts*fort*bildung im Bereich des Kündigungsschutzes der Arbeitnehmer sollte ebenso die Rechts*rück*bildung eine mögliche Perspektive bilden[576].
Hinsichtlich dieses Gedankens sei erwähnt, dass jeglicher Versuch einer Reduzierung des derzeitig bestehenden Bestandsschutzes nicht pauschal als unsozial abgeurteilt werden sollte. So hat schon *Schwerdtner* 1977 ausgeführt, dass die Gesellschafts- und Sozialpolitik aufgrund der Relativität aller vorhandenen Lösungsmuster stets offen bleiben müsse[577]. Die Sozialpolitik muss sich als

---

[574] *Mayer-Maly* sieht in der Dringlichkeit sogar lediglich einen legislatorischen Kraftausdruck. „Würde ein künftiger Gesetzgeber das Wort „dringend“ streichen, wäre es ziemlich unwahrscheinlich, dass die Gerichte die Grenze zwischen gerechtfertigten und ungerechtfertigten Kündigungen veränderten.“, vgl. ZfA 1988, 209 (211).
[575] Vgl. *Reuter*, RdA 2004, 161 (165).
[576] Vgl. hierzu auch *Kraft*, ZfA 1994, 463 (466 f., 485); *Reuter*, in: FS Wiedemann, S. 449 (464 ff.).
[577] *Schwerdtner*, ZfA 1977, 47 (67 ff.).

offenes System begreifen und eine ebenso offene Diskussion über einen möglichen Abbau von Bestandsschutzgarantien ermöglichen[578].

VI) Auswirkungen des § 2 Abs. 2 SGB III

Fraglich ist, ob die Einführung des § 2 Abs. 2 SGB III (ehemals § 2 Abs. 1 SGB III[579]) eine anderweitige Sichtweise dieser Problematik erfordert.
§ 2 Abs. 2 Satz 1 SGB III bestimmt, dass die Arbeitgeber bei ihren Entscheidungen verantwortungsvoll deren Auswirkungen auf die Beschäftigung der Arbeitnehmer und von Arbeitslosen und damit die Inanspruchnahme von Leistungen der Arbeitsförderung einzubeziehen haben. § 2 Abs. 2 Satz 2 Nr. 2 SGB III gibt den Arbeitgebern vor, dass sie insbesondere vorrangig durch betriebliche Maßnahmen die Inanspruchnahme von Leistungen der Arbeitsförderung sowie Entlassungen von Arbeitnehmern vermeiden sollen.
§ 2 Abs. 2 SGB III führt damit einen neuen Rechtsbegriff der „besonderen Verantwortung des Arbeitgebers" im gesamten System der sozialen Marktwirtschaft ein. Der Arbeitgeber soll nicht nur seine eigenen unternehmerischen Interessen vor Augen haben, sondern auch die Auswirkungen seiner unternehmerischen Entscheidungen berücksichtigen. Die Nummer 2 des § 2 Abs. 2 SGB III gibt dabei konkret vor, dass der Arbeitgeber die Beendigungen von Arbeitsverhältnissen möglichst durch die Vornahme anderer betrieblicher Maßnahmen vermeiden soll.

Die Nummer 2 des § 2 Abs. 2 SGB III ähnelt damit vom Aussagegehalt her dem Ultima-ratio-Prinzip und könnte dessen Forderung nach einer weiteren Einschränkung unternehmerischer Entscheidungsfreiheit und einem damit verbundenen erweiterten Bestandsschutz der Arbeitnehmer unterstützen.

Hinsichtlich des § 2 Abs. 2 SGB III ist jedoch schon umstritten, ob es sich um einen verbindlichen Rechtssatz handelt, der eine gesetzliche Konkretisierung des Ultima-ratio-Prinzips darstellt[580], oder ob seine Vorgaben lediglich als bloße

---

[578] Vgl. hierzu auch *Kraft*, ZfA 1994, 463 (466 f.); *Schwerdtner*, ZfA 1977, 47 (76 ff.); *Reuter*, in: FS für Wiedemann, S. 449 (456 ff.).
[579] Änderung des § 2 SBG III durch das Gesetz zur Reform der arbeitsmarktpolitischen Instrumente (Job-AQTIV-Gesetz) vom 10.12.2001, Art. 1 (Änderung des Dritten Buchs des Sozialgesetzbuchs), BGBl. 3343 - § 2 Abs. 2 Satz 2 Nr. 2 SGB III n.F. ist aber wortlautgleich mit § 2 Abs. 1 Satz 2 Nr. 2 SGB III a.F.; vgl. dazu auch PK-SGB III-*Schmidt-De Caluwe*, § 2 SGB III Rdnr. 1.
[580] So etwa *U. Preis*, NZA 1998, 449 (454); vgl. auch *Schaub*, NZA 1997, 810 ff.; *Kittner/Kohler*, BB 2000, Beil. 4, S. 1 (21).

Programmsätze ohne jede Regelungs- und Steuerungsfunktion anzusehen sind[581].
Dieser Streit kann an dieser Stelle insofern offen bleiben, als dass dem § 2 Abs. 2 SGB III als sozialrechtliche Norm jedenfalls keine kündigungsschutzrechtliche Bedeutung zukommt und somit keine Auswirkungen in Bezug auf die Reichweite des Bestandsschutzes der Arbeitnehmer entfalten kann.
So sieht es auch der überwiegende Teil der Literatur. *Bauer* und *Haußmann*[582] betonen etwa, dass § 2 Abs. 2 SGB III lediglich arbeitsmarktpolitische Ziele verfolge und deshalb keine kündigungsschutzrechtliche Relevanz habe[583]. Auch *Bitter*[584] verweist darauf, dass § 2 Abs. 2 SGB III ersichtlich auf die Folgerungen für den allgemeinen Sozialschutz bezogen sei, ohne dass der individuelle Bestandsschutz in § 1 Abs. 2 KSchG erweitert werden solle.
Ablehnend gegenüber dem Versuch, dem § 2 Abs. 2 SGB III kündigungsrechtliche Bedeutung beizumessen, äußert sich auch *B. Preis*[585]. Er weist darauf hin, dass die Vorschriften über die Arbeitsförderung das Verhältnis zwischen der Bundesagentur für Arbeit und dem Arbeitgeber und nicht das Verhältnis zwischen diesem und den Arbeitnehmern regeln würden. Darüber hinaus wäre es seiner Ansicht nach unter dem Blickwinkel einer transparenten Gesetzgebung nahezu skandalös, wenn eine hochbrisante Frage des Kündigungsschutzes versteckt im SGB III ihre Beantwortung finden würde.

Es gibt aber auch Stimmen, die sich für eine kündigungsrechtliche Relevanz des § 2 SGB III aussprechen. So ist etwa *Schaub*[586] der Ansicht, der Gesetzgeber habe durch § 2 Abs. 2 SGB III bewusst der Arbeitslosigkeit begegnen und die Kosten für die Bundesanstalt für Arbeit begrenzen wollen. Deshalb sei ein Rückgriff auf das Kündigungsschutzrecht nicht ausgeschlossen[587]. Vielmehr sei

---

581 So etwa *v. Hoyningen-Huene/Linck*, § 1 KSchG Rdnr. 378a; MünchArbR-*Berkowsky*, § 138 Rdnr. 133; KR-*Etzel*, § 1 KSchG Rdnr. 529a; *Bader/Bram/Dörner/Wenzel*, § 1 KSchG Rdnr. 262b; *Bauer/Haußmann*, NZA 1997, 1100 (1101); *Ettwig*, NZA 1997, 1152 f.; *Bitter*, DB 1999, 1214 (1218); *Beckschulze*, BB 1998, 791 (793); *Henssler*, Arbeitsrechtlicher Gesprächskreis der Otto Brenner Stiftung, 2001, S. 36; ähnlich auch *Niesel*, NZA 1997, 580 (584), der zudem kritisiert, dass die §§ 1 bis 11 SGB III den in der Sozialgesetzgebung zu beobachtenden Trend fortführten, programmatische Aussagen an den Anfang eines Gesetzes zu stellen, die ohne unmittelbaren normativen Gehalt seien und denen in der Praxis allenfalls als Auslegungsregel Bedeutung zukomme.

582 *Bauer/Haußmann*, NZA 1997, 1100 (1101).

583 Ebenso *Ettwig*, NZA 1997, 1152 (1153); *Beckschulze*, BB 1998, 791 (793).

584 *Bitter*, DB 1999, 1214 (1218).

585 *B. Preis*, DB 2000, 1122 (1126).

586 *Schaub*, NZA 1997, 810 f.

587 *Schaub*, NZA 1997, 810 (811); vgl. hierzu auch *Gagel*, BB 2001, 358, der ebenfalls annimmt, dass das Kündigungsschutzrecht durch § 2 SGB III tangiert werde. Er ist aber zugleich der Ansicht, dass dies keine grundlegende Änderung bewirke, sondern nur zu einer Klarstellung und Verstärkung der bisherigen Auslegung des § 1 KSchG führe.

es nach *Schaub* denkbar, dass der Arbeitgeber durch § 2 Abs. 2 Satz 2 Nr. 2 SGB III vor Ausspruch einer betriebsbedingten Kündigung verpflichtet sein solle, darzulegen und zu beweisen, dass er die Kündigung etwa durch die Flexibilisierung der Arbeitszeit, einen Überstundenabbau, Urlaubserteilung, Schaffung von Altersteilzeitverträgen oder die Einführung von Kurzarbeit zu vermeiden versucht habe. Insofern geht *Schaub* davon aus, dass sich die Darlegungs- und Beweislast des Arbeitgebers erheblich verstärken werde[588]. Zustimmend äußert sich in diesem Zusammenhang auch *U. Preis*[589]. Seiner Ansicht nach binde § 2 Abs. 2 SGB III nicht die Behörden, also die Arbeitsverwaltung, sondern den Arbeitgeber als Privatrechtssubjekt in seiner Vertragsbeziehung zum Arbeitnehmer. Es handle sich damit um eine dem Privatrecht zuzuordnende Bindung, also um eine Norm mit arbeitsrechtlichem Inhalt[590]. Nach *U. Preis* verwirkliche der Gesetzgeber mit dieser Norm den Gedanken der Einheit der Rechtsordnung. Er erkenne zutreffend die wechselseitige Abhängigkeit zwischen arbeitsrechtlichem Bestandsschutz und sozialrechtlichem Arbeitsförderungsrecht[591].
Kittner und *Kohler*[592] sind der Ansicht, dass § 2 Abs. 2 Satz 2 Nr. 2 SGB III die Arbeitsgerichte dazu zwingen werde, sich noch schärfer mit der Frage zu befassen, was vom KSchG als wirkliche marktorientierte unternehmerische Entscheidung nicht zu erfassen sei und was dagegen als bloß operative Folgemaßnahme justitiabel sein solle. Auch sie erkennen somit eine kündigungsschutzrechtliche Relevanz des § 2 Abs. 2 SGB III an.

Den soeben genannten Ansichten ist entgegenzuhalten, dass es sich bei § 2 Abs. 2 SGB III um eine Norm des Sozialrechts handelt. Beim Sozialrecht und beim Kündigungsschutzrecht handelt es sich um zwei verschiedene Regelungsgebiete. Es ist mit *B. Preis* davon auszugehen, dass der Gesetzgeber, hätte er den individuellen Bestandsschutz der Arbeitnehmer verbessern wollen, dieses unter Zugrundelegung einer transparenten Gesetzgebung im Kündigungsschutzrecht selbst getan hätte bzw. hätte tun müssen. Somit spricht schon die Stellung des § 2 Abs. 2 SGB III gegen eine kündigungsschutzrechtliche Relevanz.

Darüber hinaus ist auch auf die Stellungnahme der Bundesregierung vom 06.04.1998[593] zu verweisen. In dieser hat das für den Gesetzesentwurf verantwortliche Ministerium ausgeführt, dass die Norm ein auf das Arbeitsförderungsrecht und die Vermeidung von Leistungen der Bundesanstalt für Arbeit zuge-

---

588 *Schaub*, NZA 1997, 810; *ders.*, Arbeitsrechts-Handbuch, § 131 Rdnr. 32 (9. Auflage).
589 *U. Preis*, NZA 1998, 449 ff.
590 *U. Preis*, NZA 1998, 449 (454).
591 *U. Preis*, NZA 1998, 449 (454 f.).
592 *Kittner/Kohler*, BB 2000, Beil. 4, S. 1 (21).
593 Stellungnahme der BReg. in DB 1998, 1134.

schnittener Appell an die Arbeitgeber zu einem verantwortungsvollen Verhalten ist. Ihr Zweck sei es nicht, den durch arbeitsrechtliche Normen abschließend geregelten Bestandsschutz individueller Arbeitsverhältnisse zu erweitern.
Nach dieser Stellungnahme der Bundesregierung dürfte eine gegenteilige Ansicht schwer haltbar sein.

Somit ist dem § 2 Abs. 2 SGB III keine kündigungsrechtliche Bedeutung beizumessen. Folglich kann die Norm auch die Forderung nach einer Ultima-ratio-Prüfung betriebsbedingter Kündigungen nicht unterstützen.

VII) Ergebnis

Im Ergebnis ist eine Anwendung des Ultima-ratio-Prinzips im Rahmen der Überprüfung betriebsbedingter Kündigungen abzulehnen. Das Ultima-ratio-Prinzip stellt insbesondere in seiner derzeitigen Ausprägung eine unzulässige Beeinträchtigung sowohl der Arbeitgeberpositionen als auch der Rechte der Arbeitsuchenden auf einen fairen Zugang zum Arbeitsmarkt dar.
Die in der Rechtsprechung und der Literatur überwiegend vorzufindende Befürwortung einer Ultima-ratio-Prüfung basiert auf der Vorstellung, anhand des Kündigungsschutzes den Arbeitnehmer möglichst weitreichend vor dem Verlust seines Arbeitsplatzes als seine wirtschaftliche und soziale Existenzgrundlage zu schützen. Dieser Schutzgedanke lässt sich mit dem hier vertretenen Kündigungsschutzweck nicht vereinbaren und ist deshalb abzulehnen.

E) Dringlichkeitsprüfung

Neben den bisher erörterten Einschränkungsmöglichkeiten wird zudem von einem Teil der Literatur versucht, den Grundsatz unternehmerischer Entscheidungsfreiheit durch eine sogenannte Dringlichkeitsprüfung zu begrenzen.
Die Vertreter dieser Ansicht[594] messen dem Merkmal der „Dringlichkeit“ in § 1 Abs. 2 Satz 1 KSchG eine besondere Bedeutung zu. Ihm sei zu entnehmen, dass unternehmerische Entscheidungen auf ihre „wirtschaftliche Dringlichkeit“ bzw. auf das Vorliegen eines „triftigen Rentabilitätsinteresses“ zu überprüfen seien. Insbesondere Rationalisierungsmaßnahmen müssten danach auf ihre wirtschaftliche Notwendigkeit hin kontrolliert werden. Nach *U. Preis*[595] lasse sich das Problem auf die Frage zuspitzen, ob der Arbeitnehmer vor einem Arbeitsplatz-

---

[594] *U. Preis*, NZA 1995, 241 (248 ff.); *ders.*, Prinzipien des Kündigungsrechts, S. 305 ff.; *Borrmann*, Das Arbeitsrecht der Gegenwart 1986, Bd. 24, 71 (84 ff.); vgl. auch *Colneric*, Arbeitsrechtlicher Gesprächskreis der Otto Brenner Stiftung, 1998, S. 32 ff.
[595] *U. Preis*, NZA 1995, 241 (248).

verlust bei rentabilitätsneutralen bzw. kostenneutralen Umstrukturierungen geschützt sei.

I) Entwicklung und Inhalt der Dringlichkeitsprüfung

Die Dringlichkeitsprüfung ist keine neuartige Erscheinung. Schon seit dem Inkrafttreten des KSchG wurde die Ansicht vertreten, unternehmerische Entscheidungen müssten auf ihre wirtschaftliche Dringlichkeit hin überprüft werden. Die damalige Dringlichkeitsprüfung war jedoch noch geprägt von der oben dargestellten Interessenabwägung. Sie begann allerdings die Frage in den Vordergrund zu stellen, ob die wirtschaftliche Situation des Unternehmens die Kündigungen der Arbeitnehmer tatsächlich erfordere[596].
So sollte der Unternehmer nach *Diekhoff* seine Dispositionen auch an dem Interesse des Arbeitnehmers an der Erhaltung seines Arbeitsplatzes ausrichten. Darüber hinaus war er der Ansicht, dass ein betrieblich nicht notwendiger Entschluss eine Kündigung nicht betrieblich erforderlich machen könne[597].
Molitor forderte, dass sich bei Rationalisierungen die Lage des Betriebs so wesentlich verbessern müsse, dass demgegenüber die Folgen für die zu kündigenden Arbeitnehmer nicht ins Gewicht fallen würden. Dabei solle nicht nur auf die Höhe der betrieblichen Vorteile, sondern auch darauf abgestellt werden, ob diese Vorteile hinsichtlich der wirtschaftlichen Situation des Betriebs erreicht werden müssten, z.B. um die Konkurrenzfähigkeit zu erhalten[598].
Auch *Wolter*[599] trat für eine Überprüfung der Notwendigkeit von Rationalisierungsmaßnahmen ein. Dies sei nach seiner Ansicht unverzichtbar. Die Notwendigkeit einer Kündigung müsse durch eine Abwägung von wirtschaftlicher Dringlichkeit und sozialen Folgen überprüft werden.

Die Verselbständigung der Dringlichkeitsprüfung aus der Interessenabwägung heraus begann mit der Veröffentlichung von *Borrmann*[600]. Nach ihr sei nicht nur eine betriebsorganisatorische, sondern auch eine Untersuchung der wirtschaftlichen Vertretbarkeit der weiteren Beschäftigung des an seinem Arbeitsplatz nicht mehr benötigten Arbeitnehmers erforderlich. Dabei unterscheidet *Borrmann* zwischen wirtschaftlich notleidenden und wirtschaftlich gut florierenden Unternehmen[601].

---

596 *Molitor*, BB 1953, 34 (35); *Diekhoff*, AuR 1957, 197 (198); *Joachim*, BB 1954, 1114 (1116).
597 *Diekhoff*, AuR 1957, 197 (198).
598 *Molitor*, BB 1953, 34 (35).
599 *Wolter*, Der Schutz des Arbeitnehmers vor betriebsbedingten Kündigungen, S. 168 ff.
600 *Borrmann*, Das Arbeitsrecht der Gegenwart 1986, Bd. 24, 71 (84 ff.).
601 *Borrmann*, Das Arbeitsrecht der Gegenwart 1986, Bd. 24, 71 (84 f.).

Entlasse ein wirtschaftlich notleidendes Unternehmen einen Arbeitnehmer, für den eine Beschäftigungsmöglichkeit nicht mehr gegeben sei, so sei die objektive Notwendigkeit der Entlassung so evident, dass demgegenüber auch noch so gewichtige Arbeitnehmerinteressen nicht ausschlaggebend sein könnten. Gleiches gelte auch für einen Betrieb, der aus wirtschaftlicher Sicht einen weiteren Gewinnverfall nicht tragen könne, und sich deshalb dazu entschließe, durch Entlassungen die Kostenlast zu senken[602].
Entschließe sich hingegen ein wirtschaftlich florierendes Unternehmen, eine Personalreduzierung vorzunehmen, könne nach *Borrmann* die Verpflichtung zur vorübergehenden Weiterbeschäftigung eines Mitarbeiters mit erheblichem sozialen Besitzstand unter Umständen zumutbar sein, etwa wenn abzusehen sei, dass ein anderer, vergleichbarer Arbeitsplatz in überschaubarer Zeit frei würde. In einem solchen Fall sei die Kündigung objektiv auch dann nicht notwendig, wenn ein Bedarf für die Arbeitsleistung in bisherigem Umfang nicht bestehe. Dass der Arbeitgeber die Unternehmensführung in dieser Zeit nicht in der ihm optimal erscheinenden Weise durchführen könne, müsse unter Berücksichtigung der Wertentscheidung des Kündigungsschutzgesetzes hingenommen werden[603]. Sozial gerechtfertigt sei nur die aus dringenden betrieblichen Gründen erforderliche Kündigung, nicht aber schon die vom Unternehmer aus betrieblichen Motiven gewollte Entlassung[604].
Nach *Borrmann* müsse somit, wenn dem Betrieb unter Berücksichtigung der wirtschaftlichen Gegebenheiten eine schonendere Behandlung des Mitarbeiters zumutbar sei, im Einzelfall das Interesse des Arbeitnehmers an der Aufrechterhaltung seines Beschäftigungsverhältnisses gegenüber dem Interesse des Arbeitgebers an der Beendigung überwiegen[605].

Eine Weiterentwicklung der Dringlichkeitsprüfung hat durch *U. Preis* stattgefunden. Nach *U. Preis* fordere das Merkmal der Dringlichkeit, dass einer betriebsbedingten Kündigung ein „triftiges Rentabilitätsinteresse“ zugrunde liegen müsse[606].

---

602 *Borrmann*, Das Arbeitsrecht der Gegenwart 1986, Bd. 24, 71 (84).
603 *Borrmann*, Das Arbeitsrecht der Gegenwart 1986, Bd. 24, 71 (85).
604 *Borrmann*, Das Arbeitsrecht der Gegenwart 1986, Bd. 24, 71 (85).
605 *Borrmann*, Das Arbeitsrecht der Gegenwart 1986, Bd. 24, 71 (86).
606 *U. Preis*, NZA 1995, 241 (248 ff.); auch *Colneric*, Arbeitsrechtlicher Gesprächskreis der Otto Brenner Stiftung, 1998, S. 32 ff., fordert in einigen Fällen die Darlegung eines triftigen unternehmerischen Interesses. So müsse z.B. ein Arbeitgeber, der eine Produktionslinie stilllegen wolle, Umstände darlegen, die ein triftiges unternehmerisches Interesse hierfür begründen könnten, damit die Dringlichkeit dieser Maßnahme bejaht werden könne (S. 36). Auch die bloße Behauptung, man habe sich entschlossen, den Personalschlüssel zu ändern, könne eine Kündigung nicht rechtfertigen. Auch das Argument der Kostenersparnis könne kein dringendes betriebliches Erfordernis begründen. Es müssten andere besondere Umstände hinzutreten (S. 37); vgl. auch *Otto*, Arbeitsrecht, Rdnr. 274, nach dem dem Arbeitgeber die schlich-

Die entscheidende Frage sei dabei, ob der Kündigungsgrund triftig genug sei, um ein *dringendes* betriebliches Erfordernis verursachen zu können. Es bedürfe nicht einer umfassenden Abwägung von Arbeitgeber- und Arbeitnehmerinteressen[607]. Für die Annahme eines betriebsbedingten Kündigungsgrundes sei weder entscheidend, wie lange das Arbeitsverhältnis bestanden habe noch wie sehr der Arbeitnehmer auf den Arbeitsplatz angewiesen sei. Diese Fragen seien durch das Gesetz auf die Ebene der Sozialauswahl verlagert worden[608].
Der Gesetzgeber habe durch das Merkmal der Dringlichkeit einen Bewertungsfaktor in § 1 Abs. 2 Satz 1 KSchG eingefügt, der das erforderliche Gewicht des Betriebserfordernisses bestimme[609]. Nur wenn das Erfordernis sich als dringend erweise, sei eine Legitimation der betriebsbedingten Kündigung möglich.
Kraft unternehmerischer Entscheidungsfreiheit stehe es dem Arbeitgeber frei, arbeitskräftesparende Umorganisationen seines Betriebs vorzunehmen, um eine höhere Rendite zu erzielen. Davon müsse aber die Frage unterschieden werden, ob der hierdurch verursachte Arbeitsplatzwegfall auch als *dringendes* betriebliches Erfordernis angesehen werden könne.
Bei einem Unternehmen, das verlustträchtig arbeite, seien kostensparende Personalreduzierungen stets dringend. Ein wirtschaftlich florierendes Unternehmen müsse dagegen darlegen, dass die personalreduzierende Maßnahme im Interesse der Erhaltung der Ertragsfähigkeit notwendig sei[610]. Nicht die Gewinnmaximierung, sondern die Verhinderung weiteren Gewinnverfalls legitimiere die betriebsbedingte Kündigung[611].

Von dieser strengen Sichtweise hat *U. Preis* allerdings mittlerweile ein wenig Abstand genommen. Es sollen nun auch dringende betriebliche Erfordernisse *nicht wirtschaftlicher Art* triftige Kündigungsgründe darstellen können, die sich häufig als lediglich rentabilitätsneutral erweisen würden[612].
Darüber hinaus ist sich *U. Preis* bewusst, dass der Unternehmer mit einer ausreichenden, richtigen Begründung praktisch jedes unternehmerische Konzept durchsetzen könne. Er habe es weitgehend in der Hand, den „überprüfbaren Datenkranz"[613] selbst zu setzen. Eine nachvollziehbare, betrieblich-organisatorisch umgesetzte Unternehmerentscheidung sei damit in aller Regel dringend

---

te Personalreduzierung erlaubt sein solle, wenn die Kostenersparnis nicht so geringfügig sei, dass von einem dringenden betrieblichen Interesse nicht mehr gesprochen werden könne.

[607] *U. Preis*, Prinzipien des Kündigungsrechts, S. 305 ff.; *ders.*, NZA 1995, 241 (248).

[608] *U. Preis*, Prinzipien des Kündigungsrechts, S. 307.

[609] *U. Preis*, Prinzipien des Kündigungsrechts, S. 248, 305 ff.; *ders.*, NZA 1995, 241 (248).

[610] *U. Preis*, NZA 1995, 241 (248 ff.); *Stahlhacke/Preis*, Kündigung und Kündigungsschutz, Rdnr. 658.

[611] *Stahlhacke/Preis*, Kündigung und Kündigungsschutz, Rdnr. 658.

[612] *U. Preis*, NZA 1995, 241 (250).

[613] Vgl. *Herschel*, Anm. zum Urteil des BAG vom 07.03.1980, EzA § 1 KSchG Betriebsbedingte Kündigung Nr. 14.

i.S. des § 1 Abs. 2 KSchG[614]. Die Bedeutung und der Sinn der Dringlichkeitsprüfung scheinen danach selbst nach *U. Preis* nicht mehr ganz so klar.

II) Dringlichkeitsprüfung in jüngerer Zeit

Allerdings wird auch in jüngerer Zeit erneut für eine Dringlichkeitsprüfung plädiert. So zieht insbesondere *Quecke*[615] wieder eine Dringlichkeitsprüfung unternehmerischer Entscheidungen in Erwägung. Die Dringlichkeit sei seiner Ansicht nach ausschließlich aus der Kostenbelastung des Arbeitgebers herzuleiten. Deshalb sei es nur folgerichtig, in diesem Zusammenhang auch dessen wirtschaftliche Lage zu berücksichtigen. Treffe nun ein florierendes Großunternehmen, das stets mit Gewinnen gesegnet gewesen sei, allein zur weiteren Steigerung seines shareholder value leistungsverdichtende organisatorische Maßnahmen, falle es nach *Quecke* schwer, in dem daraus resultierenden Personalüberhang ein dringendes betriebliches Erfordernis zu sehen[616].
Auch nach *Stein*[617] dränge sich eine Berücksichtigung der wirtschaftlichen Dringlichkeit auf. Einem Betrieb mit überdurchschnittlicher Kapitalrendite sei es z.B. eher zuzumuten, die natürliche Personalfluktuation auszunutzen, als einem Betrieb in der Krise. Zudem sollte nach *Stein* ein Konsens auch dahingehend erzielbar sein, extremes Gewinnstreben nicht als dringend i.S.v. § 1 Abs. 2 Satz 1 KSchG anzuerkennen.
Des Weiteren macht *B. Preis*[618] den Vorschlag, bloße Veränderungen der Arbeitsorganisation unterhalb der Qualität einer Betriebsänderung einer Prüfung auf ihre wirtschaftliche Notwendigkeit zu unterziehen. Gleichzeitig verweist er aber auch auf die damit verbundenen Abgrenzungsschwierigkeiten. Er sieht deshalb Kritik bei den richterlichen Praktikern vorprogrammiert.
Auch *Annuß* scheint dem Merkmal der Dringlichkeit weitergehende Bedeutung beizumessen. In seiner Besprechung des Urteils des BAG vom 26.09.2002 kritisiert *Annuß*, dass dem Tatbestandsmerkmal der Dringlichkeit durch die Rechtsprechung des BAG seine eigenständige Bedeutung genommen werde. Solle die Dringlichkeit nach ständiger Rechtsprechung des BAG immer dann vorliegen, wenn es dem Arbeitgeber nicht möglich sei, der betrieblichen Lage durch andere Maßnahmen auf technischem, organisatorischem oder wirtschaftlichem Gebiet als durch eine Kündigung zu entsprechen, werde sie letztlich zur Disposition des Unternehmers gestellt. Nehme man nämlich die Entscheidung des Arbeitgebers über die Gestaltung seiner Betriebsorganisation als Datum hin, so ergebe sich

[614] *U. Preis*, NZA 1995, 241 (250).
[615] *Quecke*, NZA 1999, 1247 (1251).
[616] *Quecke*, NZA 1999, 1247 (1251).
[617] *Stein*, KJ 2001, 282 (297).
[618] *B. Preis*, DB 2000, 1122 (1125); so auch *Stein*, KJ 2001, 282 (293).

bereits aus dem Umstand, dass sie nur durch den Ausspruch von Beendigungskündigungen realisiert werden könne, die Dringlichkeit des betrieblichen Erfordernisses. Auch erweise sich die Frage nach der Möglichkeit, der betrieblichen Lage durch andere Maßnahmen als durch eine Kündigung zu entsprechen, als irreführend. Denn wenn der Unternehmer sich dazu entschlossen habe, seine Belegschaft zu verkleinern, so könne das nur durch die Entlassung einer entsprechenden Zahl von Arbeitnehmern umgesetzt werden[619].

III) Kritik

Zunächst ist den Vertretern der Dringlichkeitsprüfung zugute zu halten, dass es scheint, als habe auch das BAG in seiner Entscheidung vom 30.04.1987[620] eine Art Dringlichkeitsprüfung vorgenommen. Zwar hat das BAG in dieser Entscheidung sowohl hervorgehoben, dass unternehmerische Entscheidungen von einer Gerichtskontrolle freizuhalten seien, als auch dass eine Interessenabwägung unzulässig sei. Doch hat es demgegenüber die unternehmerische Entscheidung, einen Reinigungsbetrieb aufzulösen und an eine andere Firma fremd zu vergeben, nur deshalb für nicht unwirksam erklärt, weil mit der Fremdvergabe eine wesentliche Kostenersparnis verbunden war. Diese Entscheidung deutet darauf hin, dass das BAG einer Dringlichkeitsprüfung nicht ablehnend gegenüber stand.
Dieser Verdacht wurde jedoch durch die Entscheidung des BAG vom 09.05.1996[621] entkräftigt. Dort hatte das BAG entschieden, dass der Nachweis eines nicht bestehenden Verlustes allein keinesfalls für die Annahme einer missbräuchlichen Unternehmerentscheidung ausreiche.

Gegen die Dringlichkeitsprüfung spricht zudem, dass sie den Wortlaut des § 1 Abs. 2 Satz 1 KSchG missachtet. Dem Wortlaut des § 1 Abs. 2 Satz 1 KSchG ist zu entnehmen, dass nicht die unternehmerische Entscheidung dringend sein muss, sondern die betrieblichen Erfordernisse dieses Kriterium erfüllen müssen. Damit ist nicht die unternehmerische Entscheidung auf ihrer Dringlichkeit hin zu untersuchen, sondern es ist zu prüfen, ob die aus ihr resultierenden betrieblichen Erfordernisse als dringend anzusehen sind.

Ferner stellt die Dringlichkeitsprüfung einen massiven Eingriff in die unternehmerische Entscheidungsfreiheit dar. Zwar geben die Vertreter der Dringlichkeitsprüfung vor, die unternehmerische Entscheidungsfreiheit unberührt zu las-

---

[619] Vgl. *Annuß*, NZA 2003, 783 (784 f.).
[620] Urteil des BAG vom 30.04.1987, AP Nr. 42 zu § 1 KSchG 1969 Betriebsbedingte Kündigung.
[621] Urteil des BAG vom 09.05.1996, AP Nr. 79 zu § 1 KSchG 1969 Betriebsbedingte Kündigung.

sen, indem sie sagen, es stehe dem Arbeitgeber frei, arbeitskräftesparende Maßnahmen in seinem Betrieb vorzunehmen. Diese Freiheit wird jedoch dadurch wieder eingeschränkt, indem die Dringlichkeitsprüfung vorschreibt, dass diese Maßnahmen nur dann Wirkung entfalten könnten, wenn ihnen triftige wirtschaftliche Gründe zugrunde lägen. Der Unternehmer kann somit ohne ein triftiges Rentabilitätsinteresse keine arbeitsplatzeinsparenden Umstrukturierungen vornehmen. Die Dringlichkeitsprüfung macht die Wirksamkeit unternehmerischer Entscheidungen somit von bestimmten zugrunde liegenden Umständen bzw. Interessen abhängig. Dies führt dazu, dass ein Unternehmer, der nicht in der Lage ist, diese Interessen darzulegen, einen Arbeitnehmer nicht entlassen kann, obwohl sein Arbeitsplatz weggefallen ist. Dies bedeutet eine Blockade unternehmerischer Entscheidungsfreiheit. Der Unternehmer würde den Arbeitnehmer dann nicht aufgrund von zu bewältigender Arbeit beschäftigen, sondern müsste für den Arbeitnehmer vielmehr Arbeit erschaffen. Dies würde dem Phänomen des „Heizers auf der E-Lock“ entsprechen. Ein solches Ergebnis ist nicht tragbar.

Darüber hinaus läuft die Dringlichkeitsprüfung im Ergebnis auf die Überprüfung unternehmerischer Entscheidungen auf deren Notwendigkeit bzw. Zweckmäßigkeit hinaus. Es wird auf den Anlass der unternehmerischen Entscheidung abgestellt und überprüft, ob dieser Anlass die getroffene Maßnahme erforderlich gemacht hat. Die Gerichte hätten somit unternehmerische Entscheidungen auf ihre Zweckmäßigkeits- bzw. Notwendigkeitskriterien hin zu überprüfen. Sie müssten entscheiden, ob tatsächlich wirtschaftlich einleuchtende Gründe vorliegen, die den Unternehmer zu seiner Entscheidung veranlasst haben. Die unternehmerische Entscheidungsfreiheit würde missachtet werden.
Des Weiteren entsteht bei der Anwendung der Dringlichkeitsprüfung das Problem, dass nicht genau bestimmt werden kann, wann eine unternehmerische Maßnahme lediglich der Kostenersparnis dient. Es ist der Fall vorstellbar, dass eine unternehmerische Maßnahme in erster Linie zu einer nicht unwesentlichen Kostenersparnis führt, aber zugleich auch der Gewinnmaximierung eines Unternehmens dient[622].
Dieses Problem ist auch von *U. Preis* gesehen worden. Seiner Meinung nach sei es zulässig, wenn die Unternehmerentscheidung in erster Linie aufgrund der fehlenden Rentabilität eines Arbeitsplatzes oder einer Arbeitsplatzgruppe erfolge, zugleich aber die Gesamtrentabilität des Betriebs verbessere und damit eine Gewinnsteigerung erzielt werde[623]. Es bleibe aber erforderlich, diese Umstände im Arbeitsgerichtsverfahren zu überprüfen. Der Arbeitgeber werde mit seiner Unternehmerentscheidung nicht erfolgreich sein können, wenn er nicht plausibel

[622] Dies wird auch von den Vertretern der Dringlichkeitsprüfung nicht bestritten, vgl. *U. Preis*, NZA 1995, 241 (249).
[623] *U. Preis*, NZA 1995, 241 (249).

darlegen könne, dass der konkrete Arbeitsplatz weggefallen und die Einsparung aus Rentabilitätsgründen, sprich zur wesentlichen Kostenersparnis, notwendig gewesen sei[624].

Es bleibt aber die Frage, wann überhaupt von einer solchen wesentlichen Kostenersparnis auszugehen ist. Darüber hinaus fehlen auch konkrete Angaben, wann die Grenze zulässiger Gewinnmaximierung überschritten sein soll. Dazu wird von den Vertretern der Dringlichkeitsprüfung nichts vorgetragen. Diese Angaben, zumindest aber gewisse Rahmendaten, sind jedoch erforderlich, um die Rechtssicherheit eines Prozesses zu garantieren. Das Fehlen zumindest gewisser Rahmendaten verstärkt somit die ohnehin bei der Überprüfung betriebsbedingter Kündigungen vorhandene Rechtsunsicherheit hin zu einem unerträglichen Maß.

Neben diesem Problem ist der Dringlichkeitsprüfung darüber hinaus vorzuwerfen, dass sie die Augen vor der wirtschaftlichen Realität verschließt. In der Markwirtschaft muss sich der Unternehmer stets den Veränderungen des Marktes anpassen. Er steht in ständigem Wettbewerb mit anderen Anbietern. Somit ist er gezwungen, wenn er diesen Wettbewerb nicht verlieren will, sein Unternehmen marktfähig zu halten. Um dies verwirklichen zu können, sind i.d.R. Maßnahmen notwendig, die über die reine Verhinderung von Gewinnverfall hinausgehen bzw. nicht nur einer wesentlichen Kostenersparnis dienen. Die Dringlichkeitsprüfung gibt dem Unternehmer einen personalpolitischen Anpassungsrahmen vor, der den wirtschaftlichen Vorgängen nicht gerecht wird.
Zudem verkennt die Dringlichkeitsprüfung, dass der Wille zur Gewinnerwirtschaftung die Triebfeder jeder marktwirtschaftlichen Betätigung ist. Diesem Willen steht die Verhinderung von Kündigungen zur Gewinnsteigerung entgegen. Wenn dem Unternehmer aber die Chancen zur Gewinnerzielung genommen bzw. beschränkt werden, wird bei diesem die Bereitschaft zur Unternehmensführung abnehmen. Dies hätte eine negative Konsequenz für die Beschäftigungsmöglichkeit der Arbeitnehmer. Dies kann nicht gewollt sein. Die Dringlichkeitsprüfung verhindert die Funktionsfähigkeit der Marktwirtschaft in erheblichem Maße.

Darüber hinaus ist der Dringlichkeitsprüfung vorzuwerfen, dass sie im Grunde eine Art Interessenabwägung vornimmt, deren Zulässigkeit bereits oben bestritten worden ist[625].
Anhand der Dringlichkeitsprüfung wird untersucht, ob das Interesse des Arbeitgebers an einer Kündigung aufgrund der wirtschaftlichen Lage so schwer wiegt, dass es die negativen Folgen für die Arbeitnehmer rechtfertigen kann. Schon bei

[624] *U. Preis*, NZA 1995, 241 (249).
[625] Vgl. oben unter Kap. 5 C).

der Interessenabwägung wurde ähnlich vorgegangen. Dort wurde dem Interesse des Arbeitnehmers an der Erhaltung seines Arbeitsplatzes solch ein Gewicht beigemessen, dass nur ein überwiegendes Interesse des Arbeitgebers die Kündigung rechtfertigen konnte.

Insbesondere in den ersten Stellungnahmen zur Dringlichkeitsprüfung wird diese kaum von der Interessenabwägung unterschieden[626]. Auch *Wolter* lehnt sich offen an eine Interessenabwägung an, wenn er fordert, dass die Notwendigkeit einer Kündigung anhand einer Abwägung von wirtschaftlicher Dringlichkeit und sozialen Folgen überprüft werden müsse[627].

Auch nach *Borrmann*[628] sollten bei der Überprüfung der Dringlichkeit einer Entlassung einschließlich der wirtschaftlichen Belastbarkeit des Betriebs alle für die Streitentscheidung maßgeblichen Interessen berücksichtigt werden. Für eine nochmalige Interessenabwägung sei dann kein Raum. Durch diese Aussage und insbesondere durch den Hinweis, dass für eine *nochmalige* Interessenabwägung kein Raum sei, wird deutlich, dass auch *Borrmann* die Dringlichkeitsprüfung als eine Art Interessenabwägung versteht, die Dringlichkeitsprüfung die Interessenabwägung sogar ersetzt.

U. Preis ist – zumindest vordergründig – der Ansicht, dass § 1 Abs. 2 KSchG eine umfassende Interessenabwägung verbiete. Das Kündigungsschutzgesetz habe mit dem Merkmal der Dringlichkeit einen Bewertungsfaktor herausgehoben. Damit habe der Gesetzgeber auf das notwendige Gewicht des Betriebserfordernisses zur Legitimation der Kündigung hinweisen wollen. Somit liege bereits eine gesetzliche Interessenbewertung vor. Für die Annahme eines Kündigungsgrundes sei es deshalb weder entscheidend, wie lange das Arbeitsverhältnis bestehe, noch wie sehr der Arbeitnehmer auf seinen Arbeitsplatz angewiesen sei. Die Dringlichkeit des Arbeitnehmerinteresses sei unbeachtlich[629]. Demgegenüber solle nach *U. Preis* vielmehr auf das Gewicht des Arbeitgeberinteresses abgestellt werden.

Tatsächlich führt aber auch *U. Preis* eine verdeckte Interessenabwägung durch. Er wägt zwar nicht offen die Interessen von Arbeitnehmern und Arbeitgebern ab. Innerhalb der Dringlichkeitsprüfung lässt er das Interesse des Arbeitnehmers aber nicht unberücksichtigt. Im Gegenteil er misst dem Interesse des Arbeitnehmers an der Erhaltung seines Arbeitsplatzes so ein Gewicht bei, dass nur ein überwiegendes Interesse des Arbeitgebers an der Beendigung des Arbeitsverhältnisses das Bestandsinteresse des Arbeitnehmers zurückdrängen kann. Der Arbeitgeber muss ein triftiges Rentabilitätsinteresse vorweisen können. Nur wenn das Arbeitgeberinteresse dringender Natur ist, kann es gegenüber dem Arbeitnehmerinteresse bestehen. Damit wird dem Arbeitnehmerinteresse von

---

[626] *Molitor*, BB 1953, 34 ff.; *Joachim*, BB 1954, 1114 ff.; *Diekhoff*, AuR 1957, 197 ff.
[627] *Wolter*, Der Schutz des Arbeitnehmers vor betriebsbedingter Kündigung, S. 168 ff.
[628] *Borrmann*, Das Arbeitsrecht der Gegenwart 1986, Bd. 24, 71 (86).
[629] *U. Preis*, NZA 1995, 241 (248).

vornherein eine gehobene Stellung beigemessen, das nur durch besondere, weil dringende Interessen des Arbeitgebers beschränkt werden kann[630]. Damit nimmt *U. Preis* eine Interessenabwägung unter dem Deckmantel der Dringlichkeitsprüfung vor.

IV) Ergebnis

Im Ergebnis ist damit eine Dringlichkeitsprüfung abzulehnen. Sie ist insbesondere nicht mit dem Grundsatz unternehmerischer Entscheidungsfreiheit vereinbar. Die rechtliche Anerkennung unternehmerischer Maßnahmen wird von einer Dringlichkeit unternehmerischen Handelns abhängig gemacht. Dies führt zu einer gerichtlichen Kontrolle unternehmerischer Entscheidungen auf ihre Zweckmäßigkeit bzw. Notwendigkeit. Diese gerichtliche Kontrolle kann die Konsequenz haben, dass unternehmerische Entscheidungen korrigiert oder ganz blockiert werden. Somit ist der Unternehmer der Gefahr ausgesetzt, sein Unternehmen nicht nach seinen Vorstellungen leiten zu können. Im Extremfall kann die Dringlichkeitsprüfung zum Verlust der Marktfähigkeit führen. Zudem steht die Dringlichkeitsprüfung im Widerspruch zur marktwirtschaftlichen Realität, die durch das Streben nach Gewinn geprägt ist. Des Weiteren stellt die Dringlichkeitsprüfung eine verdeckte Interessenabwägung dar und ist darüber hinaus nicht mit dem Wortlaut des § 1 Abs. 2 Satz 1 KSchG vereinbar.

F) Sachlichkeitsprüfung

Neben der Dringlichkeitsprüfung wird im Schrifttum auch vorgeschlagen, Unternehmerentscheidungen einer sogenannten Sachlichkeitsprüfung zu unterziehen. Entwickelt wurde diese Sachlichkeitsprüfung von *Ascheid*[631].

I) Inhalt der Sachlichkeitsprüfung

Die Sachlichkeitsprüfung stellt im Gegensatz zur Dringlichkeitsprüfung nicht darauf ab, ob die unternehmerische Entscheidung dringend war, sprich, ob ihr ein triftiges Rentabilitätsinteresse zugrunde lag. Vielmehr solle der Unternehmer

---

[630] Nach *Alp*, Die Berücksichtigung der unternehmerischen Entscheidungsfreiheit, S. 174, nehme U. Preis damit eine Verabsolutierung des allgemeinen wirtschaftlichen Interesses eines jeden Arbeitnehmers an der Erhaltung seines Arbeitsplatzes vor.

[631] *Ascheid*, DB 1987, 1144; *ders.*, NZA 1991, 873; *ders.*, Kündigungsschutzrecht, Rdnr. 239 ff.

subjektiv bestimmen, was unternehmerisch erforderlich sei[632]. Der Arbeitgeber als Unternehmer bestimme, was und wie viel produziert werde. Hinsichtlich des „Was“ und des „Wie viel“ könne er sich an die vorhandene Auftragslage binden (selbstbindende Unternehmerentscheidung) oder völlig frei gestaltend eine Entscheidung treffen (gestaltende Unternehmerentscheidung)[633]. Damit respektiert die Sachlichkeitsprüfung grundsätzlich die Freiheit unternehmerischer Entscheidungen.

Die Gerichtskontrollfreiheit betreffe jedoch nicht die Umsetzung von Unternehmerentscheidungen. Diese sei unter dem Gesichtspunkt der Sachlichkeit voll überprüfbar[634]. Was betrieblich erforderlich sei, müsse unter Beachtung der subjektiven unternehmerischen Erwägungen und Umsetzungen nach objektiven Kriterien bestimmt werden[635]. Bei dem „Wie“ der Produktion ergäben sich somit innerbetriebliche Bindungen[636]. Eine sogenannte freie Unternehmerentscheidung sei demnach in den Bereichen ausgeschlossen, in denen der Unternehmer gesetzlich oder vertraglich in seiner Freiheit gebunden sei. Hier unterliege sein unternehmerisches Handeln nicht nur einer Missbrauchskontrolle, sondern zugleich auch einer Gesetzes- oder Vertragskontrolle[637]. Diese innerbetrieblichen Bindungen bezeichnet *Ascheid* auch als Betriebs- und Vertragsfaktoren[638].

Die Betriebsfaktoren sollen die Gesetze (z.B. das Arbeitszeitgesetz), die Tarifverträge und die Betriebsvereinbarungen umfassen[639]. Sie sollen die Betriebsorganisation im Hinblick auf die Produktionsmittel (Handarbeit, Maschineneinsatz), die Fertigungsmethoden (z.B. Fließband) oder den personellen Einsatz (Fach oder Hilfsarbeiter, Zeitarbeit oder Akkordarbeit, Einschichtbetrieb oder Mehrschichtbetrieb, u.ä.) bestimmen[640].
So sei der Unternehmer bei der Festlegung der Einsatzorganisation insofern nicht frei, als dass er Gesetze, Tarifverträge und Betriebsvereinbarungen beachten müsse. Ein Unternehmer könne deshalb eine benötigte Arbeitnehmeranzahl nicht danach ermitteln, indem er organisatorisch von einer 60-Stunden-Woche ausgehe. In einem solchen Fall lege er eine unsachliche Unternehmerentscheidung zugrunde, weil er sich bei der Umsetzung seiner Organisationsvorstellung rechtswidrig verhalte (§ 3 ArbZG). Zudem könne der Unternehmer unter Be-

---

[632] *Ascheid*, Kündigungsschutzrecht, Rdnr. 234.
[633] *Ascheid*, NZA 1991, 873 (876).
[634] *Ascheid*, Kündigungsschutzrecht, Rdnr. 258, 290.
[635] *Ascheid*, Kündigungsschutzrecht, Rdnr. 234.
[636] *Ascheid*, NZA 1991, 873 (877).
[637] *Ascheid*, DB 1987, 1144 (1146).
[638] *Ascheid*, NZA 1991, 873 (877); *ders.*, Kündigungsschutzrecht, Rdnr. 243 ff., 254 ff.
[639] *Ascheid*, NZA 1991, 873 (877).
[640] *Ascheid*, DB 1987, 1144 (1145).

rufung auf einen solchen Organisationsplans nicht dartun, dass sich durch eine solche Art der Erledigung der Auftragsmenge ein Arbeitsüberhang ergebe[641].
Die Vertragsfaktoren sind hingegen die zu berücksichtigenden Arbeitsvertragsinhalte und die Inhalte der Kundenverträge[642].
Missachte der Unternehmer die Betriebs- bzw. Vertragsfaktoren, handle er im Sinne der Sachlichkeitsprüfung unsachlich.

Zum besseren Verständnis der Sachlichkeitsprüfung führt *Ascheid* einen Beispielsfall an[643]:
Ein Konditor beschäftigt in seinem Café mit 100 Tischen, die regelmäßig besetzt sind, zehn Serviererinnen. Er entschließt sich, die Stellen seiner Serviererinnen auf fünf zu verringern. Dies solle nach *Ascheid* nur dann eine hinzunehmende freie Unternehmerentscheidung sein, wenn der Konditor gleichzeitig die zu erledigende Auftragsmenge so verringere, dass diese mit den noch verbleibenden fünf Serviererinnen zu bewältigen sei. Dies wäre sicher dargelegt, wenn der Konditor die Hälfte der Tische aus dem Café entfernen würde. Das Gericht habe in solchen Fällen darauf zu achten, ob die vorhandene oder vorgesehene Auftragsmenge tatsächlich mit der verbleibenden Arbeitnehmerzahl erledigt werden könne.

Dieser Beispielsfall macht die eigentliche Zielsetzung der Sachlichkeitsprüfung deutlich. Sie soll in erster Linie dazu dienen, den Wegfall einer Beschäftigungsmöglichkeit, der im Zuge der Umsetzung einer Unternehmerentscheidung eingetreten ist, möglichst objektiv überprüfen zu können.
Eine Beschäftigungsmöglichkeit gelte nur dann als entfallen, wenn die zu bewältigende Arbeitsmenge infolge der Umsetzung der Unternehmerentscheidung geringer sei als die Zahl der zu ihrer Erledigung verpflichteten Arbeitnehmer. Dies bedeute, dass nach der Umsetzung der Unternehmerentscheidung noch so viel Personal vorhanden sein müsse, dass die anfallende Arbeitsmenge bewältigt werden könne, ohne gegen Vertrag oder Gesetz zu verstoßen. Sei dies nicht der Fall, müsse die Entscheidung des Unternehmers als unsachlich eingestuft werden.

II) Kritik

Zunächst ist fraglich, ob die Sachlichkeitsprüfung mit dem Grundsatz unternehmerischer Entscheidungsfreiheit zu vereinbaren ist. Allein der Begriff der Sach-

[641] *Ascheid*, DB 1987, 1144 (1146).
[642] *Ascheid*, NZA 1991, 873 (877); *ders.*, Kündigungsschutzrecht, Rdnr. 243 ff.
[643] *Ascheid*, DB 1987, 1144 (1146).

lichkeitsprüfung könnte einen gegenteiligen Eindruck vermitteln und den Verdacht einer Notwendigkeits- bzw. Zweckmäßigkeitskontrolle nahe legen.

So bezweifelt etwa *Alp* die Vereinbarkeit der Sachlichkeitsprüfung mit dem Grundsatz der freien unternehmerischen Entscheidung[644]. Seiner Ansicht nach weise die Sachlichkeitsprüfung eine gewisse Nähe zur Zweckmäßigkeitskontrolle unternehmerischer Entscheidungen auf. Soweit es darum gehe, wie im Betrieb produziert und insbesondere mit wie vielen Arbeitnehmern produziert werden solle, versage *Ascheid* dem Unternehmer die Entscheidungsfreiheit. Das Gericht solle entscheiden, wie im Betrieb produziert werde und insbesondere wie viele Arbeitnehmer beschäftigt werden müssten. Damit kontrolliere die Sachlichkeitsprüfung in den Augen *Alps* die Richtigkeit unternehmerischer Entscheidungen[645]. Dies könne dazu führen, dass die Gerichte die Entscheidung des Unternehmers als „falsch" oder „unzweckmäßig" beurteilten[646]. Dies hätte wiederum zur Folge, dass die Gerichte dem Unternehmer im Endeffekt eine bessere betriebliche Organisation vorschreiben könnten[647]. Damit verkenne die Sachlichkeitsprüfung die Rolle des Unternehmers als dispositiven Produktionsfaktor[648].

Dem ist jedoch entgegenzuhalten, dass die Sachlichkeitsprüfung nicht dazu dient, die unternehmerische Entscheidungsfreiheit in Frage zu stellen. Diese soll vielmehr unangetastet bleiben. Das wird von *Ascheid* auch ausdrücklich betont[649].
Die Sachlichkeitsprüfung will anhand objektiver Kriterien überprüfen, welcher Arbeitsbestand nach Umsetzung der Unternehmerentscheidung besteht und ob dieser Bestand unter Berücksichtigung der Betriebs- und Vertragsfaktoren mit der noch verbleibenden Arbeitnehmerzahl bewältigt werden kann. Ist dies nicht der Fall, fordert *Ascheid* eine Anpassung des Personalbestandes an die nach der Umsetzung vorhandene Arbeitsmenge. Er will damit aber dem Unternehmer keine bessere betriebliche Organisation vorschreiben. Die unternehmerische Entscheidung, die zur Personalreduzierung führt, soll vielmehr unangetastet bleiben.

---

644 *Alp*, Die Berücksichtigung der unternehmerischen Entscheidungsfreiheit, S. 184 ff.; Kritik an der Sichtweise Ascheids äußert auch *Stahlhacke*, DB 1994, 1361 (1363 f.).
645 *Alp*, a.a.O., S. 184.
646 *Alp*, a.a.O., S. 187.
647 *Alp*, a.a.O., S. 187.
648 *Alp*, a.a.O., S. 187.
649 *Ascheid*, DB 1987, 1144 (1146); *ders.*, NZA 1991, 873 (876 f.); *ders.*, Kündigungsschutzrecht, Rdnr. 289.

Die Sachlichkeitsprüfung ist damit lediglich auf eine objektive Überprüfung der Umsetzung der Unternehmerentscheidung ausgerichtet. Sie steht folglich in keinem Widerspruch zum Grundsatz der freien unternehmerischen Entscheidung.

Darüber hinaus wird von *Thum* aber zu Recht die selbständige dogmatische Bedeutung der Sachlichkeitsprüfung angezweifelt[650].
Die Sachlichkeitsprüfung dient dazu zu überprüfen, welches Arbeitsvolumen nach der Umsetzung der Unternehmerentscheidung gegeben ist und ob die verbleibenden Arbeitnehmer dieses Volumen bewerkstelligen können, ohne dass ihnen gegenüber Vertrags- oder Gesetzesbruch begangen wird. Im Gegensatz zu den verbleibenden Arbeitnehmern ist jedoch für den gekündigten Arbeitnehmer nicht entscheidend, ob gegenüber den verbleibenden Arbeitnehmern ein Vertrags- bzw. Gesetzesbruch vorliegt, sondern dass in einem solchen Fall weiterhin ein Beschäftigungsbedarf für ihn besteht, da mehr Arbeit vorhanden ist als durch die anderen Arbeitnehmer bewältigt werden kann. Dass die verbleibenden Arbeitnehmer die vorhandene Arbeit nicht bewerkstelligen können, ist für den gekündigten Arbeitnehmer nur insofern von Bedeutung, als dass diese Feststellung zugleich die Feststellung bedeutet, dass für ihn selbst die Beschäftigungsmöglichkeit nicht entfallen ist. Die Prüfung des Wegfalls der Beschäftigungsmöglichkeit des gekündigten Arbeitnehmers ist jedoch Teil der Prüfung des Tatbestandsmerkmals des dringenden betrieblichen Erfordernisses des § 1 Abs. 2 KSchG[651]. Die Sachlichkeitsprüfung stellt damit lediglich einen Teil der im Rahmen des Tatbestandsmerkmals des dringenden betrieblichen Erfordernisses vorzunehmenden Prüfung dar.
Im Ergebnis ist damit der von *Thum* aufgestellten These zu folgen, dass der Sachlichkeitsprüfung keine eigenständige dogmatische Bedeutung zukommt[652].

III) Ergebnis

Die Sachlichkeitsprüfung verstößt zwar nicht gegen den Grundsatz unternehmerischer Entscheidungsfreiheit, sie ist aber aufgrund ihrer fehlenden dogmatischen Selbständigkeit überflüssig und damit abzulehnen.

---

650 *Thum*, Betriebsbedingte Kündigung, S. 120 ff.
651 Vgl. dazu unten in Kap. 6.
652 *Thum* begründet dies zudem mit den Ausführungen Ascheids zur Darlegungs- und Beweislast hinsichtlich der Sachlichkeit der Unternehmerentscheidung. Ascheid räume danach selbst ein, dass sich Überschneidungen ergeben könnten zwischen der dem Arbeitgeber obliegenden Darlegung der Sachlichkeit der Unternehmerentscheidung und der Darlegungs- und Beweislast nach § 1 Abs. 2 Satz 4 KSchG, nach welchem der Arbeitgeber die kündigungsbegründenden Tatsachen, zu denen auch der Wegfall der Beschäftigungsmöglichkeit zählt, zu beweisen hat; vgl. *Thum*, Betriebsbedingte Kündigung, S. 121 f.

G) Obliegenheit des Arbeitgebers zum Diskurs über wirtschaftliche Maßnahmen

Des Weiteren wird im Schrifttum[653] die Auffassung vertreten, dass sich der Unternehmer auf einen Diskurs über andere unternehmerische Maßnahmen mit dem Arbeitnehmer einlassen müsse, wenn dieser ernstzunehmende unternehmenspolitische Alternativen aufzeige. Es bestehe zumindest ein Recht auf Beachtung eines Verfahrens, in dem der Arbeitnehmer seine Belange artikulieren könne. Ergebe sich bei Anlegung eines breiten betriebspolitischen Gestaltungsspielraums des Arbeitgebers, dass die Alternative des Arbeitnehmers praktikabel und in Ansehung seines im Betrieb erworbenen sozialen Besitzstandes dem Betrieb auch zumutbar sei, dürfe nicht gekündigt werden[654]. Es müsse überprüft werden, ob die betriebsgestaltende Entscheidung auf Vorteile abziele, die in einem angemessenen Verhältnis zu den Nachteilen stünden, die der Verlust des Arbeitsplatzes für den Arbeitnehmer mit sich bringe[655].

Eine derartige Obliegenheit des Arbeitgebers zum Diskurs über die von ihm geplanten wirtschaftlichen Maßnahmen zur Vermeidung betriebsbedingter Kündigungen ist abzulehnen.
So weisen insbesondere *Reuter*[656] und *Bengelsdorf*[657] zu Recht darauf hin, dass der Wortlaut des Kündigungsschutzgesetzes und der darin zum Ausdruck kommende Wille des Gesetzgebers keinerlei Anhaltspunkte für die Einführung einer solchen Obliegenheit enthielten. Eine Erörterung über andere wirtschaftliche Maßnahmen habe der Arbeitgeber darüber hinaus nach § 111 BetrVG allenfalls allein mit dem Betriebsrat und gerade nicht mit den betroffenen Arbeitnehmern zu führen.
Reuter[658] weist zudem darauf hin, dass der Arbeitgeber sogar dann kündigen könne, wenn der Diskurs eine Einigung gebracht habe, in die die vom Betriebsrat vorgestellten Alternativen eingegangen seien (Interessenausgleich). Handle der Arbeitgeber nicht im Sinne des Interessenausgleichs und verwirkliche er stattdessen einen mit (zusätzlichen) Kündigungen verbundenen Unternehmensplan, bestimme § 113 Abs. 1 BetrVG, dass diese Kündigungen nicht unwirksam, sondern lediglich abfindungspflichtig seien.
Einer „Diskursobliegenheit" des Arbeitgebers ist damit im Ergebnis nicht zuzustimmen.

---

[653] Vgl. *Stein*, AuR 2003, 99 (101); *ders.*, DB 2000, 457 (464).
[654] *Stein*, DB 2000, 457 (464).
[655] *Stein*, AuR 2003, 99 (101).
[656] *Reuter*, RdA 2004, 161 (166).
[657] *Bengelsdorf*, Anm. zum Urteil des BAG vom 26.09.2002, AP Nr. 124 zu § 1 KSchG 1969 Betriebsbedingte Kündigung.
[658] *Reuter*, RdA 2004, 161 (166).

H) Ergebnis

Im Ergebnis ist hinsichtlich der von der Rechtsprechung und der Literatur entwickelten Überprüfungsmaßstäbe unternehmerischer Entscheidungen festzuhalten, dass lediglich die Missbrauchskontrolle als zulässige Grenze unternehmerischer Entscheidungsfreiheit anzuerkennen ist. Sie ist zur Wahrung des Kündigungsschutzzwecks, der darin besteht, den Arbeitnehmern die Ausübung ihrer betrieblichen Rechte und Freiheiten zu sichern, erforderlich, aber zugleich auch ausreichend.

Eine Interessenabwägung im Rahmen der Überprüfung betriebsbedingter Kündigungen ist abzulehnen. Auch eine Überprüfung anhand des Ultima-ratio-Prinzips ist nicht zu befürworten. Des Weiteren ist auch keine Dringlichkeitsprüfung unternehmerischen Handelns vorzunehmen. Ebenso kann auf eine Sachlichkeitsprüfung aufgrund ihrer fehlenden dogmatischen Selbständigkeit verzichtet werden. Auch eine Obliegenheit des Arbeitgebers zum Diskurs über geplante wirtschaftliche Maßnahmen ist abzulehnen.

6. Kapitel

Die Umsetzung der unternehmerischen Entscheidung – Wegfall der Beschäftigungsmöglichkeit

Im 4. Kapitel wurde festgestellt, dass die einer betriebsbedingten Kündigung zugrunde liegende Unternehmerentscheidung grundsätzlich der gerichtlichen Kontrolle entzogen ist. So sind unternehmerische Entscheidungen insbesondere nicht auf ihre Zweckmäßigkeit oder Notwendigkeit zu überprüfen. Das 5. Kapitel hat gezeigt, dass die gerichtliche Kontrolle jedoch dort einsetzt, wo der Arbeitgeber missbräuchlich handelt.

Anderes gilt im Hinblick auf die konkrete organisatorische Umsetzung unternehmerischer Entscheidungen auf betrieblicher Ebene, einschließlich der Frage, ob diese Umorganisation zum Wegfall von Beschäftigungsmöglichkeiten geführt hat. Diese Fragen sind einer gerichtlichen Überprüfung zugänglich.

Nach § 1 Abs. 2 Satz 1 KSchG ist die betriebsbedingte Kündigung sozial gerechtfertigt, wenn sie durch dringende betriebliche Erfordernisse bedingt ist, die einer Weiterbeschäftigung des Arbeitnehmers in diesem Betrieb entgegenstehen. Betriebliche Erfordernisse für eine Kündigung liegen vor, wenn die Umsetzung oder die eingeleitete Durchführung der unternehmerischen Entscheidung im Betrieb zum Wegfall der Beschäftigungsmöglichkeit für den betroffenen Arbeitnehmer führen. Die Tatsache der Umsetzung kann im Gegensatz zur freien Grundentscheidung des Unternehmers einer gerichtlichen Kontrolle unterzogen werden. Gleiches gilt für die Frage, ob die Umsetzung tatsächlich zu einem Wegfall der Beschäftigungsmöglichkeit des gekündigten Arbeitnehmers geführt hat[659].
Wären auch diese Bereiche der gerichtlichen Kontrolle entzogen, käme es zur Rechtfertigung einer betriebsbedingten Kündigung allein auf die unternehmerische Entscheidung an. Es ist jedoch nicht allein das unternehmerische Ziel, das die Kündigung rechtfertigt, sondern vielmehr das betrieblich umgesetzte, auf die Ebene des Betriebs durchschlagende Ziel. Es ist somit erforderlich, dass sich

---

[659] St. Rspr. des BAG vgl. etwa Urteile des BAG vom 24.10.1979, AP Nr. 8 zu § 1 KSchG 1969 Betriebsbedingte Kündigung; vom 30.05.1985, AP Nr. 24 zu § 1 KSchG 1969 Betriebsbedingte Kündigung; vom 15.06.1989, AP Nr. 45 zu § 1 KSchG 1969 Betriebsbedingte Kündigung; vom 05.10.1995, AP Nr. 71 zu § 1 KSchG 1969 Betriebsbedingte Kündigung; aktuell vgl. etwa Urteile vom 25.04.2002, AP Nr. 121 zu § 1 KSchG 1969 Betriebsbedingte Kündigung; vom 22.05.2003, AP Nr. 128 zu § 1 KSchG Betriebsbedingte Kündigung; vom 24.06.2004, NZA 2004, 1268 ff.; zustimmend auch die Literatur vgl. etwa *v. Hoyningen-Huene/Linck*, § 1 KSchG Rdnr. 376; KR-*Etzel*, § 1 KSchG Rdnr. 534; *Schaub*, NZA 1987, 217 (218); *ders.*, BB 1993, 1089 (1092); *Franzen*, NZA 2001, 805 (809).

die unternehmerische Entscheidung auch auf die Beschäftigungsmöglichkeit im Betrieb auswirkt[660]. Diese Frage ist von den Gerichten zu überprüfen. In diesem Zusammenhang kommt auch der Darlegungs- und Beweislast des Arbeitgebers besondere Bedeutung zu.

Die einzelnen Voraussetzungen zum Wegfall der Beschäftigungsmöglichkeit und die diesbezüglichen Anforderungen an die Darlegungs- und Beweislast des Arbeitgebers sollen im Folgenden näher untersucht werden. Hinsichtlich der Darlegungs- und Beweislast des Arbeitgebers ist insbesondere auch auf die Urteile des BAG vom 17.06.1999 einzugehen.

Im weiteren Verlauf soll zudem auf eine Weiterbeschäftigungspflicht des Arbeitgebers eingegangen werden. Dabei geht es um die Frage, ob bzw. inwiefern der Arbeitgeber, nachdem der Wegfall einer Beschäftigungsmöglichkeit festgestellt worden ist, verpflichtet werden kann, den betroffenen Arbeitnehmer auf einem anderen Arbeitsplatz weiterzubeschäftigen.

A) Wegfall der Beschäftigungsmöglichkeit

I) Arbeitskräfteüberhang

Für die Voraussetzung des Wegfalls der Beschäftigungsmöglichkeit ist es nicht erforderlich, dass gerade der konkrete Arbeitsplatz des betroffenen Arbeitnehmers weggefallen ist[661]. Entscheidend ist vielmehr, ob der Arbeitgeber infolge einer unternehmerischen Entscheidung und deren Umsetzung auf betrieblicher Ebene nicht mehr in der Lage ist, alle bislang beschäftigten Arbeitnehmer vertragsgemäß weiterzubeschäftigen[662]. Es ist daher zu prüfen, ob nach der Umsetzung der Unternehmerentscheidung rechnerisch ein Überhang an Arbeitskräften entstanden ist, durch den unmittelbar oder mittelbar das Bedürfnis zur Weiterbeschäftigung eines oder mehrerer Arbeitnehmer entfallen ist[663].

---

[660] Vgl. etwa Urteil des BAG vom 24.06.2004, NZA 2004, 1268 ff.; *U. Preis*, NZA 1995, 241 (245); *Quecke*, NZA 1999, 1247 (1249); *Löwisch/Spinner*, § 1 KSchG Rdnr. 267.

[661] KR-*Etzel*, § 1 KSchG Rdnr. 534; *v. Hoyningen-Huene/Linck*, § 1 KSchG Rdnr. 372a; *Löwisch/Spinner*, § 1 KSchG Rdnr. 268.

[662] Urteil des BAG vom 13.11.1997, AP Nr. 169 zu § 613a BGB; MünchArbR-*Berkowsky*, § 138 Rdnr. 3.

[663] Vgl. Urteile des BAG vom 30.05.1985, AP Nr. 24 zu § 1 KSchG 1969 Betriebsbedingte Kündigung; vom 17.06.1999, AP Nr. 101, 102 und 103 zu § 1 KSchG 1969 Betriebsbedingte Kündigung; s.a. KR-*Etzel*, § 1 KSchG Rdnr. 534; *v. Hoyningen-Huene/Linck*, § 1 KSchG Rdnr. 372a; MünchArbR-*Berkowsky*, § 138 Rdnr. 3; HaKo-*Gallner*, § 1 Teil F Rdnr. 615.

Mit der Feststellung, dass aufgrund der Unternehmerentscheidung eine Überkapazität an Arbeitskräften vorliegt, ist jedoch noch keine Antwort auf die Frage gegeben, welchem konkreten Arbeitnehmer zu kündigen ist. Welchem Arbeitnehmer unter vergleichbaren Arbeitskräften im Falle des Wegfalls von Beschäftigungsmöglichkeiten gekündigt werden kann, entscheidet sich nach den Grundsätzen der Sozialauswahl (§ 1 Abs. 3 KSchG).

II) Prognoseelement hinsichtlich des Wegfalls der Beschäftigungsmöglichkeit

Bei dem Ausspruch der betriebsbedingten Kündigung ist der Arbeitgeber nicht zum Abwarten verpflichtet, bis der Wegfall der Beschäftigungsmöglichkeit eingetreten ist. Er darf die Kündigung vielmehr auf eine Prognose stützen, deren Inhalt der erwartete Wegfall der Beschäftigungsmöglichkeit im Zeitpunkt des Ablaufs der Kündigungsfrist ist.
Nach den Worten des BAG müsse die Betriebsänderung, die den Wegfall des Arbeitsplatzes bei Ablauf der Kündigungsfrist bedinge, bereits im Zeitpunkt der Kündigungserklärung „greifbare Formen" angenommen und eine vernünftige und betriebswirtschaftliche Betrachtung die Prognose ergeben haben, dass mit hinreichender Sicherheit bis zum Ablauf der Kündigungsfrist die geplante Maßnahme durchgeführt und der Arbeitnehmer damit entbehrlich sein werde[664].

Hinsichtlich der Tatsache, dass die geplanten Maßnahmen bereits greifbare Formen angenommen hat, ist der Arbeitgeber darlegungs- und beweispflichtig[665]. Bei einer Fehlprognose des Arbeitgebers kann dem Arbeitnehmer ggf. ein Wiedereinstellungsanspruch zustehen[666].

[664] Vgl. u.a. Urteile des BAG vom 19.06.1991, AP Nr. 53 zu § 1 KSchG 1969 Betriebsbedingte Kündigung; vom 20.01.1994, AP Nr. 8 zu § 1 KSchG 1969 Konzern; vom 10.10.1996, AP Nr. 81 zu § 1 KSchG 1969 Betriebsbedingte Kündigung; vom 27.02.1997, AP Nr. 1 zu § 1 KSchG 1969 Wiedereinstellungsanspruch; vom 18.01.2001, AP Nr. 115 zu § 1 KSchG Betriebsbedingte Kündigung; zustimmend die Literatur vgl. u.a. ErfKomm-*Ascheid*, § 1 Rdnr. 398; KR-*Etzel*, § 1 Rdnr. 536; *v. Hoyningen-Huene/Linck*, § 1 Rdnr. 375; MüKo-*Hergenröder*, § 1 KSchG Rdnr. 313.

[665] Urteile des BAG vom 23.03.1984, AP Nr. 38 zu § 1 KSchG 1969 Betriebsbedingte Kündigung; vom 19.06.1991, AP Nr. 53 zu § 1 KSchG 1969 Betriebsbedingte Kündigung.

[666] *Berkowsky*, Betriebsbedingte Kündigung, § 5 Rdnr. 69 und § 19; *Schrader*, Anm. zum Urteil des BAG vom 18.01.2001, AP Nr. 115 zu § 1 KSchG 1969 Betriebsbedingte Kündigung; vgl. auch Urteil des BAG vom 28.06.2000, AP Nr. 6 zu § 1 KSchG 1969 Wiedereinstellung.

III) Darlegungs- und Beweislast des Arbeitgebers hinsichtlich des Wegfalls der Beschäftigungsmöglichkeit

1) Allgemeine Darlegungs- und Beweislast des Arbeitgebers hinsichtlich des Wegfalls der Beschäftigungsmöglichkeit

Nach § 1 Abs. 2 Satz 4 KSchG hat der Arbeitgeber die Tatsachen zu beweisen, die die Kündigung bedingen. Diese Beweislastverteilung steht mit den Ausführungen der amtlichen Begründung des KSchG von 1951 in Einklang, in der es heißt: „Das Gesetz wendet sich (...) gegen solche Kündigungen, die *hinreichender Begründung* entbehren und deshalb als eine willkürliche Durchschneidung des Bandes der Betriebszugehörigkeit erscheinen“[667].
Dem Arbeitgeber obliegt es daher, seine Kündigungen ausreichend zu begründen und die vorgebrachten Tatsachen ggf. zu beweisen. Auch hinsichtlich der Frage, ob es infolge der Umsetzung der Unternehmerentscheidung zu einem Wegfall von Beschäftigungsmöglichkeiten gekommen ist, ist der Arbeitgeber darlegungs- und ggf. beweispflichtig. Im Kündigungsschutzprozess ist durch die Arbeitsgerichte voll nachprüfbar, ob die vom Arbeitgeber behaupteten Gründe für die Kündigung tatsächlich vorliegen und ob sie sich im betrieblichen Bereich dahin auswirken, dass für die Weiterbeschäftigung des gekündigten Arbeitnehmers kein Bedürfnis mehr besteht[668]. Der Arbeitgeber hat darzulegen und ggf. zu beweisen, welche Arbeitsplätze in welchem Umfang von der unternehmerischen Entscheidung betroffen sind[669]. Er hat daher im Prozess vorzutragen, inwieweit die betriebliche Umsetzung der Unternehmerentscheidung den Arbeitsanfall vermindert und inwieweit sich daraus eine Reduzierung der Arbeitsplätze ergibt.
Dabei dürfen sich seine Ausführungen nicht auf schlagwortartige Umschreibungen beschränken[670]. Aus seinem Tatsachenvortrag muss sich vielmehr konkret ergeben, dass er als Folge der Unternehmerentscheidung nicht mehr in der Lage ist, alle bislang beschäftigten Arbeitnehmer vertragsgemäß zu beschäftigen[671].

---

667 Begründung des KSchG 1951, RdA 1951, 58 (63).
668 Vgl. Urteile des BAG vom 24.10.1979, AP Nr. 8 zu § 1 KSchG 1969 Betriebsbedingte Kündigung; 30.05.1985, AP Nr. 24 zu § 1 KSchG 1969 Betriebsbedingte Kündigung; vom 15.06.1989, AP Nr. 45 zu § 1 KSchG 1969 Betriebsbedingte Kündigung; vom 05.10.1995, AP Nr. 71 zu § 1 KSchG 1969 Betriebsbedingte Kündigung; KR-*Etzel*, § 1 KSchG Rdnr. 534; *Franzen*, NZA 2001, 805 (809).
669 KR-*Etzel*, § 1 KSchG Rdnr. 534, 553 ff.; *Ascheid*, DB 1987, 1144 f.; *Sage*, AiB 2000, 310 (314).
670 Vgl. Urteil des BAG vom 07.12.1978, AP Nr. 6 zu § 1 KSchG 1969 Betriebsbedingte Kündigung; KR-*Etzel*, § 1 KSchG Rdnr. 553; MüKo-*Hergenröder*, § 1 KSchG Rdnr. 309; *Stahlhacke/Preis*, Rdnr. 646.
671 *V. Hoyningen-Huene/Linck*, § 1 KSchG Rdnr. 376a; *Franzen*, NZA 2001, 805 (809 f.); *Zepter*, DB 2000, 474 (475); vgl. u.a. auch Urteile des BAG vom 07.12.1978, AP Nr. 6 zu § 1

Die unternehmerische Entscheidungsfreiheit wird durch eine derart ausgestaltete Darlegungs- und Beweislast des Arbeitgebers nicht berührt. Die Darlegungs- und Beweislast bezieht sich lediglich auf die Frage, ob es zu einem Wegfall von Beschäftigungsmöglichkeiten und dadurch zu einem Arbeitskräfteüberhang gekommen ist, und nicht auf die Frage nach dem Warum. Aus welchen Gründen die Möglichkeit der Beschäftigung entfallen ist, bleibt nach dem oben Gesagten solange unerheblich, wie sie nicht auf einer offensichtlich unvernünftigen, unsachlichen oder willkürlichen Verursachung beruht.

2) Darlegungs- und Beweislast des Arbeitgebers hinsichtlich des Wegfalls der Beschäftigungsmöglichkeit bei der unternehmerischen Entscheidung zur Personalreduzierung

a) Rechtsprechung des BAG – Urteile vom 17.06.1999

Nach den Urteilen des BAG vom 17.06.1999 sollen sich, wenn die Unternehmerentscheidung in dem Entschluss besteht, den Personalbestand auf Dauer zu reduzieren, hinsichtlich der Darlegungs- und Beweislast des Arbeitgebers Besonderheiten ergeben. Der Arbeitgeber soll insgesamt einer erhöhten Darlegungs- und Beweislast unterliegen[672].
Zwar wird die Entscheidung des Arbeitgebers, den Personalbestand auf Dauer zu reduzieren, vom BAG als eine Entscheidung, die zum Wegfall von Arbeitsplätzen führen und damit den entsprechenden Beschäftigungsbedarf entfallen lassen kann, anerkannt. Aber der Arbeitgeber habe eine solche Entscheidung hinsichtlich ihrer organisatorischen Durchführbarkeit und hinsichtlich des Begriffs „Dauer" zu verdeutlichen, damit das Gericht prüfen könne, ob sie nicht offensichtlich unsachlich, unvernünftig oder willkürlich erfolgt sei. Reduziere sich die Organisationsentscheidung zur Personalentscheidung praktisch auf den Kündigungsentschluss, dann seien beide ohne nähere Konkretisierung nicht mehr voneinander zu unterscheiden. Deshalb seien wegen der Nähe zum bloßen Kündigungsentschluss, die Anforderungen an den gemäß § 1 Abs. 2 Satz 4 KSchG vom Arbeitgeber zu erbringenden Tatsachenvortrag, der die Kündigung bedingen solle, nicht auf Null zu reduzieren. Vielmehr könne dann, wenn die Organisationsentscheidung des Arbeitgebers und sein Kündigungsentschluss ohne nähere Konkretisierung praktisch deckungsgleich seien, die vom Senat bisher angenommene Vermutung, die Unternehmerentscheidung sei aus sachlichen Gründen erfolgt, nicht von vornherein greifen. In diesen Fällen müsse der Arbeitgeber vielmehr darlegen, in welchem Umfang die fraglichen Arbeiten zu-

---

KSchG 1969 Betriebsbedingte Kündigung; vom 24.20.1979, AP Nr. 8 zu § 1 KSchG 1969 Betriebsbedingte Kündigung.

[672] Vgl. Urteile des BAG vom 17.06.1999, AP Nr. 101, 102 und 103 zu § 1 KSchG 1969 Betriebsbedingte Kündigung.

künftig im Vergleich zum bisherigen Zustand anfallen, d.h. es gehe um die Darlegung einer näher konkretisierten Prognose der Entwicklung aufgrund außerbetrieblicher Faktoren oder unternehmerischer Vorgaben. Der Arbeitgeber müsse im Kündigungsschutzprozess konkrete Angaben dazu machen, wie sich die Verringerung der Produktion auf die Arbeitsmenge auswirke und in welchem Umfang dadurch ein konkreter Arbeitskräfteüberhang entstehe. Im Wege einer abgestuften Darlegungslast sei es dann Sache des Arbeitnehmers hierauf, soweit ihm dies möglich sei, zu erwidern. Dann solle es wieder Sache des Arbeitgebers sein, sich darauf weiter einzulassen. Der Arbeitgeber müsse substantiiert dartun, wie sich die Umsetzung seiner unternehmerischen Entscheidung auf die Beschäftigungsmöglichkeiten auswirke. Zusammenfassend stellt das BAG fest, je näher die eigentliche Organisationsentscheidung an den Kündigungsschluss rücke, um so mehr müsse der Arbeitgeber durch Tatsachenvortrag verdeutlichen, dass ein Beschäftigungsbedürfnis für den Arbeitnehmer entfallen sei.

b) Ansichten in der Literatur

In der Literatur hat diese Rechtsprechung des BAG ein geteiltes Echo hervorgerufen. Sie ist sowohl auf Zustimmung[673] als auch auf Ablehnung[674] gestoßen. Auch die Konsequenzen, die sich aus dieser Rechtsprechung für Arbeitgeber und Arbeitnehmer ergeben, werden völlig konträr bewertet. Zum Teil wird davon ausgegangen, dass die Rechtsprechung des BAG vom 17.06.1999 zu einer Erleichterung der betriebsbedingten Kündigung und damit zu einer Stärkung der Position der Arbeitgeber geführt habe[675]. Ein anderer Teil der Literatur geht demgegenüber davon aus, dass die Urteile vom 17.6.1999 die freie Unternehmerentscheidung stärker als bisher begrenzen würden. Dies führe zu einer Gewichtsverschiebung zugunsten der Arbeitnehmer[676].

---

[673] *Bitter*, DB 2000, 1760 (1763 ff.); *Singer/v. Finckenstein*, SAE 2000, 282 ff.; *Besgen*, b+p 1999, 499 ff.; *Frabotta/Korinth*, AuA 2000, 415 (417).

[674] *Franzen*, NZA 2001, 805 ff.; *Quecke*, NZA 1999, 1247 ff.; *Zepter*, DB 2000, 474 ff.; *Rieble*, Anm. zu den Urteilen des BAG vom 17.06.1999, EzA § 1 KSchG Betriebsbedingte Kündigung Nr. 102; *Stein*, BB 2000, 457 (461); *Feudner*, DB 1999, 2566 ff.; *ders.*, DB 2000, 476 ff.; *Schrader*, NZA 2000, 401 (404 f.); *B. Preis*, DB 2000, 1122 ff.; *Rommé/Pauker*, NZA-RR 2000, 281 ff.

[675] *Zepter*, DB 2000, 474 (475 f.); *Quecke*, NZA 1999, 1247 f.; *Diller* in: Preis/Willemsen, Umstrukturierungen von Betrieb und Unternehmen, S. 157.

[676] *Rieble*, Anm. zu den Urteilen des BAG vom 17.06.1999, EzA § 1 KSchG Betriebsbedingte Kündigung Nr. 102; *Schrader*, NZA 2000, 401 (404 f.); *Tschöpe*, BB 2000, 2630 (2636); *Franzen*, NZA 2001, 805 (809); *Feudner*, DB 1999, 2566 ff.; *ders.*, DB 2000, 476 ff.; in diese Richtung wohl auch *Singer/v. Finckenstein*, SAE 2000, 282 ff.

aa) Befürwortende Stimmen in der Literatur

Besgen[677] hat ausgeführt, dass das BAG in seinen drei Entscheidungen vom 17.06.1999 den Stellenwert der freien, bindenden und nicht gerichtlich nachprüfbaren Unternehmerentscheidung zurechtgerückt habe. Entscheidend und nachprüfbar hinsichtlich der Begründetheit einer betriebsbedingten Kündigung sollen nicht – bzw. nur eingeschränkt – die Unternehmerentscheidung als solche, sondern die Auswirkungen der unternehmerischen Entscheidung „auf Dauer" für das Arbeitsvolumen bzw. den Bedarf an Arbeitskräften sein. Daher reiche es im Kündigungsschutzprozess nicht aus, dass der Arbeitgeber seine Unternehmerentscheidung bzw. seinen Kündigungsentschluss anführe und sich allein hierauf zurückziehe; erforderlich sei vielmehr die Darlegung der konkreten Auswirkungen, mit denen sich der Arbeitnehmer dann argumentativ auseinandersetzen können müsse, denn insoweit seien die Auswirkungen auch gerichtlich nachprüfbar.

Auch *Singer* und *v. Finckenstein*[678] stehen der Rechtsprechung des BAG in den Urteilen vom 17.06.1999 positiv gegenüber. Sie führen in ihrer Anmerkung zu einem der Urteile des BAG vom 17.06.1999 (2 AZR 141/99) aus, dass die Berufung auf eine freie, nicht überprüfbare Unternehmerentscheidung solange unproblematisch sei, wie die Handlungsfreiheit für Maßnahmen in Anspruch genommen werde, die mit Kündigungen in keinem unmittelbaren Zusammenhang stünden. Sie verweisen in diesem Zusammenhang etwa auf Entscheidungen über Ort und Menge der Produktion, zur Werbungs-, Finanzierungs-, Einkaufs- und Absatzpolitik oder zu Fabrikations- und Arbeitsmethoden. Je näher jedoch die Unternehmerentscheidung an die Kündigungsentscheidung selbst heranrücke, desto stärker werde das Bedürfnis nach einer gerichtlichen Überprüfung. Halte man auch in solchen Fällen an dem Grundsatz der Unüberprüfbarkeit fest, könne der Arbeitgeber mit einer relativ leicht zu führenden und daher stets möglichen Begründung die nahezu völlige Freistellung der Kündigung von einer Rechtskontrolle erreichen. In sachlicher und dogmatischer Hinsicht sei es deshalb der richtige Weg, die Gefahr einer nur scheinbar vorgenommenen Unternehmerentscheidung dadurch zu bekämpfen, dass man an die prozessuale Darlegung ihrer Ernsthaftigkeit erhöhte Anforderungen stelle.

Frabotta und *Korinth*[679] sind der Ansicht, dass das BAG mit den Entscheidungen vom 17.06.1999 eine Grundkonzeption entwickelt habe, die geeignet sei, der notwendigen unternehmerischen Freiheit gerecht zu werden, ohne dem

677 *Besgen*, b+p 1999, 499 ff.
678 *Singer/v. Finckenstein*, SAE 2000, 282 ff.
679 *Frabotta/Korinth*, AuA 2000, 415 (417).

Missbrauch durch eine vorbehaltlose Anerkennung jedweder Unternehmerentscheidung Tür und Tor zu öffnen.

Bitter[680] hat sich in seiner Stellungnahme zu den Urteilen des BAG vom 17.06.1999 ausführlich sowohl mit den kritischen als auch mit den positiven Stimmen in der Literatur auseinandergesetzt und im Ergebnis festgestellt, dass sich durch die neue Rechtsprechung des BAG gar nicht so viel verändere. Es werde versäumt, deutlich herauszustellen, dass die Rechtsprechung des BAG vom 17.06.1999 nur der schlichten Personalreduzierung als unternehmerische Maßnahme gelte, und zwar bei Fallkonstellationen, in denen kaum oder überhaupt nicht zwischen der eigentlichen organisatorischen Unternehmerentscheidung und der nachfolgenden Kündigung als solcher zu unterscheiden sei.
Zudem sei es richtig gewesen, die nach materiellem Recht postulierte weitgehende Entscheidungsfreiheit des Arbeitgebers mit prozessualen Mittel ein Stück weit einzugrenzen.

bb) Ablehnende Stimmen in der Literatur

Der wohl überwiegende Teil der Literatur hat sich demgegenüber kritisch im Hinblick auf die neue Rechtsprechung des BAG geäußert.
So stellt sich etwa *Rieble*[681] gegen die vom BAG in seinen Urteilen vom 17.06.1999 geäußerte Forderung, der Arbeitgeber habe die „dauerhafte", „organisatorische Durchführbarkeit" seiner Personalentscheidung durch Tatsachenvortrag zu belegen. Dies sei – auch wenn der Senat dies nicht ausdrücklich sage – das Ende der Unternehmerfreiheit in personellen Fragen. „Frei" entscheide der Arbeitgeber dann nur noch in den vorgelagerten wirtschaftlichen Angelegenheiten.
Die Entscheidungen würden das Recht der Unternehmerentscheidung im Kündigungsrecht einschneidend weiter entwickeln, und zwar unter dem Deckmantel der Kontinuität. Der Senat decke nicht auf, dass er die betriebsbedingte Kündigung neu konturiere und nachhaltig erschwere. Durch die kündigungsrechtliche Obliegenheit zur Personalplanung werde vom Arbeitgeber arbeitsorganisatorische Vernunft gefordert, die einer Plausibilitätskontrolle standhalten müsse. Dies könne ohne rechtliche Beratung kaum ein Arbeitgeber leisten.

Auch *Schrader*[682] kritisiert die neue Darlegungs- und Beweislastverteilung des BAG. Er äußert Bedenken hinsichtlich der Möglichkeit, dass der Arbeitnehmer, wenn er einen Einblick in die Durch- und Umsetzbarkeit des Konzepts nicht ha-

---

680 *Bitter*, DB 2000, 1760 (1763 ff.).
681 *Rieble*, Anm. zu den Urteilen des BAG vom 17.06.1999, EzA zu § 1 KSchG Betriebsbedingte Kündigung Nr. 102.
682 *Schrader*, NZA 2000, 401 (404 f.).

be, dies mit Nichtwissen gemäß § 138 Abs. 4 ZPO bestreiten könne. Bei komplexeren Sachverhalten, wie beispielsweise der Ausgliederung von Betriebsteilen, stehe zu befürchten, dass Arbeitnehmer zukünftig dieses Bestreiten mit Nichtwissen intensivieren würden mit der Folge, dass letztlich der Arbeitgeber in der dritten Stufe die Machbarkeit und die Umsetzbarkeit des Konzepts vollständig darlegen und ggf. beweisen müsse.
Auch sei entscheidend, dass sich der Arbeitgeber nicht mehr darauf berufen könne, die tatsächliche Durchführung seiner – im Einzelnen nicht näher dargelegten – unternehmerischen Entscheidung habe die Vermutung für sich, dass sie aus sachlichen Gründen erfolgt sei. Dies führe dazu, dass der Arbeitgeber gezwungen wäre, zu den Hintergründen der Kündigung, in der Praxis i.d.R. die wirtschaftliche Lage des Unternehmens, vorzutragen. Vom Ergebnis her würde der Arbeitgeber in der Praxis zu einem substantiierten Sachvortrag zur Verdeutlichung seiner unternehmerischen Entscheidung gezwungen werden.

Oetker[683] ist der Ansicht, die Forderung, dass der Arbeitgeber das Entstehen eines dauerhaften Arbeitskräfteüberhangs darlegen müsse, berge die Gefahr in sich, dass die Instanzgerichte der Versuchung erlegen könnten, die Rechtswirksamkeit betriebsbedingter Kündigungen scheitern zu lassen, indem sie zu hohe Anforderungen an die Substantiierungslast des Arbeitgebers stellen.

Feudner[684] führt aus, dass die drei Urteile vom 17.06.1999 zu dem Bedenken und zu der Annahme Anlass gäben, dass das BAG über die prozessualen Regeln der Darlegungs- und Beweislastverteilung auch auf der materiellrechtlichen Seite eine Gewichtsverschiebung der zu berücksichtigenden Interessen vorzunehmen und dabei die Rechtsfigur einer freien Unternehmerentscheidung als Orientierungshilfe und Beurteilungsmaßstab für die Bewertung einer Kündigung auszuhöhlen beginne. Wenn den Parteien des Kündigungsschutzprozesses in Situationen, in denen die betriebliche Organisationsentscheidung mit dem Kündigungsentschluss „praktisch deckungsgleich" zusammenfalle oder mehr oder weniger nahe an ihn heranrücke, im Wege einer abgestuften Darlegungslast auferlegt werde, inner- und außerbetriebliche Einzelheiten vorzutragen, um dem Gericht eine Nachprüfung zu ermöglichen, ob Arbeitsplätze auf Dauer weggefallen seien, dann könne das darauf hinauslaufen, dass zumindest in solchen Fällen nicht nur der Kündigungsentschluss selbst, sondern auch die damit mehr oder weniger undifferenziert zusammenhängende vordergründig freie Organisationsentscheidung überprüft werde, um ein Leerlaufen des Bestandsschutzes nach dem KSchG zu vermeiden.

---

683 *Oetker*, Anm. zum Urteil des BAG vom 17.06.1999 (2 AZR 522/98), EWiR 2000, 43 (44).
684 *Feudner*, DB 2000, 476 (479).

Nach Franzen[685] verdecke die Rede vom „reinen Personalabbau als Unternehmerentscheidung“ bei näherem Betrachten die eigentliche, hinter dem Personalabbau stehende, unternehmerische Entscheidung. Diese bestehe nicht im Personalabbau als solchem, sondern in dem Beschluss, die bislang von Arbeitnehmern durchgeführten Arbeiten aufzugeben oder anderweitig nachzufragen bzw. anderen Arbeitnehmer zu übertragen. Dies alles gehöre zur tatsächlichen Durchführung der unternehmerischen Entscheidung und sei bereits bisher von den Arbeitsgerichten vollständig überprüft worden. Der Arbeitgeber trage hierfür nach § 1 Abs. 2 Satz 4 KSchG die volle Darlegungs- und Beweislast.
In den Entscheidungen vom 17.06.1999 verlagere das BAG nun die skizzierte Fragestellung weg vom Kündigungsgrund hin zu der Frage, ob die Unternehmerentscheidung unsachlich, zweckwidrig oder willkürlich erfolgt sei. Dies sei dogmatisch nicht richtig. Bei diesem Obersatz sei es bislang lediglich um die Auswahl der unternehmerischen Entscheidung und die den Arbeitgeber hierzu motivierenden Erwägungen gegangen. Diese Fragen müssten im Wesentlichen gerichtlich kontrollfrei bleiben. Das BAG habe nun durch die Änderung der Darlegungs- und Beweislast in Zusammenhang mit der lediglich eingeschränkt gerichtlich überprüfbaren Unternehmerentscheidung die Gefahr heraufbeschworen, dass die Instanzgerichte unter diesem Deckmantel die Motivation des Arbeitgebers für seine Entscheidung überprüfen würden. Diese werde weder dem Arbeitsplatzschutz der Arbeitnehmer noch der unternehmerischen Freiheit des Arbeitgebers gerecht. Das BAG hätte sich nach Ansicht von *Franzen* vielmehr auf die Grundlagen des Rechts der betriebsbedingten Kündigung besinnen sollen. Es hätte herausstellen müssen, dass der Personalüberhang den eigentlich entscheidenden Kündigungsgrund bilde und dass der Arbeitgeber die Kausalkette von der unternehmerischen Entscheidung bis zum Personalüberhang im Prozess substantiiert darlegen müsse.

Auch *Rommé* und *Pauker*[686] gehen davon aus, dass die Unternehmerentscheidung, auf Dauer mit weniger Personal zu arbeiten, nicht zu einer Modifizierung der Prüfungsgrundsätze, wie sie sonst bei anderen Unternehmerentscheidungen zur Anwendung kämen, zwinge. Berufe sich der Arbeitgeber auf eine solche Unternehmerentscheidung, so dürfe man sich nicht in jedem Fall vordergründig an den Wortlaut der behaupteten Entscheidung klammern, sondern müsse unter Berücksichtigung des gesamten Arbeitgebervortrags hinterfragen, ob der Inhalt der Unternehmerentscheidung vielleicht nur unzulänglich oder missverständlich bezeichnet worden sei. Die Formulierung, man habe eine Arbeitsstelle gestrichen, könne bedeuten, dass die davon betroffene Arbeit im Betrieb nicht mehr durchgeführt werden solle, z.B. weil sie an eine Drittfirma vergeben worden sei. Dass der Arbeitgeber, wenn es sich so verhalte, die Entscheidung zur

---

[685] *Franzen*, NZA 2001, 805 (811).
[686] *Rommé/Pauker*, NZA-RR 2000, 281 (287 f.).

Drittvergabe und ihre Realisierung darlegen müsse, ergebe sich nicht daraus, dass er sich ausdrücklich auf die Entscheidung zum dauerhaften Personalabbau und damit auf eine Entscheidung berufen habe, die mit dem Kündigungsentschluss praktisch deckungsgleich sei, sondern daraus, dass er gemäß § 1 Abs. 2 Satz 4 KSchG das Vorliegen dringender betrieblicher Erfordernisse darlegen und beweisen müsse. Der Arbeitgeber könne sich dieser Überzeugungsbildung nicht dadurch entziehen, dass er stattdessen pauschal behaupte, er habe die Unternehmerentscheidung getroffen, um Personal abzubauen.

Quecke[687] hat sich ebenfalls gegen die vom BAG postulierte Darlegungs- und Beweislastverteilung bei der unternehmerischen Entscheidung zur Personalreduzierung ausgesprochen. Das BAG gehe von der unzutreffenden Prämisse aus, dass die bloße Entscheidung zum dauerhaften Personalabbau schon zum Wegfall von Arbeitsplätzen führe. Träfe dies zu, würde nach *Quecke* in der Tat nur noch die Möglichkeit bleiben, diese Entscheidung auf Willkür zu überprüfen. Da dem BAG diese Konsequenz selbst nicht gefalle, habe es die eigentlich dem Arbeitnehmer obliegende Darlegungslast für Willkür entgegen den üblichen Regeln beim Arbeitgeber beginnen lassen.
Darüber hinaus könne es nicht überzeugen, die Frage der organisatorischen Durchführbarkeit und Dauerhaftigkeit eines Personalabbaus als Frage nach der offensichtlichen Unsachlichkeit, Unvernunft oder Willkür der Unternehmerentscheidung einzuordnen. Die Verlagerung in die Willkürprüfung nehme dem Arbeitnehmer gegenüber dem Entschluss des Arbeitgebers zum Personalabbau wesentliche Verteidigungschancen. Der Arbeitgeber brauche zukünftig nur noch zu behaupten und zu beweisen, den besagten Entschluss gefasst zu haben. Die Darlegung und der Beweis der Willkür seien dann letztlich Sache des Arbeitnehmers. Dies lasse sich nicht mit der Beweislastverteilung nach § 1 Abs. 2 Satz 4 KSchG in Einklang bringen.

Zepter[688] sieht dies ähnlich. Auch er wirft dem BAG vor, die Position des Arbeitgebers im Prozess über eine betriebsbedingte Kündigung im Verhältnis zu den Arbeitnehmern übermäßig zu verbessern. Es könne nicht sein, dass es genüge darzulegen, dass bei gleichbleibender Arbeitsmenge und reduziertem Personal als Konzept eine Leistungsverdichtung bei den Arbeitnehmern gewollt sei. Zusammenfassend stellt *Zepter* fest, dass man sich des Eindrucks nicht erwehren könne, dass das BAG mit seiner Rechtsprechung zur betriebsbedingten Kündigung bemüht sei, das Arbeitsrecht von dem Vorwurf zu befreien, es sei ein „Standort-Malus". Wie sich dies allerdings mit der gesetzlichen Wertvorstellung vereinbaren lasse, die Kündigung müsse einem dringenden Erfordernis entsprechen, werde immer weniger deutlich.

687 *Quecke*, NZA 1999, 1247 (1249 f.).
688 *Zepter*, DB 2000, 474 ff.

c) Stellungnahme

Das BAG hat in den Jahren vor den Entscheidungen vom 17.06.1999 die Freiheit der unternehmerischen Entscheidung häufig sehr weit gezogen. So hat das BAG etwa in der Entscheidung vom 24.04.1997[689] ausgeführt, dass auch der rationelle Einsatz des Personals zum Zwecke der Leistungsverdichtung als grundsätzlich freie unternehmerische Entscheidung anzuerkennen sei. Zur Organisation und Gestaltung des Betriebs gehöre neben der Anschaffung von Maschinen, Gerätschaften sowie Vorrichtungen und der Gestaltung der Arbeitsabläufe auch die Entscheidung über die Stärke der Belegschaft, mit der das Betriebsziel erreicht werden solle. Soweit durch eine solche Entscheidung eine Leistungsverdichtung eintrete, sei sie als Konzept gewollt. Der rationelle Einsatz des Personals sei Sache des Arbeitgebers[690].
Zuvor hatte das BAG bereits entschieden, dass auch die Vornahme struktureller Veränderungen, wie die Abschaffung sämtlicher Aufsichtspersonen in allen Niederlassungen[691] oder auch die Umwandlung einer Vollzeitstelle in zwei Halbtagsstellen[692], als grundsätzlich freie unternehmerische Entscheidungen anzuerkennen seien.
Diesen Entscheidungen ist allesamt gemein, dass sie lediglich die personelle Zusammensetzung der Belegschaft verändern, ohne dass sie eine Änderung der betrieblichen Organisation beinhalten. Indem das BAG solche Entscheidungen als grundsätzlich freie unternehmerische Entscheidungen anerkannt hat, hat es den Arbeitgeber geradezu herausgefordert, im Kündigungsschutzprozess vorzutragen, er wolle Personal abbauen und darin sei die nur eingeschränkt gerichtlich überprüfbare Unternehmerentscheidung zu erblicken. Um dieser Entwicklung entgegenzuwirken, hat das BAG in seinen Entscheidungen vom 17.06.1999 den Entschluss, Personal abbauen zu wollen, zwar grundsätzlich als eine Entscheidung, die zum Wegfall von Arbeitsplätzen führen und damit den entsprechenden Beschäftigungsbedarf entfallen lassen kann, anerkannt, aber zugleich die Darlegungs- und Beweislast des Arbeitgebers erhöht. Es wird also versucht, die Freiheit unternehmerischer Entscheidungen auf der prozessualen Ebene einzuschränken.

---

689 Urteil des BAG vom 24.04.1997, AP Nr. 42 zu § 2 KSchG 1969.

690 Vgl. in diesem Zusammenhang auch die Urteile des LAG Bremen vom 03.05.1996, LAGE § 1 KSchG Soziale Auswahl Nr. 16 und des LAG Köln vom 08.05.1996, LAGE § 1 KSchG Betriebsbedingte Kündigung Nr. 38. Diese hatten schon vor der Entscheidung des BAG vom 24.04.1997 das Konzept zur Leistungsverdichtung als eine von den Gerichten nicht zu kontrollierende Unternehmerentscheidung anerkannt.

691 Urteil des BAG vom 21.06.1995, AP Nr. 36 zu § 15 KSchG 1969 mit. Anm. *U. Preis*.

692 Urteil des BAG vom 19.05.1993, AP Nr. 31 zu § 2 KSchG 1969.

Dem BAG ist hinsichtlich seiner neuen Rechtsprechung allerdings unter Zustimmung der Ansichten von *Franzen*[693], *Quecke*[694] oder auch *Rommé* und *Pauker*[695] vorzuwerfen, dass es übersieht, dass der bloße Entschluss des Arbeitgebers, Personal abbauen zu wollen, für sich allein noch nicht zu einem Überhang von Arbeitskräften und damit auch nicht zu einem Wegfall von Beschäftigungsmöglichkeiten führt. Die Entscheidung zum Personalabbau hat für sich allein keinen Einfluss auf den Personalbedarf.
Den Entschluss zur Personalreduzierung bezeichnet *Franzen*[696] zu Recht lediglich als „Folge einer Maßnahme, die ihrerseits zu einem Personalüberhang führen kann". Diese Maßnahme kann zum einen in der unternehmerischen Entscheidung bestehen, auf die bislang vom gekündigten Arbeitnehmer ausgeführten Arbeiten zu verzichten. In solchen Fällen kommt es zu einer Verringerung der anfallenden Arbeitsmenge. Zu nennen sind hier etwa die Stilllegung von Produktionsbereichen, der Verzicht auf einzelne Aufgabenfelder oder auch der Fall der Fremdvergabe einzelner Aufgabenbereiche.
Die dem Entschluss zur Personalreduzierung zugrunde liegende unternehmerische Entscheidung kann aber auch darin bestehen, die anfallende gleichbleibende Arbeit neu zu verteilen. In solchen Fällen kommt es zu einer Erhöhung der Arbeitsintensität bei den im Betrieb verbleibenden Arbeitnehmern. Einige Arbeitnehmer erhalten mehr Aufgaben als zuvor, andere verlieren hingegen ihren Tätigkeitsbereich. Diese unternehmerische Entscheidung zielt auf eine Leistungsverdichtung der im Betrieb verbleibenden Arbeitnehmer.

Festzuhalten ist an dieser Stelle, dass ein Personalüberhang also nur dann entstehen kann, wenn sich entweder die Arbeitsmenge bei gleichbleibender Arbeitsintensität reduziert oder die Arbeitsintensität bei gleichbleibender Arbeitsmenge erhöht wird. Hinter der Entscheidung zum Personalabbau steht somit entweder die unternehmerische Entscheidung, die Arbeit zu verringern oder die Arbeit anders zu verteilen. Die Entscheidung zum Personalabbau selbst führt weder zu einer Verringerung der Arbeitsmenge noch zu einer Neuverteilung der Arbeit. Sie setzt vielmehr das eine oder das andere voraus.

Hinsichtlich der Darlegungslast des Arbeitgebers gilt im Fall der Arbeitsvolumenreduzierung, dass der Arbeitgeber sowohl die Unternehmerentscheidung der Verringerung der Arbeitsmenge als auch deren Umsetzung darzulegen und ggf. zu beweisen hat, wobei es insbesondere darauf ankommt darzulegen, dass es infolge der Umsetzung der Unternehmerentscheidung zu einem Wegfall der Beschäftigungsmöglichkeit des gekündigten Arbeitnehmers gekommen ist.

---

693 *Franzen*, NZA 2001, 805 (810 ff.).
694 *Quecke*, NZA 1999, 1247 (1249 f.).
695 *Rommé/Pauker*, NZA-RR 2000, 281 (287 f.).
696 *Franzen*, NZA 2001, 805 (810).

Diese Darlegungs- und Beweislast gilt auch für den Fall der Leistungsverdichtung. Hierbei ist aber vom Arbeitgeber darüber hinaus darzulegen, dass die verbleibenden Arbeitnehmer die ihnen übertragenen Arbeiten auch bewerkstelligen können. Dies gilt sowohl in tatsächlicher als auch in rechtlicher Hinsicht. Rechtliche Grenzen können hier etwa durch den Arbeitsvertrag, die Tarifverträge oder die Betriebsvereinbarungen gegeben sein. Ferner darf auch nicht gegen gesetzliche Bestimmungen verstoßen werden.

3) Ergebnis

Der Arbeitgeber muss somit stets die Kausalkette von der Unternehmerentscheidung über deren Durchführung bis hin zum Wegfall der Beschäftigungsmöglichkeit nachvollziehbar darlegen und ggf. beweisen. Diese Darlegungs- und Beweislast ergibt sich bereits aus § 1 Abs. 2 Satz 4 KSchG und bedarf keiner gesonderten Rechtsprechung des BAG, wie sie in den Entscheidungen vom 17.06.1999 erfolgt ist.

B) Keine anderweitige Beschäftigungsmöglichkeit

Ist festgestellt worden, dass die bisherige Beschäftigungsmöglichkeit des zu kündigenden Arbeitnehmers tatsächlich weggefallen ist, stellt sich die Frage, ob der Arbeitgeber verpflichtet werden kann, den betroffenen Arbeitnehmer auf einem anderen Arbeitsplatz im Betrieb, im Unternehmen oder auch im Konzern weiterzubeschäftigen.

I) Weiterbeschäftigungspflicht des Arbeitgebers

Nach 1 Abs. 2 Satz 1 KSchG ist eine betriebsbedingte Kündigung sozial ungerechtfertigt, wenn sie nicht durch dringende betriebliche Erfordernisse, die einer *Weiterbeschäftigung* des Arbeitnehmers *in diesem Betrieb* entgegenstehen, bedingt ist. Das Gesetz sieht also eine Weiterbeschäftigungspflicht des Arbeitgebers auf Betriebsebene vor. Eine betriebsbedingte Kündigung soll nur dann sozial gerechtfertigt sein, wenn keine Möglichkeit zur anderweitigen Beschäftigung in demselben Betrieb besteht.
Bestätigt wird diese Aussage in § 1 Abs. 2 Satz 2 Nr. 1b KSchG, der normiert, dass die Kündigung auch sozial ungerechtfertigt ist, wenn der Arbeitnehmer an einem anderen Arbeitsplatz in demselben Betrieb oder in einem anderen Betrieb des Unternehmens weiterbeschäftigt werden kann. Eine entsprechende Regelung

gilt nach § 1 Abs. 2 Satz 2 Nr. 2b KSchG auch für Betriebe und Verwaltungen des öffentlichen Rechts[697].
Das KSchG bestimmt damit nicht nur eine Weiterbeschäftigung auf Betriebsebene, sondern auch auf Unternehmensebene. Für eine derart erweiterte Weiterbeschäftigungspflicht ist es allerdings sowohl im Falle des § 1 Abs. 2 Satz 2 Nr. 1b KSchG als auch im Falle des § 1 Abs. 2 Satz 2 Nr. 2b KSchG erforderlich, dass der Betriebsrat – bzw. bei Betrieben und Verwaltungen des öffentlichen Rechts der Personalrat – der strittigen Kündigung zuvor widersprochen hat. Ohne einen solchen Widerspruch verbleibt es nach § 1 Abs. 2 Satz 2 KSchG bei einer Begrenzung der Weiterbeschäftigungspflicht auf Betriebsebene nach § 1 Abs. 2 Satz 1 KSchG[698].

1) Grundvoraussetzung der Weiterbeschäftigungspflicht

Für eine Weiterbeschäftigungspflicht des Arbeitgebers gelten nach herrschender Auffassung gewisse Mindestvoraussetzungen. So muss der Arbeitgeber sowohl über einen freien Arbeitsplatz als auch über einen im Verhältnis zur vorherigen Beschäftigung vergleichbaren Arbeitsplatz verfügen[699].

a) Freier Arbeitsplatz

Eine Verpflichtung zur Weiterbeschäftigung soll für den Arbeitgeber nur bestehen, wenn ein freier Arbeitsplatz vorhanden ist[700]. Dies bedeutet, dass der betroffene Arbeitnehmer keinen Anspruch hat, dass neue Arbeitsplätze eingerichtet werden. Vielmehr müssen vorhandene Arbeitsplätze frei sein[701]. Der Ar-

---

[697] Vgl. auch § 1 Abs. 2 Satz 3 KSchG, der bestimmt, dass § 1 Abs. 2 Satz 2 KSchG entsprechend gilt, wenn die Weiterbeschäftigung des Arbeitnehmers nach zumutbaren Umschulungs- oder Fortbildungsmaßnahmen oder eine Weiterbeschäftigung des Arbeitnehmers unter geänderten Arbeitsbedingungen möglich ist und der Arbeitnehmer sein Einverständnis hiermit erklärt.

[698] Vgl. zur Voraussetzung des Widerspruchs des Betriebsrats näher unten unter 2) b).

[699] Vgl. etwa *v. Hoyningen-Huene/Linck*, § 1 KSchG Rdnr. 394 ff.; ErfKomm-*Ascheid*, § 1 KSchG Rdnr. 442 ff.; *Backmeister/Trittin/Mayer*, § 1 KSchG Rdnr. 325; HaKo-*Gallner*, § 1 Teil F Rdnr. 630 ff.

[700] *V. Hoyningen-Huene/Linck*, § 1 KSchG Rdnr. 394; MüKo-*Hergenröder*, § 1 KSchG Rdnr. 330; HaKo-*Gallner*, § 1 Teil F Rdnr. 630.

[701] Vgl. Urteile des BAG vom 29.03.1990, AP Nr. 50 zu § 1 KSchG 1969 Betriebsbedingte Kündigung; vom 15.12.1994, EzA § 1 KSchG Betriebsbedingte Kündigung Nr. 75 mit insoweit zust. Anm. *v. Hoyningen-Huene*; *v. Hoyningen-Huene/Linck*, § 1 KSchG Rdnr. 394; ErfKomm-*Ascheid*, § 1 KSchG Rdnr. 442.

beitgeber kann auch nicht dazu verpflichtet werden, einen besetzten Arbeitsplatz „freizukündigen“ oder durch andere Organisationsmaßnahmen zu schaffen[702]. Die Weiterbeschäftigungsmöglichkeit muss zudem grundsätzlich bereits im Zeitpunkt des Zugangs der Kündigung gegeben sein[703]. Eine Weiterbeschäftigung kommt aber auch dann in Betracht, wenn der Arbeitgeber bei Ausspruch der Kündigung mit hinreichender Sicherheit vorhersehen kann, dass ein Arbeitsplatz bis zum Ablauf der Kündigungsfrist zur Verfügung stehen wird, etwa durch das Ausscheiden aus Altersgründen eines anderen Arbeitnehmers oder durch Eigenkündigung[704]. Auch in Fällen, in denen bereits im Zeitpunkt der Kündigung feststeht, dass ein Arbeitsplatz in absehbarer Zeit nach Ablauf der Kündigungsfrist frei werden wird, soll eine Weiterbeschäftigungspflicht des Arbeitgebers bestehen, sofern dem Arbeitgeber die Überbrückung des jeweiligen Zeitraumes zumutbar ist[705].

b) Vergleichbarer Arbeitsplatz

Neben dem Erfordernis des freien Arbeitsplatzes ist die Möglichkeit der Weiterbeschäftigung zudem nur auf vergleichbare Arbeitsplätze bezogen[706]. Der Arbeitnehmer muss den Anforderungen, die der neue Arbeitsplatz an ihn stellt, entsprechen[707]. Er kann zudem keinen Anspruch auf Beförderung geltend machen[708].

---

702 ErfKomm-*Ascheid*, § 1 KSchG Rdnr. 443; *v. Hoyningen-Huene/Linck*, § 1 KSchG Rdnr. 394; MüKo-*Hergenröder*, § 1 KSchG Rdnr. 330.

703 HK-*Weller/Dorndorf*, § 1 Rdnr. 904; *v. Hoyningen-Huene/Linck*, § 1 KSchG Rdnr. 394; HaKo-*Gallner*, § 1 Teil F Rdnr. 630.

704 Urteil des BAG vom 29.03.1990, AP Nr. 50 zu § 1 KSchG 1969 Betriebsbedingte Kündigung; *v. Hoyningen-Huene/Linck*, § 1 KSchG Rdnr. 394; ErfKomm-*Ascheid*, § 1 KSchG Rdnr. 442.

705 Urteil des BAG vom 15.12.1994, EzA § 1 KSchG Betriebsbedingte Kündigung Nr. 75; *Kittner/Däubler/Zwanziger*, § 1 KSchG Rdnr. 381; ErfKomm-*Ascheid*, § 1 KSchG Rdnr. 442.

706 Urteil des BAG vom 29.03.1990, AP Nr. 50 zu § 1 KSchG 1969 Betriebsbedingte Kündigung; ErfKomm-*Ascheid*, § 1 KSchG Rdnr. 444; *v. Hoyningen-Huene/Linck*, § 1 KSchG Rdnr. 398.

707 *V. Hoyningen-Huene/Linck*, § 1 KSchG Rdnr. 398; MüKo-*Hergenröder*, § 1 KSchG Rdnr. 331; *Löwisch/Spinner*, § 1 KSchG Rdnr. 280. Vgl. hierzu auch das Urteil des BAG vom 24.06.2004, NZA 2004, 1268 ff., nach dem der Arbeitnehmer über die für den neuen Arbeitsplatz erforderlichen Fähigkeiten und Kenntnisse verfügen müsse. Weiter führt das Gericht aus, dass die Gestaltung des Anforderungsprofils für den freien Arbeitsplatz dabei der lediglich auf offenbare Unsachlichkeit zu überprüfenden Unternehmerdisposition des Arbeitgebers unterliege.

708 Urteile des BAG vom 29.03.1990 und vom 21.09.2000, AP Nr. 50 und Nr. 111 zu § 1 KSchG 1969 Betriebsbedingte Kündigung; ErfKomm-*Ascheid*, § 1 KSchG Rdnr. 444; MüKo-*Hergenröder*, § 1 KSchG Rdnr. 331; *Schaub/Koch/Linck*, Arbeitsrechts-Handbuch, § 131 Rdnr. 20.

Eine Weiterbeschäftigungspflicht wird zum Teil aber auch dann erwogen, wenn der Arbeitgeber Beschäftigungsmöglichkeiten von einem Betrieb des Unternehmens in einen anderen verlagert und dort einen neuen Arbeitsplatz schafft, der im Wesentlichen den Anforderungen des bisherigen Arbeitsplatzes entspricht, aber höher vergütet wird[709].

Insgesamt wird vertreten, dass den Arbeitgeber im Hinblick auf die Weiterbeschäftigungsmöglichkeit keine Prüfungspflicht im Sinne einer Wirksamkeitsvoraussetzung für die betriebsbedingte Kündigung treffe[710]. Maßgeblich sei allein, ob die Umsetzung des gekündigten Arbeitnehmers auf einen anderen freien Arbeitsplatz tatsächlich möglich gewesen wäre[711].

2) Reichweite der Weiterbeschäftigungspflicht

Hinsichtlich der Frage, welche Reichweite die Weiterbeschäftigungspflicht des Arbeitgebers umfassen soll, ist keine einheitliche Auffassung zu erkennen. Diskutiert werden sowohl eine betriebsbezogene, eine unternehmensbezogenen als auch eine konzernbezogene Ausgestaltung der Weiterbeschäftigungspflicht des Arbeitgebers.

a) Betriebsbezogene Weiterbeschäftigung

Nach dem Wortlaut des Gesetzes ist die Weiterbeschäftigungspflicht des Arbeitgebers grundsätzlich betriebsbezogen ausgestaltet. § 1 Abs. 2 Satz 1 KSchG normiert, dass eine betriebsbedingte Kündigung dann sozial gerechtfertigt ist, wenn sie durch dringende betriebliche Erfordernisse, die einer Weiterbeschäftigung des Arbeitnehmers in diesem *Betrieb* entgegenstehen, bedingt ist.

---

[709] Vgl. Urteile des BAG vom 10.11.1994, AP Nr. 65 zu § 1 KSchG 1969 Betriebsbedingte Kündigung = EzA § 1 KSchG Betriebsbedingte Kündigung Nr. 77 und vom 05.10.1995, AP Nr. 71 zu § 1 KSchG 1969 Betriebsbedingte Kündigung = SAE 1996, 398; ErfKomm-*Ascheid*, § 1 KSchG Rdnr. 444; kritisch *Meisel*, Anm. zum Urteil des BAG vom 05.10.1995, SAE 1996, 398; abl. *v. Hoyningen-Huene*, Anmerkung zum Urteil des BAG vom 10.11.1994, EzA § 1 KSchG Betriebsbedingte Kündigung Nr. 77.

[710] Urteil des BAG vom 18.01.1990, AP Nr. 19 zu § 1 KSchG 1969 Soziale Auswahl; *v. Hoyningen-Huene/Linck*, § 1 KSchG Rdnr. 395; ErfKomm-*Ascheid*, § 1 KSchG Rdnr. 446.

[711] Urteil des BAG vom 03.02.1977, AP Nr. 4 zu § 1 KSchG 1969 Betriebsbedingte Kündigung; *v. Hoyningen-Huene/Linck*, § 1 KSchG Rdnr. 395; ErfKomm-*Ascheid*, § 1 KSchG Rdnr. 446.

b) Unternehmensbezogene Weiterbeschäftigung

Oben wurde bereits ausgeführt, dass diese grundsätzlich betriebsbezogene Weiterbeschäftigungspflicht des Arbeitgebers in § 1 Abs. 2 Satz 2 eine Ausnahme erfährt. So normiert Nr. 1b dieser Vorschrift, dass eine Kündigung auch dann sozial ungerechtfertigt ist, wenn der Arbeitnehmer an einem anderen Arbeitsplatz in demselben Betrieb oder in einem *anderen Betrieb des Unternehmens* weiterbeschäftigt werden kann. Die Weiterbeschäftigungspflicht des Arbeitgebers ist damit nicht nur betriebsbezogen, sondern auch unternehmensdimensional ausgestaltet.

Allerdings setzt § 1 Abs. 2 Satz 2 Nr. 1b KSchG für eine derartig erweiterte Weiterbeschäftigungspflicht des Arbeitgebers einen vorherigen Widerspruch des Betriebsrats in Bezug auf die strittige Kündigung voraus[712]. Ohne einen solchen Widerspruch ist die Weiterbeschäftigungspflicht des Arbeitgebers nach dem Wortlaut des § 1 Abs. 2 Satz 1 KSchG weiterhin auf den Betrieb begrenzt. Bei der Frage, ob die Umsetzung der Unternehmerentscheidung zu einem Wegfall der Beschäftigungsmöglichkeit des betroffenen Arbeitnehmers geführt hat, ist deshalb grundsätzlich auf die Verhältnisse des Betriebs abzustellen[713].

Dennoch wird heute überwiegend auch im Rahmen der Generalklausel des § 1 Abs. 2 Satz 1 KSchG für eine unternehmensbezogene Weiterbeschäftigungspflicht des Arbeitgebers plädiert, ohne dass es auf einen Widerspruch des Betriebsrats ankommen soll[714]. Begründet wird dies u.a. mit der heutigen wirtschaftlichen Entwicklung, die zunehmend durch eine Unternehmenskonzentration ausgezeichnet sei und in der die maßgeblichen Entscheidungen nicht auf Betriebs-, sondern auf Unternehmens- oder Konzernebene getroffen würden[715]. Insoweit sei der legislatorische Ansatzpunkt, bei der betriebsbedingten Kündigung nur auf die Verhältnisse des Betriebs abzustellen, als zu eng zu betrachten[716].

Zudem wird dem § 1 Abs. 2 Satz 2 KSchG mit seiner unternehmensbezogenen Weiterbeschäftigungspflicht des Arbeitgebers allgemeingültige Wirkung im Bereich der betriebsbedingten Kündigung zuerkannt. Seine Durchbrechung der

---

[712] § 1 Abs. 2 KSchG wurde durch § 123 Nr. 1 BetrVG vom 15.01.1972 (BGBl. I S. 17) sowie durch § 114 des BPersVG vom 15.03.1974 (BGBl. I S. 693) um die jetzt im Gesetz aufgeführten Widerspruchstatbestände erweitert.

[713] Insoweit zust. etwa KR-*Etzel*, § 1 KSchG Rdnr. 537; *v. Hoyningen-Huene/Linck*, § 1 KSchG Rdnr. 374; HaKo-*Gallner*, § 1 Teil F Rdnr. 624.

[714] Vgl. Urteil des BAG vom 17.05.1984, EzA § 1 KSchG Betriebsbedingte Kündigung Nr. 32; *Löwisch/Spinner*, § 1 KSchG Rdnr. 283; *Löwisch*, DB 1975, 349 ff.; *Stahlhacke/Preis*, Rdnr. 628; KR-*Etzel*, § 1 KSchG Rdnr. 538; HaKo-*Gallner*, § 1 Teil F Rdnr. 625 Fn. 1561; *U. Preis*, in: Henssler/Moll, Kündigung und Kündigungsschutz, S. 9; *Hinze*, Mildere Mittel, S. 132 ff.; a.A. etwa *Söllner*, RdA 1985, 328 (336).

[715] KR-*Etzel*, § 1 KSchG Rdnr. 537.

[716] KR-*Etzel*, § 1 KSchG Rdnr. 537.

grundsätzlichen Betriebsbezogenheit der Weiterbeschäftigungspflicht wirke auch in Bezug auf § 1 Abs. 2 Satz 1 KSchG, so dass auch hier seit der Einführung des § 1 Abs. 2 Satz 2 KSchG von einer unternehmensbezogenen Weiterbeschäftigungspflicht auszugehen sei[717].

Begründet wird diese „Ausstrahlungswirkung" des § 1 Abs. 2 Satz 2 KSchG auf den § 1 Abs. 2 Satz 1 KSchG ebenso damit, dass der Gesetzgeber durch die Einführung des § 1 Abs. 2 Satz 2 KSchG den Kündigungsschutz der Arbeitnehmer nicht habe verringern, sondern vielmehr habe erweitern wollen[718]. Schon vor der Einführung des § 1 Abs. 2 Satz 2 KSchG hatte das BAG in Einzelfällen eine unternehmensbezogene Weiterbeschäftigungspflicht des Arbeitgebers angenommen[719]. Gestützt hatte es diese auf eine Fürsorgepflicht des Arbeitgebers. Es wird vorgebracht, der Gesetzgeber habe diese Entwicklung durch die Einführung des § 1 Abs. 2 Satz 2 KSchG unterstreichen und sicherlich nicht eine Verschlechterung des Kündigungsschutzes erreichen wollen[720].

c) Konzernbezogene Weiterbeschäftigung

Neben einer unternehmensbezogenen Weiterbeschäftigungspflicht wird auch eine konzernbezogene Ausgestaltung der Weiterbeschäftigungspflicht des Arbeitgebers angenommen. Der kündigende Arbeitgeber sei zu einer Überprüfung der Weiterbeschäftigung im Gesamtkonzern verpflichtet und müsse ggf. seinen Einfluss dahingehend ausüben, dass ein freier Arbeitsplatz mit seinem zu kündigenden Arbeitnehmer besetzt werde[721].

Selbst diejenigen, die grundsätzlich eine derartig weite Ausgestaltung der Weiterbeschäftigungspflicht des Arbeitgebers ablehnen[722], sind der Ansicht, dass Ausnahmen sich u.a. dann ergeben könnten, wenn sich ein anderes Konzernunternehmen bspw. ausdrücklich zur Übernahme des betroffenen Arbeitnehmers

---

[717] *V. Hoyningen-Huene/Linck*, § 1 KSchG Rdnr. 391, 499 ff.; KR-*Etzel*, § 1 KSchG Rdnr. 538; *Stahlhacke/Preis*, Rdnr. 628; *Löwisch/Spinner*, § 1 KSchG Rdnr. 283; *Löwisch*, DB 1975, 349 f.

[718] Vgl. etwa Urteil des BAG vom 17.05.1984, SAE 1986, 273 f. mit zust. Anm. *Schulin*.

[719] Urteil des BAG vom 25.03.1959, AP Nr. 27 zu § 611 BGB Fürsorgepflicht.

[720] Vgl. Urteil des BAG vom 17.05.1984, SAE 1986, 273 ff. mit zust. Anm. *Schulin*; s.a. *U. Preis*, in: Henssler/Moll, Kündigung und Kündigungsschutz, S. 9.

[721] *Henssler*, Der Arbeitsvertrag im Konzern, S. 129 ff.; *Konzen*, ZHR 1987, 566 (596); *ders.*, ZfA 1982, 259 (305 ff.); *ders.*, RdA 1984, 65 (82 ff.); *Coen*, RdA 1983, 348 (351 ff.); *Martens*, in: FS 25 Jahre Bundesarbeitsgericht, S. 367 (376 ff.).

[722] Vgl. *v. Hoyningen-Huene/Linck*, § 1 KSchG Rdnr. 392; HK-*Weller/Dorndorf*, § 1 Rdnr. 899; *Löwisch/Spinner*, § 1 KSchG Rdnr. 287; *Ascheid*, Kündigungsschutzrecht, Rdnr. 303; näher hierzu u.a. *Kiel*, Die anderweitige Beschäftigungsmöglichkeit, S. 137 ff.; vgl. auch Urteile des BAG vom 14.10.1982, AP Nr. 1 zu § 1 KSchG 1969 Konzern; vom 22.05.1986, AP Nr. 4 zu § 1 KSchG 1969 Konzern; vom 27.11.1991, AP Nr. 6 zu § 1 KSchG 1969 Konzern; vom 10.01.1994, AP Nr. 8 zu § 1 KSchG 1969 Konzern.

bereit erklärt habe oder sich eine Übernahmeverpflichtung unmittelbar aus dem Arbeitsvertrag ergebe[723].

Das BAG ging bislang in ständiger Rechtsprechung davon aus, dass das Kündigungsschutzgesetz aufgrund der Fassung des § 1 KSchG grundsätzlich betriebsbezogen, allenfalls unternehmensbezogen[724], aber nicht konzernbezogen sei[725]. Doch das Urteil vom 26.09.2002 hat die Frage aufgeworfen, ob das BAG an dieser Sichtweise festhalten oder zukünftig für eine konzernbezogene Weiterbeschäftigungspflicht des Arbeitgebers im KSchG eintreten will. Zwar führt das BAG in seiner Entscheidung vom 26.09.2002 unter II 1 e aa der Gründe aus, dass § 1 Abs. 2 KSchG auf Weiterbeschäftigungsmöglichkeiten für den betroffenen Arbeitnehmer im Betrieb bzw. im Unternehmen, nicht jedoch im Konzern abstelle. Zudem betont das Gericht, dass es deshalb nicht möglich sei, die Organisationsentscheidung des Arbeitgebers, Teilbereiche seines Betriebs stillzulegen und auf ein anderes Unternehmen zu übertragen, dadurch zu ignorieren, dass bei enger wirtschaftlicher Verflechtung beider Unternehmen ohne das Vorliegen eines Gemeinschaftsbetriebs die Betriebe der beiden rechtlich selbständigen Unternehmen zusammengerechnet würden.
Dennoch greift das BAG am Ende der Entscheidung die Frage nach der Möglichkeit einer konzernbezogenen Weiterbeschäftigungspflicht erneut auf. Es weist auf Meinungen in der Literatur hin, nach denen sich ein konzernbezogener Kündigungsschutz auch aus Vertrauensgesichtspunkten im Fall der Selbstbindung des Arbeitgebers ergeben könne. Seien für den Fortfall des Arbeitsplatzes konzerninterne Gründe (etwa die Verlagerung der Tätigkeiten auf andere Konzernunternehmen, die Stilllegung eines Konzernunternehmens oder einer Abtei-

---

723 Vgl. u.a. Urteil des BAG vom 14.10.1982, AP Nr. 1 zu § 1 KSchG 1969 Konzern; *v. Hoyningen-Huene/Linck*, § 1 Rdnr. 393; HaKo-*Gallner*, § 1 Teil F Rdnr. 628; *Kittner/Däubler/Zwanziger*, § 1 KSchG Rdnr. 389; *Löwisch/Spinner*, § 1 KSchG Rdnr. 287 f.; näher dazu u.a. *Konzen*, ZfA 1982, 259 (305 ff.); *Lingemann/v. Steinau-Steinrück*, DB 1999, 2161; *Kukat*, BB 2000, 1242 ff.; vgl. auch *Neef*, der sich für einen konzerndimensionalen Kündigungsschutz ausspricht, wenn der Arbeitgeber einen unmittelbaren Einfluss und Durchgriff auf das konzernabhängige Unternehmen habe, Anm. zum Urteil des BAG vom 26.09.2002, AR-Blattei ES, 1020.4 Nr. 10; ausführliche Übersicht zu den verschiedenen Ansichten hinsichtlich einer konzerndimensionalen Weiterbeschäftigungspflicht etwa bei *Hinze*, Mildere Mittel, S. 155 f.

724 Hinsichtlich der Weiterbeschäftigungspflicht vgl. u.a. Urteile des BAG vom 17.05.1984, DB 1985, 1190 ff.; vom 21.09.2000, NZA 2001, 535 ff. = AP Nr. 112 zu § 1 KSchG 1969 Betriebsbedingte Kündigung; vom 17.09.1998, NZA 1999, 258 (261).

725 Urteile des BAG vom 14.10.1982, AP Nr. 1 zu § 1 KSchG 1969 Konzern; vom 22.05.1986, AP Nr. 4 zu § 1 KSchG Konzern; vom 27.11.1991, EzA zu § 1 KSchG Betriebsbedingte Kündigung Nr. 72; vgl. aber auch Urteil des BAG vom 10.01.1994, AP Nr. 8 zu § 1 KSchG 1969 Konzern, in dem das BAG auf einen ausnahmsweise anzuerkennenden konzerndimensionalen Kündigungsschutz hinweist (z.B. bei einer Weiterbeschäftigungsmöglichkeit in einem Tochterunternehmen).

ung bei gleichzeitiger Neugründung eines Konzernunternehmens mit identischen arbeitstechnischen und wirtschaftlichen Zielsetzungen) ursächlich, sei der Arbeitgeber ggf. nicht zur betriebsbedingten Kündigung berechtigt, sondern müsse für eine Weiterbeschäftigung der betroffenen Arbeitnehmer in dem anderen Konzernunternehmen sorgen[726]. Im Ergebnis lässt das BAG aber die Frage, ob dieser Sichtweise in dieser Allgemeinheit zu folgen sei, offen.
Fraglich bleibt, warum das BAG diese konzernbezogenen Überlegungen überhaupt angestellt hat; insbesondere, weil es zur Entscheidung des Falles, in dem die Unwirksamkeit der Kündigung bereits aufgrund der missbräuchlichen Unternehmerentscheidung feststand, ohne Relevanz war.
Die Tatsache, dass das BAG die Frage um einen konzernbezogenen Kündigungsschutz dennoch angesprochen hat, könnte darauf hindeuten, dass dies zukünftig der Weg der Rechtsprechung sein könnte[727].
Ein Vergleich mit der Entscheidung des BAG vom 21.02.2002[728] zeigt aber, dass die Entscheidung vom 26.09.2002 in Bezug auf einen konzernbezogenen Kündigungsschutz auch als eine Abkehr von diesem bewertet werden kann[729]. In der Entscheidung vom 21.02.2002 urteilte das BAG, dass eine Weiterbeschäftigungsmöglichkeit für den gekündigten Arbeitnehmer außerhalb des Unternehmens des Arbeitgebers regelmäßig jedenfalls dann nicht zur Sozialwidrigkeit einer betriebsbedingten Kündigung etwa analog § 1 Abs. 2 Satz 2 Nr. 1b KSchG führen könne, wenn der Arbeitgeber keine hinreichenden rechtlichen bzw. tatsächlichen Möglichkeiten habe, dem Drittunternehmen gegenüber die Weiterbeschäftigung dieses Arbeitnehmers durchzusetzen[730]. Diese Entscheidung legt den Schluss nahe, dass das BAG andernfalls, nämlich dann, wenn der Arbeitgeber über hinreichende rechtliche bzw. tatsächliche Möglichkeiten zur Durchsetzung der Weiterbeschäftigung des betroffenen Arbeitnehmers verfügt hätte, einen konzerndimensionalen Kündigungsschutz wohl bejaht hätte.
In der Konsequenz dieser Entscheidung hätte das BAG in dem Fall vom 26.09.2002 einen konzernbezogenen Kündigungsschutz annehmen können bzw. müssen. Denn hier hätte der Krankenhausbetreiber aufgrund der möglichen Einflussnahme auf die Service-GmbH die Möglichkeit gehabt, eine Weiterbeschäftigung der betroffenen Arbeitnehmer durchzusetzen. Das BAG hat aber in der Entscheidung vom 26.09.2002 darauf verzichtet, die Folgen einer konse-

---

[726] Vgl. etwa *Kittner/Däubler/Zwanziger*, § 1 KSchG Rdnr. 397; HK-*Weller/Dorndorf*, § 1 KSchG Rdnr. 902; *Lingemann/v. Steinau-Steinrück*, DB 1999, 2161.
[727] So *Annuß*, NZA 2003, 783 (785); ähnlich *Neef*, AR-Blattei ES, 1020.4 Nr. 10, nach dem das BAG in der Entscheidung vom 26.09.2002 mit erhobenem Zeigefinger erkennen lasse, „dass das Tor zum Kündigungsschutz im Konzern gerade noch einmal zugeblieben ist".
[728] Urteil des BAG vom 21.02.2002, EzA § 1 KSchG Wiedereinstellungsanspruch Nr. 7.
[729] So *Thüsing/Stelljes*, Anm. zum Urteil des BAG vom 26.09.2002, EzA § 1 KSchG Betriebsbedingte Kündigung Nr. 124.
[730] Vgl. dazu auch *Adam*, DZWIR 2003, 244 (245).

quenten Fortführung seiner Entscheidung vom 21.02.2002 zu ziehen. Dies lässt den Schluss zu, dass das BAG von der Entscheidung vom 21.02.2002 Abstand nehmen und auf eine konzernbezogene Weiterbeschäftigungspflicht verzichten will[731]. Aber erst zukünftige Urteile des BAG können in dieser Frage Gewissheit verschaffen.

II) Kritik zur Weiterbeschäftigungspflicht des Arbeitgebers – insbesondere zur Ausweitung dieser Pflicht auf Unternehmens- und Konzernebene

Die Bestimmung einer Weiterbeschäftigungspflicht des Arbeitgebers trotz Wegfalls der Beschäftigungsmöglichkeit des betroffenen Arbeitnehmers basiert vorwiegend auf dem Verständnis, dass das KSchG in erster Linie auf Bestandsschutz der Arbeitnehmer ziele. Die wirtschaftliche und soziale Bedeutung des Arbeitsplatzes für den Arbeitnehmer erfordere einen möglichst weitreichenden Schutz desselben. Der Sinn und Zweck des Kündigungsschutzes sei daher darin zu erblicken, den einzelnen Arbeitnehmer vor dem Verlust seines Arbeitplatzes als Grundlage seiner wirtschaftlichen und sozialen Existenz möglichst umfassend zu schützen.
Geht man von einem solchen Schutzzweck des Kündigungsschutzes aus, ist es nicht nur naheliegend, sondern bei konsequenter Anwendung dieses Schutzgedankens sogar erforderlich, sowohl eine Weiterbeschäftigungspflicht des Arbeitgebers auf Betriebsebene als auch eine Ausweitung dieser Pflicht auf Unternehmens- und Konzernebene zu fordern[732].

---

[731] So auch *Thüsing/Stelljes*, Anm. zum Urteil des BAG vom 26.09.2002, EzA § 1 KSchG Betriebsbedingte Kündigung Nr. 124, die zudem darauf verweisen, dass diese Tendenz auch im Einklang mit der Ablehnung des Konzernbezugs bei § 23 Abs. 1 Satz 2 KSchG stehe, vgl. hierzu Urteile des BAG vom 29.04.1999, EzA § 23 KSchG Nr. 21 und vom 13.06.2002, ZIP 2002, 1823; für eine Ablehnung des Konzernbezugs sprechen sich in diesem Zusammenhang auch *Bengelsdorf*, Anm. zum Urteil des BAG vom 26.09.2002, AP Nr. 24 zu § 1 KSchG 1969 Betriebsbedingte Kündigung und *Reuter*, RdA 2004, 161 (162) aus. Nach *Bengelsdorf* sei u.a. unklar, wie der Konzernspitze die (partielle) Arbeitgebereigenschaft rechtlich einwandfrei oktroyiert werden solle. *Reuter* weist darüber hinaus darauf hin, dass jedes Unternehmen, das bisher intern erledigte Aufgaben an ein anderes Unternehmen übertrage, den Abschluss des Werkvertrags von der Übernahme der frei werdenden Arbeitnehmer abhängig machen könne. Werde eine derartige Fürsorgepflicht bei der Vergabe an ein Fremdunternehmen nicht zugemutet, dann sei kein plausibler Grund erkennbar, weshalb es bei der Vergabe an ein Tochterunternehmen anders sein solle.

[732] Insoweit ist denjenigen Inkonsequenz vorzuwerfen, die den Zweck des Kündigungsschutzes zwar in einem ausgedehnten Bestandsschutz der Arbeitsverhältnisse sehen, aber dennoch eine Ausweitung der Weiterbeschäftigungspflicht des Arbeitgebers auf Konzernebene ablehnen und zu diesem Zweck auf den Grundsatz der rechtlichen Selbständigkeit der Konzerngesellschaften verweisen; vgl. hierzu u.a. *v. Hoyningen-Huene/Linck*, § 1 KSchG Rdnr. 392; *U. Preis*, DB 1988, 1387 (1393 f.); vgl. auch Urteile des BAG vom 14.10.1982 und vom

Geht man allerdings wie vorliegend von einem Kündigungsschutzzweck aus, der darin besteht, den Arbeitnehmern eine angstfreie Ausübung ihrer betrieblichen Rechte und Freiheiten zu sichern, dann ist weder die Forderung nach einer Weiterbeschäftigung auf Betriebsebene noch auf Unternehmens- oder Konzernebene des betroffenen Arbeitnehmers über den Wegfall seines Arbeitplatzes hinaus zur Wahrung des Kündigungsschutzzwecks erforderlich.

Das Kündigungshindernis der Weiterbeschäftigung setzt voraus, dass eine Weiterbeschäftigung am bisherigen Arbeitsplatz aus triftigem Grund ausscheidet. Allein durch diese Voraussetzung steht schon fest, dass der Arbeitgeber nicht lediglich gekündigt hat, um die Wahrnehmung betrieblicher Rechte oder Freiheiten zu ahnden[733]. Der Schutz des Betriebsbürgerstatus der Arbeitnehmer erfordert damit keinen zwingenden Vorrang der internen Arbeitnehmer auf die im Betrieb, im Unternehmen oder im Konzern vorhandenen freien Arbeitsplätze.

Darüber hinaus ist auch auf die erhöhten Zutrittsschranken für die externen Arbeitsplatzbewerber hinzuweisen, die sich durch eine Weiterbeschäftigungspflicht des Arbeitgebers und insbesondere aus deren Ausweitung auf Unternehmens- und Konzernebene ergeben. Der Arbeitgeber wird gezwungen, in der Konkurrenz zwischen einem Beschäftigten und einem Arbeitsuchenden um einen freien Arbeitsplatz zugunsten des von der Kündigung bedrohten Beschäftigten zu entscheiden. Die Rechte der Arbeitsuchenden werden dadurch in unzulässiger Weise zurückgedrängt[734].

Zudem ist in diesem Zusammenhang auch auf die sich vor allem aus einer Ausweitung der Weiterbeschäftigungspflicht des Arbeitgebers ergebenden praktischen Schwierigkeiten hinzuweisen. So führt etwa *Hromadka* in Bezug auf die Forderung nach einer unternehmensdimensionalen Weiterbeschäftigungspflicht des Arbeitgebers aus, dass es für ein Unternehmen wie z.B. der Siemens AG mit ca. 120.000 Beschäftigten in 110 Betrieben trotz EDV eine schiere Unmöglichkeit darstelle, mit letzter Sicherheit auszuschließen, dass nicht irgendwo ein Arbeitsplatz frei sei oder bis zum Ablauf der Kündigungsfrist frei werde[735]. Insofern ist der Arbeitgeber häufig schon aus rein praktischen Gründen gar nicht in

---

27.11.1991, AP Nr. 1 und 6 zu § 1 KSchG 1969 Konzern. Bei konsequenter Anwendung des von der h.M. vertretenen Bestandsschutzdenkens müsste ein konzerndimensionaler Kündigungsschutz jedenfalls in den Fällen bejaht werden, in denen der Arbeitgeber aufgrund seiner konzernrechtlichen Leitungsmacht auch auf Arbeitsplätze in anderen verbundenen Unternehmen zugreifen kann.

[733] *Reuter*, in: FS 25 Jahre Bundesarbeitsgericht, 405 (425 f.).

[734] Vgl. hierzu auch *Reuter*, in: FS 25 Jahre Bundesarbeitsgericht, S. 405 (411, 423, 425 f.); *ders.*, RdA 2004, S. 161 (163 f.).

[735] *Hromadka*, ZfA 2002, 383 (389).

der Lage, die Anforderungen, die hinsichtlich der Weiterbeschäftigungspflicht (vor allem auf Unternehmens- und Konzernebene) an ihn gestellt werden, zu erfüllen.

III) Ergebnis

Im Ergebnis ist deshalb – insbesondere unter Zugrundelegung des hier vertretenen Kündigungsschutzzwecks – eine Weiterbeschäftigungspflicht des Arbeitgebers sowohl auf Betriebsebene als auch auf Unternehmens- und Konzernebene abzulehnen.

7. Kapitel

Zusammenfassung der Ergebnisse

1. Bei der Frage der Justitiabilität unternehmerischer Entscheidungen handelt es sich nicht um eine Problematik neuerer Zeit. Diese Frage beschäftigt die Rechtsprechung und die Literatur vielmehr seit langem. So wurde bereits innerhalb des § 84 Nr. 4 des Betriebsrätegesetzes vom 04. Februar 1920 darüber gestritten, ob unternehmerische Entscheidungen einer Kontrolle durch die Arbeitsgerichte zugänglich oder von einer solchen freizuhalten sind. Sowohl in der Rechtsprechung als auch in der Literatur war bereits damals keine einheitliche Auffassung zu erkennen. Erschwerend kam hinzu, dass das RAG zur Streitfrage der Überprüfbarkeit unternehmerischer Entscheidungen selbst nicht direkt Stellung beziehen konnte, da die Revision in Kündigungsschutzverfahren ausgeschlossen war.

2. Auch nach dem Inkrafttreten des KSchG am 14.08.1951, dessen Fassung im Kern bis heute Bestand hat, konnte keine einheitliche Lösung bei der Frage der Überprüfbarkeit unternehmerischer Entscheidungen gefunden werden.
Ein wichtiges Ereignis stellt in diesem Zusammenhang die Einrichtung des BAG im Jahr 1954 dar. Eine Kündigungsrechtsprechung auf arbeitsgerichtlich höchster Ebene gab die Möglichkeit, die bisherige konturenlose Billigkeitsrechtsprechung zu beenden und die Vielfalt an Meinungen zu vereinheitlichen. Die Rechtsprechung des BAG stellt damit eine wesentliche Komponente bei der Lösung der Frage der Reichweite unternehmerischer Entscheidungsfreiheit dar.

3. Bei dem Versuch der Konkretisierung der unternehmerischen Entscheidung ist zunächst festzustellen, dass dem Wortlaut des § 1 Abs. 2 Satz 1 KSchG der Begriff der unternehmerischen Entscheidung nicht zu entnehmen ist. Dennoch ist davon auszugehen, dass jeder betriebsbedingten Kündigung eine unternehmerische Entscheidung vorausgeht. Unternehmerische Entscheidungen sind als vorgeschaltetes Konzept betrieblicher Erfordernisse zu verstehen.
Eine umfassende Definition des Begriffs der unternehmerischen Entscheidung kann hingegen aufgrund der unendlichen Vielzahl wirtschaftlich ausgerichteter Entscheidungen nicht gegeben werden. Vielmehr muss in jedem Einzelfall untersucht werden, was für eine Entscheidung der betriebsbedingten Kündigung vorausgegangen ist, und ob diese unter den kontrollfreien Bereich unternehmerischer Dispositionsmöglichkeiten fällt.

4. Eine Differenzierung nach inner- und außerbetrieblichen Gründen für eine betriebsbedingte Kündigung ist hingegen abzulehnen. Das BAG hat in seiner Entscheidung vom 07.12.1978 versucht, die vielen verschiedenen Faktoren, die

einer betriebsbedingten Kündigung zugrunde liegen können, durch eine Einteilung in inner- und außerbetriebliche Gründe zu systematisieren. Eine solche Differenzierung ist oft schwer möglich. So sind organisatorische Entscheidungen des Arbeitgebers vielfach durch außerbetriebliche Gründe motiviert. Insgesamt hat die Systematisierung nach inner- und außerbetrieblichen Gründen lediglich deskriptiven Charakter. Ihr kommt rein rechtlich gesehen keine Bedeutung zu.

5. Unternehmerische Entscheidungen sind grundsätzlich nicht auf ihre Zweckmäßigkeit oder Notwendigkeit hin zu überprüfen. Diese grundsätzliche Freiheit unternehmerischer Entscheidungen basiert zum einen darauf, dass eine „Oberunternehmerstellung des Gerichts" nicht mit der Verantwortlichkeit eines Unternehmensträgers zu vereinbaren wäre. Zwischen Entscheidungsgewalt und wirtschaftlichem Risiko muss ein Gleichlauf bestehen. Dieser Gleichlauf würde unterlaufen werden, wenn die Gerichte dem Unternehmer unternehmerische Entscheidungen vorschreiben könnten, der Unternehmer aber letztlich das Risiko dieser Entscheidungen zu tragen hätte.
Zudem wären die Gerichte mit einer Überprüfung unternehmerischer Entscheidungen auf ihre Richtigkeit bzw. Unrichtigkeit überfordert. Die Gerichte verfügen insbesondere aufgrund der Unwägbarkeit unternehmerischen Handelns nicht über geeignete Maßstäbe, um eine sinnvolle Kontrolle vorzunehmen.
Darüber hinaus deutet auch die gesetzgeberische Wertung der §§ 111, 112, 112a BetrVG darauf hin, dass unternehmerische Entscheidungen im Grundsatz keiner gerichtlichen Kontrolle zu unterziehen sind. Nach den §§ 111 ff. BetrVG unterliegt der unternehmerische Willensbildungsprozess keinem erzwingbaren Mitbestimmungsrecht.
Des Weiteren ist auch die ausschließliche Begriffsverwendung des Betriebs in § 1 Abs. 2 KSchG ein Indiz dafür, dass der Gesetzgeber unternehmerische Entscheidungen von einer gerichtlichen Kontrolle grundsätzlich frei halten will.
Zudem ist die Grundlage unternehmerischer Entscheidungsfreiheit auch im Verfassungsrecht zu sehen. So schützt Art. 12 Abs. 1 GG sowohl die freie Gründung als auch die freie Führung eines Unternehmens. Zur freien Führung wird eine arbeitgeberische Leitungs- und Dispositionsbefugnis über Arbeitsinhalte, Arbeitsbedingungen und Arbeitsplätze garantiert. In gewissen Fällen wird die unternehmerische Betätigungsfreiheit auch durch Art. 12 Abs. 1 GG und Art. 14 Abs. 1 GG im gemeinsamen Verbund geschützt. Art. 2 Abs. 1 GG ist in diesem Zusammenhang i.d.R. als subsidiär zu betrachten.

6. Eine Einschränkung erfährt die grundsätzliche Freiheit unternehmerischer Entscheidungen durch die sogenannte Missbrauchskontrolle. Danach sind unternehmerische Entscheidungen auf offensichtliche Unsachlichkeit, Unvernunft oder Willkür zu überprüfen.

In seiner Entscheidung vom 26.09.2002 hat das BAG erstmals eine betriebsbedingte Kündigung aufgrund rechtsmissbräuchlichen unternehmerischen Verhaltens für unwirksam erklärt. Das Gericht hat in dieser Entscheidung auf die Kriterien der offensichtlichen Unsachlichkeit, Unvernunft und Willkür allerdings nur verbal Bezug genommen. Tatsächlich ging es von einer unzulässigen Umgehung des Verbots von Austauschkündigungen aus.

7. Bedeutung hat die Entscheidung vom 26.09.2002 auch dadurch erlangt, dass das BAG zur Urteilsfindung auf den vom BVerfG postulierten Mindestbestandsschutz der Arbeitnehmer als Schranke unternehmerischer Entscheidungsfreiheit zurückgegriffen hat. Hierzu ist grundsätzlich festzustellen, dass die Einbeziehung verfassungsrechtlicher Wertungen in die Kündigungsrechtsprechung die ohnehin bestehende Rechtsunsicherheit intensiviert. Insgesamt ist ein solcher Mindestbestandsschutz der Arbeitnehmer abzulehnen. Bei der Frage der Reichweite des arbeitsrechtlichen Bestandsschutzes sind nicht nur die Interessen der Arbeitsplatzinhaber, sondern auch das Grundrecht der Arbeitsuchenden auf freie Arbeitsplatzwahl aus Art. 12 Abs. 1 GG zu berücksichtigen. Eine derartige Feststellung bedeutet allerdings nicht, dass der Kündigungsschutz der Arbeitsplatzinhaber im Ergebnis zu unterbleiben hat. Es kann nur nicht zur Rechtfertigung des Kündigungsschutzes auf solche Interessen abgestellt werden, auf die sich beide Seiten berufen können. Erforderlich ist vielmehr ein arbeitnehmerspezifisches Schutzinteresse. Ein solches Interesse der Arbeitnehmer ist in der Sicherung einer angstfreien Ausübung ihrer betrieblichen Rechte und Freiheiten zu sehen. Durch den Kündigungsschutz soll der Gefahr begegnet werden, dass der Arbeitgeber unter Missbrauch seiner Machtposition dem Arbeitnehmer kündigt, weil dieser seine betrieblichen Rechte und Freiheiten wahrnimmt.

8. Zur Wahrung dieses Kündigungsschutzzwecks ist eine Begrenzung des Arbeitgeberkündigungsrechts auf sachlich überzeugende Gründe erforderlich. Diesem Erfordernis entspricht der Arbeitgeber, wenn er bei betriebsbedingten Kündigungen den Wegfall von Beschäftigungsmöglichkeiten nachweisen kann. Weshalb eine Beschäftigungsmöglichkeit weggefallen ist, ist solange als unerheblich anzusehen, soweit ihr nicht offensichtlich unsachliche, unvernünftige oder willkürliche Erwägungen zugrunde liegen.
Insofern ist sowohl denjenigen Vertretern in der Literatur, die auf eine Missbrauchskontrolle verzichten wollen, als auch denjenigen, die eine über die Missbrauchskontrolle hinausgehende Überprüfung unternehmerischer Entscheidungen fordern, ein Absage zu erteilen.

9. Hinsichtlich der Frage, ob eine unternehmerische Entscheidung offensichtlich unsachlich, unvernünftig oder willkürlich erfolgt ist, ist der Arbeitnehmer dar-

legungs- und beweispflichtig. Der Einwand rechtsmissbräuchlichen Verhaltens ist stets von der einwendenden Partei selbst darzulegen und ggf. zu beweisen.

10. Die Vornahme einer Interessenabwägung innerhalb der Überprüfung betriebsbedingter Kündigungen ist abzulehnen. Zum einen stellt sie einen unzulässigen Eingriff in die grundsätzliche Freiheit unternehmerischer Entscheidungen dar. Zum anderen werden bei einer ausschließlichen Abwägung der Arbeitnehmer- und Arbeitgeberinteressen die Interessen der Arbeitsuchenden auf ein unzulässiges Maß zurückgedrängt. Darüber hinaus ist die Vornahme einer Interessenabwägung nicht mit der Regelungsabsicht des Gesetzgebers von 1951 zu vereinbaren. Auch wird durch eine Interessenabwägung die Gefahr der Rechtsunsicherheit im Kündigungsschutzprozess intensiviert.

11. Des Weiteren ist im Rahmen der Überprüfung betriebsbedingter Kündigungen keine Kontrolle anhand des sogenannten Ultima-ratio-Prinzips vorzunehmen. Das Ultima-ratio-Prinzip stellt in seiner derzeitigen Ausprägung sowohl eine unzulässige Beeinträchtigung der Arbeitgeberrechte als auch eine unzulässige Zurückdrängung der Rechte der Arbeitsuchenden dar.
Statt einer ständigen Intensivierung des Kündigungsschutzes zugunsten der Arbeitnehmer sollte eine Rechtsrückbildung auf diesem Gebiet als eine mögliche Alternative und Perspektive nicht aus den Augen verloren werden. Auch die Einführung des § 2 Abs. 2 SGB III erfordert in diesem Zusammenhang keine anderweitige Einschätzung.

12. Die Vornahme einer Dringlichkeitsprüfung ist ebenfalls abzulehnen. Sie ist insbesondere nicht mit dem Grundsatz unternehmerischer Entscheidungsfreiheit zu vereinbaren. Zudem steht die Dringlichkeitsprüfung im Widerspruch zur marktwirtschaftlichen Realität, die durch das Streben nach Gewinn geprägt ist.

13. Die Sachlichkeitsprüfung verstößt zwar nicht gegen den Grundsatz unternehmerischer Entscheidungsfreiheit, doch kommt ihr keine dogmatische Selbständigkeit zu. Sie ist deshalb abzulehnen.

14. Auch einer Obliegenheit des Arbeitgebers zum Diskurs über andere unternehmerische Maßnahmen mit dem Arbeitnehmer ist nicht zuzustimmen.

15. Die grundsätzliche Freiheit gerichtlicher Kontrolle gilt nur für die unternehmerische Entscheidung als solche. Anderes gilt im Hinblick auf die konkrete organisatorische Umsetzung unternehmerischer Entscheidungen auf betrieblicher Ebene. Diesbezüglich ist von den Gerichten zu überprüfen, ob eine Unternehmerentscheidung getroffen wurde, ob diese Entscheidung umgesetzt wurde und

ob infolge der Umsetzung dieser Entscheidung ein Wegfall von Beschäftigungsmöglichkeiten gegeben ist.

16. Für die Voraussetzung des Wegfalls der Beschäftigungsmöglichkeit ist es nicht erforderlich, dass gerade der konkrete Arbeitsplatz des betroffenen Arbeitnehmers weggefallen ist, sondern dass nach der Umsetzung der Unternehmerentscheidung rechnerisch ein Überhang an Arbeitsplätzen entstanden ist.

17. Hinsichtlich des Wegfalls der Beschäftigungsmöglichkeit ist der Arbeitgeber darlegungs- und beweispflichtig. Er hat im Kündigungsschutzprozess die Kausalkette von der Unternehmerentscheidung über deren Durchführung bis hin zum Wegfall der Beschäftigungsmöglichkeit nachvollziehbar darzulegen und ggf. zu beweisen.
Diese Darlegungs- und Beweislast des Arbeitgebers gilt auch hinsichtlich des Wegfalls der Beschäftigungsmöglichkeit bei der unternehmerischen Entscheidung einer Personalreduzierung auf Dauer. Den vom BAG in seinen Urteilen vom 17.06.1999 aufgestellten Darlegungs- und Beweislastgrundsätzen ist nicht zu folgen.
Insbesondere ist davon auszugehen, dass der bloße Entschluss des Arbeitgebers, Personal abbauen zu wollen, für sich allein noch nicht zu einem Überhang an Arbeitskräften und damit auch nicht zu einem Wegfall von Beschäftigungsmöglichkeiten führt. Hinter der Unternehmerentscheidung zum Personalabbau steht entweder die Entscheidung, die Arbeit zu verringern oder die Arbeit anders zu verteilen. Die Entscheidung zum Personalabbau selbst führt weder zu einer Verringerung der Arbeitsmenge noch zu einer Neuverteilung der Arbeit. Sie setzt das eine oder das andere vielmehr voraus.

18. Der Arbeitgeber ist, wenn die bisherige Beschäftigungsmöglichkeit des zu kündigenden Arbeitnehmers tatsächlich weggefallen ist, nicht dazu zu verpflichten, den betroffenen Arbeitnehmer auf einem anderen Arbeitsplatz in dem Betrieb, im Unternehmen oder auch im Konzern weiterzubeschäftigen. Die Forderung einer derartigen Pflicht des Arbeitgebers basiert auf der Vorstellung, dass es Sinn und Zweck des KSchG sei, den einzelnen Arbeitnehmer vor dem Verlust seines Arbeitsplatzes als seine wirtschaftliche und soziale Existenzgrundlage möglichst weitreichend zu schützen. Bei der Zugrundelegung eines solchen Schutzzwecks des KSchG ist es nicht nur naheliegend, sondern bei konsequenter Anwendung dieses Schutzgedankens sogar erforderlich, sowohl eine Weiterbeschäftigung auf Betriebsebene als auch deren Ausweitung auf Unternehmens- und Konzernebene zu fordern.
Eine Weiterbeschäftigungspflicht des Arbeitgebers ist jedoch unter Zugrundelegung des hier vertretenen Kündigungsschutzzwecks nicht erforderlich. Der Schutz des Betriebsbürgerstatus der Arbeitnehmer erfordert keinen zwingenden

Vorrang der internen Arbeitnehmer auf die im Betrieb, im Unternehmen oder im Konzern vorhandenen freien Arbeitplätze.

19. Abschließend bleibt anzumerken, dass der angespannten Lage auf dem Arbeitsmarkt nicht dadurch begegnet werden sollte, den Kündigungsschutz zugunsten der Arbeitsplatzbesitzer – insbesondere durch die Gestaltung neuer Prinzipien oder Leitlinien – stetig zu erweitern. Eine Intensivierung des Kündigungsschutzes – und insoweit bestehen keine Zweifel – schafft keine neuen Arbeitsplätze und führt somit auch nicht zu einer Entspannung der arbeitsmarktpolitischen Lage.
Statt einer permanent fortschreitenden Rechtsfortbildung im Arbeitsrecht – insbesondere im Bereich des Kündigungsschutzrechts – sollte auch die Möglichkeit einer Rechtsrückbildung im Auge behalten werden. Eine derart gelagerte Diskussion sollte zumindest möglich sein und nicht pauschal als unsozial abgeurteilt werden.
Eine Intensivierung des Kündigungsschutzes hat u.a. negative Folgewirkungen im Hinblick auf die Einstellungsbereitschaft der Arbeitgeber. Eine Rechtsrückbildung im Bereich des Kündigungsschutzrechts würde auf der unternehmerischen Seite zu mehr Freiheit bzw. zu mehr Flexibilität verhelfen. Dies könnte sich auch positiv auf die Bereitschaft der Arbeitgeber, Arbeitnehmer einzustellen, auswirken.
Eine Deregulierung bzw. eine Flexibilisierung des Arbeitsrechts im Allgemeinen könnte darüber hinaus sogar einen Anreiz bilden, neue Arbeitplätze zu schaffen.

Literaturverzeichnis

Adam, Roman F., Anmerkung zum Urteil des BAG vom 26.09.2002, in: DZWIR 2003, S. 244 ff.

Adomeit, Klaus, Anmerkung zum Urteil des BAG vom 26.09.2002, in: SAE 2003, S. 237 ff.

Alp, Mustafa, Die Berücksichtigung der unternehmerischen Entscheidungsfreiheit im Rahmen des Kündigungsschutzgesetzes, Tübingen, 1998, (zit.: Alp, Die Berücksichtigung der unternehmerischen Entscheidungsfreiheit)

Annuß, Georg, Die rechtsmissbräuchliche Unternehmerentscheidung im Konzern, in: NZA 2003, S. 783 ff.

Ascheid, Reiner, Kündigungsschutzrecht – Die Kündigung des Arbeitsverhältnisses, Stuttgart, Berlin, Köln, 1993, (zit.: Ascheid, Kündigungsschutzrecht)

ders., Die betriebsbedingte Kündigung § 1 KSchG – 54 AGB-DDR – § 613a IV 2 BGB, in: NZA 1991, S. 873 ff.

ders., Betriebsbedingte Kündigung – Unternehmerentscheidung und außerbetriebliche Gründe, in: DB 1987, S. 1144 ff.

Auffarth, Fritz, Die betriebsbedingte Kündigung im öffentlichen Dienst, insbesondere aufgrund von Sparmaßnahmen, in: RdA 1955, S. 409 ff.

Backmeister, Thomas / Trittin, Wolfgang / Mayer, Udo R., Kommentar zum Kündigungsschutzgesetz und weiteren wichtigen Vorschriften des Kündigungrechts, 3. Auflage, München, 2004, (zit.: Backmeister/Trittin/Mayer, KSchG)

Bader, Peter, Das Gesetz zu Reformen am Arbeitsmarkt: Neues im Kündigungsschutzgesetz und im Befristungsgesetz, in: NZA 2004, S. 65 ff.

ders., Das Kündigungsschutzgesetz in neuer (alter) Fassung, in: NZA 1999, S. 64 ff.

ders., Neuregelung im Bereich des Kündigungsschutzgesetzes durch das Arbeitsrechtliche Beschäftigungsförderungsgesetz, in: NZA 1996, S. 1125 ff.

Bader, Peter / Bram, Rainer / Dörner, Hans-Jürgen / Wenzel, Leonhard, Kommentar zum Kündigungsschutzgesetz und zu den §§ 620 – 628 BGB, Neuwied, Stand: 52. Lieferung, Juli 2004, (zit.: Bader/Bram/Dörner/Wenzel, KSchG)

Badura, Peter, Arbeitsrecht und Verfassungsrecht, in: RdA 1999, S. 8 ff.

ders., Staatsrecht – systematische Erläuterung des Grundgesetzes für die Bundesrepublik Deutschland, München, 1986, (zit.: Badura, Staatsrecht)

ders., Der Eigentumsschutz des eingerichteten und ausgeübten Gewerbebetriebes, in: AöR Band 98 (1973), S. 153 ff.

Bamberg, Günther / Coenenberg, Adolf Gerhard, Betriebswirtschaftliche Entscheidungslehre, 11. Auflage, München, 2002

Barnhofer, Gabriele, Kurzarbeit zur Vermeidung betriebsbedingter Kündigungen, Frankfurt am Main, 1995, (zit.: Barnhofer, Kurzarbeit)
Bauer, Jost-Hubertus, Ein Vorschlag für ein modernes und soziales Kündigungsschutzrecht, in: NZA 2002, S. 529 ff.
ders., Sofortprogramm für mehr Sicherheit im Arbeitsrecht, in: NZA 2002, S. 1001 ff.
Bauer, Jost-Hubertus / Haußmann, Katrin, Die Verantwortung des Arbeitgebers für den Arbeitsmarkt, in: NZA 1997, S. 1100 ff.
Bauer, Jost-Hubertus / Krieger, Steffen, Neuer Abfindungsanspruch – 1a daneben!, in: NZA 2004, S. 77 ff.
Bauer, Jobst-Hubertus / Preis, Ulrich / Schunder, Achim, Der Regierungsentwurf eines Gesetzes zu Reformen am Arbeitsmarkt vom 18.06.2003, in: NZA 2003, S. 704 ff.
Baumgärtel, Gottfried, Handbuch der Beweislast, Band 1, 2. Auflage, Köln, Berlin, Bonn, München, 1991, (zit.: Baumgärtel-Bearbeiter, Handbuch der Beweislast)
Bea, Franz Xaver / Dichtl, E. / Schweitzer, Marcell, Allgemeine Betriebswirtschaftslehre, Band 2: Führung, 8. Auflage, Stuttgart, 2001, (zit.: Bea/Dichtl/Schweitzer, Allgemeine Betriebswirtschaftslehre)
Beckschulze, Martin, Auswirkungen des § 2 SGB III auf das Arbeitsrecht, in: BB 1998, S. 791 ff.
Benda, Ernst, Zur Berufsfreiheit der Arbeitnehmer, in: Festschrift für Josef Stingl zum 65. Geburtstag, S. 35 ff., Stuttgart, Berlin, Köln, Mainz, 1984 (zit.: Benda, in: FS für Stingl)
Benda, Ernst / Maihofer, Werner / Vogel, Hans-Jochen (Hrsg.), Handbuch des Verfassungsrechts der Bundesrepublik, 2. Auflage, Berlin, New York, 1994, (zit.: Bearbeiter, in: Handbuch des Verfassungsrechts)
Bendix, Ludwig, Was bedeutet: „Durch die Verhältnisse des Betriebs bedingt"?, in: ArbRPrax 1930, S. 33 ff.
Bengelsdorf, Peter, Anmerkung zum Urteil des BAG vom 26.09.2002, in: AP Nr. 124 zu § 1 KSchG 1969 Betriebsbedingte Kündigung
Bergmann, Karl Otto / Kienzle, Krankenhaushaftung: Organisation, Schadensverhütung und Versicherung, 2. Auflage, Düsseldorf, 2003, (zit.: Bergmann/Kienzle, Krankenhaushaftung)
Berkowsky, Wilfried, Die betriebsbedingte Kündigung – Eine umfassende Darstellung unter Berücksichtigung des neuen Betriebsverfassungsrechts und des Arbeitsgerichtsverfahrens, 5. Auflage, München, 2002, (zit.: Berkowsky, Betriebsbedingte Kündigung)
Besgen, D., Betriebsbedingte Kündigung und bindende freie Unternehmerentscheidung, in: b+p 1999, S. 499 ff.
Beuthien, Volker, Die Unternehmensautonomie im Zugriff des Arbeitsrechts, in: ZfA 1988, S. 1 ff.

Bezani, Thomas, Der arbeitsrechtliche Status von Rundfunk- und Fernsehmitarbeitern, in: NZA 1997, S. 856 ff.

Bielenski, Harald / Hartmann, Josef / Pfarr, Heide / Seifert, Hartmut, Die Beendigung von Arbeitsverhältnissen: Wahrnehmung und Wirklichkeit: neue empirische Befunde über Formen, Ablauf und soziale Folgewirkungen, in: AuR 2003, S. 81 ff.

Birk, Rolf, Grundfälle zu Kündigungen und Kündigungsschutz, 4. Teil: Die ordentliche Kündigung durch den Arbeitgeber, in: JuS 1987, S. 36 ff.

Bitter, Walter, Zur Unternehmerentscheidung zwecks Personalabbau, in: DB 2000, S. 1760 ff.

ders., Der kündigungsrechtliche Dauerbrenner: Unternehmerfreiheit ohne Ende?, in: DB 1999, S. 1214 ff.

Bitter, Walter / Kiel, Heinrich, 40 Jahre Rechtsprechung des Bundesarbeitsgerichts zur Sozialwidrigkeit von Kündigungen, in: RdA 1994, S. 333 ff.

Blomeyer, Wolfgang, Das Übermaßverbot im Betriebsverfassungsrecht, in: Festschrift 25 Jahre Bundesarbeitsgericht, S. 17 ff., München, 1979, (zit.: Blomeyer, in: FS 25 Jahre Bundesarbeitsgericht)

Boeddinghaus, Rütger, Die alte und neue Rechtsprechung zur betriebsbedingten Kündigung, in: AuR 2001, S. 8 ff.

Bötticher, Eduard, Bestandsschutz und Vertragsinhaltsschutz im Lichte der Änderungskündigung, in: Festschrift für Erich Molitor zum 75. Geburtstag, S. 123 ff., München, Berlin, 1962, (zit.: Bötticher, in: FS für Molitor)

Boewer, Dietrich, Das Prinzip der Verhältnismäßigkeit in der Rechtsprechung des BAG zu § 1 Abs. 2 S. 1 KSchG, in: Festschrift für Dieter Gaul, S. 19 ff., Neuwied, Kriftel, Berlin, 1992, (zit.: Boewer, in: FS für Gaul)

Bontrup, Heinz-J. / Dammann, Klaus, Beschäftigungsabbau trotz Betriebsgewinn, in: AuA 1999, S. 399 ff.,

Borrmann, Helga, Zur Bedeutung der wirtschaftlichen Lage des Arbeitgebers für die soziale Rechtfertigung einer betriebsbedingte Kündigung, in: Das Arbeitsrecht der Gegenwart 1986, Band 24, S. 71 ff.

Brox, Hans / Rüthers, Bernd / Henssler, Martin, Arbeitsrecht, 16. Auflage, Stuttgart, Berlin, Köln, 2004

Bryde, Brun-Otto, Artikel 12 Grundgesetz – Freiheit des Berufs und Grundrecht der Arbeit, in: NJW 1984, S. 2177 ff.

Buchner, Herbert, Reform des Arbeitsmarktes – Was brauchen und was können wir?, in: DB 2003, S. 1510 ff.

ders., Notwendigkeit und Möglichkeiten einer Deregulierung des Kündigungsschutzrechts, in: NZA 2002, S. 533 ff.

ders., Die Rechtslage zur betriebsbedingten Kündigung, in: DB 1984, S. 504 ff.

Coen, Martin, Der Kündigungsschutz im Konzern, in: RdA 1983, S. 348 ff.

Colneric, Ninon, Richterliche Kontrolle von Kündigungen aus unternehmensbezogenen Gründen – ein deutsch-französischer Rechtsvergleich mit Konsequenzen, ein Beitrag zum Arbeitsrechtlichen Gesprächskreis der Otto Brenner Stiftung vom 12. Dezember 1997, S. 11 ff., Band 73, Betriebsbedingte Kündigung im Widerstreit, Frankfurt am Main, 1998, (zit.: Colneric, Arbeitsrechtlicher Gesprächskreis der Otto Brenner Stiftung, 1998)

Däubler, Wolfgang, Abfindung statt Kündigungsschutz?, in: NJW 2002, S. 2292 f.

ders., Unternehmerische Entscheidungsfreiheit und Betriebsverfassung, ein Beitrag zum Arbeitsrechtlichen Gesprächskreis der Otto Brenner Stiftung, S. 11 ff., Band 78, Reform der Betriebsverfassung und Unternehmerfreiheit, Frankfurt am Main, 2001, (zit.: Däubler, Arbeitsrechtlicher Gesprächskreis der Otto Brenner Stiftung, 2001)

ders., Anmerkung zum Urteil des ArbG Gelsenkirchen vom 28.10.1997, in: AuR 1999, S. 38 ff.

ders., Das Arbeitsrecht 2, 7. Auflage, Hamburg, 1990, (zit.: Däubler, Arbeitsrecht 2)

Degenhart, Christoph, Staatsrecht I, Staatszielbestimmungen, Staatsorgane, Staatsfunktionen, 14. Auflage, Heidelberg, 1998, (zit.: Degenhart, Staatsrecht I)

Denk, Johannes, Betriebsbedingte Kündigung und Kurzarbeitergeld, in: ZfA 1985, S. 249 ff.

Diekhoff, Ludwig, Zur Nachprüfbarkeit der betriebsbedingten Kündigung, in: AuR 1957, S. 197 ff.

Dey, Steffen Heinrich, Der Grundsatz der Verhältnismäßigkeit im Arbeitsrecht, Frankfurt am Main, 1989, (zit.: Dey, Der Grundsatz der Verhältnismäßigkeit)

Dietz, Rolf, Das neue Kündigungsschutzgesetz, in: NJW 1951, S. 941 ff.

Diller, Hermann, in: Preis / Willemsen, Kölner Tage des Arbeitsrechts – Umstrukturierungen von Betrieb und Unternehmen im Arbeitsrecht, Köln, 1999, (zit.: Diller in: Preis/Willemsen, Umstrukturierungen von Betrieb und Unternehmen)

Domschke, Wolfgang / Scholl, Armin, Grundlagen der Betriebswirtschaftslehre, 2. Auflage, Berlin, Heidelberg, New York, 2003

Dorn, Wolfgang, Unbillige Härte und Verhältnisse des Betriebes, Leipzig, 1936, (zit.: Dorn, Unbillige Härte)

Döse-Digenopoulos, Annegret, Arbeitsgerichte und betriebsbedingte Kündigung, Köln, 1982, (zit.: Döse-Digenopoulos, Arbeitsgerichte)

Dütz, Wilhelm, Arbeitsrecht, 8. Auflage, München, 2003

Ehmann, Horst / Sutschet, Holger, Die betriebsbedingte Kündigung, in: Jura 2001, S. 145 ff.

Erfurter Kommentar, Kommentar zum Arbeitsrecht, 4. Auflage, München, 2004, (zit.: ErfKomm-*Bearbeiter*)

Erman, Walter, Kommentar zum Bürgerlichen Gesetzbuch, 10. Auflage, Köln, 2000, (zit.: Erman-Bearbeiter)

Ettwig, Volker, Keine Änderung im Kündigungsschutz durch das neue SGB III, in: NZA 1997, S. 1152 f.

Fabrotta, Monica / Korinth, Michael H., Dauerbrenner: unternehmerische Entscheidung, in: AuA 2000, S. 415 ff.

Falke, Josef / Höland / Rhode / Zimmermann, Kündigungspraxis und Kündigungsschutz in der Bundesrepublik Deutschland, Forschungsbericht Nr. 47 der Reihe „Arbeitsrecht", hrsg. vom Bundesminister für Arbeit und Sozialordnung, 2 Bände, 1981, (zit.: Falke/Höland/Rhode/Zimmermann, Kündigungspraxis und Kündigungsschutz)

Feudner, Bernd W., Betriebsbedingte Kündigung quo vadis?, in: NZA 2000, S. 1136 ff.

ders., Freie Unternehmerentscheidung bei Personalabbau! – Replik auf die Erwiderung von Zepter, in: DB 2000, S. 476 ff.

ders., Freie Unternehmerentscheidung beim Personalabbau, in: DB 1999, S. 2566 ff.

Fitting, Karl, Das Erste Arbeitsrechtsbereinigungsgesetz, in: DB 1969, S. 1459 ff.

Fitting, Karl / Kaiser, Heinrich / Heither, Friedrich / Engels, Gerd / Schmidt, Ingrid, Handkommentar zum Betriebsverfassungsgesetz, 21. Auflage, München, 2002, (zit.: Fitting/Kaiser/Heither/Engels/Schmidt, BetrVG)

Flatow, Georg / Kahn-Freund, Otto, Betriebsrätegesetz vom 04. Februar 1920, 13. Auflage, Berlin, 1931, (zit.: Flatow/Kahn-Freund, BRG)

Franke, Robert, Die richterliche Nachprüfung der Betriebsverhältnisse im Kündigungswiderrufsverfahren, in: JW 1936, S. 1184 ff.

Franz, Wolfgang / Rüthers, Bernd, Mehr Beschäftigung durch eine Flexibilisierung des Arbeitsrechts, in: RdA 1999, 32 ff.

Franzen, Martin, Die unternehmerische Entscheidung in der Rechtsprechung des BAG zur betriebsbedingten Kündigung, in: NZA 2001, S. 805 ff.

ders., Anmerkung zum Urteil des BAG vom 09.05.1996, in: EzA § 1 KSchG Betriebsbedingte Kündigung Nr. 85

Gagel, Alexander, § 2 SGB III: Schlüssel zum eingliederungsorientierten Kündigungsrecht und zu Transfer- und Sozialplänen, in: BB 2001, S. 358 ff.

Galperin, Hans, Gutachten zu Umfang und Grenzen der gerichtlichen Nachprüfung betriebsbedingter Kündigungen, in: BB 1954, S. 1117 ff.

Gallwas, Hans-Ulrich, Faktische Beeinträchtigungen im Rahmen der Grundrechte: Ein Beitrag zum Begriff der Nebenwirkungen, Berlin, 1970, (zit.: Gallwas, Faktische Beeinträchtigung im Rahmen der Grundrechte)

Gamillscheg, Franz, Anregungen zu einem künftigen Kündigungsschutzgesetz in Österreich, in: DRdA 1981, S. 185 ff.

ders., Betriebsrat und Kündigung, in: Festschrift 25 Jahre Bundesarbeitsgericht, S. 117 ff., München, 1979, (zit.: Gamillscheg, in: FS 25 Jahre Bundesarbeitsgericht)

Gericke, Berthold, Gerichtskontrollfreiheiten von Unternehmerentscheidungen, Augsburg, 1982, (zit.: Gericke, Gerichtskontrollfreiheit)

Gilberg, Dirk, Die Unternehmerentscheidung vor Gericht, in: NZA 2003, S. 817 ff.

Göller, Irmgard, Die Entwicklung des Kündigungsschutzrechts in Deutschland, Freiburg, 1974, (zit.: Göller, Entwicklung des Kündigungsschutzrechts)

Großkommentar zum Kündigungsrecht, Ascheid, Rainer / Preis, Ulrich / Schmidt, Ingrid (Hrsg.), 1. Auflage, München, 2000, (zit.: GK-Bearbeiter)

Gürteler, Alfred, Betriebsrätegesetz vom 04. Februar 1920, 2. Auflage, Hamburg, Berlin, Leipzig, 1928, (zit.: Gürteler, Betriebsrätegesetz)

Hanau, Peter, Pro & Contra – Einschränkung des Kündigungsschutzes?, in: ZRP 2003, S. 108

ders., Deregulierung des Arbeitsrechts – Ansatzpunkte und verfassungsrechtliche Grenzen, in: Schriftenreihe der Juristischen Gesellschaft zu Berlin, Heft 154, Berlin, New York, 1997, (zit.: Hanau, Deregulierung des Arbeitsrechts)

Handbuch des Staatsrechts der Bundesrepublik Deutschland, Isensee, Josef / Kirchhof, Paul (Hrsg.), Band V, Allgemeine Grundrechtslehren, 1. Auflage, Heidelberg, 1992, (zit.: Bearbeiter, in: Handbuch des Verfassungsrechts)

Handbuch des Verfassungsrechts der Bundesrepublik, Benda, Ernst / Maihofer, Werner / Vogel, Hans-Jochen (Hrsg.), 2. Auflage, Berlin, New York, 1994, (zit.: Bearbeiter, in: Handbuch des Verfassungsrechts)

Handkommentar zum Kündigungsschutzgesetz, Fiebig, Stefan / Gallner, Inken / Griebeling, Jürgen / Mestwerdt, Wilhelm / Nägele, Stefan / Pfeiffer, Gerhard (Hrsg.), 2. Auflage, Baden-Baden, 2004, (zit.: HaKo-Bearbeiter, KSchG)

Heidelberger Kommentar, Kündigungsschutzgesetz, 4. Auflage, Heidelberg, 2001, (zit.: HK-Bearbeiter, KSchG)

Heinze, Meinhard, Die arbeitsrechtliche Zulässigkeit der Einführung von Kurzarbeit, in: RdA 1998, S. 14 ff.

ders., Die Rechtsprechung des Bundesarbeitsgerichts im Jahre 1982, in: ZfA 1983, S. 409 ff.

Helle, Michael, Konzernbedingte Kündigungsschranken bei Abhängigkeit und Beherrschung durch Kapitalgesellschaften, Berlin, 1989, (zit.: Helle, Konzernbedingte Kündigungsschranken)

Henssler, Martin, in: Henssler / Moll, Kölner Tage des Arbeitsrechts – Kündigung und Kündigungsschutz in der betrieblichen Praxis, Köln, 2000, (zit.: Henssler in: Henssler/Moll, Kündigung und Kündigungsschutz)

ders., Unternehmerische Entscheidungsfreiheit und Betriebsverfassung, ein Beitrag zum Arbeitsrechtlichen Gesprächskreis der Otto Brenner Stiftung, S. 33 ff., Band 78, Unternehmerische Entscheidungsfreiheit und Betriebverfassung, Frankfurt am Main, 2001, (zit.: Henssler, Arbeitsrechtlicher Gesprächskreis der Otto Brenner Stiftung, 2001)

ders., Der Arbeitsvertrag im Konzern, Berlin, 1983

Herschel, Wilhlem, Zu einigen Fragen des Kündigungsschutzes, in: DB 1984, S. 1523 ff.

ders., Gedanken zur Theorie des arbeitsrechtlichen Kündigungsschutzes, in: Festschrift für Gerhard Müller, S. 191 ff., Berlin, 1981, (zit.: Herschel, in: FS für Gerhard Müller)

ders., Anmerkung zum Urteil des BAG vom 07.03.1980, in: EzA § 1 KSchG Betriebsbedingte Kündigung Nr. 14

ders., „Recht auf Arbeit“ und Kündigungsschutz, in: BB 1977, S. 708 ff.

ders., Kündigungsschutz und Wettbewerb, in: RdA 1975, S. 28 ff.

ders., Schutz der Betriebszugehörigkeit im Wandel der Zeiten, in: DB 1973, S. 80 ff.

ders., Betriebsbezogenheit des arbeitsrechtlichen Kündigungsschutzes und ganzheitliche Abwägung, in: Festschrift für Ludwig Schnorr von Carolsfeld, S. 157 ff., Köln, Berlin, Bonn, München, 1972, (zit.: Herschel, in: FS für Schnorr von Carolsfeld)

ders., Anmerkung zum Urteil des BAG vom 25.06.1964, in: AP Nr. 14 zu § 1 KSchG 1969 Betriebsbedingte Kündigung

ders., Anmerkung zum Urteil des BAG vom 21.05.1957, in: AP Nr. 31 zu § 1 KSchG

ders., Der Kündigungsschutz, in: BABl. 1951, S. 484 ff.

ders., Unbillige Härte und Kündigungsschutz im Arbeitsrecht, in: BB 1949, S. 745 ff.

ders., Klagegrund und Beweis im Kündigungseinspruchsverfahren wegen unbilliger Härte, in: NZAR 1931, Sp. 545 ff.

Hillebrecht, Wilfried, Die „Prinzipien des Kündigungsrechts bei Arbeitsverhältnissen“ und die Kündigungsrechtsprechung des Bundesarbeitsgerichts, in: ZfA 1991, S. 87 ff.

ders., Dringende betriebliche Erfordernisse (§ 1 II KSchG) zur Kündigung von Arbeitsverhältnissen durch den Konkursverwalter, in: ZIP 1985, S. 257 ff.

ders., Die betriebsbedingte Kündigung, in: Veröffentlichungen der Arbeitsgemeinschaft Arbeitsrecht im DAV 1984, S. 79 ff.

Hinze, Peter, Mildere Mittel zur Vermeidung betriebsbedingter Kündigungen, Hannover, 2001, (zit.: Hinze, Mildere Mittel)

Hofmann, Paul, Zur betriebsbedingten Kündigung, in: ZfA 1984, S. 295 ff.

Höland, Armin, „Muss der Kündigungsschutz reformiert werden?" – Kündigungspraxis und Kündigungsschutz im deutschen Arbeitsrecht – Überlegungen zur Kritik am Kündigungsschutz, ein Beitrag zum Arbeitsrechtlichen Gesprächskreis der Otto Brenner Stiftung, S. 23 ff., Band 82, Muss der Kündigungsschutz reformiert werden?, Frankfurt am Main, 2003, (zit.: Höland, Arbeitsrechtlicher Gesprächskreis der Otto Brenner Stiftung, 2003)

Hommelhoff, Peter, Die Sachmängelhaftung beim Unternehmenskauf durch Anteilserwerb, in: ZHR 140 (1976), S. 271 ff.

v. Hoyningen-Huene, Gerrick, Betriebsbedingte Kündigungen in der Wirtschaftskrise, in: NZA 1994, S. 1109 ff.

ders., Anmerkung zum Urteil des BAG vom 15.12.1994, in: EzA § 1 KSchG Betriebsbedingte Kündigung Nr. 75,

ders., Anmerkung zum Urteil des BAG vom 10.11.1994, in: EzA § 1 KSchG Betriebsbedingte Kündigung Nr. 77

ders., Anmerkung zum Urteil des BAG vom 18.01.1990, in: SAE 1991, S. 118 ff.

v. Hoyningen-Huene, Gerrick / Linck, Rüdiger, Kommentar zum Kündigungsschutzgesetz, 13. Auflage, München, 2002, (zit.: v. Hoyningen-Huene/ Linck, KSchG)

Hromadka, Wolfgang, Kündigungsschutz und Unternehmerfreiheit, ein Beitrag zum Arbeitsrechtlichen Gesprächskreis der Otto Brenner Stiftung, S. 11 ff., Band 82, Muss der Kündigungsschutz reformiert werden?, Frankfurt am Main, 2003, (zit.: Hromadka, Arbeitsrechtlicher Gesprächskreis der Otto Brenner Stiftung, 2003)

ders., Unternehmerische Freiheit – ein Problem der betriebsbedingten Kündigung?, in: ZfA 2002, S. 383 ff.

ders., Entwurf für ein neues, modernes Kündigungsschutzgesetz, in: NZA 2002, S. 783 f.

ders., Kündigungsschutz und Unternehmerfreiheit, in: AuA 2002, S. 261 ff.

Hromadka, Wolfgang / Maschmann, Frank, Arbeitsrecht, Band 1 – Individualarbeitsrecht, 2. Auflage, Berlin, Heidelberg, New York, 2002, (zit.: Hromadka/Maschmann, Arbeitsrecht, Bd. 1)

Hueck, Alfred, Der Kündigungsschutz des Arbeitnehmers nach dem heutigen Stand von Gesetzgebung und Rechtsprechung in den Westzonen, in: BlStSozArbR 1949, S. 118 ff.

Hueck, Alfred / Nipperdey, Hans / Dietz, Rolf, Gesetz zur Ordnung der nationalen Arbeit, Kommentar, 3. Auflage, München, Berlin, 1939, (zit.: Hueck/ Nipperdey/Dietz, AOG)
Hümmerich, Klaus / Spirolke, Matthias, Die betriebsbedingte Kündigung im Wandel – neue Wege zum rechtssicheren Personalabbau, in: NZA 1998, S. 797 ff.

Ipsen, Hans-Peter, Kartellrechtliche Preiskontrolle als Verfassungsfrage, Baden-Baden, 1976, (zit.: Ipsen, Kartellrechtliche Preiskontrolle)
ders., Verwaltung durch Subventionen, in: VVDStRL Band 25 (1967), S. 257 ff.

Jacobi, Erwin, Grundlehren des Arbeitsrechts, Leipzig, 1927
Jacoby, Hellmut, Nachprüfung der Betriebsverhältnisse im Einspruchsverfahren, in: ArbPPrax 1932, S. 167 ff.
Jadesohn, Samy, Unbillige Härte, in: NZAR 1931, Sp. 343 ff.
Jahn, Elke, Zur ökonomischen Theorie des Kündigungsschutzgesetzes: Volatilität der Arbeitsnachfrage und duale Arbeitsmärkte, Berlin, 2002, (zit.: Jahn, Zur ökonomischen Theorie des Kündigungsschutzgesetzes)
Jänisch, Wolfram, Die Rechtsprechung zur betriebsbedingten Kündigung – Methodische und verfassungsrechtliche Würdigung unter Einbeziehung arbeitsmarktpolitischer Aspekte, Konstanz, 1991, (zit.: Jänisch, Rechtsprechung zur betriebsbedingten Kündigung)
Joachim, Hans, Gutachten zu Umfang und Grenzen der gerichtlichen Nachprüfung betriebsbedingter Kündigungen, in: BB 1954, S. 1114 ff.
Joost, Detlev, Betrieb und Unternehmen als Grundbegriffe im Arbeitsrecht, München, 1988, (zit.: Joost, Betrieb und Unternehmen)

Kiel, Heinrich, Die anderweitige Beschäftigungsmöglichkeit im Kündigungsschutz: zugleich ein Beitrag zur „konzerndimensionalen Weiterbeschäftigung" im Individualarbeitsrecht, Frankfurt am Main, 1990, (zit.: Kiel, Die anderweitige Beschäftigungsmöglichkeit)
Kirchhof, Paul, Verwalten durch mittelbares Einwirken, Köln, Berlin, Bonn, München, 1977, (zit.: Kirchhof, Verwalten durch mittelbares Einwirken)
Kittner, Michael, Leichter kündigen als änderungskündigen, in: NZA 1997, S. 968 ff.
Kittner, Michael / Däubler, Wolfgang / Zwanziger, Bertram, Kündigungsschutzrecht, Kommentar für die Praxis zu Kündigungen und anderen Formen der Beendigung des Arbeitsverhältnisses, 6. Auflage, Frankfurt am Main, 2004, (zit.: Kittner/Däubler/Zwanziger, KSchG)
Kittner, Michael / Kohler, Thomas, Kündigungsschutz in Deutschland und den USA, in: BB 2000, Beilage 4, S. 1 ff.

Klostermann, Rudolf / Thielmann, Hans, Allgemeines Berggesetz für die Preußischen Staaten, 6. Auflage, Berlin, 1911, (zit.: Klostermann/Thielmann, Allg. Berggesetz)

Kölner Praxiskommentar, Kündigungsschutzgesetz, Kölner Praxiskommentar unter Berücksichtigung sozialrechtlicher Bezüge, 2. Auflage, Köln, 2000, (zit.: KPK- Bearbeiter)

Konzen, Horst, Arbeitsverhältnisse im Konzern, in: ZHR 1987, S. 566 ff.

ders., Arbeitnehmerschutz im Konzern, in: RdA 1984, S. 65 ff.

ders., Arbeitsrechtliche Drittbeziehungen – Gedanken über Grundlagen und Wirkungen der „gespaltenen Arbeitgeberstellung", in: ZfA 1982, S. 259 ff.

Korinth, Michael, Die Flucht aus dem Arbeitsrecht – ein Kündigungsgrund?, in: AuA 1997, S. 228 ff.

KR, Gemeinschaftskommentar zum Kündigungsschutzgesetz und zu sonstigen kündigungsschutzrechtlichen Vorschriften, 3. Auflage, Neuwied, Kriftel, 1989, (zit.: KR-Bearbeiter)

ders., 7. Auflage, München, Unterschleißheim, 2004, (zit.: KR-Bearbeiter)

Kraft, Alfons, Bestandsschutz des Arbeitsverhältnisses; Lohn ohne Arbeit – Überlegungen zur Reduzierung der Regelungsdichte des Arbeitsrechts und zur Wiederherstellung der Äquivalenz im Arbeitsverhältnis, in: ZfA 1994, S. 463 ff.

Kühling, Jürgen, Freie Unternehmerentscheidung und Betriebsstilllegung, in: AuR 2003, S. 92 ff.

ders., Die Berufsfreiheit des Arbeitnehmers, in: Festschrift für Thomas Dieterich zum 65. Geburtstag, S. 325 ff., München, 1999, (zit.: Kühling, in: FS für Dieterich)

Kukat, Klaus, Betriebsbedingte Kündigung und konzernbezogener Kündigungsschutz in der Rechtsprechung des Bundesarbeitsgerichts, in: BB 2000, S. 1242 ff.

Kunkel, Manfred, Zur Theorie und Praxis des arbeitsrechtlichen Kündigungsschutzes, in: NJW 1953, S. 447 ff.

Küttner, Wolfdieter (Hrsg.), Personalbuch 2002, Arbeitsrecht, Lohnsteuerrecht, Sozialversicherungsrecht, 9. Auflage, München, 2002, (zit.: Küttner, Personalbuch 2002)

Lammermann, Rolf, Aktuelle Probleme im Rahmen der betriebsbedingten Kündigung unter besonderer Berücksichtigung der betrieblichen und sozialen Auswahl,
Bielefeld, 1996, (zit.: Lammermann, Aktuelle Probleme im Rahmen der betriebsbedingten Kündigung)

Lieb, Manfred, Arbeitsrecht, 8. Auflage, Heidelberg, 2003

ders., Zur Befristung von Beschäftigungsverhältnissen im Bereich der Rundfunkfreiheit – Anmerkung zum Beschluss des Bundesverfassungsgerichts

vom 13. Januar 1982, in: Festschrift für Marie Luise Hilger und Hermann Stumpf, S. 409 ff., München, 1983, (zit.: Lieb, in: FS für Hilger/Stumpf)
Lingemann, Stefan / v. Steinau-Steinrück, Robert, Konzernversetzung und Kündigungsschutz, in: DB 1999, S. 2161 ff.
Löwisch, Manfred, Arbeitsrecht, 7. Auflage, Düsseldorf, 2004
ders., Neuregelung des Kündigungs- und Befristungsrechts durch das Gesetz zu Reformen am Arbeitsmarkt, in: BB 2004, S. 154 ff.
ders., Kurzarbeit für Kündigungen, in: Festschrift für Günther Wiese zum 70. Geburtstag, S. 249 ff., Neuwied, 1998, (zit.: Löwisch, in: FS für Wiese)
ders., Die besondere Verantwortung der "Arbeitnehmer" für die Vermeidung von Arbeitslosigkeit, in: NZA 1998, S. 729 f.
ders., Betriebsbedingte Kündigung und Unternehmerfreiheit, ein Beitrag zum Arbeitsrechtlichen Gesprächskreis der Otto Brenner Stiftung vom 12. Dezember 1997, S. 45 ff., Band 73, Betriebsbedingte Kündigung im Widerstreit, Frankfurt am Main, 1998, (zit.: Löwisch, Arbeitsrechtlicher Gesprächskreis der Otto Brenner Stiftung, 1998)
ders., Das Arbeitsrechtliche Beschäftigungsförderungsgesetz, in: NZA 1996, S. 1009 ff.
ders., Die Verknüpfung von Kündigungsschutz und Betriebsverfassung nach dem BetrVG 1972, in: DB 1975, S. 349 ff.
Löwisch, Manfred / Spinner, Günter, Kommentar zum Kündigungsschutzgesetz, 9. Auflage, Heidelberg, 2004, (zit.: Löwisch/Spinner, KSchG)

Mansfeld, Werner, Die Beweislast im Einspruchsverfahren, in: NZAR 1931, Sp. 415 ff.
ders., Betriebsrätegesetz vom 04. Februar 1920, 2. Auflage, Mannheim, Berlin, Leipzig, (zit.: Mansfeld, BRG)
Mansfeld, Werner / Pohl, W., Die Ordnung der nationalen Arbeit, Kommentar, Berlin, Leipzig, Mannheim, München, 1934, (zit.: Mansfeld/Pohl, AOG)
Martens, Klaus-Peter, Das Arbeitsverhältnis im Konzern, in: Festschrift 25 Jahre Bundesarbeitsgericht, S. 367 ff., München, 1979, (zit.: Martens, in: FS 25 Jahre Bundesarbeitsgericht)
Maunz, Theodor / Dürig, Günther, Kommentar zum Grundgesetz, München, Stand: 43. Lieferung, Februar 2004, (zit.: Maunz/Dürig-Bearbeiter)
Meinhold, Joachim Friedrich, Mitbestimmung des Betriebsrats bei der Einführung von Kurzarbeit und betriebsbedingte Kündigung, in: BB 1988, S. 623 ff.
Meisel, Peter G., Anmerkung zum Urteil des BAG vom 05.10.1995, in: SAE 1996, S. 389 ff.
ders., Neue Entwicklung in der Rechtsprechung des Bundesarbeitsgerichts zur sozialen Rechtfertigung einer Kündigung, in: ZfA 1985, S. 213 ff.

Möhn, Heinz-Josef, Zur Überprüfbarkeit der unternehmerischen Entscheidung im Rahmen einer betriebsbedingten Kündigung, in: ZTR 1995, S. 356 ff.

Molitor, Erich, Gutachten: Die sozialwidrige Kündigung in der Rechtsprechung, in: DB 1953, S. 34 ff.

Moll, Wilhelm, Die außerordentliche betriebsbedingte (Änderungs-)Kündigung zwischen unternehmerischer Organisationsfreiheit und Arbeitsplatzschutz, in: DB 1984, S. 1346 ff.

Monjau, Herbert, Erstes Arbeitsrechtsbereinigungsgesetz, in: BB 1969, S. 1042 ff.

Müller, Gerhard, Die personen- und verhaltensbedingte sowie die betriebliche Kündigung nach der Rechtsprechung des Bundesarbeitsgerichts, in: Arbeitsrecht der Gegenwart 1963, Band 1, S. 19 ff.

Müller, Christoph J., Die Berufsfreiheit des Arbeitgebers, Köln, 1996, (zit.: Müller, Berufsfreiheit)

Müller, Gerhard, Gedanken zum arbeitsrechtlichen Kündigungsrecht, in: ZfA 1982, S. 475 ff.

Münchener Handbuch zum Arbeitsrecht, Band 2, Individualarbeitsrecht, 2. Auflage, München, 2000, (zit.: MünchArbR-Bearbeiter)

Münchener Kommentar zum Bürgerlichen Gesetzbuch, Band 1, Allgemeiner Teil, §§ 1 – 240 BGB, 4. Auflage, München, 2001, (zit.: MüKo-Bearbeiter)

ders., Band 2a, Schuldrecht – Allgemeiner Teil, §§ 241 – 432 BGB, 4. Auflage, München, 2003, (zit.: MüKo-Bearbeiter)

ders., Band 4, Schuldrecht – Besonderer Teil II, §§ 607 – 704, 3. Auflage, München, 1997, (zit.: MüKo-Bearbeiter)

ders., Band 4, Schulrecht – Besonderer Teil II, §§ 611 – 704 BGB, einschl. Kommentierung des KSchG, 4. Auflage, München, 2005, (zit.: MüKo-Bearbeiter)

Neef, Klaus, Anmerkung zum Urteil des BAG vom 26.09.2002, in: AR-Blattei ES, Kündigungsschutz IV, Nachprüfung betrieblicher Maßnahmen, 1020.4 Nr. 10

Nehm, Eduard, Die kündbaren Rechtsverhältnisse im Schuldrecht, Kiel, 1933, (zit.: Nehm, Kündbare Rechtsverhältnisse)

Niesel, Klaus, Die wichtigsten Änderungen des Arbeitsförderungsrechts durch das Arbeitsförderungs-Reformgesetz (AFRG), in: NZA 1997, S. 580 ff.

Nikisch, Arthur, Arbeitsrecht I, Band: Allgemeine Lehren und Arbeitsvertragsrecht, 3. Auflage, Tübingen, 1961, (zit.: Nikisch, Arbeitsrecht I)

ders., Zur Kritik an der arbeitsgerichtlichen Rechtsprechung, in: Der Arbeitgeber 1931, S. 61 ff.

Oetker, Hartmut, Anmerkung zum Urteil des BAG vom 17.06.1999 (2 AZR 522/98), in: EWiR 2000, S. 43 ff.

ders., Arbeitsrechtlicher Bestandsschutz und Grundrechtsordnung, in: RdA 1997, S. 9 ff.
ders., Anmerkung zum Urteil des BAG vom 18.01.1991, in: SAE 1991, S. 11 ff.
ders., Anmerkung zum Urteil des BAG vom 06.09.1989, in: EzA § 1 KSchG Krankheit Nr. 28
Ossenbühl, Fritz, Staatshaftungsrecht, 5. Auflage, München, 1998
ders., Die Freiheiten des Unternehmers nach dem Grundgesetz, in: AöR Band 115 (1990), S. 1 ff.
Otto, Hansjörg, Arbeitsrecht, 3. Auflage, Berlin, 2003

Papier, Hans-Jürgen Arbeitsmarkt und Verfassung, in: RdA 2000, S. 1 ff.
ders., Art. 12 GG – Freiheit des Berufs und Grundrecht der Arbeit, in: DVBl. 1984, S. 801 ff.
Pauly, Holger, Zur Frage der unternehmerischen Entscheidungsfreiheit bei betriebsbedingter Kündigung, in: ZTR 1997, S. 113 ff.
Pfarr, Heide / Bothfeld, Silke / Kaiser, Lutz C. / Kimmich, Martin / Peuker, Andreas / Ullmann, Karen, REGAM-Studie: Die Kündigungs-, Klage- und Abfindungspraxis in den Betrieben, in: BB 2004, S. 106 ff.
Pieroth, Bodo / Schlink, Bernhard, Grundrechte – Staatsrecht II, 20. Auflage, Heidelberg, 2004, (zit.: Pieroth/Schlink, Grundrechte)
Pietzcker, Jost, Artikel 12 Grundgesetz – Freiheit des Berufs und Grundrecht der Arbeit, in: NVwZ 1984, S. 550 ff.
Pöting, Helmut, Die Nachprüfung der Betriebsbedingtheit einer Kündigung, Münster, 1959, (zit.: Pöting, Nachprüfung der Betriebsbedingtheit)
Potthoff, Heinz / Jadesohn, Samy / Meissinger, Hermann, Rechtsprechung des Arbeitsrechts 1914 – 1927: 9000 Entscheidungen in 5000 Nummern in einem Band schematisch geordnet, 2. Auflage, Stuttgart, 1927, (zit.: Potthoff/Jadessohn/Meissinger, Rechtsprechung des Arbeitsrechts)
Praxiskommentar zum Sozialgesetzbuch III, Wissing, Gerhard / Mutschler, Bernd / Bartz, Ralf / Schmidt-De Caluwe, Reimund (Hrsg.), Arbeitsförderung, 2. Auflage, Baden-Baden, 2004, (zit.: PK-SGB III-Bearbeiter)
Preis, Bernd Stellenabbau als unternehmerische Entscheidung?, in: DB 2000, S. 1122 ff.
ders., Betriebsbedingte Kündigung zwischen dringenden betrieblichen Erfordernissen und unternehmerischer Entscheidungsfreiheit, in: NZA 1997, S. 625 ff.
ders., Betriebsbedingte Kündigung zwischen Arbeitsplatzschutz und unternehmerischer Entscheidungsfreiheit, in: AuR 1997, S. 60 ff.
Preis, Ulrich, Reform des Bestandsschutzes im Arbeitsverhältnis, in: RdA 2003, S. 65 ff.
ders., Der Betriebsbegriff im Kündigungsschutzgesetz, in: Henssler / Moll, Kölner Tage des Arbeitsrechts – Kündigung und Kündigungsschutz in der be-

trieblichen Praxis, Köln, 2000, (zit.: U. Preis in: Henssler/Moll, Kündigung und Kündigungsschutz)
ders., Die Verantwortung des Arbeitgebers und der Vorrang betrieblicher Maßnahmen vor Entlassungen (§ 2 I Nr. 2 SGB III), in: NZA 1998, S. 449 ff.
ders., Aktuelle Tendenzen im Kündigungsschutzrecht, in: NZA 1997, S. 1073 ff.
ders., Das Arbeitsrechtliche Beschäftigungsförderungsgesetz 1996, in: NZA 1996, S. 3369 ff.
ders., Autonome Unternehmerentscheidung und "dringendes betriebliches Erfordernis", in: NZA 1995, S. 241 ff.
ders., Anmerkung zum Urteil des BAG vom 21.06.1995, in: AP Nr. 36 zu § 15 KSchG 1969
ders., Neuere Tendenzen im arbeitsrechtlichen Kündigungsschutz (I), in: DB 1988, S. 1387 ff.
ders., Prinzipien des Kündigungsrechts bei Arbeitsverhältnissen, München, 1987, (zit.: U. Preis, Prinzipien des Kündigungsrechts)

Quecke, Martin, Unternehmerentscheidung als Kündigungsgrund?, in: DB 2000, S. 2429 f.
ders., Unternehmerentscheidung und Personalabbau, in: NZA 1999, S. 1247 ff.

Raab, Thomas, Anmerkung zum Urteil des BAG vom 19.05.1993, in: EzA § 1 KSchG Betriebsbedingte Kündigung Nr. 73
Ramm, Thilo, Arbeitsrecht im Kleinunternehmen (Teil I) – Beitrag zu einer überfälligen Grundsatzdiskussion, in: AuR 1991, S. 257 ff.
Rancke, Friedbert, Anmerkung zum Urteil des BAG vom 07.12.1978, in: EzA § 1 KSchG Betriebsbedingte Kündigung Nr. 10
Rappenecker, Die Unternehmerentscheidung im Kündigungsschutzprozess, in: BB 1958, S. 47 ff.
Reuter, Dieter, Unternehmerische Freiheit und betriebsbedingte Kündigung, in: RdA 2004, S. 161 ff.
ders., Möglichkeiten und Grenzen einer Deregulierung des Arbeitsrechts, in: Festschrift für Herbert Wiedemann zum 70. Geburtstag, S. 449 ff., München, 2002, (zit.: Reuter, in: FS für Wiedemann)
ders., Die Wandlung des Arbeitnehmerbegriffs – Befund und Konsequenzen, in: Richterliches Arbeitsrecht, Festschrift für Thomas Dieterich zum 65. Geburtstag, S. 473 ff., München, 1999, (zit.: Reuter, in: FS für Dieterich)
ders., Die Stellung des Arbeitsrechts in der Privatrechtsordnung, Göttingen, 1989
ders., Anmerkung zum Beschluss des BAG vom 04.03.1986, in: SAE 1987, S. 37 ff.
ders., Die Rolle des Arbeitsrechts im marktwirtschaftlichen System – Eine Skizze, in: Ordo Band 36 (1985), S. 51 ff.

ders., Reichweite und Grenzen der Legitimität des Bestandsschutzes von Arbeitsverhältnissen, in: Ordo Band 33 (1982), S. 165 ff.
ders., Grundlagen des Kündigungsschutzes – Bestandsaufnahme und Kritik, in: Festschrift 25 Jahre Bundesarbeitsgericht, S. 405 ff., München, 1979, (zit.: Reuter, in : FS 25 Jahre Bundesarbeitsgericht)
ders., Das Recht auf Arbeit – ein Prinzip des Arbeitsrechts?, in: RdA 1978, S. 344 ff.
ders., Anmerkung zum Urteil des BAG vom 07.12.1978, in: AP Nr. 6 zu § 1 KSchG 1969 Betriebsbedingte Kündigung
ders., Die freie Wahl des Arbeitsplatzes – ein nicht realisierbares Grundrecht?, in: RdA 1973, S. 345 ff.
Reuter, Martin, Zur Kontrolldichte bei der Überprüfung der betriebsbedingten Kündigung, in: NZA 1989, S. 241 ff.
Ribbert, Friedo, Die gerichtliche Nachprüfung von Arbeitgeber- und Unternehmerentscheidungen bei der betriebsbedingten Kündigung, Köln, 1967, (zit.: Ribbert, Gerichtliche Nachprüfung)
Rieble, Volker, Diskussionsbeitrag zum Arbeitsrechtlichen Gesprächskreis der Otto Brenner Stiftung, S. 78 ff., Band 82, Muss der Kündigungsschutz reformiert werden?, Frankfurt am Main, 2003, (zit.: Rieble, Arbeitsrechtlicher Gesprächskreis der Otto Brenner Stiftung, 2003)
ders., Anmerkung zu Urteilen des BAG vom 17.06.1999 (2 AZR 522/98 und 2 AZR 141/99), in: EzA § 1 KSchG Betriebsbedingte Kündigung Nr. 102
Rittner, Fritz, Wirtschaftsrecht, 2. Auflage, Heidelberg, 1987
Rommé, Oliver / Pauker, Werner, Die Unternehmerentscheidung bei der betriebsbedingten Beendigungskündigung, in: NZA-RR 2000, S. 281 ff.
Rost, Friedhelm, Die aktuelle Rechtsprechung des Bundesarbeitsgerichts zur Unternehmerentscheidung bei betriebsbedingter Kündigung, in: JbArbR 2002, Bd. 39, S. 83 ff.
ders., Kündigung und Kündigungsschutz in der betrieblichen Praxis, Köln, 1983, (zit.: Rost, Kündigung und Kündigungsschutz)
Rotter, Stephan, Anmerkung zum Urteil des BAG vom 15.06.1989, in: EzA § 1 KSchG Betriebsbedingte Kündigung Nr. 63
Rumpff, Klaus / Dröge, Hans, Kurzarbeit, Stuttgart, 1975
Rüthers, Bernd, Mehr Beschäftigung durch Entrümpelung des Arbeitsrechts, in: NJW 2003, S. 546 ff.
ders., Vom Sinn und Unsinn des geltenden Kündigungsschutzes, in: NJW 2002, S. 1601 ff.
ders., Arbeitsrecht und ideologische Kontinuitäten?, in: NJW 1998, S. 1433 ff.
ders., Die Folgen unbegrenzter Einlegungen? Ohne Herkunft keine Zukunft, in: NJW 1998, S. 1895 ff.

ders., Die unbegrenzte Auslegung – zum Wandel der Privatrechtsordnung im Nationalsozialismus, Tübingen, 1968, (zit.: Rüthers, Unbegrenzte Auslegung)

Sage, Christian, Die Unternehmerfreiheit bei der betriebsbedingten Kündigung, in: AiB 2000, S. 310 ff.

Schaub, Günter, Arbeitsrechts-Handbuch, 9. Auflage, München, 2000, (zit.: Schaub, Arbeitsrechts-Handbuch)

ders., Die besondere Verantwortung von Arbeitgeber und Arbeitnehmer für den Arbeitsmarkt – Wege aus der Krise oder rechtlicher Sprengstoff, in: NZA 1997, S. 810 f.

ders., Personalabbau im Betrieb und neueste Rechtsprechung zum Kündigungsschutzrecht, insbesondere zur betriebsbedingten Kündigung, in: BB 1993, S. 1089 ff.

ders., Die betriebsbedingte Kündigung in der Rechtsprechung des Bundesarbeitsgerichts, in: NZA 1987, S. 217 ff.

ders., Aktuelle Fragen zum Kündigungsschutzrecht unter besonderer Berücksichtigung der betriebsbedingten Kündigung, in: RdA 1981, S. 371 ff.

Schaub, Günter / Koch, Ulrich / Linck, Rüdiger, Arbeitsrechts-Handbuch, 11. Auflage, München, 2005, (zit.: Schaub/Koch/Linck, Arbeitsrechts-Handbuch)

Schiefer, Bernd, Betriebsbedingte Kündigung – Kündigungsursache und Unternehmerentscheidung, in: NZA-RR 2005, S. 1 ff.

ders., Kündigungsschutz und Unternehmerfreiheit – Auswirkungen des Kündigungsschutzes auf die betriebliche Praxis, NZA 2002, S. 770 ff.

ders., Gesetz zu Korrekturen in der Sozialversicherung und zur Sicherung der Arbeitnehmerrechte, in: DB 1999, S. 48 ff.

Schmalz, Dieter, Grundrechte, 4. Auflage, Baden-Baden, 2001, (zit.: Schmalz, Grundrechte)

Schmidt, G., Nachprüfung betrieblicher Maßnahmen im Kündigungsschutzverfahren, in: AR-Blattei, Kündigungsschutz IV, 1978

Schmidt-Bleibtreu, Bruno / Klein, Franz, Kommentar zum Grundgesetz, 10. Auflage, München, 2004

Schmidt-Preuß, Matthias, Soziale Marktwirtschaft und Grundgesetz vor dem Hintergrund des Staatsvertrages zur Währungs-, Wirtschafts- und Sozialunion, in: DVBl. 1993, S. 236 ff.

Schneider, Hans Peter, Artikel 12 GG – Freiheit des Berufs und Grundrecht der Arbeit, in: VVDStRL Band 43 (1985), S. 7 ff.

Scholz, Rupert, Die Berufsfreiheit als Grundlage und Grenze arbeitsrechtlicher Regelungssysteme, in: ZfA 1981, S. 265 ff.

ders., Bundesarbeitsgericht und Arbeitsverfassung, in: Festschrift 25 Jahre Bundesarbeitsgericht, S. 511 ff., München, 1979, (zit.: Scholz, in: FS 25 Jahre Bundesarbeitsgericht)
ders., Die Koalitionsfreiheit als Verfassungsproblem, in: Münchener Universitätsschriften, Reihe der Juristischen Fakultät, Band 18, München, 1971, (zit.: Scholz, Die Koalitionsfreiheit als Verfassungsproblem)
Schrader, Peter, Die geänderte Rechtsprechung des BAG zur Unternehmerentscheidung, in: NZA 2000, S. 401 ff.
ders., Anmerkung zum Urteil des BAG vom 18.01.2001, in: AP Nr. 115 zu § 1 KSchG 1969 Betriebsbedingte Kündigung
Schrader, Peter / Schubert, Jens, Die Ausgliederung oder: Wie weit reicht die unternehmerische Entscheidungsfreiheit (noch)?, in: NZA-RR 2004, 393 ff.
Schüler, Heinz-Adalbert, Grenzen richterlicher Nachprüfung betrieblicher Maßnahmen im Rahmen einer Klage nach dem Kündigungsschutzgesetz, in: AuR 1954, S. 54 ff.
Schulin, Bertram, Anmerkung zum Urteil des BAG vom 17.05.1984, in: SAE 1986, S. 279 f.
Schwerdtner, Peter, Offene Probleme des Kündigungsschutzes bei betrieblicher Kündigung, in: ZIP 1984, S. 10 ff.
ders., Reform des Bestandsschutzes von Arbeitsverhältnissen – Versuch einer Zwischenbilanz, in: DB 1979, Beilage 12, S. 1 ff.
ders., Vorwort zu Martin Coen, Das Recht auf Arbeit und der Bestandsschutz des gekündigten Arbeitsverhältnisses, Köln, 1979, (zit.: Schwerdtner, Vorwort zu Martin Coen, Das Recht auf Arbeit)
ders., Die Garantie des Rechts auf Arbeit – Ein Weg zur Knechtschaft, in: ZfA 1977, S. 47 ff.
Sieker, Susanne, Umgehungsgeschäfte: typische Strukturen und Mechanismen ihrer Bekämpfung, Tübingen, 2001, (zit.: Sieker, Umgehungsgeschäfte)
Singer, Reinhard / v. Finckenstein, Barbara, Anmerkung zum Urteil des BAG vom 17.06.1999 (2 AZR 141/99), in: SAE 2000, S. 282 ff.
Söllner, Alfred, Zur Verfassungs- und Gesetzestreue im Arbeitsrecht, in: RdA 1985, S. 328 ff.
Sowka, Hans-Harald, Unternehmerentscheidung als Auslöser der betriebsbedingten Kündigung, in: MDR 1995, S. 1195 ff.
Stahlhacke, Eugen, Grundfragen der betriebsbedingten Kündigung, in: DB 1994, S. 1361 ff.
Stahlhacke, Eugen / Preis, Ulrich, Kündigung und Kündigungsschutz im Arbeitsverhältnis, 6. Auflage, München, 1995, (zit.: Stahlhacke/Preis, Kündigung und Kündigungsschutz)
v. Stebut, Dietrich, Der soziale Schutz als Regelungsproblem des Vertragsrechts, Berlin, 1982, (zit.: v. Stebut, Der soziale Schutz)

Stein, Peter, Inhaltskontrolle von Unternehmerentscheidungen, in: AuR 2003, S. 99 ff.
ders., Betriebsbedingte Unternehmerentscheidung und unternehmerische Entscheidung, KJ 2001, S. 282 ff.
ders., Freiheit und Dringlichkeit der unternehmerischen Entscheidung im Kündigungsschutzrecht, in: BB 2000, S. 457 ff.
Stein, Ekkehart, Staatsrecht, 16. Auflage, Tübingen, 1998
Steinmeyer, Heinz-Dietrich, Anmerkung zum Urteil des BAG vom 19.05.1993, in: SAE 1994, S. 155 ff.
Stelljes, Volker, Zu Grundlage und Reichweite des allgemeinen Kündigungsschutzes, Berlin, 2002
Stückmann, Roland / Kohlepp, Christina, Verhältnismäßigkeitsgrundsatz und „ultima-ratio-Prinzip“ im Kündigungsrecht, in: RdA 2000, S. 331 ff.

Tenczer, Marion, Freie Unternehmerentscheidung und betriebsbedingte Kündigung, Köln, 1999, (zit.: Tenczer, Freie Unternehmerentscheidung)
Tettinger, Peter J., Das Grundrecht der Berufsfreiheit in der Rechtsprechung des Bundesverfassungsgerichts, in: AöR 108 (1983), S. 92 ff.
Thum, Rainer, Betriebsbedingte Kündigung und unternehmerische Entscheidungsfreiheit, Frankfurt am Main, 2002, (zit.: Thum, Betriebsbedingte Kündigung)
Thüsing, Gregor / Stelljes, Volker, Anmerkung zum Urteil des BAG vom 26.09.2002, in: EzA § 1 KSchG Betriebsbedingte Kündigung Nr. 124
Tschöpe, Ulrich, Betriebsbedingte Kündigung – Eine systematische Darstellung im Lichte der BAG-Rechtsprechung, in: BB 2000, S. 2630 ff.

Vollmer, Lothar, Verkürzung der regelmäßigen Arbeitszeit statt Einzelkündigung bei dauerhaftem Produktionsrückgang, in: DB 1982, S. 1933 ff.

Waas, Bernd, Anmerkung zum Urteil des BAG vom 19.05.1993, in: AP Nr. 31 zu § 2 KSchG 1969
Walden, Jörg, Änderungskündigung, unternehmerische Entscheidungsfreiheit und Prognoseprinzip, Münster, 1993, (zit.: Walden, Änderungskündigung)
Wank, Rolf, Bestandsschutz in Deutschland aus arbeitsrechtlicher Sicht, in: Beilage zu NZA Heft 21/2003, S. 3 ff.
ders., Rechtsfortbildung im Kündigungsschutzrecht, in: RdA 1987, S. 129 ff.
Watkins, John W. N., Freiheit und Entscheidung, Tübingen, 1978, (zit.: Watkins, Freiheit und Entscheidung)
Weitnauer, Hermann, Anmerkung zum Urteil des BAG vom 22.11.1973, in: SAE 1975, S. 135 ff.
Wendt, Rudolf, Berufsfreiheit als Grundrecht der Arbeit, in: DÖV 1984, S. 600 ff.

Wenzel, Henning, Reduktion des Kündigungsschutzes nach dem KSchG auf ein verfassungsrechtlich zulässiges Maß, Hamburg, 2003, (zit.: Wenzel, Reduktion des Kündigungsschutzes)

Wenzel, Leonhard, Kritische Anmerkungen zum Ersten Arbeitsrechtsbereinigungsgesetz, in: BB 1969, S. 1402 ff.

Wiedemann, Herbert, Leistungsprinzip und Tarifvertragsrecht,in: Festschrift 25 Jahre Bundesarbeitsgericht, S. 635 ff., München, 1979, (zit.: Wiedemann, in: FS 25 Jahre Bundesarbeitsgericht)

ders., Subjektives Recht und sozialer Besitzstand nach dem KSchG, in: RdA 1961, S. 1 ff.

Wöhe, Günter, Einführung in die allgemeine Betriebswirtschaftslehre, 21. Auflage, München, 2002, (zit.: Wöhe, Allgemeine Betriebswirtschaftslehre)

Wolter, Jürgen, Der Schutz des Arbeitnehmers vor betriebsbedingter Kündigung, Berlin, 1980

Worpenberg, Stephan, Die konzerninterne Arbeitnehmerüberlassung, Frankfurt am Main, 1993

Wüllenweber, Joachim, Die Entwicklung des Kündigungsschutzrechts seit dem ersten Weltkrieg, Köln, 1965, (zit.: Wüllenweber, Entwicklung des Kündigungsschutzrechts)

Zepter, Klaus, Freie Unternehmerentscheidung bei Personalabbau!, in: DB 2000, S. 474 ff.

Zöllner, Wolfgang, Sind im Interesse einer gerechten Verteilung der Arbeitsplätze Begründung und Beendigung der Arbeitsverhältnisse neu zu regeln?, in: Verhandlungen des 52. Deutschen Juristentages, Band 1 Teil D, (zit.: Zöllner, 52. Dt. Juristentag)

Zöllner, Wolfgang / Loritz, Karl-Georg, Arbeitsrecht, 5. Auflage, München, 1998

Zivilrechtliche Schriften

Beiträge zum Wirtschafts-, Bank- und Arbeitsrecht

Herausgegeben von Peter Kreutz und Dieter Reuter

Band 1 Sabine Koch: Eigenkapitalleistungen und eigenkapitalersetzende Leistungen des Kommanditisten in der gesetzestypischen Kommanditgesellschaft. 1992.

Band 2 Knut Weigle: Die leitenden Angestellten zwischen Sprecherausschuß und Betriebsrat. 1993.

Band 3 Stephan Worpenberg: Die konzerninterne Arbeitnehmerüberlassung. 1993.

Band 4 Carsten Führling: Sonstige Unternehmensverträge mit einer abhängigen GmbH. 1993.

Band 5 Heike Grote-Seifert: Das englische Arbeitskampfrecht unter besonderer Berücksichtigung der Entwicklung seit 1979. Zugleich: Vergleichende Analyse der Rechtslage in Deutschland und England. 1994.

Band 6 Uwe Theobald: Gesamthaftungsverhältnisse. Die Gesamtschuld als Ausgleichsmodell bei der mehrfachen Drittsicherung einer Forderung. 1994.

Band 7 Kay-Uwe Jacobs: Die Wahlvorstände für die Wahlen des Betriebsrats, des Sprecherausschusses und des Aufsichtsrats. 1995.

Band 8 Horst-Jürgen Michallek: Die Verteilung des wirtschaftlichen Risikos der Nothilfe. Eine rechtsvergleichende Studie. 1995.

Band 9 Sibylle Kessal-Wulf: Die Innenverbände. Am Beispiel Publikumsgesellschaft, Franchising, Mitarbeiterbeteiligung und Betriebsverband. 1995.

Band 10 Britta Holdorf-Habetha: Der Übergang von gewerblich genutztem Vermögen im Wege der Erbfolge im Einkommensteuerrecht. 1996.

Band 11 Sönke-Peter Nehlsen: Nutzungsausfallersatz. Ein notwendiges Übel? Versuch einer dogmatischen Begründung und Alternativlösungen. 1997.

Band 12 Sebastian Graf von Wallwitz: Tarifverträge und die Wettbewerbsordnung des EG-Vertrages. Wettbewerbsbeschränkende Tarifverträge und das Kartellverbot des Artikel 85 EGV. 1997.

Band 13 Hans-Joachim Arnold: Die Bilanzierung des Geschäfts- oder Firmenwertes in der Handels-, Steuer- und Ergänzungsbilanz. 1997.

Band 14 Volker Hoes: Die Überschuldung Privater als Problem von Ungleichgewichten. 1997.

Band 15 Dörte Christiansen: Betriebszugehörigkeit. Die Zuordnung von Arbeitnehmern aus betriebsverfassungsrechtlicher Sicht. 1998.

Band 16 Axel Boysen: Betriebsverband und Arbeitsverhältnis am Beispiel der Gruppenarbeit. Ein Beitrag zur Entwicklung der arbeitsrechtlichen Dogmatik im Wandel der Industriearbeit. 1998.

Band 17 Kristoffer Blydt-Hansen: Die Rechtsstellung der Destinatäre der rechtsfähigen Stiftung Bürgerlichen Rechts. 1998.

Band 18 Per Christiansen: Über die reale Seite der Verbände. Die Bedeutung der tatsächlichen Zweckverfolgung in einem Verband für dessen Legitimität, Existenz und Kontinuität. 1999.

Band 19 Annette Grotkamp: Die Bedeutung des Gesamtbetriebsrats und die Abgrenzung seiner Zuständigkeit zu den Einzelbetriebsräten im Rahmen des Strukturwandels in der deutschen Wirtschaft. 1999.

Band 20 Oliver Ebert: Die Kosten der Einigungsstelle gemäß § 76 a BetrVG 1972 unter besonderer Berücksichtigung der Honorierung von Einigungsstellenmitgliedern. 1999.

Band 21 Christoph Nawroth: Die steuerliche Anerkennung von Familienpersonengesellschaften bei fehlerhaftem Gesellschaftsvertrag. Zur Anwendung der Lehre von der fehlerhaften Gesellschaft im Steuerrecht. 1999.

Band 22 Kai Litschen: Die juristische Person im Spannungsfeld von Norm und Interesse. Am Beispiel der Gesellschafterhaftung in der GmbH. 1999.

Band 23 Eva Günther-Gräff: Kündigung und Kündigungsschutz von Absatzmittlungsverträgen. Dargestellt am Beispiel des Handelsvertreters, des Vertragshändlers und des Franchisenehmers. 1999.

Band 24 Martin Steiner: Entgelte der Kreditinstitute. Regelungen beim Girovertrag mit rechtsvergleichender Darstellung des anglo-amerikanischen Rechts. 2000.

Band 25 Sven Claussen: Grenzen der Insichgeschäfte im Gesellschaftsrecht. 2000.

Band 26 Sönke Peters: Der gesellschaftsrechtliche Grundsatz der Einheitlichkeit der Mitgliedschaft. 2000.

Band 27 Gabriele Komp: Die juristische Person als Geschäftsführungsorgan einer Kapitalgesellschaft. Betrachtungen zu §§ 76 Abs. 3 S. 1 AktG und 6 Abs. 2 S. 1 GmbHG. 2000.

Band 28 Gunnar Mayer: Das außerdienstliche Verhalten von Arbeitnehmern. Ein Beitrag zu Geschichte, Grundlagen und Erscheinungsformen außerdienstlicher Verhaltenspflichten. 2000.

Band 29 Michael Mönke: Die Sicherung der Bauunternehmer nach § 648 a BGB. Unter besonderer Berücksichtigung der Vereinbarkeit der Regelung mit den Prinzipien des Zivilrechts. 2000.

Band 30 Oliver May: Die Zulässigkeit der Regelung von Lohn und Arbeitszeit in Betriebsvereinbarungen. 2001.

Band 31 Robert Pape: Die tarifvertragliche Unkündbarkeit. Zugleich ein Beitrag zu den Grenzen der Tarifautonomie im Kündigungsschutzrecht und zum partiell zweiseitig-zwingenden Charakter des § 1 Abs. 2 und 3 KSchG. 2002.

Band 32 Wilm-Christian Jaekel: Die Bindung an formnichtige Grundstücksverträge nach Treu und Glauben. 2002.

Band 33 Susanne Müller: Die Gesellschafterklage als rechtsformübergreifendes Institut. 2002.

Band 34 Freia Peters: Treuhand und Unterbeteiligung an Gesellschaftsanteilen. Eine vergleichende Betrachtung für den Bereich des Gesellschafts- und des Steuerrechts. 2003.

Band 35 Mario Nahrwold: Die wirtschaftliche Betätigung von Idealvereinen am Beispiel der Ausgliederungsvorhaben der Fußballbundesligavereine. Eine Untersuchung zu Geltungsgrund und Grenzen des Nebentätigkeitsprivileges. 2003.

Band 36 Henning Plöger: Sonderarbeitsrechte im Pressebereich. Auswirkungen eines institutionellen Grundrechtsverständnisses auf das Arbeitskampf- und arbeitsrechtliche Statusrecht der Presse. 2003.

Band 37 Christian Springmann: Der Betriebsrat und die Betriebsbeauftragten. Ein Vergleich zweier betrieblicher Funktionsträger unter besonderer Berücksichtigung ihres Verhältnisses zueinander. 2004.

Band 38 Holger Meyer: Der Tatbestand des Betriebsübergangs nach der Rechtsprechung des Europäischen Gerichtshofs und des Bundesarbeitsgerichts. 2004.

Band 39 Philipp Christopher Brügge: Das Gesetz über Teilzeitarbeit. Eine Analyse unter arbeitsrechtlichen und beschäftigungspolitischen Gesichtspunkten. 2004.

Band 40 Sebastian Klausch: Unmöglichkeit und Unzumutbarkeit im System des allgemeinen Leistungsstörungsrechts nach der Schuldrechtsmodernisierung 2002. 2004.

Band 41 Felix Hütte: Die individualistische GbR als Mitglied anderer Vereinigungen. 2005.

Band 42 Tobias Schommer: Die Berücksichtigung und Gewichtung der Interessen der Arbeitsvertragsparteien im Rahmen des kollektiven und allgemeinen Weiterbeschäftigungsanspruchs des Arbeitnehmers. 2005.

Band 43 Christa Wettzel: Die unternehmerische Entscheidungsfreiheit im Rahmen der betriebsbedingten Kündigung. 2006.

MIX
Papier | Fördert gute Waldnutzung
FSC® C083411

Kolibri 360 GmbH
Ferdinand-Jühlke-Straße 7
99095 Erfurt, Deutschland
produktsicherheit@kolibri360.de

Druck:
CPI Druckdienstleistungen GmbH
im Auftrag der
Kolibri 360 GmbH
Ferdinand-Jühlke-Str. 7
99095 Erfurt